# LA MORALE
ET LA POLITIQUE

# D'ARISTOTE.

TOME II. *POLITIQUE.*

DE L'IMPRIMERIE DE FIRMIN DIDOT,
IMPRIMEUR DU ROI ET DE L'INSTITUT, RUE JACOB, N° 24.

## ΑΡΙΣΤΟΤΕΛΗΣ

ΕΚ ΤΟΥ ΕΝ ΡΩΜΗΙ ΠΑΛΑΤΙΟΥ ΣΠΑΔΑ.

# LA MORALE

ET

## LA POLITIQUE

# D'ARISTOTE,

TRADUITES DU GREC

PAR M. THUROT,

PROFESSEUR AU COLLÉGE ROYAL DE FRANCE.

A PARIS,

CHEZ FIRMIN DIDOT, PÈRE ET FILS,

LIBRAIRES, RUE JACOB, N° 24.

M. D. CCC. XXIV.

# DISCOURS PRÉLIMINAIRE,

ou

# INTRODUCTION

## A LA POLITIQUE D'ARISTOTE.

Les mêmes causes qui font de l'homme un être *moral*, ou susceptible des sentiments que nous appelons moraux, en font aussi un être éminemment *sociable*. Ces deux termes n'expriment au fond qu'un même ordre de rapports, ils diffèrent l'un de l'autre presque uniquement par l'étendue de leur signification, et non par la nature des idées qu'ils comprennent. C'est donc en vain qu'on chercherait à remonter, par une série de documents historiques, ou par une suite d'inductions logiques, à ce qu'on appelle l'origine ou l'établissement des sociétés humaines : cette origine se trouve immédiatement dans la nature même de l'homme, c'est-à-dire, dans l'ensemble des conditions d'organisation, de sensibilité et d'intelligence, qui le constituent ce qu'il est, et sans lesquelles il ne saurait exister, au moins tel que nous le connaissons.

Cette vérité généralement admise par les philosophes grecs qui se sont occupés de la science sociale, leur fit éviter l'écueil contre lequel ont échoué plusieurs écrivains modernes, justement célèbres par la sagacité de leurs vues, et par la rare supériorité de leurs talents. Je veux dire l'hypothèse purement gratuite d'un prétendu *état de nature*, qui aurait précédé l'état de société ; et l'existence d'un *contrat social*, exprès ou tacite, d'un ensemble de réglements fondés sur des conventions que tous les membres de la société, ou le plus grand nombre d'entre eux, se seraient engagés à observer. Le désir de donner à leurs doctrines politiques un fondement qui eût, en quelque sorte, la certitude des vérités purement rationnelles, a sans doute fait illusion à ces écrivains ; car il est certain que les faits se refusent entièrement à justifier leurs théories.

A quelque degré d'ignorance ou de grossièreté sauvage qu'on ait pu observer l'espèce humaine, on l'a toujours trouvée existant dans un état de société, qui supposait une communication d'idées plus ou moins étendues, et de sentiments plus ou moins développés ; on l'a trouvée en possession d'un langage articulé, qui servait de moyen à la manifestation de ces sentiments et de ces idées. En général, la prétention qu'ont eue les philosophes de remonter, soit historiquement, soit par des procédés purement rationnels, à ce qu'ils appellent l'origine ou la formation des langues, des sociétés, des idées, des sentiments, a été la source de beaucoup d'illusions et de faux raisonnements : l'esprit humain est tout-à-fait impuissant à résoudre de pareilles questions, et l'emploi régulier de ses facultés le laisse aussi incapable de comprendre l'origine des choses, quand sa raison le convainc qu'elles en ont une, que de concevoir comment elles pourraient n'en point avoir.

Sans doute il peut nous être très-utile d'observer dans l'histoire les premiers linéaments, s'il le faut ainsi dire, de l'art social, et les divers degrés de perfectionnement dont il est susceptible; c'est même ce qui peut servir le plus au véritable progrès de la science politique; mais on ne doit point suppléer au défaut des documents historiques, par des conjectures ou des hypothèses, et l'histoire ne nous montre partout et ne peut nous montrer que des sociétés déjà toutes formées.

Chez les Grecs, par exemple, qui nous ont transmis, au moins quant à l'histoire profane, les traditions les plus anciennes et les plus authentiques dont l'espèce humaine ait gardé le souvenir, nous voyons partout des peuplades, qui nécessairement étaient unies par un lien social fort antérieur à l'époque probable que l'on peut assigner aux plus

*a.*

fabuleuses de ces traditions, fort antérieur à l'époque où des hommes remarquables par un rare assemblage de talents et de vertus, adoucirent leurs mœurs encore féroces, et donnèrent à ces peuplades sauvages et souvent errantes, des demeures fixes, des idées moins imparfaites que celles qu'elles avaient eues jusqu'alors sur la religion, sur la justice, et sur la nature même du lien social qui les unissait. En un mot, dans cet ordre de faits comme dans tous les autres, la nature elle-même commence et fait tout; l'homme ne peut qu'en suivre les inspirations, et toute sa science se borne à constater les faits qui en naissent, et à tirer de leur enchaînement des inductions qui lui révèlent les conditions de son existence, et les lois auxquelles la nature veut qu'il demeure soumis, sous peine d'être d'autant plus malheureux qu'il les aura plus mal connues, ou moins observées.

Ainsi, il en a été de la science sociale comme de toutes les autres : l'art auquel elle sert de base, et dont elle démontre les principes les plus importants et les règles les plus générales, a été pratiqué long-temps avant que l'existence d'une telle science pût même être soupçonnée. Minos donna des lois aux habitants de la Crète; Lycurgue, à l'imitation de ce premier législateur, en donna aux Lacédémoniens; Solon, aux Athéniens; Charondas, Zaleucus, Pythagore et plusieurs de ses disciples immédiats, en donnèrent aux divers peuples de l'Italie méridionale, ou de cette contrée de l'Italie qu'on appela la Grande-Grèce. Mais ces divers législateurs furent plutôt des hommes distingués par la générosité et la fermeté de leur caractère, par la connaissance qu'ils avaient de l'état des mœurs, des usages et des besoins des divers peuples à qui leurs lois étaient destinées, et des circonstances particulières où ils se trouvaient, que par la profondeur de leurs vues générales en politique. On peut dire de ces hommes si renommés qu'ils avaient perfectionné sensiblement l'art social, mais la science proprement dite n'existait pas encore.

Cependant il existait, de leur temps et bien avant eux, de vastes monarchies, des sociétés nombreuses d'hommes soumis à une forme déterminée d'administration, qui subsistait et se perpétuait, depuis des siècles, à travers les révolutions sanglantes et multipliées qui renversaient les unes sur les autres les dynasties des princes et les maisons régnantes. Mais l'histoire daigne à peine faire mention d'autre chose, à leur sujet, que du fracas de leur chute. Tout le reste de leur existence est comme enseveli dans un silence de mort et de servitude. C'est qu'en effet, il n'y eut chez ces nations aucune institution qui donnât aux individus, autres que les rois ou les princes, une valeur propre; c'est que les hommes y vivaient dans un état d'aggrégation, à peu près semblable à celui où vivent certaines espèces d'animaux, plutôt que dans un véritable état de société.

Si Minos est le premier et le plus ancien législateur dont l'histoire fasse mention, elle nous fait connaître, en même temps, la cause de cette honorable distinction : « Ce législateur, dit l'historien « Éphore, cité par Strabon (1), paraît avoir regardé « la liberté comme le plus grand des biens pour « les sociétés civiles : parce que seule elle peut « garantir aux individus la propriété des avantages « dont ils jouissent ; tandis que, dans la servitude, « tout appartient aux hommes qui gouvernent, et « rien à ceux qui sont gouvernés. »

Comme c'est principalement sur le sentiment moral que se fonde et s'appuie le sentiment religieux, qui, à son tour, donne aux vérités morales la sanction la plus auguste ; comme c'est dans la conscience même des coupables que naissent ces angoisses et ces terreurs inévitables dont ils ne parviennent jamais à s'affranchir complètement, et qui sont, en quelque sorte, le type primordial de ce système constant d'action et de réaction que nous observons de toutes parts dans la nature, soit animée, soit inanimée, et qui se reproduit dans les institutions relatives aux délits et aux peines,

---

(1) L. X, p. 480.

les plus anciens législateurs furent naturellement conduits à donner à leurs lois l'appui de la religion. Voilà pourquoi les préambules de ces mêmes lois furent presque toujours des traités de morale, ou au moins des esquisses rapides des préceptes les plus sûrs et les plus rigoureux pour la conduite de la vie, des vérités de la théologie naturelle le plus universellement reconnues; tandis que leurs lois elles-mêmes n'étaient presque que l'expression des vérités morales les plus incontestables. L'alliance constante et inévitable de ces trois ordres d'idées, religion, morale et sociabilité ou société civile, se montre donc dans les faits les plus anciens dont nous ayons pu avoir connaissance, comme dans l'observation immédiate des résultats de nos facultés intellectuelles.

D'un autre côté, le premier besoin des peuples encore peu nombreux et peu avancés dans la civilisation, c'est de conquérir par la force leur chétive et misérable subsistance, ou de la défendre contre d'autres peuples aussi barbares qu'eux. Ainsi, des sentiments religieux quelquefois très exaltés, des superstitions absurdes et sanguinaires, un grand respect, une haute admiration pour la valeur guerrière, voilà ce qu'on peut s'attendre à trouver dans les plus anciens temps, comme on l'observe encore de nos jours chez beaucoup de peuples sauvages. Ce n'est qu'après bien des siècles de barbarie, lorsque les connaissances de divers genres et la raison humaine ont déja fait de sensibles progrès, qu'on commence à apercevoir quelques traces de civilisation et d'ordre public.

Les plus anciens monuments de l'histoire nous offrent donc trois systèmes d'existence sociale, distincts, suivant que l'un de ces divers ordres d'idées a été plus exclusivement prédominant : 1° la pure théocratie, telle qu'elle paraît avoir existé très anciennement chez les Égyptiens; 2° le pur despotisme, tel qu'on l'a observé de temps immémorial dans les grands empires de l'Orient, où le monarque réunit dans sa personne les attributs de chef de la religion à ceux de maître absolu de l'état; 3° enfin, le gouvernement légal, soit des rois, soit d'une classe privilégiée, soit du plus grand nombre des individus, ayant le caractère et les droits de citoyens; gouvernement dans lequel les ministres de la religion n'exercent sur l'ordre social qu'une influence plus ou moins subordonnée, ainsi qu'on peut le remarquer dans l'histoire de la Grèce et de Rome, ou dans celle des peuples modernes de l'Europe, depuis la fin des longues et sanglantes querelles du sacerdoce et de l'empire.

Nous ne nous proposons, dans ce discours, comme nous l'avons fait dans l'introduction à la Morale d'Aristote, que d'indiquer, autant qu'il est possible, la place que ce philosophe occupe entre les écrivains qui ont traité les mêmes sujets immédiatement avant et après lui, et à peu près le degré de mérite ou de supériorité relative qu'on peut légitimement lui attribuer. Par conséquent, entre les trois modes d'existence sociale dont nous venons de parler, nous n'aurons à nous occuper que du dernier, et nous devrons nous borner à le considérer exclusivement chez les Grecs, avant l'époque d'Alexandre.

C'est à Solon, ou aux lois que ce grand homme donna aux Athéniens, lois dont l'ensemble annonce des vues plus profondes et plus étendues que celles de tous les législateurs qui l'avaient précédé, que l'on peut proprement faire remonter les premiers essais d'une véritable science politique, et l'observation d'un perfectionnement déja très sensible dans l'art social. C'est alors, en effet, que les Grecs commencèrent à donner le nom de *sages* à plusieurs de leurs concitoyens, qui se faisaient remarquer par la supériorité de leurs talents dans l'administration des affaires publiques ; c'est alors qu'ils appelèrent *sagesse* l'habileté en ce genre, unie à un sentiment plus développé de la justice et de la morale, appliquées à l'ordre général des sociétés. C'est du moins un fait que nous atteste Plutarque, dans la vie de Thémistocle (1), et qui ressort plus

---

(1) Chap. 2, to. I, p. 206, éd. Coray.

évidemment encore de ce que ce même écrivain nous apprend sur la nature des questions qui occupaient alors ceux qu'on appela sages par excellence, et sur la manière dont chacun d'eux croyait devoir les résoudre.

L'une de ces questions, essentiellement relative au sujet qui nous occupe, consistait à déterminer quelles sont les conditions nécessaires au plus grand bonheur d'une cité ou république. Les réponses qu'y firent ceux à qui elle fut proposée, méritent d'autant plus d'être rapportées, qu'elles sont chacune l'expression d'une vérité importante, et qu'elles annoncent cet art de généraliser les idées, qui est le caractère propre de la science. Ainsi donc (nous dit Plutarque (1)) suivant Solon : La cité la plus heureuse est celle où les hommes qui sont ou qui se croient à l'abri de l'injustice, n'en sont pas moins indignés, ne sont pas moins disposés à s'y opposer, que celui qui en éprouve immédiatement les inconvénients.

C'est, disait Bias, l'état dans lequel tous les citoyens craignent les lois autant qu'ils pourraient craindre un tyran.

Thalès soutenait que la république la mieux affermie était celle où il n'y avait point de citoyens excessivement riches, ni excessivement pauvres.

---

(1) *Conviv. septem Sapient.* to. 6, p. 586, ed. Reisk.

Suivant Anacharsis, la cité la plus heureuse est celle où, l'égalité étant établie dans tout le reste, il n'y a de privilége ou de distinction honorable qu'en faveur de la vertu, d'infériorité que celle que donne le vice.

Cléobule ne croyait le bonheur possible que pour des citoyens qui craindraient le blâme plus encore que les lois.

Pittacus, pour l'état dans lequel les hommes vertueux peuvent seuls parvenir aux magistratures, tandis que les scélérats en sont exclus.

Enfin, Chilon regardait comme parfaitement heureuse la république où l'on savait entendre le langage des lois, et fermer l'oreille aux séductions et à la flatterie des orateurs.

Ce qu'il y a de fort remarquable, ce me semble, dans ces solutions, en apparence assez diverses, et dans l'énonciation des conditions nécessaires, suivant chacun de ces sages, pour constituer le bonheur d'une société civile, c'est que l'accomplissement de l'une quelconque d'entre elles, comprend implicitement celui de presque toutes les autres; et que, dans toutes, une certaine opinion ou disposition, une certaine manière d'être, de sentir ou de penser, est envisagée comme devant être celle de tous, ou au moins de la très grande majorité des citoyens. Certes, cet accord sur ce qu'il y a de véritablement essentiel dans un sujet, au milieu de la diversité des points de vue, tous justes et importants, sous lesquels ils l'envisageaient, annonce des hommes qui ne l'avaient pas étudié sans succès.

Il est même probable que c'est à ces idées saines sur la société et sur le gouvernement, à ces communications établies entre les hommes les plus éminents par leurs talents, à l'influence, plus ou moins directe, que chacun d'eux exerçait sur ses concitoyens, et aux institutions qui en furent le résultat, que les Grecs durent, en grande partie, la force et les moyens de sortir avec gloire de la crise terrible où ils se virent engagés bientôt après par l'invasion des Perses. On ne saurait douter que l'énergie qu'ils déployèrent dans la défense de leur liberté et la suite de victoires signalées qui affermit leur indépendance, ne fût l'effet d'un ardent amour de la patrie et d'un profond sentiment de leurs droits comme citoyens d'un état libre. En un mot, on ne peut méconnaître dans l'histoire de la Grèce, pendant cette glorieuse période, les effets de cette union intime de la politique et de la morale, dont on aperçoit des traces évidentes dans les institutions des plus anciens législateurs, et qui s'était renforcée et agrandie à l'époque dont nous venons de parler.

Mais la prospérité qui devait suivre nécessairement le développement extraordinaire de forces produit par la guerre médique, la prépondérance que certains peuples, tels que les Athéniens et les Lacédémoniens, obtenaient sur le reste des Grecs, par suite des services éminents qu'ils avaient rendus à la cause commune, amena rapidement une révolution funeste dans les mœurs; et, comme il arrive toujours en pareil cas, les opprimés ne furent pas plus à l'abri de la corruption que les oppresseurs. Un sentiment faux du bonheur s'empara de toutes les ames; on ne vit de toutes parts, dans les plus faibles états, comme dans les deux plus puissants, que des hommes avides de pouvoir et de richesses. La politique, ou l'art de gouverner, devint un charlatanisme honteux, entièrement étranger aux notions les plus communes de la justice et de la morale; une sorte d'empirisme qui consistait à séduire la multitude, en flattant, par des discours captieux son ambition, sa vanité et ses passions les plus perverses. On vit s'introduire dans toute la Grèce, et surtout à Athènes, une multitude d'hommes corrompus, qui avaient fait une étude approfondie de l'art de la parole, appliqué aux délibérations politiques, et qui faisaient profession de l'enseigner à de jeunes ambitieux, qui leur prodiguaient l'or pour prix de cet art mensonger. Car les sophistes naissent en foule sous l'influence des mauvais gouvernements, dont ils propagent ou défendent les maximes désastreuses, et auprès desquels ils trouvent faveur et protection, aussi nécessairement que le petit nombre de vrais philosophes, qu'on voit, malgré les persécutions auxquelles ils sont en butte, élever leur voix courageuse en faveur de la patrie menacée d'une ruine inévitable par un tel état de choses.

C'est alors, en effet, que Socrate, comme nous l'avons fait voir dans le discours sur la morale (1), opposa aux opinions dépravées qui s'introduisaient de toutes parts dans la Grèce, l'ascendant de sa raison et de ses vertus, le crédit que lui donnaient, auprès des esprits les plus distingués et des ames les plus généreuses, les nobles sentiments qui éclataient dans tous ses discours comme dans toute sa conduite. Socrate ne professait expressément ni la morale ni la politique; mais la nature même de ses talents et les habitudes de son esprit avaient dû le porter à méditer profondément sur tous les objets qui intéressent le bien public, sur le bon ou le mauvais effet des lois qui existaient de son temps, sur les conditions nécessaires pour constituer un état de société qui assure le bonheur des citoyens; et Xénophon nous apprend, d'une manière indirecte, que les questions de ce genre se présentaient souvent dans le cours des conversations de ce grand homme avec ceux qu'on appela

---

(1) Voyez tome I, p. xjx—xxij.

ses disciples : « Antiphon, nous dit-il, demandait
« une fois à Socrate, comment il pouvait se croire
« capable de rendre les autres habiles à se mêler
« du gouvernement; et pourquoi il n'avait jamais
« pris part lui-même à l'administration des affaires
« publiques, s'il était vrai qu'il eût de si rares con-
« naissances dans cette partie. — Lequel des deux
« y prend en effet plus de part, répondit Socrate,
« celui qui s'en occupe seul (et pour son propre
« avantage), ou celui qui s'applique de toutes ses
« forces à faire qu'il y ait le plus possible de ci-
« toyens en état de s'en mêler (1)? » On doit donc
croire que Socrate s'occupa avec succès de ce
genre de considérations : mais il serait très difficile de marquer avec précision ce qu'on lui doit
à cet égard, tant Platon a pris soin d'attribuer
partout à ce philosophe, dont il chérissait la mémoire, presque tous les résultats de ses propres
méditations.

Cependant, si l'on ne jugeait du mérite de
Platon, dans cette partie de la philosophie, que
par ce qu'Aristote dit de ses dialogues *sur la Répu-*

---

(1) *Xenoph. Mem. Socrat.* l. 1, c. 6, § 6. « Dans l'examen
« qu'il faisait de toutes les qualités que doit posséder un homme
« qui a l'autorité sur ses semblables (dit encore le même écri-
« vain), après avoir montré l'inutilité, ou le peu d'importance
« de toutes les autres, il ne laissait subsister que celle qui con-
« siste à rendre heureux les hommes qui sont soumis à cette
« autorité. » (*Ibid.* l. III, c. 2, § 4.)

*blique et sur les Lois,* et par les critiques fréquentes qu'il en fait, on en prendrait assurément une idée très inexacte et très fausse. Bien qu'il soit difficile de prononcer avec certitude, à une si grande distance de temps, sur les motifs qui ont pu décider le philosophe de Stagire à parler comme il le fait, de son maître et de celui qu'il appelait son ami; on ne peut néanmoins s'empêcher de soupçonner d'une injuste partialité, et peut-être même d'un sentiment secret de jalousie, l'écrivain qui hasarde des censures quelquefois très-peu fondées, et souvent minutieuses, des opinions d'un si grand homme: tandis qu'il passe sous silence beaucoup d'endroits, où les pensées les plus justes et les vérités les plus importantes sont exprimées avec autant d'intérêt que d'éloquence. Presque tous les principes fondamentaux de l'ordre social ont été posés par Platon, dans les deux ouvrages que nous venons de nommer, et dans d'autres endroits de ses écrits; en sorte que ce philosophe peut être regardé, avec raison, comme le premier écrivain qui ait fait de la politique une véritable science, ou qui en ait considéré l'objet sous les points de vue les plus généraux et les plus étendus.

Platon nous apprend lui-même qu'il avait eu dès sa jeunesse le désir de se consacrer aux emplois publics; sa naissance, ses talents, la tendance générale de tous les esprits supérieurs vers cette carrière, la seule qui fût alors convenable pour un homme placé dans une telle situation, tout l'invitait à prendre ce parti. Il y était même encouragé par plusieurs des hommes qui avaient alors la direction des affaires, et qui étaient ou ses parents, ou ses amis. Mais les circonstances déplorables où se trouvait la république, qu'il voyait livrée aux fureurs d'une faction sanguinaire, l'amour du juste, de l'honnête et du vrai, qu'il avait puisé dans son commerce habituel avec Socrate, le goût qu'il avait pris pour les spéculations intellectuelles et pour la philosophie, le détournèrent entièrement de son premier dessein.

Lui-même paraît avoir voulu retracer, plus tard, les sentiments pénibles qui l'avaient affecté, et les motifs qui le décidèrent à s'éloigner de la carrière des emplois, lorsqu'il dit : « Quand on a pu goûter
« les douceurs de la vie purement contemplative,
« et connaître la démence de la multitude ; lors-
« qu'on voit qu'il n'y a, pour ainsi dire, personne
« qui traite sensément les affaires publiques : qu'il
« est impossible de s'associer un compagnon avec
« qui, entreprenant de venir au secours de la jus-
« tice, on puisse éviter de périr. Enfin, quand on
« s'est convaincu, au contraire, que prendre un
« tel parti, s'est se jeter seul et sans défense au
« milieu des bêtes féroces ; que, ne voulant pas

« consentir aux injustices qui se commettent, et
« ne pouvant pas résister seul à une multitude de
« furieux, on ne saurait manquer d'être leur vic-
« time, avant d'avoir pu rendre le moindre service
« à l'état et à ses amis : alors, réunissant par la
« raison tous les motifs d'une détermination plus
« sensée, on vit dans la retraite, occupé uniquement
« de remplir ses devoirs de simple particulier. Sem-
« blable au voyageur qui, au milieu des torrents
« de pluie et des tourbillons de poussière qu'excite
« une violente tempête, se met à l'abri de quelque
« chétive masure, en voyant les autres se souiller
« de toutes sortes d'iniquités, on s'estime du moins
« heureux d'achever ici-bas sa vie, pur de toute
« injustice, de tout acte impie, et d'attendre, dans
« une généreuse espérance, avec calme et résigna-
« tion, celle qui doit lui succéder (1). »

Cependant il était naturel qu'un esprit aussi pénétrant, et dès long-temps accoutumé à méditer sur les phénomènes de tout genre qui pouvaient attirer son attention, observât les causes d'un ordre de choses où tout l'intéressait vivement, même au milieu de circonstances qui devaient blesser ses sentiments les plus chers et affliger sa pensée. Doué d'un cœur aussi généreux que sensible, profondément affecté des maux auxquels il voyait sa patrie en

---

(1) Plat. *De Republ.* l. 6, p. 496.

proie, Platon ne pouvait se résoudre à croire ses concitoyens abandonnés à un malheur sans ressource. Il se flatta donc qu'en les éclairant sur leurs véritables intérêts, en leur montrant les causes de leurs souffrances, il pourrait être utile, sinon à ses contemporains, au moins aux générations qui viendraient après lui ; et cet espoir lui suggéra le dessein de consacrer toutes les forces de son génie à la recherche des vérités soit morales, soit politiques, dont la connaissance pouvait, suivant lui, amener de meilleures destinées. C'est sans doute ce qui l'engagea à composer ses dialogues *de la République* et *des Lois*, exposant, dans le premier de ces deux ouvrages, ses idées et ses vues, sous le nom de Socrate, qui en est le principal interlocuteur, et aux leçons ou aux entretiens duquel il témoignait ainsi qu'il était redevable d'une partie de sa doctrine (1).

Je ne me propose pas de présenter ici dans un grand détail le système de gouvernement et de législation que cet écrivain a tracé dans ces deux traités. On peut en voir l'exposition dans un grand

---

(1) Dans le traité *des Lois*, que Platon composa lorsqu'il était déja avancé en âge, et où il paraît avoir eu pour but de corriger quelques parties de son premier plan, d'en étendre et d'en développer quelques autres, le principal interlocuteur est un vieillard athénien, c'est-à-dire, apparemment Platon lui-même, qui croyait alors avoir acquis le droit de parler en son propre nom.

nombre de dissertations ou de mémoires publiés à presque toutes les époques, chez les diverses nations civilisées de l'Europe, depuis la renaissance des lettres (1). Je ne veux que présenter une esquisse rapide des vues les plus importantes, ou des pensées les plus remarquables, qui se trouvent dans ses écrits sur cet intéressant sujet, les enchaînant les unes aux autres par le lien naturel qui me paraît le plus propre à en faire saisir l'ensemble ; ce qui suffira du moins pour justifier l'opinion que j'ai avancée sur le mérite de Platon, dans cette partie de la philosophie, et le reproche que j'ai fait à Aristote, de ne lui avoir pas rendu toute la justice qui lui était due. Car je n'attribuerai rien au philosophe athénien, qui ne lui appartienne incontestablement, et qui ne dût lui assurer des droits aussi certains à l'estime et

---

(1) On peut consulter entre autres, le chap. LIV du *Voyage du j. Anacharsis*, et deux dissertations latines très-savantes et très-bien faites : 1° CAROLI MORGENSTERN, *De Platonis Republica, Commentationes tres*, un vol. in-8°, imprimé à Hale en Saxe, en 1794 ; 2° *Diatribe in politices Platonicæ principia*, auct. Johan. Lud. Guil. DE GEER, un vol. in-8°, imprimé à Utrecht, en 1810. M' Tenneman a aussi exposé, avec beaucoup de détail et d'érudition, la doctrine politique de Platon, dans le 4° volume de l'ouvrage intitulé *System der Platonischen philosophie*, et dans le 2° volume de son histoire de la philosophie (*Geschichte der philosophie*). Leipzig, 1794 et 1799.

à l'admiration de ses contemporains qu'à celle de la postérité.

Ses méditations sur la nature humaine l'avaient conduit à reconnaître quelles sont les conditions les plus essentielles au bonheur des individus. Il lui était démontré que ce bonheur se trouve dans un état constant et habituel de paix avec soi-même et avec les autres; dans le calme d'une conscience pure, qui, en jetant ses regards sur le passé, n'y trouve aucun sujet de repentir; et, en les portant sur l'avenir, n'y découvre aucun motif de crainte légitime; dans la culture d'une intelligence dont les jouissances, toujours nouvelles et souvent délicieuses, consistent à aggrandir sans cesse la sphère de nos connaissances, à perfectionner indéfiniment nos facultés, en les faisant servir à améliorer notre destinée, et à contribuer de toutes nos forces au bonheur des autres hommes, mais surtout de ceux avec qui nous vivons dans les relations plus ou moins intimes qui constituent la famille, la cité, la patrie. Il avait reconnu, dis-je, que cet ensemble de conditions peut être regardé comme composant la véritable félicité à laquelle il soit permis à l'homme d'aspirer dans cette vie passagère, en même temps qu'il lui garantit la possession des biens ineffables qui lui sont réservés dans une vie à venir, dont sa raison lui fait entrevoir dès à présent l'immortelle durée.

Le bonheur ne consiste donc pas, comme le vulgaire se l'imagine faussement, dans la poursuite des plaisirs des sens toujours imparfaits, si vifs qu'ils puissent être, et dont on devient sans cesse plus avide à mesure qu'on s'y livre davantage, et qu'on sent mieux, cependant, leur insuffisance ou leur néant. Il ne consiste pas dans l'accumulation des richesses, qui n'ont d'autre mérite que d'être un moyen facile de se procurer ces plaisirs si vains et si trompeurs; dans les triomphes, encore plus faux, s'il est possible, et plus mensongers, d'un orgueil qui ne parvient à se faire illusion sur sa propre bassesse, qu'en abaissant ou croyant avoir abaissé autour de lui tout ce qui est véritablement noble et grand. Enfin, il se trouve moins encore dans la possession d'un pouvoir exagéré, dont l'effet inévitable est d'environner celui qui en dispose d'une multitude de lâches adulateurs, sans cesse empressés à irriter ses passions les plus perverses, ses désirs les plus insensés.

Platon vit facilement que c'est précisément cette fausse idée du bonheur, cette avidité insatiable des jouissances des sens, où de la vanité, ou de l'ambition, qui égare la plupart des hommes, ou du moins le plus grand nombre de ceux qui par leurs talents, par l'énergie de leur caractère, et par les circonstances de leur situation, semblent appelés à exercer le plus d'influence dans un état; et il vit le malheur des sociétés politiques naître des mêmes causes auxquelles il fallait attribuer celui des individus.

Cependant il ne s'était pas arrêté à ces observations générales; il avait cru devoir rapporter à trois sources principales toutes les tendances naturelles, bonnes ou mauvaises, dont chaque homme reçoit presque à chaque instant les impressions, et qui sont les mobiles constants de ses actions et de ses déterminations. Il les exprimait par les mots *intelligence* ou raison, *colère* ou irritabilité, et *désirs* ou passions (1). Il regardait la première de ces tendances, ou si l'on veut, de ces facultés, comme devant nécessairement avoir sur les deux autres une autorité régulatrice, suprême et absolue. Du moment où l'une d'elles pouvait braver impunément cette autorité, ou, ce qui est plus funeste encore, pouvait la soumettre à ses caprices ou se substituer à ce pouvoir légitime, il ne voyait plus qu'anarchie, c'est-à-dire désordre, égarement et infortunes de toute espèce pour l'individu. En un mot, l'homme lui parut être en petit ce que la société civile est en grand, et ce fut là le fondement de toutes ses idées et de toutes ses considérations sur la science sociale (2). L'observation de

---

(1) *Plat. Rep.* l. 4, p. 441; l. 9, p. 580.
(2) *Plat. Rep.* l. 2, p. 368; l. 6, p. 590.

ce qui se passe dans une république, ou dans un état considérable, lui sembla ne présenter que les mêmes phénomènes qu'on remarquait dans l'existence de chacun des individus qui les composent, et les présenter sur une plus grande échelle, ce qui devait les rendre plus sensibles, et donner par conséquent plus d'autorité et de certitude aux résultats qu'il obtiendrait de ses méditations.

En effet, il ne saurait y avoir dans la société toute entière, en fait de facultés ou de tendances primitives et essentielles, que ce qu'il y a dans chaque individu. Le nombre, quel qu'il soit, de ceux qui ont cultivé avec plus de soin leur intelligence, ou chez lesquels cette faculté a naturellement plus d'activité et d'énergie, représentera donc, en quelque sorte, l'intelligence ou la raison de la société elle-même. Il en sera ainsi du nombre incomparablement plus considérable de ceux chez lesquels les passions analogues, soit à la colère, soit aux désirs, sont prédominantes ; ceux-là représenteront, à leur tour, ce qu'il y a d'énergie et de forces, utiles ou nécessaires, nuisibles ou dangereuses, dans cette même société.

Car, si la raison a une prééminence incontestable sur les deux autres facultés, il ne faut pas croire que celles-ci soient entièrement inutiles; elles sont, au contraire, d'une nécessité indispensable, pour la conservation des états aussi-bien que pour celle des individus. Seulement, il est nécessaire, pour la même fin, qu'elles restent, autant qu'il est possible, soumises à l'autorité et aux directions de la faculté supérieure. La colère, qui excite l'homme à repousser avec énergie les causes de destruction, ou de souffrance, qui peuvent le menacer, de la part des autres êtres animés, soit de même, soit de différente espèce que lui; les désirs, qui éveillent son industrie et mettent en jeu toutes ses facultés actives, d'abord pour la satisfaction de ses besoins les plus impérieux, et ensuite pour lui procurer les moyens de jouissances propres à charmer et à embellir sa vie, sont assurément des ressorts nécessaires, des conditions indispensables de l'existence de l'homme. Mais leur tendance naturelle à l'exagération, peut en faire très-promptement des causes de malheur et de destruction, si elles ne sont contenues, par la raison, dans des bornes légitimes.

Or, ce que la raison est pour l'individu, la loi, suivant Platon, l'est pour les sociétés. Voilà pourquoi il définit la loi, *l'invention ou la découverte de ce qui est*, c'est-à-dire, du vrai (1). De même, dit-il, qu'on appelle *lois* d'une science ou d'un art, l'énonciation des rapports qu'on a reconnus comme constants et invariables dans un certain ordre d'i-

---

(1) *Plat. Minos.*, p. 315.

dées, ou l'énonciation des procédés et des moyens propres à produire un résultat déterminé : ainsi on pourra appeler *loi politique*, l'énonciation des moyens ou des conditions nécessaires pour atteindre à une fin déterminée ; et cette fin ne saurait être autre chose que l'intérêt général de tous les citoyens. Tout réglement, toute injonction du pouvoir qui n'a pas ce caractère, usurpe le nom de loi, mais ne le mérite en aucune manière.

J'ai remarqué, dit encore ce philosophe, que toutes les fois qu'il s'élève une lutte entre les citoyens, au sujet des magistratures, le parti vainqueur s'empare si exclusivement du pouvoir, qu'il ne consent jamais à en laisser la moindre partie aux vaincus, ni même à leurs descendants ; or, ce n'est pas là établir un bon gouvernement, ni de bonnes lois, c'est constituer un état de discorde et de guerre perpétuelle (1). Quant à nous,

---

(1) *Plat. de Legib.* l. 4, p. 715. Rien de plus sage et de plus admirable que ce que dit encore Platon sur le même sujet, dans sa huitième lettre (adressée aux amis de Dion). « A peine « la tyrannie a-t-elle été abolie (dit-il) qu'il s'élève une lutte « nouvelle entre les partis : l'un veut ressaisir le pouvoir, l'autre « aspire à mettre enfin un terme au retour du despotisme...... « La plupart s'imaginent que ce qu'il y a de plus convenable et « de plus légitime, c'est de faire à ses ennemis tout le mal qu'on « peut, et à ses amis tout le bien possible. Mais *quand on fait* « *beaucoup de mal aux autres, il est bien difficile que l'on n'en* « *éprouve pas à son tour*..... Que ceux donc qui désirent le « pouvoir et la domination *fuient d'une fuite infinie* ce bonheur

poursuit-il, nous donnerons les magistratures à un homme, non pas parce qu'il est riche, ou fort, ou d'une illustre naissance, ou parce qu'il possède tel autre avantage de ce genre ; mais parce que nous l'aurons reconnu pour un fidèle et religieux observateur des lois ; et les divers degrés de cette vertu nous serviront à apprécier chacun de ceux à qui nous confierons les divers degrés de puissance ou d'autorité. Car les magistrats ne doivent être que les *ministres* ou les *serviteurs* des lois. Ainsi, dans tout état où la loi est tyrannisée et sans force, nous voyons une cause imminente de ruine et de destruction : au contraire, dans un état où la loi règne impérieusement, nous voyons un principe de salut et de conservation, et le présage de tous les biens que la faveur des dieux a jamais accordés aux sociétés politiques (1).

Mais, pour que les magistrats soient ce qu'ils doivent être, il faut que le plus grand nombre des citoyens ait une connaissance distincte et un sentiment exact de ses droits, et surtout de ses devoirs. Car les magistrats n'ont de puissance que celle qu'ils tiennent du concours des forces et des

---

« des ames insatiables et dépourvues de sens et de raison.....
« Et d'un autre côté, que ceux qui ont en horreur le joug de la
« servitude s'efforcent de se garantir d'un amour excessif de la
« liberté..... etc. »

(1) *Plat. de Legib.* l. 4, p. 715.

volontés du plus grand nombre des hommes soumis à leur autorité. Platon semble donc avoir aperçu la déplorable nécessité de ce cercle fatal dans lequel s'accomplissent, depuis tant de siècles, les destinées et les révolutions des états. Les lois, comme il le reconnaît expressément, font, en quelque sorte, l'éducation des hommes dans la maturité de l'âge : ils sont vertueux si ces lois sont bonnes; ils deviennent vicieux, si elles sont mauvaises (1). Mais, d'un autre côté, quel peuple aura de bonnes lois, c'est-à-dire, observera religieusement celles

---

(1) *Plat. Menex.* p. 238; *Rep.* 1. 6, p. 497. Ce philosophe a très-bien caractérisé, dans son dialogue intitulé *Gorgias*, (p. 510) l'influence des mauvaises lois, et surtout des mauvais gouvernements, sur le caractère moral des hommes qui y sont soumis. Le moyen, dit-il, de vivre à l'abri de l'injustice, en pareil cas, c'est, ou de se rendre maître soi-même de l'autorité, ou au moins de s'associer à ceux qui en disposent, de se concilier leur bienveillance et leur faveur. Or, pour y parvenir, il faut leur ressembler le plus que l'on peut. Un tyran, sans lumière et sans humanité, n'aura assurément ni confiance ni goût pour tout homme qu'il croira meilleur que lui, et méprisera celui qu'il regarde comme trop inférieur. Il ne s'attachera qu'à celui qui a les mêmes sentiments que lui, au sujet des mêmes personnes et des mêmes choses, qui loue et blâme ce que lui-même blâme ou loue. Il faut donc nécessairement que, dans un état ainsi gouverné, les jeunes gens qui ont quelque ambition de parvenir aux emplois, ou à la fortune, ou qui voudront seulement se soustraire aux dangers de l'injustice et de la persécution, s'accoutument de bonne heure à n'aimer et à ne haïr que ce qui plaît ou déplaît au maître, aux dépositaires de sa puissance, et dès-lors leur ame sera souillée de toutes sortes de vices, etc.

que sa raison approuve, s'il n'a pas, en somme, plus de vertus que de vices; ou, en d'autres mots, si sa raison ne domine pas les penchants, les désirs, les passions de toute espèce qui agitent et fatiguent sans cesse son existence.

Sous ce rapport donc la cité se présente de nouveau comme un individu, dont le bonheur et la paix ne consistent que dans l'accord de ses volontés particulières avec les lumières de son esprit, et il faut que dans les états, comme dans les individus, tout cet ensemble de déterminations soit ramené le plus qu'il est possible à une sorte d'unité (1). Or, ce n'est pas ce qu'on y observe à beaucoup près, le plus ordinairement. Chacun d'eux, comme le remarque notre philosophe, semble se composer de plusieurs cités distinctes, et souvent hostiles à l'égard l'une de l'autre. Et d'abord il y a celle des riches et celle des pauvres : ces deux-là peuvent se subdiviser en plusieurs autres, qu'on aurait tort encore de regarder comme fort disposées à s'unir entre elles. Car, si l'on offrait à l'une de ces factions, ou cités diverses, la puissance, les richesses et même les personnes, de quelqu'une de celles qui lui sont opposées, elle trouverait dans toutes les autres beaucoup d'auxiliaires, et bien peu d'ennemis. Cependant, y a-t-il rien de plus funeste pour un

---

(1) *Plat. Rep.* l. 4, p. 422 et 423.

état, que ce qui tend ainsi à le diviser, et qui en fait réellement plusieurs cités au lieu d'une? Peut-il y avoir un bien plus grand que ce qui en lie entre elles les diverses parties?

Or, c'est la sympathie, en fait de plaisirs ou de peines, qui produit cet effet : lorsqu'on voit tous les citoyens à peu près également contents ou affligés à l'occasion des mêmes circonstances. Ce qui les divise, au contraire, c'est que les mêmes circonstances générales pour l'état, ou particulières pour les citoyens, puissent causer aux uns une joie excessive, et aux autres une vive affliction. D'où il suit qu'une cité bien ordonnée est celle qui ressemble le plus à un seul homme.

En effet, dit encore ce philosophe, que nous ayons mal à un doigt, par exemple : l'affection sympathique s'étend, de toutes les parties du corps, jusqu'à l'ame, qui exerce sur lui la suprême autorité. Le tout souffre de la douleur de la partie malade; et nous dirons, dans ce cas, que l'*homme* a mal au doigt, ou à toute autre partie de son corps, qui sera ainsi affectée; et il en sera de même des impressions ou des sensations agréables. C'est ainsi que, dans un état bien réglé, la société toute entière doit ressentir les plaisirs ou les peines de chacun des membres qui la composent (1). Nous retrouvons

---

(1) *Plat. Rep.* l. 5, p. 462.

donc ici la maxime de Solon étendue et développée dans tout ce qu'elle a d'important et d'essentiel ; et nous voyons que ce sage législateur regardait avec raison le principe qu'elle consacre comme l'un des plus sûrs garants de la prospérité et de la stabilité des états.

L'amour de la patrie, si fort recommandé par Platon, par tous les législateurs, et par tous les grands hommes de l'antiquité, poètes, orateurs, historiens, n'est, à quelques égards, que le principe énoncé par Solon, envisagé sous un point de vue un peu différent. Mais l'amour de la patrie n'est pas cet attachement, en quelque sorte, instinctif aux lieux qui nous ont vus naître, et aux habitudes de notre premier âge; il ne consiste pas seulement dans ces émotions profondes que nous fait éprouver, sur une terre étrangère, le souvenir de nos parents, de nos amis, de toutes les impressions douces où agréables qui ont charmé le cours de notre vie. Ce n'est pas même le secret orgueil que nous ressentons quelquefois involontairement des avantages réels ou supposés que nous accordons au pays de notre naissance sur les pays étrangers, quand nous avons occasion d'en faire la comparaison. En un mot, l'amour de la patrie, comme l'envisage Platon, consiste surtout dans la fidélité inviolable aux lois qui font sa prospérité et sa gloire, et par conséquent dans le désir constant et presque dans le besoin du bonheur de tous les hommes qui vivent avec nous sous l'empire de ces mêmes lois. Ce sentiment se compose donc, outre les sentiments particuliers que nous venons d'indiquer, de la connaissance distincte des biens dont nous sommes redevables à ces lois protectrices, à cet ensemble d'institutions à l'abri desquelles notre enfance a été nourrie, protégée, enrichie des moyens d'instruction et de bonheur qu'elles nous garantissent ; il constitue pour nous un devoir impérieux d'assurer à ceux qui viendront après nous la même protection, et des moyens encore plus abondants et plus efficaces de lumières et de bonheur.

Nous devons plus de respect et de dévouement à la patrie, dit encore Platon, qu'aux auteurs de notre naissance : la patrie, qui est aussi notre mère, est immortelle; c'est une divinité pour nous, qui ne sommes que des êtres mortels et périssables (1).

Aussi, après les forfaits commis envers la Divinité, range-t-il ceux qui tendent à dissoudre ou à détruire l'ordre politique. Il veut que tout citoyen qui s'efforce de substituer l'autorité de l'homme à celle des lois, en asservissant l'état au joug des factions, par la fraude ou par la violence, soit re-

---

(1) *Plat. de Legib.* 1. 5, p. 740.

gardé comme le plus cruel ennemi de la société; qu'il soit jugé par les mêmes tribunaux que les sacriléges, et soumis aux mêmes peines. Il place au second degré, parmi les criminels dignes de toute la sévérité des lois, les magistrats qui, sans prendre part à de pareils complots, manquent, par négligence ou par lâcheté, à en punir les auteurs. Enfin, il regarde comme indigne du nom de citoyen celui qui, ayant connaissance de semblables attentats, croit pouvoir se dispenser de les déférer aux magistrats.

Mais quel moyen de faire naître et de développer dans les ames ces sentiments d'amour pour la patrie et de dévouement au bien public, seule garantie du bonheur des états, aussi-bien que de celui des particuliers? Platon n'en connaît pas d'autre qu'un système général d'éducation, sagement combiné, et approprié à cette fin. Son plan de gouvernement n'est même que l'exposition de ce système d'éducation, ce qui a fait regarder, par quelques savants hommes, ses écrits sur cette matière, comme des traités de morale, plutôt que de politique proprement dite. Cette question, au reste, est peut-être assez peu importante à résoudre, puisqu'il est incontestable que Platon a traité les deux sujets comme entièrement dépendants l'un de l'autre, et qu'il les considère comme nécessairement liés entre eux; mais de telle manière que les notions les plus exactes de la morale sont le fondement indispensable d'une saine politique. Platon subordonne tout, même les institutions religieuses, au sentiment de la vertu et au perfectionnement de la raison, qui est le principe fondamental de ses doctrines dans la politique comme dans la morale. Il veut que l'éducation religieuse des citoyens de sa république, éducation qui lui paraît une des conditions les plus importantes pour le succès de toutes les autres institutions, il veut, dis-je, qu'elle soit dégagée de toutes les fables puériles ou grossières dont le paganisme était infecté ; qu'on en supprime soigneusement tout ce qui tend à donner des dieux les idées les plus fausses et les plus absurdes ; à nous les représenter comme accessibles à la joie, à la peine, à la colère, en un mot, à tous les sentiments, à toutes les passions qui agitent et tourmentent incessamment la vie de l'homme. C'est pour cela qu'il bannit les poètes de sa république, ou du moins qu'il n'y admet que ceux qui sauront représenter les dieux et les héros d'une manière véritablement digne de ces êtres supérieurs à l'humanité, et conforme aux idées que peut nous en donner la saine raison.

Au reste, les fonctions du magistrat, chargé de présider à l'éducation de la jeunesse et de surveiller cette partie de l'ordre public, (toujours en se conformant aux lois,) paraissent à notre philosophe d'une telle importance, qu'il ne croit pas pouvoir trop multiplier les précautions propres à garantir sa république d'un mauvais choix en ce genre. Il veut donc que ce magistrat soit un citoyen âgé de plus de cinquante ans, qu'il soit époux et père; qu'il soit élu à la pluralité des suffrages, dans une assemblée composée de tous les autres magistrats réunis dans le temple d'Apollon, (à l'exception des membres du sénat et des conservateurs des lois;) que les votes soient secrets, et par conséquent entièrement libres; qu'outre cela, celui qui aura réuni la majorité des suffrages, subisse un examen public de ceux qui l'auront élu. Enfin, il veut que le magistrat qui aura rempli toutes ces conditions, n'exerce l'autorité attachée à sa place que pendant cinq ans, après quoi on sera tenu de lui substituer un autre citoyen, élu de la même manière (1).

Platon n'apporte pas une attention moins scrupuleuse à l'établissement des tribunaux, et au choix des juges qui doivent les composer : il veut qu'ils soient nommés par une assemblée de tous les magistrats réunis dans un temple, où ceux-ci prêteront serment de ne donner leurs suffrages qu'aux citoyens qu'ils croiront les plus dignes d'estime, et les plus capables de remplir des fonctions aussi importantes. La responsabilité de ces mêmes juges, qui doivent

---

(1) *Plat. de Legibus*, l. 6, p. 765, 766.

être accusés et punis, quand ils violent les lois, la publicité des jugements, la participation des citoyens de toutes les classes (formant comme un jury dans toutes les causes où il s'agit de l'intérêt de la patrie), lui semblent des conditions indispensables à une bonne organisation de cette partie de l'ordre public.

Les grands hommes d'état qui ont véritablement servi la patrie, et qui ont acquis des droits immortels à l'admiration et à la reconnaissance de leurs concitoyens, ne sont pas, suivant ce philosophe, ceux qui ont étendu la puissance ou la domination de la république sur d'autres états, qui l'ont agrandie ou enrichie aux dépens des peuples voisins, qui l'ont embellie ou ornée par les monuments des arts, qui ont fait construire des ports, des arsenaux, des murailles fortifiées. Ce ne sont pas ceux qui ont fait beaucoup pour ce qu'on appelle la gloire d'un état, mais qui n'ont rien fait pour son bonheur. Car il arrive, au contraire, presque toujours, que par cette exagération des forces de la cité, employées dans de pareilles vues, ils lui préparent pour l'avenir un affaiblissement proportionné, et quelquefois une ruine complète, accompagnée des plus cruelles et des plus horribles calamités (1). La véritable science politique consiste, suivant le

---

(1) Voy. le *Gorgias* de Platon, p. 506 et suiv.

même philosophe, à rendre les hommes plus heureux, en les rendant plus modérés et plus sages, c'est-à-dire, plus vertueux. Le but essentiel des lois doit donc être de cultiver en eux, d'abord, les qualités de l'ame, prudence, tempérance, justice, courage; puis, de leur faire acquérir les biens extérieurs, santé, beauté, force, richesse, autant que ce soin peut s'accorder avec la fin première et principale, ou avec l'intérêt général de l'état. C'est pour cela qu'il définit la politique, la science qui produit ou qui fait régner la justice dans une république (1); car la justice comprend, à elle seule, toutes les autres vertus : elle en est la source et le plus solide fondement.

Enfin, considérant qu'il n'y a, parmi les hommes, aucune institution que le temps ne puisse améliorer; que l'esprit humain trouve, dans la conscience même qu'il a de sa faiblesse, l'idée d'un perfectionnement toujours possible, dans tout ce qu'il est capable de concevoir et d'entreprendre; Platon ne se dissimule point que son système de lois, comme celui de tout autre législateur, devra nécessairement subir des modifications. Mais il veut qu'une sage et lente expérience en constate le besoin ou l'utilité; il veut que les

---

(1) Πολιτικὴ, ἐπιστήμη ποιητικὴ δικαιοσύνης ἐν πόλει. (*Platon. Definit.* p. 413, b.)

lois fondamentales, ou, comme on dirait aujourd'hui, les lois constitutionnelles de sa république, soient l'objet constant de l'examen des citoyens; que l'on communique aux conservateurs des lois les changements que l'on jugera convenable d'y faire. Toutefois, il exige que la réforme en soit suspendue pendant plusieurs années, et qu'alors elle ne s'opère qu'avec le consentement de tous les corps de magistrature et de tous les citoyens (1).

Telles sont à peu près les vues les plus importantes que présentent les deux traités de Platon sur cette matière : elles y sont, à la vérité, mêlées à des plans de constitution ou de gouvernement tout-à-fait impraticables; et, ce qui est plus fâcheux encore, l'auteur y propose des moyens d'exécution, dont l'effet semblerait devoir être en opposition directe avec les idées de perfection morale qui occupaient si constamment et si exclusivement sa pensée. Certes, le pouvoir presque absolu qu'il accorde, dans sa république, aux deux classes des magistrats et des guerriers sur la troisième classe, c'est-à-dire, sur celle des cultivateurs et des hommes qui exercent les divers genres d'industrie, ne peut manquer de corrompre très-rapidement ces deux classes supérieures, et de bouleverser l'état en réduisant la troisième à un degré de misère

---

(1) *Plat. de Legib.* l. 6, p. 772.

et d'abjection tout-à-fait intolérable. De plus, la communauté des biens, celle des femmes et des enfants, produiraient aussi infailliblement, d'une part, l'anéantissement de tout amour du travail, de toute amélioration dans les procédés des arts les plus indispensables à la vie; et, d'un autre côté, détruiraient tout lien d'affection entre les membres de la république, en étouffant en eux le plus universel et le plus puissant des sentiments de cette espèce, l'amour de la famille, la piété filiale, et la tendresse fraternelle; et c'est ce qu'Aristote a très-bien démontré.

Seulement, il est juste d'observer que Platon lui-même ne paraît pas avoir proposé son système de gouvernement comme un projet exécutable, au moins dans les institutions particulières qui ont été l'objet de tant de critiques assurément très-fondées; il avoue qu'il ne le croit nullement applicable à des créatures humaines, et c'est dire assez qu'il y reconnaissait des inconvénients que sa raison ne pouvait justifier. Car la pensée qu'il a eue, comme il le déclare expressément, de tracer, dans sa *République*, le modèle purement idéal de la perfection en ce genre, telle qu'il la concevait, ne l'autorisait pas à admettre ou à proposer des institutions qui sont en opposition avec les sentiments les plus naturels au cœur de l'homme. Mais enfin, ces taches, quoique très-réelles, n'altèrent en rien la beauté et la solidité de la plupart des principes que cet illustre écrivain a si admirablement exposés, et il n'en doit pas moins être regardé, ainsi que nous l'avons déjà remarqué, comme le véritable fondateur de la science politique.

Les vérités que Platon avait déduites de l'observation attentive du cœur humain, de ses penchants naturels, de ses passions, et des déterminations qui en sont le résultat nécessaire, Aristote les confirma par l'observation des faits positifs d'une multitude considérable d'états différents. Il avait commencé par recueillir des documents authentiques sur presque toutes les formes de gouvernement qui avaient existé avant lui, et qui existaient de son temps : il en avait composé un ouvrage qui devait nécessairement être fort étendu, puisqu'il comprenait l'histoire des principales révolutions et la description des constitutions de cent cinquante-huit états différents, suivant quelques écrivains (1), ou de deux cent cinquante, selon d'autres (2). Il avait entrepris, outre cela, des recherches sur les institutions des peuples barbares (3), sur le droit public des divers états (4), et composé quatre livres de *Lois*,

---

(1) Voyez *Diog. Laert.* l. V, § 27.
(2) Ammonius, qui a composé une *Vie d'Aristote*.
(3) Νόμιμα βαρβαρικά.
(4) Δικαιώματα πόλεων.

qui étaient probablement un recueil ou un choix de ce qu'il connaissait de plus curieux ou de plus sensé dans la législation des divers états dont il avait étudié l'histoire et l'organisation.

Il paraît que c'est d'après ces matériaux qu'il composa le traité de politique qui nous reste de lui, mais que le temps a mutilé dans quelques parties importantes. Il appliqua à ce nouvel ordre de questions la méthode qu'il avait employée avec succès dans d'autres objets de recherches, et qui n'est, quoi qu'on en puisse dire, que ce qu'on a appelé, depuis Bacon, la *méthode d'induction*; s'il est vrai qu'il faille entendre, par cette expression, le procédé qui consiste à conclure de l'examen d'un nombre suffisant de phénomènes ou de faits d'un certain ordre, la loi générale qui préside à leur production, ou le fait dont chacun d'eux porte en quelque sorte l'empreinte.

C'est probablement aussi la conscience de la supériorité que lui donnait sur Platon l'emploi d'une méthode beaucoup plus sévère, qui, en le mettant à même de reconnaître les défauts de l'ouvrage de celui-ci, le porta à se les exagérer, ou du moins à se faire illusion sur ce qu'il contenait de vraiment important, plutôt qu'un sentiment d'envie ou de jalousie qu'on a toujours peine à supposer, dans un homme tel qu'Aristote.

En effet, les sciences morales et politiques ne sont

assurément pas moins positives que les sciences naturelles : mais les faits sur l'observation desquels elles sont fondées, et qu'elles ont à constater, sont incomparablement plus fugitifs et plus complexes que ceux de l'observation purement extérieure. L'unique moyen, le seul instrument dont nous puissions nous servir, pour les analyser et pour les fixer, le langage, est lui-même variable, incertain dans sa marche et dans ses procédés, et ne peut nous rendre les services importants que nous en devons attendre, que lorsqu'il a déja été porté à un très-haut degré de perfection. Mais cette perfection même dépend exclusivement du progrès des connaissances, de la justesse et de la clarté des idées. En sorte que l'esprit humain tourne, en quelque manière, pendant de longs siècles, dans un cercle fatal, où les faits restent obscurs pour lui, faute de moyens propres à les éclaircir et à les fixer, et où les moyens demeurent imparfaits et inefficaces, parce que les faits sont obscurs et mal appréciés.

Il ne faut donc pas être surpris si, d'une part, des hommes attentifs et doués de beaucoup de sagacité sont arrivés à des résultats presque identiques, quand ils ont observé les mêmes faits, ou du moins des faits de même nature; et si, d'un autre côté, ils les ont présentés sous un aspect, en apparence, assez différent ; de sorte que ni eux-mêmes ni les autres n'ont aperçu cette identité; parce qu'en effet ils l'ont exprimée quequefois dans un langage plus propre à la déguiser qu'à la faire reconnaître.

Ainsi, dans la morale, que Platon et Aristote s'accordent à regarder comme le fondement de toute saine politique, ces deux philosophes semblent avoir été conduits, chacun de son côté, à des résultats qui ne diffèrent peut-être que par l'expression. L'un voit la vertu, ou la perfection morale, dans le progrès de la raison, laquelle, suivant lui, doit être le régulateur suprême et l'arbitre de toutes nos facultés actives. Mais la raison elle-même n'est pas, comme il semble le croire ou le dire en plusieurs endroits, une faculté à part, ou, comme il s'exprime, une partie de l'ame; elle est plutôt, ainsi qu'il le donne à entendre dans d'autres parties de ses ouvrages, un état d'équilibre de nos facultés de tout genre, une manière d'être qui laisse à chacune d'elles le degré d'activité et d'énergie suffisant pour qu'elle puisse exercer ses fonctions, sans nuire à l'activité ou à l'énergie naturelle des autres. Or, c'est là, ce me semble, ce que conçoit et ce qu'entend Aristote, lorsqu'il fait consister la vertu dans un certain milieu, entre deux vices opposés, l'un par excès et l'autre par défaut; c'est là ce *moyen terme*, qu'il s'efforce de reconnaître et d'établir dans toutes les déterminations du désir et de la volonté.

Ainsi encore, ces deux philosophes s'accordent assez sur les grands principes de l'ordre social, sur les vérités fondamentales dont la connaissance et l'observation pratique sont nécessaires au bonheur des sociétés. Mais Aristote ne fut pas peut-être assez frappé du mérite qu'il y avait à avoir le premier présenté ces vérités avec autant de clarté et d'intérêt, à avoir montré avec autant d'évidence leur influence sur la destinée des états. Enfin, il ne vit peut-être pas assez que ces principes, qui lui servaient, en quelque sorte, de point de départ, et qui le guidaient avec plus de sûreté dans ses recherches, c'était Platon surtout qui les lui avait fournis; et que lui-même n'avait agrandi et perfectionné la science sociale, que parce qu'il l'avait prise au point où ce grand homme l'avait laissée. Car on ne saurait nier que la *Politique* d'Aristote ne soit incomparablement plus riche que les traités de Platon, en résultats positifs, en applications pratiques, et que la supériorité de la méthode du philosophe de Stagire, ou plutôt le champ d'observations plus vaste et plus fécond qu'il s'était ouvert, ne dût lui donner les moyens d'étendre et de perfectionner beaucoup les vues de l'écrivain qui l'avait précédé.

Il serait superflu d'exposer ici avec quelque détail l'ensemble des idées comprises dans l'ouvrage dont nous donnons la traduction (1), surtout ayant pris soin, dans les arguments qui précèdent chaque livre, de ne rien omettre de ce qui nous a paru présenter quelque intérêt, et pouvoir faire connaître au lecteur toutes les parties de la doctrine de l'auteur. Il nous suffira donc d'indiquer rapidement quelques-uns des points qui caractérisent les progrès réels que notre philosophe fit faire à la science dont il s'occupait.

D'abord, ayant séparé la politique de la morale, sans perdre de vue l'origine commune de ces deux ordres d'idées et les points nombreux de rapprochement ou de contact qui les unissent, il eut par là occasion de se faire des notions plus exactes de ce qu'il y a de propre à chacun d'eux. Ses définitions de la cité et du citoyen, quoique mêlées à des raisonnements d'une métaphysique subtile, et qui n'est pas toujours exempte d'obscurité, sont pourtant plus exactes que celles de Platon.

D'un autre côté, la loi qu'il s'est imposée, de fonder principalement sa doctrine sur l'observation des faits, l'a conduit à mieux caractériser les diverses formes de gouvernement, à reconnaître les différences qui distinguent celles qu'on avait con-

---

(1) On peut en voir une analyse assez étendue dans le chapitre LXII du *Voyage du jeune Anacharsis*.

fondues sous une même dénomination, et les causes des avantages ou des inconvénients que présente chacune de ces formes.

La considération attentive des effets de la lutte toujours subsistante entre les diverses classes de la société, riches et pauvres, nobles et non nobles, etc., et, en général, des dissentiments violents que produit trop souvent entre les citoyens l'extrême inégalité qui résulte quelquefois de la nature même des institutions politiques, lui fit apercevoir, et marquer avec une précision inconnue avant lui, le caractère qui distingue les bons gouvernements, c'est-à-dire, ceux qui contribuent efficacement au bonheur de la société, de ceux qui sont dans une route tout-à-fait opposée. Il reconnut que les premiers n'ont en vue que l'intérêt général des citoyens; tandis que les autres ne se proposent que l'intérêt particulier des hommes qui disposent du pouvoir.

La même méthode de recherches lui fit également reconnaître l'importance de ce qu'il appelle le moyen ordre des citoyens, ou la *classe intermédiaire* entre les riches et les pauvres, entre les hommes puissants et ceux qui n'exercent presque aucune influence dans le gouvernement. Il regarde l'extension de cette classe comme une des causes qui peuvent le plus contribuer à la prospérité et à la stabilité des états. En effet, composée d'hommes qui ne sont ni riches, ni puissants, ni pauvres, ni dépendants, la classe moyenne a le plus grand intérêt à ce que celle qui possède les richesses et le pouvoir ne soit pas trop oppressive; ni la classe inférieure trop malheureuse. Le despotisme ou l'anarchie dans le gouvernement menacent également son existence, et par conséquent il n'y a pour elle de sécurité et de sûreté que dans le règne des lois. Sa force, presque toute morale et intellectuelle, s'accroît précisément de ce qu'elle communique de raison et de lumières aux deux autres classes. Car, c'est chez elle que se trouvent, avec les heureuses habitudes du travail et de la modération, un loisir suffisant pour la culture de l'intelligence, un sentiment plus vif, et un besoin plus impérieux de l'estime et de la considération des autres hommes. C'est dans la classe moyenne, enfin, que les passions égoïstes de toute espèce sont plus généralement contenues, et les dispositions généreuses plus constamment encouragées par l'expression franche de l'éloge ou du blâme, résultat naturel et nécessaire de l'égalité. Aussi, dans les crises politiques, compte-t-elle pour auxiliaires tout ce qu'il y a dans la classe supérieure de cœurs droits et d'esprits généreux, tandis que ses rangs sont quelquefois désertés par ceux de ses défenseurs naturels, dont les préjugés ou les passions ont altéré le jugement.

Enfin, Aristote, s'élevant par la pensée au-dessus de tous les gouvernements qu'il a décrits, et dont il a observé la marche, les jugeant et les appréciant, dans leur principe et dans leur tendance, examine quels sont pour chacun d'eux les moyens de conservation, les causes plus ou moins imminentes d'altération ou de ruine; et cette partie de son ouvrage est, sans contredit, une des plus curieuses; c'est celle où se manifeste le plus la supériorité incontestable de sa méthode, et la vaste étendue de son génie et de ses connaissances. Ennemi, par sentiment et par conviction, de toutes les révolutions violentes, persuadé que rien de ce qui est véritablement beau ou bon ne peut être le résultat d'une action brusque et soudaine, il trace, d'une main aussi ferme que sage, aux républiques, soit aristocratiques, soit démocratiques, soit oligarchiques, aux monarchies légales ou absolues, et même aux tyrannies, la route qu'elles doivent suivre pour prévenir, par d'heureuses modifications qui les améliorent, les commotions terribles dont elles sont menacées, et où les conduisent inévitablement les abus ou les vices propres à chacune d'elles.

On peut donc, ce me semble, regarder les écrits de Platon et d'Aristote, sur la politique, comme le monument le plus précieux des connaissances acquises par les Grecs sur cet important sujet. Car, malheureusement, les ouvrages de Théophraste, l'ami, le disciple et le successeur immédiat d'Aristote, ceux de Dicéarque et d'Heraclide de Pont, qui écrivirent aussi des traités de politique vers cette même époque, ne nous sont point parvenus (1). Quelques fragments des Pythagoriciens et de l'historien Polybe sont, en ce genre, les seuls débris échappés au vaste naufrage des sciences et des arts, dans les siècles de barbarie qui suivirent la chute de l'empire romain. Les écrivains latins ne paraissent avoir rien ajouté aux recherches des Grecs ; et quelques justes regrets que doive nous inspirer, sous d'autres rapports, la perte de la plus grande partie du traité de Cicéron, intitulé, *De la République*, il paraît très-probable qu'en fait

---

(1) *Théophraste* avait composé, outre un traité de *Politique*, et un ouvrage en trois livres, intitulé Des *Législateurs*, (περὶ νομοθετῶν), divers recueils de lois. Cicéron (*De Finib*. l. 5, c. 4) nous apprend que, dans l'un de ces ouvrages, il avait considéré particulièrement les modifications diverses que subissent, dans certains cas, les gouvernements, et les moyens de mettre à profit les circonstances qui se présentent. *Hoc amplius Theophrastus, quæ essent in Republica inclinationes rerum et momenta temporum, quibus esset moderandum utcumque res postularet [docuit].* — *Dicéarque* et *Héraclide de Pont* avaient recueilli des documents précieux sur les divers gouvernements, les mœurs et les coutumes des peuples tant Grecs que Barbares. Il ne nous reste que quelques fragments de l'un des traités d'Héraclide, que Mr Coray a joints à son édition d'*Élien* (un vol. in-8°. Paris, 1805, chez Firmin Didot.)

de connaissances générales sur cette matière, on n'y trouvait que la doctrine même des deux philosophes dont nous venons de parler (1).

Peut-être donc, avant de conclure ces réflexions, ne sera-t-il pas inutile de résumer en peu de mots les maximes ou les règles qu'ils semblent avoir envisagées comme essentielles à l'existence d'un gouvernement propre à assurer le bonheur des hommes qui vivent sous ses lois. L'ensemble de ces maximes, qui n'est pas sans doute un système de politique qu'on puisse proposer de mettre à exécution, mais qui n'est que l'énonciation des principales conditions propres à satisfaire à ce qu'exige, en ce genre, une raison exercée, exempte de passions et de préjugés, pourrait être comparé à ces lignes dont un géomètre fait voir que certaines courbes tendent incessamment à s'approcher, en même temps qu'il démontre que jamais elles ne peuvent les toucher. Un tel ensemble de propositions sera, si l'on veut, la limite idéale et purement rationnelle vers laquelle on conçoit que l'organisation sociale la plus parfaite peut tendre indéfiniment, quoiqu'il soit certain qu'elle ne peut jamais y atteindre.

---

(1) Voyez à ce sujet l'excellent discours préliminaire, et les dissertations pleines de goût et d'érudition que M<sup>r</sup> Villemain a ajoutées à sa traduction des précieux fragments qui nous restent du traité de Cicéron.

Premièrement donc, le bien général de la société, ou la plus grande somme de bonheur possible, sinon pour tous, au moins pour le plus grand nombre des individus qui la composent, est, suivant Platon et Aristote, la fin ou le but de tout ordre politique. Cette vérité, au reste, universellement admise du temps de ces philosophes, et bien long-temps avant eux, n'a jamais été niée par personne. Elle est tellement empreinte dans le cœur des hommes, elle se confond tellement avec les plus simples et les premiers éléments du bon sens et de la raison humaine, que jamais les tyrans, même les plus stupides, n'ont commis de grands attentats, jamais les gouvernements les plus injustes ou les plus perfides n'ont proposé de mesures désastreuses, sans leur donner au moins pour prétexte le bien public.

Mais en quoi consiste le bonheur de l'homme, autant du moins qu'il peut dépendre de la forme du gouvernement et du mode d'existence de la société ?

Il consiste, suivant ces philosophes, dans la *liberté* et dans l'*égalité politique*.

Dans la *liberté*, parce que sans cette condition, comme le prouve l'histoire de tous les temps et de tous les pays, aucun individu ne peut jouir ni de sa propriété, (c'est-à-dire, du fruit de son travail, de son industrie, de ses talents, enfin des seuls moyens qu'il ait de subsister lui-même et de faire subsister sa famille), ni de ses facultés physiques et intellectuelles, ni même de ce qu'il y a de plus intime dans sa nature, sa conscience et sa raison, son opinion sur les choses et sur les personnes.

Dans l'*égalité* politique, parce qu'elle est la seule cause, l'unique fondement de la liberté.

En effet, l'inégalité entre les individus est dans la nature; il ne dépend pas plus de nous d'en nier que d'en empêcher l'existence. Activité, courage, santé, force, intelligence, tous ces avantages sont répartis entre les individus dans des proportions singulièrement variables, et de manière à mettre quelquefois entre eux la plus prodigieuse inégalité.

D'un autre côté, chacun d'eux est incessamment soumis à l'action de deux forces qui le poussent en des sens opposés. L'une est le sentiment de sa *personnalité*, le besoin et l'avidité de tous les genres de succès ou de jouissances qui peuvent flatter ses passions, ou lui procurer une satisfaction qui n'est que pour lui, indépendamment du bien ou du mal qui peut en résulter pour ses semblables. L'autre est la *sympathie*, en prenant ce mot dans le sens le plus étendu, c'est-à-dire, comme exprimant cette tendance de notre sensibilité en vertu de laquelle nous nous associons à tous les sentiments agréables ou pénibles qui peuvent affecter des êtres capables de jouir et de souffrir comme nous. L'action de la première de ces deux forces est constante chez tous les hommes, et a une énergie prédominante chez le plus grand nombre d'entre eux; l'action de la seconde est plus ou moins intermittente, s'il le faut ainsi dire, chez tous, et il n'est donné qu'à un petit nombre d'ames privilégiées de l'éprouver dans son plus haut degré d'énergie.

Cependant, quelle que soit l'inégalité que la nature a mise entre les hommes, quelle que soit la supériorité qu'elle semble avoir accordée à certains individus sur d'autres, la force purement individuelle, en quelque genre que ce soit, est toujours renfermée dans des limites fort étroites; elle a besoin, pour s'accroître et se développer, du concours d'autres forces analogues. C'est-à-dire, qu'elle ne peut recevoir son complément que de l'état de société, qui est une des conditions de l'existence de l'espèce humaine, et un fait de la nature, aussi-bien que l'inégalité entre les individus. Car il est évident que si le sort de la race humaine avait pu être exclusivement livré aux chances résultantes de l'inégalité naturelle, les forts auraient bientôt détruit les faibles, et n'auraient pas tardé à être détruits eux-mêmes par les habiles, qui auraient fini par se détruire les uns les autres.

Mais l'instinct de la sociabilité, qui se manifeste et se développe déja d'une manière très-sensible dans l'existence de la famille, produit des associations plus ou moins nombreuses, par l'effet desquelles se développe de plus en plus le sentiment de la sympathie, et d'où naissent les idées de justice privée, ou d'individu à individu; puis enfin l'idée de justice sociale, qui n'est autre chose que l'égalité politique. C'est donc dans cette idée ou dans cette notion, résultat et produit nécessaire de l'état de société, que se trouve le remède aux maux qu'enfante l'inégalité individuelle : maux qui sont d'autant plus grands et plus intolérables, que la société est moins avancée dans la civilisation ; ou, en d'autres termes, qu'il y a moins de lumières et de vertus répandues dans la masse des hommes qui la composent.

L'égalité politique n'a donc point pour but d'empêcher ou d'effacer l'inégalité naturelle, cela serait impossible : elle n'a pas davantage pour but de s'opposer aux conséquences naturelles de cette inégalité primitive ou individuelle, cela serait également absurde et impraticable : elle est uniquement destinée à en combattre les abus, à en diriger les résultats vers le bien général de la société.

Ainsi, il a existé partout et de tout temps une *noblesse*, en prenant ce mot dans sa véritable et légitime acception ; c'est-à-dire, une *notabilité* (1), fondée d'abord sur des talents ou des services extraordinaires, sur des actions d'éclat, ou sur de grandes richesses ; et certes, il est impossible qu'un homme qui a obtenu cette espèce de noblesse ne la transmette pas à ses enfants, comme il leur transmet son nom et sa fortune. Mais ce que les philosophes, dont j'expose ici la doctrine, paraissent avoir regardé comme une chose contraire à l'égalité politique, ou même comme tout-à-fait destructive de cette égalité, c'est que des fonctions publiques, des magistratures, en un mot, des priviléges (2) quelconques, pussent être l'héritage de certaines familles ou de certains individus ; c'est que l'inégalité naturelle fût renforcée, soit dans son principe, soit dans ses conséquences, par des déterminations expresses de la loi, ou par des institutions qui en multiplieraient ou en aggraveraient les abus et les inconvénients de tout genre. Il leur sembla évident que si la nature peut mettre, et met en effet, une inégalité réelle et incontestable

---

(1) *Notabilitas*, d'où, par abréviation et corruption, *nobilitas*, comme *nobilis* de *notabilis*.

(2) *Privilegia* (*privatæ* ou *privæ leges*). Il est à remarquer que ce mot est toujours pris en mauvaise part, dans les auteurs latins qui ont précédé la chute de la République. Il désigne ce que l'on entend aujourd'hui par *lois d'exception*, et c'est en ce sens qu'il est partout employé dans Cicéron.

entre les êtres qu'elle a créés ; si elle accorde aux uns des talents et des facultés qu'elle refuse aux autres, l'homme, ou les institutions qui sont son ouvrage, sont infiniment loin d'avoir cette merveilleuse puissance. Vainement donc, disaient-ils, la loi prononcerait que tels ou tels individus naîtront supérieurs à tels ou tels autres ; vainement elle prononcerait qu'ils naîtront capables de tels ou tels emplois ; trop souvent la nature démentira cette prétention orgueilleuse de la loi; trop souvent l'effet de cette faveur anticipée sera d'étouffer, chez ceux qui en sont l'objet, le germe des talents ou des vertus qu'ils étaient destinés à acquérir.

L'égalité politique fut donc considérée, par ces philosophes, sous deux points de vue distincts : comme absolue, et comme relative. Comme absolue, dans ce qui regarde l'application des lois pénales aux délits de tout genre qu'elles sont destinées à punir ou à prévenir; comme relative, dans la distribution des emplois, des récompenses, des honneurs et de la considération dont le gouvernement dispose, pour l'avantage et dans l'intérêt de la société toute entière.

En effet, sous le premier rapport, il est évident que les lois qui prescrivent certaines actions et qui en interdisent d'autres, sous de certaines peines, ne peuvent et ne doivent faire aucune distinction entre les individus à qui les actions défendues par la loi sont réellement imputables, ou qui négligent de faire celles qu'elle prescrit. Que l'auteur d'un meurtre, d'un vol, ou de toute autre action injuste, soit riche ou pauvre, noble ou obscur, savant ou ignorant, brave ou lâche, l'action qu'il a commise ne saurait changer de nature par aucune de ces circonstances. Ainsi, sous ce rapport, la loi est la même pour tous les citoyens, et tous sont ou doivent être absolument égaux à ses yeux.

Au contraire, quand il s'agit de salaires ou de récompenses à accorder à ceux qui rendent à la société des services plus ou moins importants; d'emplois à confier à ceux qui sont plus ou moins capables de les exercer avec succès, c'est-à-dire, toujours de la manière la plus conforme à l'intérêt général, il semble juste d'avoir égard aux qualités individuelles de chaque citoyen appelé à de pareilles fonctions, et c'est alors que l'égalité devient relative, ou, comme s'exprime Aristote, proportionnelle.

D'un autre côté, ces philosophes avaient très bien vu que le fonds des richesses, des ressources de toute espèce, en un mot, que la force ou la puissance d'une société ne se compose que des sacrifices que tous les citoyens font à l'utilité publique, soit par des contributions pécuniaires, soit par des services directs et personnels; et ils reconnurent que cette force ne doit jamais être confiée, sans condition et sans une sévère responsabilité, à un individu, à une famille, ou à une portion quelconque, même la plus nombreuse, de la société, à l'exclusion de quelque autre partie que ce soit (1) : car leurs méditations sur la nature humaine leur avaient fait reconnaître la tendance constante de l'intérêt privé ou personnel, et sa force prédominante dans l'immense majorité des individus.

Ils en conclurent donc que c'était à la loi de prescrire les conditions d'après lesquelles tout dépositaire de la force publique userait de l'autorité qui lui serait confiée, et que cette loi devait être, comme toute autre loi, l'expression des besoins, des intérêts, des sentiments, sinon de tous, au moins du plus grand nombre des membres de la

---

(1) Cette force, destinée à défendre les citoyens contre les attaques des ennemis extérieurs, et à les protéger contre toute atteinte portée à la sûreté des personnes et des propriétés, soit par des individus isolés, soit par des réunions ou coalitions d'hommes violents et injustes, est nécessairement irrésistible pour chaque citoyen. Si donc elle est employée à les dépouiller de leurs droits, si elle est employée illégalement contre leur sûreté ou leur liberté, elle devient le plus redoutable des fléaux. A la vérité cet abus qu'on en fait, tend incessamment à la détériorer et à l'affaiblir : il la rend impuissante, d'abord contre les ennemis du dehors, puis contre les révolutions ou les conspirations qui peuvent se former au-dedans ; mais ce n'est pas un remède au mal que souffre la société, ce n'est qu'un changement de calamités.

société, ou, pour mieux dire, l'expression des lumières et de la raison publiques.

Dès-lors la question fondamentale sur le meilleur mode de gouvernement ou d'organisation possible, ainsi énoncée : *Quels sont les moyens de contribuer au plus grand bonheur de ceux qui composent la société civile ?* se trouva transformée pour eux en cette autre question, qui leur semblait être un acheminement à la solution qu'ils cherchaient : *Quels sont les moyens de substituer, le plus possible, l'autorité ou le pouvoir de la loi, au pouvoir ou aux volontés arbitraires de l'homme ?*

Ici se manifestent, en effet, le point de départ et les directions opposées des deux limites intellectuelles vers lesquelles on peut supposer que tendent tous les gouvernements, bons et mauvais, et qu'il leur est impossible d'atteindre complètement. Car, sans doute, on ne pourra jamais établir un ordre de choses tel que la loi y règne exclusivement, et sans aucun mélange des volontés arbitraires des individus qui sont chargés de son exécution ; seulement, il est incontestablement vrai que toute société qui marche vers ce but, est dans une route de perfectionnement réel, et de prospérité toujours croissante. Mais, d'un autre côté, il n'est pas moins certain que plus les volontés arbitraires des dépositaires de la puissance sociale ont d'influence sur l'existence et sur les destinées d'un état, plus il y a de souffrance et de malheur pour tous ceux qui sont exposés à l'action de cette puissance, c'est-à-dire, pour l'immense majorité des citoyens ; et plus aussi la société marche rapidement vers sa dissolution, ou vers sa ruine, sans que jamais la chimère du pouvoir absolu de l'homme sur la société puisse se réaliser complètement.

C'est que la force publique, ou la réunion des ressources, des moyens et des efforts de tous les citoyens, est sans aucune proportion avec l'objet auquel on prétend l'appliquer en pareil cas, je veux dire le bonheur imaginaire, ou la satisfaction des désirs et des passions d'un seul, ou d'un petit nombre. C'est que, dans cette immense machine, appliquée à un si petit objet, il y a inévitablement beaucoup de force perdue, et qui tourne précisément contre le but auquel on prétend l'employer. Enfin, c'est que l'intelligence d'un seul homme, ou même d'une réunion d'hommes, comme le dit Aristote, ne peut presque jamais embrasser l'utilité et les intérêts de tous ; tandis que l'intelligence de tous, quand elle y est convenablement employée, ou en ayant égard, autant qu'il est possible, à la variété de leurs talents, de leurs connaissances et de leurs besoins, est bien mieux adaptée à une pareille fin.

Voilà pourquoi ces deux philosophes veulent que le peuple, ou la partie même la moins instruite et la moins cultivée de la société, participe, au moins en quelque chose, au moins d'une manière indirecte, dans certains cas, à la conduite ou à l'administration des affaires communes ou publiques, lesquelles ne sont ainsi appelées que parce qu'en effet elles intéressent le public ou la totalité des citoyens.

Voilà pourquoi encore ils apportent le plus grand soin, l'attention la plus scrupuleuse à déterminer quelles sont les qualités morales, que, suivant eux, on doit exiger de ceux qui seront appelés à exercer des fonctions importantes et à disposer d'une grande autorité. Ainsi, il faudra que l'on reconnaisse en eux un amour sincère de la patrie et des institutions qu'elle a établies pour assurer sa liberté; un dévouement sans bornes au bien public, ou aux intérêts généraux de la société, un respect inviolable pour les lois, et enfin les lumières et les talents qu'exigent les emplois qui leur sont confiés.

Par conséquent, ils devront y être appelés par le libre suffrage de leurs concitoyens, ou au moins de ceux d'entre eux qui, par les circonstances de leur éducation et leur situation, seront plus à même d'apprécier le genre de talents et l'espèce de vertu que l'on exige d'eux. Il faudra même qu'après avoir été désignés par un premier choix, ils ne puissent entrer en charge qu'autant qu'un examen sévère aura garanti leur aptitude aux fonctions qu'ils doivent remplir.

Mais, comme l'exercice du pouvoir a, par sa nature, des séductions auxquelles bien peu d'hommes sont capables de résister, plus une magistrature sera importante, plus le pouvoir qui y est attaché sera grand, plus il conviendra de limiter le temps où elle sera exercée par la même personne. Il faudra, de plus, que tout magistrat sortant de charge soit tenu de rendre un compte public de l'usage qu'il a fait de son autorité. Ce compte devra être d'autant plus rigoureusement exigé, l'examen en devra être d'autant plus rigoureux, que l'autorité du magistrat aura été plus grande.

Par suite des mêmes considérations, il conviendra de ne pas exciter par des avantages pécuniaires trop considérables la cupidité et l'ambition des ames vulgaires ; en sorte que ceux qui aspireront aux grandes magistratures, regardent plutôt l'honneur que le profit qui en résulte, qu'ils cherchent le dédommagement de leurs soins et de leurs sacrifices dans l'estime et dans la considération publiques, plutôt que dans un accroissement de richesses, toujours funeste pour eux-mêmes, et dangereux pour la liberté. Par conséquent, il conviendra aussi que les fonctions qui donnent un grand pouvoir soient entièrement distinctes et séparées de celles où l'on aura, de quelque manière que ce soit, la disposition ou l'administration de la fortune publique.

C'est sur ces principes et à l'aide des institutions dont ils peuvent suggérer l'idée, que les philosophes dont j'expose ici la doctrine concevaient qu'on pouvait assurer la liberté d'un peuple; et que l'égalité politique, telle qu'elle a été définie précédemment, devait l'affermir et en garantir la durée. Mais ils ne se dissimulaient pas que l'établissement d'un ordre de choses analogue à celui qu'ils imaginaient, supposait dans la masse des citoyens une instruction à peu près égale sur tous les objets relatifs à l'intérêt général, des habitudes bien établies de modération et de soumission aux lois, des sentiments énergiques d'amour et de dévouement pour la patrie; conditions qui, comme on l'a déja fait remarquer, leur semblaient ne pouvoir être que le résultat d'un bon système d'éducation publique.

Ils pensaient donc qu'il y a un fonds d'idées et de sentiments, qui peut facilement devenir commun à presque tous les membres d'une même société, quelle que soit la diversité des talents naturels et des circonstances de fortune, de naissance ou de situation particulières à chaque individu; que plus on s'attacherait à leur donner, dès l'enfance, la connaissance des vérités sur lesquelles se fonde le véritable ordre des sociétés politiques, et à les leur faire aimer, mieux ils sauraient remplir plus tard les fonctions qui leur seraient confiées. En un mot, ils croyaient qu'on ne pouvait s'y prendre trop tôt pour cultiver la raison de l'homme, qu'on ne pouvait apporter trop de soin à surveiller le développement de son intelligence et de toutes ses habitudes, en l'accoutumant de bonne heure à aimer ce que la raison approuve, et à haïr ce qu'elle réprouve. Tout système d'éducation tendant à établir des opinions factices, des sentiments contraires au bien général de la société, leur paraissait également absurde et dangereux, car on reconnaît dans tous leurs écrits combien ils étaient convaincus de la force irrésistible de la vérité (1).

Au reste, on aurait tort de s'imaginer que ces

---

(1) Écoutons ce que l'étude approfondie de l'histoire, et l'expérience des affaires les plus importantes avait appris, sur ce sujet, à l'un des plus illustres historiens de l'antiquité : « La « vérité, dit Polybe, est, à mon avis, la plus grande divinité « que la nature ait manifestée aux hommes, et celle à qui elle a « accordé la plus grande puissance. Aussi, bien qu'elle soit « quelquefois combattue par tout le monde, et que toutes les « probabilités semblent, dans certaines circonstances, s'unir « contre elle avec l'imposture, d'elle-même elle s'insinue, je « ne sais comment, dans l'esprit des hommes; et, tantôt par un « essor soudain, elle révèle toute sa force: tantôt, après avoir « été long-temps obscurcie d'épaisses ténèbres, elle finit par s'en « dégager, et triomphe du mensonge. » (*Polyb. Excerpt. Histor.* l. 13, § 3.)

philosophes, bien qu'ils aient donné le nom de *République* au système de gouvernement dont ils s'appliquèrent, chacun de son côté, à tracer le modèle, fussent exclusivement partisans de cette forme d'organisation politique. Il est même à remarquer que l'un et l'autre se montrent partout très-peu favorables à la démocratie. Témoins des excès qui déshonorèrent trop souvent celle d'Athènes, ils n'hésitent point à déclarer que la royauté limitée ou légale, c'est-à-dire, dans laquelle un monarque héréditaire soumet son autorité aux lois, et ne la fait servir qu'au maintien de la justice et à la protection des sujets, leur paraît le meilleur de tous les gouvernements.

L'erreur la plus grave qu'on puisse leur reprocher, c'est d'avoir laissé subsister dans leurs théories, un vice radical, dont tous les peuples de l'antiquité ressentirent à divers intervalles les funestes effets; dont l'action, ordinairement lente et sourde, mais toujours présente, minait insensiblement les vertus privées, et fut une des causes les plus incontestables de cette dégradation morale, qui amena la ruine de presque tous leurs gouvernements. Je veux parler de l'esclavage domestique : ils ne virent pas que deux êtres, doués des mêmes facultés, ayant les mêmes besoins, les mêmes moyens naturels d'y pourvoir, par conséquent un droit égal à les satisfaire, et dont pourtant l'un est entièrement sacrifié à l'autre, doivent nécessairement perdre, dans cette situation violente, leurs qualités les plus précieuses ; qu'il se fait alors, de l'un à l'autre, comme un échange continuel de tous les penchants vicieux, de toutes les inclinations perverses, en un mot, de tout ce qu'il y a de plus mauvais dans la nature de chacun d'eux. L'esclave devient flatteur, faux, rampant, parce qu'il a intérêt d'adoucir un maître capricieux et cruel ; et le maître devient plus cruel, plus orgueilleux, plus capricieux, parce que l'esclave fomente, pour ainsi dire, en lui tous ces vices. Tous deux se corrompent donc de plus en plus l'un l'autre, et ainsi se trouvent étouffés et détruits les germes de vertu que la nature avait mis dans leurs âmes. Étrange effet de l'habitude et de l'ordre de choses qui existait partout autour d'eux ! Ces profonds observateurs de la nature humaine ne s'aperçurent pas que le phénomène de l'influence du despotisme et de la tyrannie sur le caractère moral des nations, et sur celui des dominateurs eux-mêmes, phénomène dont ils avaient démêlé avec tant de sagacité et décrit avec tant de vérité toutes les circonstances, se reproduisait presque à chaque instant, sous leurs yeux et au sein même de leurs familles.

Une autre erreur, qui leur fut commune avec tous les législateurs qui les ont précédés et avec le plus grand nombre des écrivains politiques qui leur succédèrent, c'est d'avoir trop présumé de la puissance des hommes ou des institutions, et de leur influence immédiate sur l'état d'un peuple. A la vérité, Aristote observe avec raison que le législateur ne rend point les hommes tels qu'il veut qu'ils soient, et qu'il est forcé de les prendre tels qu'ils sont. Mais il oublie bientôt cette sage maxime, et il n'en trace pas moins un plan de gouvernement où beaucoup de choses, sur lesquelles il est impossible de rien statuer pour l'avenir, lui semblent devoir être réglées par la loi ; comme lorsqu'il veut qu'elle assigne une limite déterminée à l'accroissement de la population.

A proprement parler, on ne donne point des lois à une nation, on ne lui donne point une constitution : il n'y a de réellement établi et de durable, en ce genre, que ce que l'état présent des besoins, des sentiments, des opinions et des lumières de cette nation, exige ou permet. Les véritables lois sont celles qui déclarent, pour ainsi dire, cet état de choses, dans ce qu'il a de réellement avantageux pour la société toute entière, et de propre à assurer et à accroître sa prospérité intérieure.

Le célèbre paradoxe de Platon, qu'il n'y aura de bonheur pour les peuples que lorsque les philosophes seront rois, ou lorsque les rois seront philosophes (1), n'est fondé que sur cette idée exagérée

---

(1) *Plat. Rep.* l. 5, p. 473 ; l. 6, p. 487 ; *Epist.* 7, p. 326.

de l'influence de quelques individus sur la destinée des peuples. Cette influence, dont on ne saurait nier la réalité, dans certains cas, n'est peut-être jamais aussi entière ni aussi étendue qu'on semble l'imaginer. Car, ou ces individus savent se prévaloir, pour l'avantage de la société, de ce qu'ils y trouvent de forces et de moyens appropriés à cette fin; et alors ils la font entrer dans une carrière de perfectionnement, où ses progrès ultérieurs ne peuvent plus être leur ouvrage : ou bien ils parviennent à s'associer, pour quelque temps, des forces et des moyens qu'ils dirigent contre le bien ou l'intérêt de cette même société ; et alors ils rencontrent des obstacles dont il leur est à la longue impossible de triompher. Mais, dans l'un et l'autre cas, il resterait toujours, pour apprécier avec justesse l'influence d'un homme sur une nation, à déterminer jusqu'à quel point cet homme a été sollicité et, pour ainsi dire, appelé par la force des circonstances, qui exigeaient impérieusement tel genre d'impulsion ou de modification, plutôt que tel autre, pour lequel il aurait fallu un homme ayant un caractère, des desseins et des talents tout différents.

D'ailleurs, l'influence d'un homme sur une nation tient peut-être toujours plus à sa situation particulière qu'à sa valeur propre, quelque grande qu'on la suppose, et elle finit ordinairement avec lui, quand elle n'est pas secondée par la nature des choses et par la disposition générale des esprits. L'empire romain fut gouverné, pendant quatre-vingts ans, par des monarques dont les talents et les vertus lui procurèrent quelque repos, au milieu des angoisses de sa longue agonie; mais, après la mort du dernier et du plus vertueux d'entre eux, tout se trouva préparé pour le règne d'un monstre tel que Commode. Ainsi, la philosophie ne peut presque rien pour le bonheur des sociétés humaines, au moins dans le sens de la fameuse maxime de Platon; mais les philosophes sont sans doute les bienfaiteurs de l'humanité, lorsqu'ils remplissent la tâche à laquelle ils sont appelés, c'est-à-dire, lorsqu'ils découvrent et propagent, en quelque genre que ce soit, des vérités utiles.

Sous ce rapport même, ils n'ont presque aucun point de contact immédiat avec les intérêts politiques qui s'agitent autour d'eux, aucune influence directe sur l'état actuel des gouvernements sous lesquels ils vivent. Leurs théories les plus sages, leurs arguments les plus convaincants, sont aussi impuissants contre la force qui emporte les états dans une fausse route, que les sophismes de leurs antagonistes le sont pour accroître et soutenir cette même force. Ceux qui en disposent, quand ils ne sont pas aveuglés par des préventions ou par des animosités particulières, le savent très-bien, et n'en suivent pas moins la route dans laquelle ils sont engagés, tant qu'ils n'y rencontrent pas d'autres obstacles.

C'est que les idées ou les opinions, vraies ou fausses, n'ont de puissance sur le cours des événements, que quand elles sont devenues celles de la très-grande majorité des citoyens. Et voilà pourquoi l'on ne peut attendre d'amélioration réelle et durable, dans les destinées d'un peuple, que du progrès des lumières et de la raison au sein de ce même peuple. Mais ce progrès est nécessairement très-lent: parce que les hommes sont bien plus touchés des avantages ou des inconvénients présents, que de ceux qu'ils peuvent espérer ou craindre pour l'avenir, quelque faibles que soient les uns, et quelque grands que puissent être les autres. Les opprimés semblent même craindre, presque autant que les oppresseurs, la vérité qui les éclairerait sur leur situation, ou qui leur en ferait connaître tout le danger; et c'est ainsi que les uns et les autres sont quelquefois conduits, par la force des choses, à ce point où des révolutions violentes leur font porter la peine d'un aveuglement qui n'a pas toujours été entièrement involontaire.

Nous en avons dit assez pour faire pressentir le genre d'intérêt et d'instruction que peut offrir la lecture du traité d'Aristote, dont nous donnons la traduction. On y verra que les saines doctrines, en fait de gouvernement, sont déjà bien anciennes dans le monde, et que les doctrines opposées ne le sont pas moins; ou plutôt on concevra sans peine que la lutte entre les défenseurs de la liberté et les apôtres de la servitude, doit être aussi ancienne que l'espèce humaine. Car le principe de cette guerre éternelle et sans cesse renaissante, est dans le cœur de l'homme lui-même, et dans la double impulsion qu'il reçoit du sentiment de sa personnalité et de celui de la sympathie. La constance et l'énergie prédominante du premier de ces sentiments, (en même temps qu'elle nous fait voir pourquoi le nombre des individus avides de pouvoir, de richesses, et asservis aux passions les plus injustes, est toujours plus grand que celui des hommes qui savent entendre la voix de la raison et de la justice), peut nous expliquer, jusqu'à un certain point, le phénomène que nous présente l'histoire ; lorsqu'elle nous montre, presque par toute la terre et dans tous les siècles, les peuples gémissant sous le joug d'une servitude aussi honteuse que cruelle, tandis qu'il y en a bien peu qui aient pu jouir des douceurs de la liberté.

Mais, d'un autre côté, comme le sentiment de la sympathie est aussi le principe et la cause de la sociabilité, les pensées qu'il suggère sont généreuses et honorables; elles obtiennent l'approbation presque universelle; car, étant favorables aux intérêts et au bonheur de tous ou du plus grand nombre, ceux même dont elles irritent les passions injustes, ne peuvent, en secret, leur refuser quelque estime. Au contraire, les pensées qui naissent du sentiment de la personnalité, sont étroites et viles; elles ont besoin, pour se manifester, d'une extrême circonspection, et sont forcées de s'environner de mille faux prétextes de bien public et d'intérêt général; encore l'illusion qu'elles peuvent produire par cet artifice est-elle bien peu durable. Et ainsi s'explique la différente destinée qu'ont eue les écrits des philosophes qui ont établi et défendu les vrais principes de la liberté et de l'ordre social, et les écrits des sophistes qui se sont faits les apologistes du despotisme et de la servitude. Les uns, lus, admirés de siècle en siècle, et cités avec confiance par tous ceux qui ont sincèrement embrassé la cause de l'humanité, forment comme un faisceau de lumières toujours subsistant, et qui éclaire la marche des gouvernements jaloux de faire le bonheur des peuples et d'assurer leur propre sécurité : ils consacrent à la reconnaissance des hommes les noms glorieux de Platon, d'Aristote, de Cicéron, de Locke, de Montesquieu. Les autres, semblables à ces lueurs perfides et passagères, qui apparaissent quelquefois au voyageur incertain de sa route, et qui s'éteignent tout à coup, en le laissant au milieu des précipices et des abîmes où elles l'ont égaré, ne survivent que peu de jours au scandale qu'ils ont produit, ou ne transmettent à la postérité que des noms d'hommes justement flétris par l'opprobre qui s'est attaché à leurs odieuses maximes, et que les plus effrontés de leurs serviles imitateurs n'osent jamais citer. Ainsi, la vérité triomphe, avec le temps, de tous les obstacles qu'on lui oppose ; un sentiment plus sûr de leurs véritables intérêts se propage insensiblement dans toutes les classes de la société, et les ames généreuses trouvent quelque consolation, dans la pensée que l'amélioration des destinées humaines, qui fut l'objet constant de leurs vœux, n'est assurément pas une chimère de leur imagination.

FIN.

# AVERTISSEMENT

SUR CETTE NOUVELLE TRADUCTION

DE LA POLITIQUE D'ARISTOTE.

L'ÉDITION grecque de ce traité, donnée en 1821 par M^r Coray (1), est celle que j'ai suivie dans cette traduction. Ce savant avait principalement pris pour base de son travail le texte de l'édition donnée, deux ans auparavant, par feu M^r Schneider (2), l'un des philologues et des érudits les plus distingués de l'Allemagne. Grace aux travaux et aux recherches de ces deux habiles éditeurs, le texte d'Aristote est devenu plus correct et plus facile à comprendre qu'il

---

(1) En voici le titre : ΑΡΙΣΤΟΤΕΛΟΥΣ ΠΟΛΙΤΙΚΩΝ τὰ σωζόμενα, ἐκδιδόντος καὶ διορθοῦντος Δ. Κ. φιλοτίμῳ δαπάνῃ τῶν ὁμογενῶν, ἐπ' ἀγαθῷ τῆς Ἑλλάδος, c'est-à-dire : *Ce qui reste des livres politiques d'Aristote; de l'édition et avec les corrections de D.* Coray, (publié) *aux frais de ses généreux compatriotes,* (les habitants de Scio), *pour l'utilité de la Grèce*. Un vol. in-8°. Paris, 1821, de l'imprimerie de J.-M. Eberhart, et se trouve chez Firmin Didot, père et fils, rue Jacob, n° 24.

(2) Aristotelis *Politicorum libri octo superstites. Græca recensuit, emendavit, illustravit, interpretationemque latinam addidit* Jo. Gottlob. Schneider. Saxo. Deux vol. in-8°, imprimés à Francfort sur l'Oder (1819).

ne l'avait été jusque-là ; et, si ma traduction a, sous le rapport de l'exactitude, quelque avantage sur celles qui l'ont précédée, ce serait surtout à cette heureuse circonstance que j'en serais redevable.

Les traductions françaises qui ont précédé la mienne sont : 1° celle de Louis Leroi (1), professeur au collége de France, sous les règnes de Charles IX et de Henri III, auxquels il dédia plusieurs de ses ouvrages. Il était profondément versé dans la connaissance de la langue grecque : mais malheureusement notre langue était alors très-imparfaite, et le style de cet écrivain est fort inférieur à celui d'Amiot, son contemporain. Il modèle quelquefois sa phrase si scrupuleusement sur le grec, qu'elle en devient presque inintelligible, et qu'on est forcé de recourir au texte même d'Aristote, pour bien entendre son interprète. Au reste, il a joint à sa traduction des notes fort instructives, qui annoncent une érudition étendue et variée, une connaissance peu commune de l'histoire ancienne et moderne, particulièrement de celle des états de l'Italie, en même temps que les réflexions propres à l'auteur montrent en lui un honnête homme, une ame élevée et généreuse.

2°. Je ne connais, après cette traduction de Leroi, que celle de feu M$^r$ Champagne, (de l'Académie des

---

(1) *Les Politiques d'Aristote, esquelles est monstrée la science de gouverner le genre humain en toutes espèces d'estats publics, traduites du grec en françois, etc.*; par Loys le Roy, dict *Regius*, un vol. in-4°. Paris, Michel de Vascosan. M. D. LXVIII.

inscriptions), et qui fut publiée en 1789, en deux vol. in-8°: elle est aussi accompagnée de notes intéressantes, écrite d'un style, en général, facile et correct; mais on lui a reproché, outre quelques inexactitudes, l'emploi trop fréquent des termes que la révolution, et les conceptions d'organisation sociale dont on s'occupait alors, avaient récemment introduits dans notre langue, et qui, par conséquent, ne rendaient que d'une manière incomplète ou inexacte les idées de l'auteur grec.

3°. Enfin, la traduction donnée en 1803 (3 vol. in-8°), par M<sup>r</sup> Millon, professeur à la Faculté des lettres de Paris, est aussi l'ouvrage d'un homme également versé dans la connaissance de la langue d'Aristote et du sujet qu'il traite. Ce dernier traducteur a évité le défaut qu'on reprochait à son devancier; mais peut-être l'un et l'autre ne se sont-ils pas assez asservis à la marche des idées et aux formes du style de l'auteur original. Cette considération, et surtout la nécessité d'éviter la disparate choquante qui serait résultée de la diversité des styles et des systèmes de traduction, dans les deux volumes d'un ouvrage dont ils forment les parties indivisibles, m'a déterminé à n'employer aucune des deux versions récentes de la Politique. J'ai donc cru devoir traduire ce dernier ouvrage, précisément parce que j'avais traduit celui qui lui sert, en quelque sorte, d'introduction. Je n'ai point négligé de consulter aussi les traductions anglaise et allemande du D<sup>r</sup> Gillies, de Garve; enfin, j'ai dû à l'obligeance et à l'amitié de M<sup>r</sup> Coray les mêmes secours précieux que j'en avais obtenus pour la publication du premier volume.

On a pu connaître, par ce qui en est dit dans la note qui termine le discours préliminaire du premier volume (p. lxxxij), le but que je m'étais proposé en publiant cet ouvrage; j'ai annoncé que le prix de la souscription ouverte à ce sujet, sera consacré à secourir les malheureuses victimes du désastre de Scio. Quoique le nombre des souscriptions n'ait pas été jusqu'ici fort considérable, j'espère pourtant qu'aujourd'hui que l'ouvrage entier est terminé, il ne saurait manquer d'être accueilli avec quelque faveur; parce que son succès m'a toujours semblé devoir être, au moins jusqu'à un certain point, indépendant du mérite de l'exécution. J'ai espéré que la plupart des gens de lettres, des professeurs, et en général, de ceux qui s'intéressent au progrès des lumières et de la raison, qui sont touchés des calamités d'un peuple aux ancêtres duquel nous devons nos arts, nos sciences et notre civilisation, s'empresseraient volontiers de seconder mon dessein; j'ai pensé que, considérant plutôt l'occasion de faire une action utile et honorable, que la valeur du livre qui leur est offert, et qui manquait jusqu'ici à notre littérature, ils se feraient presque un devoir de le placer dans leurs bibliothèques, quelque imparfait qu'on pût le supposer.

La différence des opinions qui partageaient naguère les esprits, chez les nations civilisées de l'Europe, au sujet de la cause des Grecs, a dû s'effacer de plus en plus, à mesure qu'on a mieux connu les prétentions absurdes et les cruautés sans exemple de leurs oppresseurs. Il est aujourd'hui bien démontré qu'ils n'ont fait, en s'insurgeant, que céder à l'impérieuse nécessité de défendre leurs vies contre les tyrans, ou plutôt contre les bourreaux les plus féroces qui existèrent jamais. Les écrivains, ou trompeurs ou trompés, qui s'étaient faits les apologistes de tant de barbaries, sont désormais réduits à ne pouvoir pas même alléguer, en faveur de leur système, l'ombre d'un prétexte capable de faire illusion à tout lecteur impartial et de bonne foi (1). Espérons donc que la cause de cette nation infortunée finira par triompher; et qu'un jour, admis dans la grande famille des peuples indépendants, les Grecs régénérés pourront à leur tour contribuer au progrès de la civilisation et de la prospérité communes.

---

(1) Entre le grand nombre d'écrits qui ont été publiés, en France et dans les autres pays de l'Europe, sur ce sujet, ceux qui voudront s'en faire des notions exactes doivent consulter l'*Histoire de la Régénération de la Grèce*, par M. POUQUEVILLE. 4 vol. in-8°. Paris, 1824, chez Firmin Didot, père et fils, et le Recueil des Chants nationaux des Grecs, par M. FAURIEL, 2 vol. in-8°, (chez les mêmes libraires). Ces deux ouvrages offrent, chacun dans son genre, autant d'intérêt que d'instruction.

# LA POLITIQUE D'ARISTOTE.

## LIVRE PREMIER.

### ARGUMENT.

I. Toute cité, tout état, est une association, et toute association a pour but quelque bien, ou quelque avantage : la société civile ou politique, la plus puissante de toutes les associations, a donc aussi pour but un certain avantage. Ceux qui ont pensé [comme Platon] que gouvernement civil, ou royal, ou domestique, ou despotique, ne signifie qu'une seule et même chose sont dans l'erreur : il n'y a pas seulement différence dans le nombre des individus soumis à l'autorité, il y a différence dans l'espèce d'autorité exprimée par ces différents mots; on s'en convaincra, en décomposant la société dans ses éléments. Naturellement, l'association qui se forme pour subvenir aux besoins de tous les jours, est la *famille*, composée du mari, de la femme, des enfants et des esclaves; les destinations de ces différents membres de la famille sont marquées par la nature, ainsi que l'espèce et les divers degrés de subordination relative qui existent entre eux. La *bourgade* est comme une colonie ou une émanation de la famille, c'est la réunion de plusieurs familles. Par conséquent l'existence de la cité est du fait même de la nature, qui a fait l'homme un animal politique ou sociable. Celui qui est incapable de rien mettre en commun dans la société, ou qui n'aurait besoin de rien, serait au-dessous ou au-dessus de la condition humaine; c'est une bête, ou un dieu. — II. L'observation des éléments dont se compose la famille, donne naissance à autant de sciences ou d'arts de se conduire, comme maître, comme époux, comme père, et à autant de sortes d'autorités : celle du maître, celle du mari, celle du père. Néanmoins quelques-uns regardent la puissance despotique (ou du maître) comme contraire à la nature, puisqu'elle est l'effet de la violence. Cependant, il faut aux arts des instruments appropriés à l'exécution de leurs travaux ; entre ces instruments, les uns sont inanimés et les autres animés : or, l'esclave est, pour le maître, comme un instrument animé et supérieur à tous les autres. D'autres outils servent à la *production*, l'esclave est instrument *d'usage* et d'utilité. L'esclavage est fondé sur la nature, en ce sens qu'il y a des êtres qui n'ont, pour ainsi dire, que l'usage de leurs forces corporelles, et qui sont incapables d'user de la raison ou de l'intelligence. Ceux-là doivent obéir à ceux dont la raison est supérieure, comme le corps doit obéir à l'âme. D'un autre côté, l'esclavage uniquement fondé sur la loi ou sur les conventions est regardé avec raison, par quelques personnes, comme une chose injuste. Au reste, il y a des avantages et une affection réciproques entre le maître et l'esclave, quand c'est la nature qui leur a assigné ces conditions respectives : mais c'est tout le contraire, lorsque la situation de chacun d'eux est le résultat de l'injustice et de la violence. — III. La science d'acquérir des richesses n'est pas la même que celle de l'économie ; l'une consiste à se procurer des ressources, et l'autre enseigne à faire usage de celles qu'on possède. Mais on demande si la science de la richesse est une partie de celle de l'économie, ou si c'est une espèce différente ? Il y a une grande variété dans les manières de vivre des hommes, à raison de la différence des climats, ou des ressources diverses qu'ils peuvent se procurer : l'agriculture, le soin des troupeaux, la chasse, la pêche, et même le pillage, etc. ; genres de vie qui sont déterminés par la nature des lieux, et les autres circonstances de l'existence. En général, on voit que d'abord la nature a préparé aux diverses espèces d'animaux, et surtout à l'homme, un fonds de subsistance pour sa nourriture, et l'on peut même dire qu'elle a tout fait, sous ce rapport, en vue de l'espèce humaine. Au reste, l'art de se procurer les ressources nécessaires à la vie a des limites; mais l'art de la richesse, proprement dit, n'en a point. La multiplicité des besoins et des moyens de les satisfaire a donné lieu d'abord aux *échanges directs*, et ensuite à l'invention de la *monnaie*, comme moyen indirect et universel des échanges. Dès lors il existe une autre science de la richesse : celle qui tend à acquérir le plus qu'il est possible d'or et d'argent monnayés. Cette espèce de richesse est infinie et illimitée, et la science qui la concerne diffère essentiellement de l'économie, quoiqu'on les confonde souvent. L'économie est louable et nécessaire, et conforme à la nature; la science ou l'art de la richesse, qui a uniquement le trafic pour objet, est blâmée avec raison, comme contraire à la nature. Par cette raison, l'*usure* (ou le prêt à intérêt) est enveloppée dans la même condamnation. — IV. La connaissance pratique de l'agriculture, l'expérience de tous les genres d'exploitation des produits que donne la terre, sont les principales parties de l'art de la richesse. Quant à celui qui a les échanges pour objet, c'est le trafic ou négoce qui le constitue essentiellement, et il est bon d'en connaître les diverses espèces, transport par mer ou par terre, vente ou étalage, etc. Il est utile également de savoir apprécier la nature et les effets des divers genres de travaux ou d'industrie; mais ces sujets ont déjà été traités par divers auteurs, ainsi que les différents moyens ou expédients à l'aide desquels on peut acquérir des richesses, comme le monopole, ou le commerce exclusif de certaines denrées. Aussi plusieurs habiles politiques se sont-ils spécialement occupés de ce genre de connaissances. — V. Des rapports de subordination relative étant établis entre les hommes, à raison des différences de sexe, d'âge, de condition, etc., quoiqu'on prétende que l'égalité entre eux est du fait même de la nature, il s'ensuit qu'on doit attacher plus d'importance à l'économie civile ou sociale, qu'à celle qui a pour objet l'acquisition des richesses. L'esclave, la femme, l'enfant, sont-ils susceptibles de vertu? Le sont-ils au même degré que l'homme fait et le citoyen d'un état libre? Il paraît assez évident que les vertus morales doivent être le partage de tous ceux dont on vient de parler; non pas sans doute de la même manière, mais seulement autant qu'il le faut pour que chacun d'eux remplisse sa destination. Voilà pourquoi celui qui commande doit posséder la vertu dans sa perfection.

---

1. Comme il est facile de voir que toute cité est une sorte d'association, et que toute association ne se forme qu'en vue de quelque bien ou de quelque avantage ( car c'est pour leur bien, ou pour ce qui leur semble tel, que les hommes font tout ce qu'ils font), il s'ensuit évidemment que toutes les associations se proposent quelque bien, et que c'est là surtout le but de celle qui est plus puissante que toutes les autres, puisqu'elle les comprend toutes; or, c'est celle-là qu'on appelle *cité* (πόλις), et *société politique* ou *civile*.

2. Tous ceux donc qui croient que le gouvernement politique et royal, économique et despotique, est le même, n'ont pas raison (1); car ils s'imaginent que chacun de ces gouvernements ne diffère que dans le nombre plus ou moins grand des hommes qui y sont soumis, et non pas dans

---

(1) Allusion à l'opinion de Platon, exposée particulièrement dans le dialogue intitulé *Politicus*.

l'espèce; que, par exemple, si celui qui gouverne ne commande qu'à un petit nombre d'hommes, on l'appelle *maitre (despote)*; *économe*, s'il commande à un plus grand nombre, et *chef politique* ou *roi*, s'il commande à un nombre encore plus grand; attendu qu'il n'y a (suivant eux) aucune différence entre une famille nombreuse et une cité qui l'est peu. Enfin, quant au gouvernement politique et royal, ils prétendent que lorsqu'un homme gouverne seul et par sa seule autorité, c'est le gouvernement royal; mais que lorsqu'il se conforme aux règles d'une science applicable à cet objet, exerçant pendant quelque temps le pouvoir, et y étant soumis à son tour, c'est le gouvernement politique: mais cela n'est pas vrai.

3. On s'en convaincra, si l'on examine le sujet proposé suivant la méthode que nous avons déjà employée (1). Car, de même que dans les autres sujets on est obligé de diviser le composé, jusqu'à ce qu'on arrive à des éléments qui sont entièrement simples, puisqu'ils sont les plus petites parties du tout; ainsi, en considérant de quels éléments se compose une cité, nous verrons mieux en quoi ils diffèrent les uns des autres, et s'il est possible d'arriver à quelque conclusion scientifique et pratique sur chacun des objets dont on vient de parler. La meilleure manière donc d'établir une théorie

---

(1) Dans le traité qui précède celui-ci, ou dans la *Morale*: c'est-à-dire si l'on emploie la méthode analytique, comme on le voit par ce que l'auteur ajoute immédiatement.

sur ce sujet, comme sur tous les autres, c'est d'observer les choses dans leur origine et dans leur développement.

4. Or, c'est d'abord une nécessité que des êtres qui ne sauraient exister l'un sans l'autre, comme l'homme et la femme, s'unissent par couples, en vue de la génération. Et ce n'est pas en eux l'effet d'une détermination réfléchie ; mais la nature leur inspire, comme à tous les autres animaux, et même aux plantes, le désir de laisser après eux un autre être qui leur ressemble. Il y a aussi, par le fait de la nature et pour le but de la conservation des espèces, un être qui commande, et un être qui obéit ; car celui que son intelligence rend capable de prévoyance a naturellement l'autorité et le pouvoir de maître : celui qui n'a que les facultés corporelles pour l'exécution de ce qu'on lui commande, doit naturellement obéir et servir ; en sorte que l'intérêt de l'esclave est le même que celui du maître.

5. Ainsi la destination de la femme diffère de celle de l'esclave par le fait même de la nature, qui ne laisse rien de vague et d'indécis dans ses productions, rien qui accuse une mesquine impuissance, comme ces couteaux que fabriquent les couteliers de Delphes (1). Chaque être, parmi ceux qu'elle

---

(1) «Il n'est pas facile de deviner ce que c'était que ce *couteau*
« *delphien*, dont Aristote ne parle que dans ce seul endroit de
« ses ouvrages, et si le Δελφικὴ μάχαιρα est la même chose que
« l'instrument appelé Ξιφομάχαιρα par le poète comique Théo-

produit, a sa fin, sa tâche à laquelle il est exclusivement propre ; c'est ainsi que l'instrument travaillé avec le plus de perfection ne peut servir qu'à l'exécution d'une seule espèce de travaux. Mais chez les Barbares, la femme et l'esclave sont confondus dans la même classe : cela vient de ce que parmi eux il n'y a personne que la nature ait destiné à commander, et de ce que l'union conjugale y est celle d'un esclave mâle avec une femme esclave. Aussi les poètes disent-ils,

Mais l'Hellène au Barbare a droit de commander (1),

comme si Barbare et esclave n'étaient qu'une même chose.

6. C'est donc de ces deux sortes d'association que se forme d'abord la famille ; et Hésiode a dit avec raison, que la première famille fut composée

De la femme et du bœuf fait pour le labourage (2);

car le bœuf tient lieu d'esclave au pauvre. Ainsi, naturellement, l'association qui se forme pour subvenir aux besoins de tous les jours, est la famille, composée de ceux que Charondas appelle *homosipyens* (c'est-à-dire vivant des mêmes provisions),

---

« pompe, comme l'a conjecturé Schneider. Quoi qu'il en soit,
« notre philosophe veut dire ici que la nature ne fait point de
« productions qui soient *à plusieurs fins*, comme les couteaux
« qu'on fabriquait à Delphes, ou comme les ὀβελισκολύχνια, dont
« il est question l. IV, c. 12, § 5. » M$^r$ Coray.

(1) C'est le vers 1400 de l'*Iphigénie en Aulide*, d'Euripide.
(2) C'est le vers 376 du poëme d'Hésiode, intitulé *Les OEuvres et les Jours*, dans l'édit. de Brunck.

et qu'Épiménide de Crète nomme *homocapiens* (ou partageant la même nourriture) (1).

7. La première association composée de plusieurs familles, en vue d'une utilité commune, mais non pas journalière, a été la bourgade; elle semble être naturellement comme une colonie de la famille; quelques-uns en ont appelé les membres *homogalactiens* (nourris du même lait), c'est-à-dire les enfants [de la première famille] et les enfants de leurs enfants. C'est pourquoi les cités furent d'abord gouvernées par des rois, comme le sont encore aujourd'hui les grandes nations; car elles se sont formées de peuplades soumises à l'autorité royale. En effet, dans toute famille le plus âgé est investi d'un pouvoir qui ressemble à celui des rois, et la parenté fait que ce mode de gouvernement s'étend aux familles, qui sont comme des colonies de la première. C'est ce que dit Homère :

>Chacun maitre absolu de ses fils, de ses femmes,
>Leur donne à tous des lois..... (2).

Car ils vivent disséminés sur un territoire assez étendu, et c'est ainsi que les hommes vivaient dans

---

(1) Σιπύη signifie proprement « l'armoire où l'on serre le « pain, » Et Κάπη signifie « auge ou creche. » Ainsi les deux expressions de l'ancienne langue que rappelle ici Aristote sont synonymes ou équivalentes, et étaient propres, l'une aux Siciliens, chez lesquels était né Charondas, et l'autre aux Crétois.

(2) Voyez l'*Odyssée* d'Homère, ch. IX, vs. 114. Platon exprime la même pensée au livre V<sup>e</sup> des *Lois*, p. 113.

les anciens temps. C'est encore pour cette raison qu'on prétend que les dieux sont soumis à un roi, parce que [parmi les hommes] les uns sont encore gouvernés ainsi, et les autres l'étaient anciennement. Or, de même que l'homme fait les dieux semblables à lui par la forme extérieure, de même il suppose que leur vie est semblable à la sienne.

8. L'association composée de plusieurs bourgades forme dès-lors une cité parfaite, possédant tous les moyens de se suffire à elle-même, et ayant atteint, pour ainsi dire, le but [de toute société]; née en quelque sorte (1) du besoin de vivre, elle existe pour vivre avec aisance et abondance. C'est pourquoi l'on peut dire que toute cité est du fait de la nature, puisque c'est elle qui a formé les premières associations; car la cité, ou société civile, est la fin de celles-ci. Or, la nature des êtres est leur fin (2); car l'état où se trouve chaque être à partir du moment de sa naissance jusqu'à son parfait développement, voilà ce que nous appelons la nature de cet être; de l'homme, par exemple, du cheval, de la famille. De plus, le but [pour lequel il a été créé] et la fin est ce qu'il y a de plus avantageux et de meilleur [pour lui]; or, la conditio.

---

(1) Ou *uniquement*, etc., *elle subsiste* ou *se conserve*, etc. Voyez les notes de M<sup>r</sup> Coray, et le chap. 4<sup>e</sup> du livre III, § 3.

(2) La *nature*, c'est-à-dire, l'ensemble des conditions d'existence, des facultés et des moyens, est la *fin* des êtres; c'est-à-dire, détermine le mode et le dernier degré de développement qu'ils sont destinés à atteindre.

de se suffire à soi-même est la fin [de tout être], et ce qu'il y a de meilleur [pour lui].

9. Il est donc évident, d'après cela, que la cité est du fait de la nature, et que l'homme est, naturellement, un animal politique [c'est-à-dire destiné à vivre en société]; et celui qui, par sa nature et non par l'effet de quelques circonstances, n'est pas tel, est une créature dégradée, ou supérieure à l'homme. Aussi Homère, pour désigner un homme qui ne mérite que l'indignation et le mépris de ses semblables, l'appelle-t-il *insociable, ennemi des lois, sans foyers, sans pénates* (1); car celui qui a une telle nature est ordinairement avide de combats, et [suivant l'expression d'un poète] il est, « comme les oiseaux de proie, incapable de se « soumettre à aucun joug. »

10. Mais il est facile de voir pourquoi l'homme est (plus que les abeilles ou toute autre espèce vivant dans un état d'agrégation) un animal politique ou fait pour la société. Car, comme nous disons, la nature ne fait rien en vain. Or, seul entre tous les animaux, l'homme possède la raison. D'ailleurs les inflexions de la voix sont les signes des sentiments pénibles ou agréables, et c'est pour cela qu'on les retrouve même dans les autres animaux; car leur nature les rend du moins capables des sentiments de plaisir et de peine, et de se les manifester les uns aux autres; mais le langage a pour

---

(1) Voyez l'*Iliade* d'Homère, chap IX, vs. 63.

but de faire connaître ce qui est utile ou nuisible, et par conséquent aussi ce qui est juste ou injuste.

11. En effet, ce qui distingue essentiellement l'homme des autres animaux, c'est qu'il a le sentiment du bien et du mal, du juste et de l'injuste, et des autres [qualités ou propriétés de ses actions.] Or, la communication de ces sentiments constitue la famille et la cité. Au reste, dans l'ordre de la nature, la cité est avant la famille, et avant chaque individu; car il faut nécessairement que le tout existe avant l'une quelconque de ses parties, puisque, en supposant le tout anéanti [le corps par exemple], il n'existera plus ni pied ni main, que nominativement, comme qui dirait une main de pierre; car la main séparée du corps, et mutilée, ne sera plus une main qu'en ce sens [c'est-à-dire seulement de nom.] C'est que toutes choses sont déterminées par leur emploi et par leurs facultés, en sorte que, du moment où elles ne sont plus telles, on ne peut plus dire qu'elles soient les mêmes, que nominativement.

12. Il est donc évident que, dans l'ordre de la nature, la cité existe avant chaque individu (1);

---

(1) Aristote entend par *premier dans l'ordre de la nature*, ce qui doit avoir la priorité dans notre entendement, c'est-à-dire, par exemple, les idées générales et abstraites, par rapport aux idées singulières et individuelles; parce que, dans sa doctrine, les idées générales sont la cause ou le principe déterminant des idées particulières. Voyez *Categor.* c. 12; *Metaphysic.* l. 4, c. 11, et *Analytic. Poster.* l. 1, c. 2.

car si chacun est incapable de se suffire à soi-même dans l'état d'isolement, il sera, comme les autres parties, dans la dépendance du tout. Quant à celui qui ne peut rien mettre en commun dans la société, ou qui n'a besoin de rien, parce qu'il se suffit à lui-même, il ne saurait faire partie de la cité; il faut que ce soit une bête, ou un dieu. Ainsi, il y a dans tous les hommes une tendance naturelle à une telle association : mais celui qui le premier parvint à l'établir, fut la cause des plus grands biens (1); car si l'homme, quand il a atteint son degré de perfection, est le plus excellent des animaux, il en est le pire quand il vit dans l'isolement, sans lois et sans code (2). Et certes l'injustice qui a les armes à la main, est ce qu'on peut imaginer de plus pervers. Or, les armes données à l'homme par la nature sont l'entendement et ses facultés, dont il peut faire usage dans les sens les plus opposés. C'est pour cela que sans la vertu il est la créature la plus perverse et la plus cruelle, la plus abandonnée aux plaisirs des sens et à tous leurs déréglements. Mais la justice est l'essence et le bien de la société civile; et, en effet, le code des lois positives est l'ordre qui pré-

---

(1) Soit Saturne, comme le dit Virgile (*Æn.* VIII, vs. 319 sq.), ou Orphée, suivant Horace (A. P. vs. 391 sq.) Voy. aussi ce que dit, à ce sujet, Cicéron (*Somn. Scipion.*, c. 3).

(2) La même pensée se trouve dans Platon, au 7$^e$ livre des *Lois*, p. 808.

side à une telle société, et le jugement décide de ce qui est juste (1).

II. A présent que j'ai fait connaître quels sont les éléments qui ont formé la cité, je dois parler d'abord de la famille, puisque toute cité est composée de membres ou de parties, c'est-à-dire (quand elle est complète et parfaite), d'hommes libres et d'esclaves. Or, comme il convient d'observer à part chacun des derniers éléments; et comme les parties principales, et, pour ainsi dire, les derniers éléments de la famille, sont le maître et l'esclave, le mari et la femme, le père et les enfants; il faut, ce me semble, examiner, au sujet de ces trois sortes de conditions, ce qu'est chacune d'elles, et quelles qualités les distinguent ou les caractérisent.

2. Elles font l'art ou la science des maîtres, celle des époux (car sous ce rapport l'union du mari et de la femme n'a pas en grec de nom particulier), et enfin celle qui regarde la production des enfants, pour laquelle nous n'avons pas non plus de terme propre (2). Soient néanmoins les trois

---

(1) « Mais la justice est chose civile : veu que le droit est l'or-
« dre de la compagnie civile : et le jugement, la décision du
« juste. » *Trad. de* L. Leroi. A quoi il ajoute la remarque suivante:
« Δικαιοσύνη, c'est-à-dire *la justice*, est la vertu rendant à chacun
« ce qui lui appartient. Δίκη, est comme la juridiction qui pro-
« cède selon les lois ou coutumes reçues, et la disposition du
« droit écrit. »

(2) Dans le chapitre 5ᵉ de ce même livre, § 1, il la nomme *puissance paternelle*.

sciences que nous venons de dire : il y en a pourtant encore une qui, suivant les uns, est l'économie, et qui, selon d'autres, en est la partie la plus importante. Il faut donc aussi considérer en quoi elle consiste ; je veux parler de l'art de conserver et d'accroître sa fortune. Mais parlons d'abord du maître et de l'esclave, afin de connaître ce qui sert à la satisfaction des besoins les plus indispensables, et de voir si, relativement à cette connaissance, nous ne pourrons pas nous faire des idées plus exactes que celles qu'on a communément aujourd'hui.

3. Car, les uns s'imaginent qu'il y a une science du maître, laquelle est la même que l'économie, la même que l'autorité soit royale, soit politique, comme nous l'avons dit au commencement. D'autres prétendent que le pouvoir de maître est contre nature ; car (disent-ils) c'est en vertu des lois positives, ou par convention, que l'un est maître et l'autre esclave ; mais la nature n'avait mis entre eux aucune différence. Il n'y a donc pas à cela de justice, puisqu'il y a violence. Or, puisque les biens qu'on possède servent en partie à l'existence de la famille, l'art de posséder doit être une partie de l'économie ; car, sans les moyens de satisfaire à ses besoins, il est impossible de vivre, et de vivre heureux.

4. Cependant, comme il faut aux arts qui ont un but déterminé des instruments appropriés à l'exécution complète de leurs travaux, il en faut aussi à celui qui pratique la science de l'économie.

Or, entre ces instruments, les uns sont inanimés, les autres animés. Ainsi, pour le pilote, le gouvernail du vaisseau est un instrument inanimé, et le matelot qui veille à la proue, un instrument animé; car, dans les arts, le manouvrier est une sorte d'instrument. De même, une chose qu'on possède est un instrument utile à la vie, et la somme des choses possédées, une multitude d'instruments ou d'outils. L'esclave est, en quelque sorte, une propriété animée; et, en général, tout serviteur est comme un instrument supérieur à tous les autres.

5. En effet, si chaque outil pouvait, lorsqu'on le lui commanderait, ou même en pressentant d'avance l'ordre, exécuter la tâche qui lui est propre, comme faisaient, dit-on, les statues de Dédale (1), ou comme les trépieds de Vulcain, qui d'eux-mêmes entraient, comme dit le poète, dans le conseil des dieux : si donc la navette pouvait ainsi d'elle-même tisser la toile, ou l'archet frapper les cordes de la cithare, alors ni les architectes

---

(1) Dédale, suivant Diodore de Sicile (l. 4, c. 76), fut le premier qui donna, en quelque sorte, à ses statues du mouvement et de la vie, par les attitudes variées des bras et des jambes qu'il sut représenter, tandis que, avant lui, les statuaires ne savaient qu'appliquer les bras contre le corps et les jambes l'une contre l'autre, comme on le voit dans les monuments qui nous restent de l'art égyptien. Platon fait aussi mention de cette heureuse innovation, introduite par le statuaire athénien, dans l'*Euthyphron*, c. 12, et dans le *Ménon*, c. 39. Quant aux *trépieds de Vulcain*, dont notre auteur parle aussi en cet endroit, voy. l'*Iliade* d'Homère, ch. XVIII, vs. 376.

n'auraient besoin de manœuvre, ni les maîtres n'auraient besoin d'esclaves. Ce qu'on appelle proprement des outils, sont donc des instruments de production, mais l'esclave est un instrument d'utilité; et, en effet, la navette produit quelque chose de plus que l'usage qu'on en fait; mais un habit, un lit, ne servent qu'à cet usage même.

6. Il y a plus : comme la production et l'usage diffèrent quant à l'espèce (1), et comme l'une et l'autre ont besoin d'instruments, il faut nécessairement qu'il y ait même différence entre ceux-ci. Or, la vie est usage, et non pas production; voilà pourquoi l'esclave est le ministre des choses qui servent à l'usage. On l'appelle aussi chose possédée, partie; car ce mot exprime non-seulement ce qui est partie d'une autre chose, mais ce qui en dépend entièrement; et il en est ainsi de la chose possédée. C'est pour cela que le maître est seulement maître de l'esclave, mais ne lui appartient pas; au lieu que l'esclave non-seulement est esclave du maître, mais lui appartient entièrement.

7. On voit donc clairement par là quelle est la nature de l'esclave et quelle est sa destination. Car celui qui ne s'appartient pas à lui-même, mais qui appartient à un autre, et qui pourtant est homme, celui-là est esclave par nature. Or, un homme appartient à un autre lorsqu'il est chose possédée,

---

(1) On peut voir sur la différence des mots, *production* (ποίησις) et *usage* (πρᾶξις), ce qui a été dit à la page 254 de notre traduction de la *Morale*, note 1.

quoique étant homme ; une chose possédée est un instrument qui sert à l'usage, et qui est séparé (1) [de celui à qui il appartient]. Mais y a-t-il, ou non, quelqu'un pour qui il soit juste et avantageux d'être dans l'esclavage, ou bien, toute servitude est-elle contre nature? C'est ce qu'il faut à présent examiner.

8. Au reste, c'est une question facile à éclaircir par le raisonnement et à décider par les faits. Car, commander et obéir sont des choses non-seulement nécessaires, mais aussi fort utiles. Parmi les êtres créés, les uns, au moment où ils sont nés, sont destinés à obéir, et les autres à commander ; et il y a bien des espèces des uns et des autres. Mais l'autorité est d'autant plus avantageuse, que ceux qui y sont soumis sont plus parfaits. Celle qui régit l'homme, par exemple, l'est plus que celle qui règne sur l'animal ; car l'œuvre accompli par des créatures plus parfaites, a lui-même plus de perfection : or, partout où il y a commandement d'une part et obéissance de l'autre, il se fait quelque chose qui en est le résultat.

9. En effet, dans tout ce qui forme un système commun de parties, soit continues, soit séparées, se manifeste quelque subordination réciproque,

---

(1) L'auteur entend par instrument *séparé* de celui à qui il appartient, les outils, par exemple, dont se sert un ouvrier, comme la lime, le marteau, etc., par opposition aux membres ou aux organes du corps, comme la main, l'œil, etc., qui sont inséparables de l'individu qui s'en sert.

quelque rapport d'autorité et d'obéissance : c'est ce qu'on observe particulièrement dans tous les êtres animés, quelle que soit leur nature ; et même dans les objets qui n'ont pas, à proprement parler, de la vie, il y a comme une autorité qui préside à leur harmonie (1). Mais ceci est peut-être trop étranger au mode d'examen que nous adoptons ici (2).

10. D'abord, l'animal est composé d'une ame et d'un corps, lesquels ont été destinés par la nature, l'une à commander, et l'autre à obéir : mais il faut observer la nature dans les êtres qui en portent plus sensiblement l'empreinte ; et non dans ceux chez qui elle est altérée ou dégradée (3). Par conséquent, il faut l'observer dans l'homme, dont l'ame et le corps ont le plus de per-

---

(1) Le passage suivant de Cicéron (*De nat. Deor.* l. 2, c. 11), peut être regardé comme un développement de cette pensée d'Aristote : *Omnem enim naturam necesse est, quæ non solitaria sit neque simplex, sed cum alio juncta atque connexa, habere aliquem in se principatum, ut in homine mentem, in bellua quiddam simile mentis, unde oriuntur rerum appetitus; in arborum autem, et earum rerum quæ gignuntur e terra, radicibus inesse principatus putatur. Principatum autem id dico, quod Græci* ἡγεμονικὸν *vocant.*

(2) Littéralement : *appartient à un examen*, à un genre de discussion *exotérique*. Voyez les remarques sur le livre 3ᵉ, ch. 4, § 4 de ce traité.

(3) Cicéron (*Tuscul. Quæst.* l. 1, c. 14), dit aussi : *Quid illud? num dubitas, quin specimen naturæ capi debeat ex optima quaque natura?*

fection, et en qui son empreinte est le plus manifeste. Car on trouvera souvent, dans les hommes vicieux, ou disposés au vice, que le corps soumet l'ame à son empire, parce que de tels hommes sont dégradés, et organisés, pour ainsi dire, d'une manière contraire à la nature.

11. On peut donc, comme je le dis, reconnaître d'abord, dans la constitution de l'animal, une autorité despotique et politique. Car l'ame a sur le corps un pouvoir despotique (1), et l'intelligence a sur les affections une sorte d'autorité politique et royale; par où il est évident que l'obéissance du

---

(1) Un fragment du 3ᵉ livre du traité de Cicéron, *De Republica*, qui nous a été conservé par saint Augustin (*Contra Pelag.* l. 4), contient un développement intéressant de cette pensée d'Aristote : « Ne voyons-nous pas, dit l'éloquent ora-
« teur, que la nature donne partout l'autorité à ce qu'il y a de
« meilleur, pour la plus grande utilité de ce qu'il y a de plus
« faible..... Il y a divers modes de commandement et d'obéis-
« sance : on dit également que l'ame commande au corps, et
« qu'elle commande aux passions; mais elle commande au
« corps comme un roi à ses compatriotes, un père à ses en-
« fants; et avec les passions, elle est comme un maître avec
« ses esclaves; elle les réprime, elle les dompte. L'autorité des
« rois, des généraux, des magistrats, des sénateurs, des peuples,
« doit s'exercer, à l'égard des citoyens et des alliés, comme celle
« de l'ame s'exerce sur le corps. Mais l'empire violent du maître
« sur ses esclaves est l'image de celui que la partie la plus pure
« de l'ame, c'est-à-dire la sagesse, prend sur les parties faibles
« et corrompues de l'ame, sur les passions, sur la colère, et
« sur les autres désordres de l'intelligence. » (*Trad. de M. Villemain*, t. 2, p. 63.)

corps à l'ame, et la soumission de la partie affective à l'intelligence et à la partie raisonnable, est une chose utile et conforme à la nature; mais qu'au contraire, il serait nuisible à toutes les parties que l'autorité fût partagée également, ou exagérée en sens inverse.

12. Au reste, il en est de l'homme, à cet égard, comme des autres animaux : car le naturel des animaux susceptibles d'être domptés ou apprivoisés, est meilleur que celui des animaux sauvages; et il leur est avantageux à tous d'obéir à l'homme, puisque c'est pour eux un moyen de conservation. D'un autre côté, le mâle a sur la femelle une supériorité naturelle; l'un est destiné par la nature à commander, et l'autre à obéir. Cette distinction doit donc se retrouver nécessairement dans l'espèce humaine tout entière.

13. Tous les êtres donc entre lesquels il y a autant de différence qu'entre l'ame et le corps, entre l'homme et l'animal (or, telle est la condition de tous ceux qui sont destinés à faire usage de leurs forces corporelles, et qui n'ont aucun moyen de faire quelque chose de mieux); tous ces êtres (dis-je) sont esclaves par nature, pour qui c'est un avantage d'être soumis à une telle autorité, s'il est vrai qu'elle soit avantageuse à ceux que nous venons de dire (1). Car celui-là est esclave par

---

(1) Au corps, par rapport à l'ame; à la femme, à l'égard de l'homme; aux autres animaux, à l'égard de l'homme. Ce rai-

nature, qui peut appartenir à un autre (aussi lui appartient-il en effet) (1), et qui ne participe à la raison que dans le degré nécessaire pour modifier sa sensibilité, mais non pour qu'on puisse dire qu'il possède la raison; car, dans les autres animaux, la sensibilité n'est pas dirigée par la raison, mais ils sont asservis uniquement aux impressions qu'ils reçoivent du dehors.

14. Il y a au fond peu de différence dans les services que nous en tirons; car les uns et les autres, les esclaves aussi bien que les animaux domestiques, ne nous servent guère que par leurs forces corporelles. La nature a même voulu marquer d'un caractère différent les corps des hommes libres et ceux des esclaves, en donnant aux uns la force convenable à leur destination, et aux autres une stature droite et élevée (2), qui les rend peu propres

---

sonnement de notre philosophe est, il faut en convenir, fort peu concluant, et l'utilité de l'obéissance pour celui qui obéit est souvent très-douteuse et très-contestable, excepté dans le cas où un être capable de raison se soumet à ce que la raison lui prescrit par l'organe d'un autre être vraiment raisonnable.

(1) Il semble, dit Schneider, qu'Aristote a voulu dire: « Celui-là « est esclave par nature, qui est incapable de conserver son « indépendance, et qui consent à dépendre d'un autre; aussi lui « appartient-il dès-lors en effet. » On verra plus bas (ch. 5, § 8 et 11) ce que notre auteur veut faire entendre, quand il dit que l'esclave est incapable de raison.

(2) Cette pensée est bien peu philosophique, et porte l'empreinte d'un préjugé qu'on est fâché de voir presque adopté par un homme tel qu'Aristote. Un de ses commentateurs cite cependant à l'appui de notre philosophe, deux vers de Théo-

à de pareils travaux, mais utiles, dans la vie civile, aux emplois de la guerre et à ceux de la paix, entre lesquels elle se partage. Toutefois il arrive souvent, au contraire, que certains individus n'ont que le corps d'un homme libre, tandis que d'autres n'en ont que l'ame.

15. D'ailleurs, il est facile de comprendre que, si cette différence purement extérieure entre les hommes était aussi grande qu'elle l'est à l'égard des statues des dieux, tout le monde conviendrait que ceux qui seraient, sous ce rapport, si inférieurs aux autres, mériteraient de leur être asservis ; or, si cela est vrai des qualités du corps, la distinction sera encore bien plus juste à l'égard des qualités de l'ame ; mais il n'est pas aussi facile de discerner la beauté de l'ame que celle du corps. Quoi qu'il en soit, il demeure évident que ( parmi les hommes) les uns sont des êtres libres par nature, et les autres des esclaves, pour qui il est utile et juste de demeurer dans la servitude.

16. Cependant on comprend sans peine que ceux qui soutiennent le contraire ont, jusqu'à un certain point, raison ; car les mots *esclave* et *servitude* peuvent être pris dans deux acceptions diver-

---

gnis (*Sentent.* vs. 547), dont le sens est : « Jamais un homme « servile ne porte la tête haute et droite ; il la tient toujours « obliquement, et a le cou penché. » Mais on peut croire que Théognis n'a voulu que décrire ici l'attitude et l'air de physionomie que donnent assez communément les habitudes de bassesse et d'hypocrisie à ceux qui les ont contractées.

ses. Véritablement, il y a aussi une sorte d'esclavage qui est fondée sur la loi, c'est-à-dire sur une convention, en vertu de laquelle on prétend que tout ce dont on se rend maître dans la guerre appartient aux vainqueurs. Mais plusieurs de ceux qui ont une connaissance approfondie des lois, élèvent contre cette sorte de justice une plainte du même genre que celle qu'on intente quelquefois contre un orateur, quand on l'attaque pour atteinte portée aux lois (1). C'est une chose horrible suivant eux que l'homme qui a été victime de la violence soit esclave de celui qui a pu le contraindre, et lui obéisse uniquement parce qu'il a la supériorité ou l'avantage de la force; mais sur cet article les avis des sages sont partagés.

17. La cause de cette opposition de sentiments, et des raisons qu'on allègue pour et contre, sur cette question, c'est que la force, quand elle parvient de quelque manière que ce soit à se procurer des ressources, se porte naturellement à la violence, et que la force suppose toujours une supériorité d'avantages en quelque chose; en sorte qu'il semble bien en effet qu'il n'y a point d'emploi de la force qui ne suppose quelque vertu. Mais la question ne porte ici que sur la notion du juste; car c'est pour cela que les uns s'imaginent

---

(1) Cette sorte d'action, qui était admise chez les Athéniens, s'appelait γραφὴ παρανόμων. Voy. *Wolf, ad Demosthen. Leptin. Prolegom.* p. cxxxvij, sq.

que la justice c'est la bienveillance, tandis que les autres trouvent juste le principe même ou l'axiome qui attribue le commandement à celui qui a la supériorité en quelque genre que ce soit. Au reste, si l'on isole ces raisons et si on les sépare les unes des autres, les raisons opposées n'ont plus rien de persuasif, puisqu'on ne saurait dire que ce soit ou que ce ne soit pas à la supériorité de vertu qu'appartient le droit de commander et la puissance absolue (1).

18. D'un autre côté, il y a des personnes qui, obstinément attachées à ce qu'elles croient juste sous un certain rapport (et la loi a toujours quelque chose de juste), affirment que la servitude qui résulte de l'état de guerre est conforme à la justice; et en même temps ils le nient; car il est possible que le principe ou la cause de la guerre ne soit pas juste, et jamais on ne pourra admettre qu'un homme qui ne mérite pas d'être réduit en servitude, soit esclave. Autrement, il pourra arriver que des hommes issus du sang le plus illustre soient esclaves, et nés d'esclaves, s'ils sont vendus après qu'on les aura faits prisonniers. Aussi ceux qui soutiennent cette opinion ne veulent-ils pas

---

(1) Cette dernière phrase est fort obscure dans le texte, et n'a offert à aucun des traducteurs ou commentateurs un sens satisfaisant; j'ai suivi, en partie, celui qu'indique Schneider, qui croit, avec assez de probabilité, que notre auteur a voulu donner simplement à entendre que le droit de commander n'appartient légitimement qu'à la raison et à la vertu.

se donner à eux-mêmes le nom d'esclaves, ils ne le donnent qu'aux barbares; mais enfin toute la question se réduit à chercher ce que c'est qu'être esclave par nature, ainsi que nous l'avons dit au commencement.

19. En effet, il faut nécessairement admettre qu'il y a des hommes qui sont partout esclaves, et d'autres qui ne le sont nulle part; et il en sera de même de la noblesse, car ceux qui adoptent cette opinion s'imaginent qu'ils sont nobles, non seulement dans leur patrie, mais dans quelque contrée que ce soit, au lieu que les barbares ne le sont que chez eux : comme s'il existait quelque race qui fût noble et libre dans un sens absolu, et quelqu'autre qui ne le fût pas. C'est ce que fait entendre l'Hélène de Théodecte lorsqu'elle dit :

> De la race des Dieux de tous côtés issue,
> Qui donc du nom d'esclave osera m'appeler?

Mais s'exprimer ainsi c'est n'admettre entre l'homme libre et l'esclave, entre le noble et celui qui ne l'est pas, d'autre distinction que celle du vice et de la vertu; c'est dire que, de même que l'homme naît de l'homme, et l'animal de l'animal, ainsi l'homme vertueux ne peut naître que de parents vertueux. Or, c'est sans doute le vœu de la nature qu'il en soit ainsi, mais cela n'est pas toujours possible.

20. On voit donc que la difficulté que nous venons de traiter a quelque fondement, et qu'il existe des esclaves et des hommes libres par le fait

même de la nature; qu'enfin ce caractère se manifeste dans certains individus par l'utilité que les uns trouvent dans la servitude, et les autres dans l'exercice de l'autorité absolue; qu'il est juste et nécessaire que les uns obéissent, et que les autres aient le pouvoir que la nature leur a dévolu, et par conséquent qu'ils soient les maîtres. Mais s'ils font un mauvais usage de ce pouvoir, il en résulte un véritable dommage pour les uns et pour les autres. Car ce qui est utile à la partie l'est au tout; ce qui est avantageux pour l'ame l'est pour le corps; or l'esclave est pour ainsi dire partie du maître; c'est comme une partie animée du corps, mais qui en serait séparée.

21. C'est pour cela qu'il y a un avantage commun et une affection réciproque entre le maître et les esclaves, quand c'est la nature elle-même qui leur a assigné ces conditions diverses; c'est tout le contraire lorsque la chose n'a pas lieu de cette manière, mais seulement en vertu de la loi, et par l'effet de la violence. Il est aussi évident, d'après cela, que l'autorité politique et celle du maître ne sont pas la même, et qu'en général toutes les espèces de pouvoir ne se ressemblent pas, comme quelques-uns le prétendent; car l'une se rapporte aux esclaves par nature, et l'autre aux hommes libres (1). L'autorité domestique est monarchie,

---

(1) Sans doute il fallait toute l'autorité d'une coutume établie presque de temps immémorial, et chez tous les peuples, comme l'était celle de l'esclavage domestique, à l'époque où vivait Aris-

puisque toute famille est gouvernée par un seul ; mais l'autorité civile ou politique est celle qui gouverne des hommes libres et égaux.

22. Au reste, l'expression autorité du maître ne se dit pas d'une science, mais d'une condition ou manière d'être : il en est de même des mots *esclavage* et *liberté*. Il pourrait néanmoins y avoir une science, un talent du maître et du serviteur ; une science d'esclave, par exemple, comme celle que professait à Syracuse cet homme qui, moyennant un salaire convenu, prenait les jeunes esclaves chez lui, et leur enseignait le service de la maison (1). Il pourrait même y avoir encore des leçons de ce

---

tote pour qu'un esprit aussi étendu et aussi exercé que le sien pût s'égarer sur une pareille question. Quel esprit non prévenu, et non dégradé par les passions les plus perverses, peut y voir aujourd'hui la matière d'un doute ? A qui fera-t-on concevoir qu'un homme puisse, dans aucun cas, être la propriété d'un autre homme ? La religion, le bon sens et l'humanité s'accordent désormais à regarder tout partisan de l'esclavage domestique comme un fou furieux qui, par cette seule opinion, se déclare en état de guerre avec les autres hommes, et contre lequel on serait honteux d'employer aucune espèce d'argumentation.

(1) Τὰ ἐγκύκλια διακονήματα, littéralement, « les services qui « se suivent et s'enchaînent en cercle ; » par exemple, ceux d'un valet de chambre, depuis le lever du maître jusqu'à ce qu'il soit couché. Athénée (p. 262) fait mention d'une comédie de Phérécrate intitulée Δουλοδιδάσκαλος, « le précepteur ou profes- « seur des valets ; » ce qui prouve que le service domestique était regardé chez les Grecs, à cette époque, comme une affaire importante.

genre, qui s'étendraient à bien d'autres objets, comme l'art de la cuisine, et les autres parties du service domestique. Car il y a des travaux plus considérés ou plus nécessaires les uns que les autres; et, comme dit le proverbe, « il y a maître et maître, « il y a valet et valet (1). »

23. Toutefois ce ne sont là que des talents ou sciences d'esclaves; celle du maître consiste dans l'usage ou l'emploi qu'il fait de ses esclaves; car c'est cet emploi qui le caractérise comme maître, et non la possession des personnes. Cette science-là n'a d'ailleurs rien de bien considérable ni de bien important; car il lui suffit de savoir commander ce que l'esclave doit savoir exécuter. Aussi tous ceux qui peuvent se dispenser de prendre eux-mêmes cette peine, en donnent-ils la charge à un inspecteur ou délégué, tandis qu'eux-mêmes s'occupent du gouvernement de l'état, ou à l'étude de la philosophie. Quant à la science d'acquérir et de conserver sa fortune, laquelle diffère de ces deux autres (celle du maître et celle de l'esclave), elle ressemble à la science du juste, ayant quelques rapports avec l'art de la guerre ou avec celui de la chasse. Voilà donc ce que j'avais à dire au sujet de l'esclave et du maître.

III. Mais considérons, en général, la propriété ou possession de quelque genre que ce soit, et

---

(1) C'est le sens d'un vers iambique du poète Philémon, dans une de ses comédies intitulée Παγκρατιαστής, vers cité aussi dans le Lexique de Suidas, au mot Πρό.

appliquons à ce sujet notre méthode accoutumée, puisque l'esclave est, comme on vient de le voir, une partie de ce qu'on possède. Premièrement donc on pourrait demander si la science de la richesse est la même que celle de l'économie domestique, ou si elle n'en est qu'une partie simplement accessoire et auxiliaire? Et, si elle n'est qu'auxiliaire, on pourrait demander encore si elle a avec l'économie le même rapport que l'art de faire les navettes avec celui du tisserand, ou que l'art du fondeur avec celui du statuaire? Car les fonctions ou les services de ces deux arts ne sont pas les mêmes; mais l'un fournit les outils, et l'autre la matière, c'est-à-dire ce avec quoi l'on fait l'œuvre proposée, comme est la laine pour le tisserand, ou comme l'airain pour le statuaire.

2. Il est donc évident que la science d'acquérir la richesse n'est pas la même que celle de l'économie, puisque le propre de l'une est de procurer les moyens, et que le but de l'autre est d'en faire usage. Car, qui emploiera les ressources de la famille, si ce n'est la science économique? Mais cette science de la richesse est-elle une partie de l'économie, ou bien, est-elle une espèce différente? c'est encore là une question. Car si la fonction de celui qui pratique cette science est d'aviser aux moyens de se procurer de l'argent et d'accroître les possessions, (et le nom de possession comme celui de richesse, en général, comprend beaucoup de parties), d'abord, la culture des terres est-elle une partie de la science des richesses, ou est-elle

une espèce différente? et, en général, le soin de la subsistance est-il le même que l'art d'acquérir?

3. D'un autre côté, il y a bien des espèces d'aliments, et, par cette raison, bien des manières de vivre différentes, tant parmi les animaux que parmi les hommes : car il n'y a pas moyen de vivre sans nourriture, en sorte que les différences en ce genre ont introduit des différences analogues dans la vie des animaux. En effet, les uns vivent en troupes, et les autres isolés et disséminés, suivant qu'il convient à leur manière de se nourrir, attendu que les uns sont carnivores, les autres frugivores, et d'autres, s'il le faut ainsi dire, *omnivores*; en sorte que la nature elle-même distingue et sépare leurs divers genres de vie, pour leur donner la facilité de se procurer les aliments qu'ils préfèrent. D'ailleurs, la nature n'a pas donné à tous le même attrait pour une même nourriture; mais les uns préfèrent certains aliments, les autres en préfèrent d'autres, et même les manières de vivre des animaux, soit carnivores, soit frugivores, diffèrent beaucoup entre elles.

4. Il en faut dire autant de celles des hommes, qui diffèrent aussi dans bien des cas. Ainsi les uns, enclins à la paresse, sont nomades; car la nourriture que donnent les troupeaux s'obtient sans travail et sans peine; et comme le bétail est forcé de changer de contrées pour le pâturage, les hommes sont aussi forcés de le suivre, exerçant, pour ainsi dire, une agriculture vivante. D'autres vivent de la chasse, mais les uns d'une façon, et les autres d'une

autre. Par exemple, il y en a qui vivent de brigandage, d'autres de la pêche, comme font tous ceux qui habitent dans le voisinage des étangs, dans les contrées marécageuses, sur le bord des fleuves, ou sur les rivages d'une mer abondante en poissons. D'autres enfin se nourrissent des oiseaux ou des bêtes sauvages qu'ils tuent : mais la plus nombreuse partie de la race humaine vit de la culture de la terre et de celle des fruits.

5. La vie nomade, l'agriculture, le pillage, la pêche, la chasse, tels sont donc à peu près les moyens qu'emploient pour se procurer leur subsistance tous les peuples qui n'ont encore que les ressources que leur offre la nature, et qui ne connaissent ni échanges ni commerce. Mais ceux qui savent unir plusieurs de ces moyens, vivent dans l'abondance, suppléant par un genre de vie ce qui manque à l'autre pour la satisfaction de leurs besoins, comme font ceux qui unissent le pillage à la vie nomade, ou l'exercice de la chasse aux travaux de l'agriculture; et ainsi des autres, qui vivent en usant des ressources auxquelles le besoin les force à recourir.

6. Ce genre d'acquisition [c'est-à-dire la nourriture] semble être un don que la nature fait à tous les êtres animés, non seulement dès les premiers moments de leur existence, mais même lorsqu'ils ont atteint leur entier développement. En effet, au moment même où ils donnent la naissance à leurs petits, certains animaux produisent en même temps la nourriture qui doit leur suffire jusqu'à

ce qu'ils soient en état de se la procurer par eux-mêmes, c'est le cas des *vermipares* (1) et des *ovipares*. Mais tous les animaux vivipares sont organisés de manière à avoir en eux-mêmes le lait qu'ils donnent à leurs nouveaux-nés.

7. Dès lors on est évidemment autorisé à croire qu'il en est de même quand les animaux sont parvenus à leur entier développement, et que par conséquent les plantes existent pour le besoin des animaux, et ceux-ci pour le besoin de l'homme. Ceux qui sont susceptibles d'être apprivoisés sont destinés à son utilité et à lui servir de nourriture; ceux qui sont sauvages ou féroces peuvent aussi, au moins pour la plupart, lui fournir ou des aliments, ou d'autres ressources, soit pour ses vêtements, soit pour la fabrication des outils ou instruments [que crée son industrie]. Si donc la nature ne fait rien en vain et sans but, il faut nécessairement qu'elle ait tout fait en vue de l'espèce humaine.

8. Il suit de là que l'art de la guerre est en quelque sorte un moyen naturel d'acquérir; car l'art de la chasse n'en est qu'une partie, c'est celle dont on fait usage contre les bêtes fauves, ou contre les hommes qui, destinés par la nature à obéir, refu-

---

(1) Cette opinion sur la génération de certains animaux (probablement un grand nombre d'insectes) par des vers, venait de ce qu'on n'avait pas observé que ces vers eux-mêmes sont produits par des œufs, trop petits, en effet, pour qu'on pût les reconnaître à l'œil nu.

sent de se soumettre, en sorte que la nature même déclare qu'une telle guerre est juste. Voici donc une première espèce d'art d'acquérir, qui est une partie de la science économique, conformément aux vues de la nature. Il faut que cette partie [l'acquisition ou possession] existe (1), ou que la science économique donne les moyens de se procurer la quantité de ressources nécessaires à la vie dans toute société, soit civile, soit domestique.

9. C'est même là ce qui constitue la véritable richesse; car la quantité qui en est nécessaire pour satisfaire complètement à tous les besoins et au bonheur de la vie, n'est pas infinie comme le prétend Solon dans ses poésies lorsqu'il dit :

> Mais l'homme ne connaît ni terme ni limites
> Qu'à l'art de s'enrichir la nature ait prescrites.

Au contraire, elle lui en a prescrit comme à tous les autres arts. Aucun d'eux n'a à sa disposition des moyens infinis, soit en nombre, soit en grandeur; or, la richesse est le produit de la multitude de moyens, ou d'instruments, que possède celui qui administre le bien d'une famille, ou la fortune d'un état. Il est donc évident qu'il existe, pour l'un comme pour l'autre, un certain art d'acquérir, et l'on voit quelle en est la cause.

10. Mais il est un autre art d'acquérir que l'on

---

(1) Le texte est assez obscur en cet endroit, et l'on ne saurait être sûr d'avoir saisi exactement la pensée de l'auteur.

nomme plus spécialement, et avec raison, *Art de la richesse;* c'est celui-là qui semble en effet reculer indéfiniment les bornes de l'opulence et des acquisitions en tout genre, et que l'on croit communément être le même que celui dont je viens de parler, à cause de leur étroit voisinage; mais il n'est pas le même, quoiqu'il n'en soit pas très-éloigné: car l'un de ces arts est le produit immédiat de la nature, et l'autre est plutôt celui d'un certain empirisme et d'une adroite combinaison. Essayons d'en saisir le principe et l'origine.

11. Toute chose possédée peut en effet servir à deux usages, tous deux, à la vérité, de la chose elle-même qu'on emploie, mais non pas de la même manière; car l'un en est l'usage propre et direct, et l'autre ne l'est pas. Par exemple : on peut se servir de chaussures pour les mettre à ses pieds, ou comme moyen d'échange. Car quand on les échange, en les donnant pour de la monnaie ou pour des aliments à celui qui a besoin de souliers, c'est bien faire usage de cet objet, mais non pas un usage propre et direct, puisqu'ils n'ont pas été faits pour servir à des échanges. Or, il en est de même de toutes les autres choses que l'on possède; car il n'y en a aucune qui ne soit susceptible d'être l'objet d'un échange, lequel a certainement son principe dans la nature, puisque les hommes ont tantôt plus, tantôt moins des choses qui sont nécessaires à la vie.

12. Ce qui fait voir encore que le commerce de

détail (1) n'appartient pas naturellement à la science de la richesse, c'est qu'on ne fit d'abord des échanges qu'autant qu'il le fallait pour subvenir à ses besoins. On voit donc que le commerce de détail n'était pas nécessaire dans les premières associations (c'est-à-dire dans la famille), il ne commença à le devenir que quand la société fut devenue elle-même plus nombreuse. Car, dans la famille, tout était commun à tous : mais quand on se fut séparé, on fut privé de beaucoup de choses, dont il devint nécessaire de se faire part les uns aux autres, suivant le besoin, et par la voie des échanges, comme font encore beaucoup de nations barbares. Car chez elles il se fait des échanges des choses utiles les unes contre les autres, mais rien de plus : par exemple, on donne et on reçoit du vin pour du bled, et ainsi de tous les autres objets.

13. Ce genre de transactions commerciales n'est donc pas contre la nature, et ne constitue pas non plus une espèce dans la science de la richesse, car il ne servait dans l'origine qu'à la satisfaction des besoins naturels. Cependant c'est de lui que cette science a dû vraisemblablement naître ; car à me-

---

(1) *Le commerce de détail* (ἡ καπηλική, s. e. τέχνη ou ἐπιστήμη, à peu près comme en latin *ars cauponaria*) ; c'est proprement le métier de ceux qui achètent en gros, pour revendre en détail, et qui sont, par conséquent, obligés de gagner, outre le prix de première acquisition, les frais de magasin, de transport, etc., et le salaire légitime de leur peine et de l'emploi de leur temps.

sure que l'on se procura des ressources plus étendues, et des objets plus rares, par l'importation de ce dont on manquait, et par l'exportation de ce qu'on possédait en plus grande abondance, l'usage de la monnaie dut nécessairement s'introduire; parce que les objets dont la nature nous fait un besoin ne sont pas toujours faciles à transporter.

14. On convint donc de recevoir et de se donner réciproquement, dans les échanges, une chose qui, n'étant pas par elle-même d'une utilité immédiate, était néanmoins susceptible de se prêter facilement aux usages de la vie, comme le fer et l'argent, ou toute autre matière semblable, dont on détermina d'abord simplement le poids et la quantité, et qu'on finit par marquer d'une empreinte, pour s'éviter l'embarras de la peser ou de la mesurer à chaque fois; car l'empreinte y fut mise comme signe de la quantité (1).

15. Or, du moment où la nécessité des échanges eut donné lieu à l'invention de la monnaie, il exista une autre espèce dans la science de la richesse; c'est le commerce de détail, qui s'exerça d'abord peut-être d'une manière fort simple, mais où l'expérience introduisit plus d'art, plus d'habileté, à mesure qu'on connut mieux où il fallait prendre les objets d'échange, et ce qu'il fallait faire pour obtenir le gain le plus considérable. C'est pour-

---

(1) On peut comparer avec cet endroit, ce que dit notre auteur, sur le même sujet, dans la *Morale*, l. 5, c. 5.

quoi la science de la richesse semble plus spécialement relative à l'argent monnayé, et son principal but est d'aviser aux moyens de s'en procurer une grande quantité; car c'est là proprement ce qui produit l'opulence et les grandes fortunes.

16. En effet, on considère communément comme richesse l'abondance des métaux monnayés, parce que cette abondance est le but de la science de la richesse, et de celle du commerce. D'un autre côté, l'on regarde quelquefois la monnaie, et en général les lois qui l'établissent, comme une chose tout-à-fait illusoire, et sans aucun fondement dans la nature; parce que, si ceux qui en font usage venaient à faire d'autres conventions, la monnaie n'aurait plus aucune valeur, et ne pourrait plus servir à la satisfaction d'aucun besoin : en sorte qu'un homme très-riche en métaux monnayés pourrait manquer des aliments nécessaires à la vie. Or, c'est une étrange richesse que celle dont le possesseur, quelle que soit la quantité qu'il en a, pourrait être exposé à mourir de faim; comme ce Midas dont parlent les fables, et qui, en punition de son avarice sans bornes, voyait se changer en or tous les mets qu'on lui présentait.

17. Aussi est-ce avec raison que l'on doute s'il n'y a pas quelque autre richesse, et quelque autre science de la richesse; mais il y en a, en effet, une autre, qui est conforme à la nature (1), c'est la

---

(1) Ce mot *nature* a été pour les philosophes anciens et modernes l'occasion d'une infinité de logomachies. Si, dans les

science économique; au lieu que le négoce produit, à la vérité, de l'argent, mais non pas dans tous les cas : ce n'est que dans celui où l'argent est le but définitif de l'échange. Cette profession semble faire de l'argent son principal objet, puisque alors c'est la monnaie qui est l'élément et le but de l'échange : aussi la richesse qui en résulte n'a-t-elle réellement pas de limites. Car, de même que le but de la mé-

---

questions du même genre que celle que traite ici Aristote, l'on entend par *nature*, l'ensemble des conditions et des moyens dont les hommes disposent, dans un moment donné, pour exécuter de certaines choses ou pour atteindre un certain but (et c'est là sans doute le véritable sens qu'il faut donner à ce mot), alors la nature de l'homme et même celle des sociétés ne sera plus la même dans tous les temps et dans toutes les circonstances ; il faudra reconnaître, au contraire, qu'elle varie sans cesse. Par exemple, il est *naturel* que les hommes, avant d'avoir institué l'usage de la monnaie, ne se procurent leurs besoins que par la voie des échanges; mais il est naturel aussi, quand une fois ils ont reconnu l'avantage et l'utilité des métaux précieux, employés comme moyen universel d'échange, que chacun cherche à s'en procurer le plus possible, non pas, sans doute, pour les conserver et les enfouir, mais pour se procurer tous les genres de jouissances qu'on peut désirer : et cette manière de s'enrichir est tout aussi *conforme à la nature* qu'aucune autre. Au reste, il faut bien observer que la masse de métaux précieux que peut se procurer une nation, ne s'accroît véritablement qu'autant qu'elle accroît et multiplie ses moyens de production, et que lorsque l'or et l'argent monnayés, au lieu d'être employés à rendre la production plus active, le sont à un vain agiotage (soit sur les fonds publics, soit de tout autre genre), la nation s'appauvrit réellement, quoique plusieurs particuliers puissent faire des fortunes rapides et considérables, parce qu'ils ne font alors que gagner ce que d'autres perdent.

decine est de multiplier à l'infini le nombre des guérisons, et celui de chaque art, de multiplier indéfiniment ce qui est son but ou sa fin ; car c'est surtout à cela qu'il aspire (au lieu que la somme des moyens dont il dispose n'est pas infinie, et la limite de ces moyens est la fin pour tous les arts) ; ainsi, dans cet art de la richesse, il n'y a point de limite [dans les moyens propres] à la fin qu'il se propose : mais cette fin est la richesse, telle que nous l'avons définie, et la possession ou l'acquisition de l'argent.

18. Au contraire, il y a une limite aux moyens de la science économique, s'il n'y en a pas à ceux de la science de la richesse. Car l'affaire de l'économe n'est pas la même que celle du financier. Aussi semble-t-il que dans l'économie il doive y avoir un terme à la richesse de quelque genre que ce soit ; quoique, d'après ce qui se passe sous nos yeux, il arrive ordinairement tout le contraire ; car tous ceux qui s'occupent de la richesse cherchent à accroître indéfiniment la quantité d'argent monnayé qu'ils possèdent. Cela vient de l'étroite affinité de ces sciences [celle de l'économe et celle du financier] ; car l'emploi des mêmes moyens n'est pas le même pour chacune d'elles. L'une et l'autre disposent, à la vérité, des mêmes fonds ou de la même propriété, mais non pas de la même manière : au contraire, le but de l'une est la possession, et celui de l'autre est l'augmentation ; ce qui fait que certaines gens s'imaginent que l'objet de la science économique est cet accroissement même, et ils persistent à

croire qu'il faut, en général, ou conserver ou accroître indéfiniment tout ce qu'on possède d'or et d'argent monnayés.

19. Or, la cause de cette disposition est dans l'importance qu'on attache à vivre, et non pas à bien vivre; car ce désir étant illimité, on souhaite aussi de multiplier à l'infini les moyens de le satisfaire. Ceux même qui aspirent à bien vivre, recherchent aussi ce qui peut contribuer aux jouissances purement corporelles; de sorte que comme celles-ci semblent se trouver dans la possession des richesses, ils ne sont occupés que des moyens de se les procurer : et voilà comment s'est introduite l'autre espèce de science de la richesse. Car comme les jouissances [corporelles] se trouvent dans l'excessive abondance, on cherche les moyens propres à les multiplier; et lorsqu'il est impossible de se les procurer par la science de la richesse, on finit par faire de toutes ses facultés un emploi qui n'est plus conforme à la nature.

20. En effet, le courage n'est pas destiné à nous procurer de l'or, mais il doit nous donner de l'audace et de la confiance. Il en faut dire autant de la science militaire et de la médecine; l'une a pour but la victoire, et l'autre la santé : au lieu que l'on fait de toutes les sciences des moyens de richesses, comme si tel devait être leur but, et que tout dût y concourir. Voilà ce que j'avais à dire de l'espèce de science de la richesse qui n'est pas nécessaire; j'ai fait voir ce qu'elle est, et quelles causes en ont introduit l'usage. J'ai parlé aussi de l'espèce qui est

nécessaire, et qui est tout autre que celle-ci. Quant à la science économique, celle qui est conforme à la nature se rapporte à la nourriture et aux moyens de subsistance; elle n'est pas, comme l'autre, sans limites; mais, au contraire, elle a des bornes.

21. On voit aussi [dans ce que nous venons de dire] la solution de la question proposée au commencement [de ce chapitre, savoir] : si la science de la richesse fait, ou non, partie de celle de l'économie, ou de l'administration des états; mais il faut que [cette science et les ressources qu'elle procure] existent avant tout (1). Car, de même que la politique ne fait pas les hommes, mais les emploie tels qu'elle les a reçus des mains de la nature : ainsi, il faut que cette même nature leur fournisse, soit dans les productions de la terre, soit dans celles de la mer, ou par tout autre moyen de ce genre, des ressources pour subsister ; c'est ensuite à l'économie à en tirer le parti qui convient. Car le fait de l'art du tisserand n'est pas de produire la laine, mais d'en faire usage, et de distinguer celle qui est de bonne qualité, ou dont l'emploi peut être avantageux, de celle qui est mauvaise et inutile.

22. Toutefois on pourrait demander pourquoi la science de la richesse est une partie de l'économie, tandis que la médecine n'en est pas une : puisque enfin il faut bien que ceux qui composent la famille jouissent de la santé, comme de la vie, et de toutes les autres choses nécessaires. Or, de même

---

(1) Le texte manque encore de clarté en cet endroit.

que, sous de certains rapports, c'est le fait de l'économe et du magistrat de surveiller la santé des citoyens, et sous d'autres, c'est celui du médecin; ainsi, en ce qui concerne la richesse, il y a des soins qui regardent l'économe, et d'autres qui ne sont pas de son ressort, mais qui appartiennent aux divers genres de travaux ou de services. Mais, comme je viens de le dire, c'est la nature surtout qui doit fournir ce premier fonds : car c'est à elle de donner la nourriture à l'être à qui elle a donné l'existence, puisque tout être animé trouve ordinairement son aliment préparé par celui dont il tient la vie. Voilà pourquoi l'espèce de richesse qui provient des fruits de la terre, ou des animaux, est pour tous les êtres une richesse conforme à la nature.

23. Mais comme il y a deux sortes d'art ou de science de la richesse, ainsi que nous l'avons déjà dit, l'une qui a le trafic pour objet, et l'autre l'économie; celle-ci louable et nécessaire, tandis qu'on blâme l'autre avec raison (car elle n'est pas conforme à la nature, et se compose du gain produit par les échanges réciproques); c'est avec beaucoup de raison qu'on a de l'aversion pour l'usure [ou le prêt à intérêt], parce qu'il procure une richesse née de la monnaie elle-même, et qui n'est plus consacrée à l'emploi pour lequel on se l'était procurée. En effet, on ne l'avait créée que pour faciliter les échanges, tandis que l'usure la multiplie elle-même. C'est aussi de là que l'usure a pris son nom [dans la langue grecque Τόκος, c'est-à-dire *enfante-*

*ment*], à cause de la ressemblance qu'il y a entre les êtres produits ou engendrés, et ceux qui leur donnent la naissance. Car [dans le cas de l'usure] l'argent naît [pour ainsi dire, de l'argent], en sorte que de tous les moyens de se procurer de la richesse, celui-là est le plus contraire à la nature (1).

IV. A présent que nous avons suffisamment déterminé ce qui est relatif à la connaissance purement théorique du sujet qui nous occupe, il nous reste à entrer dans quelques détails relativement à la pratique. D'ailleurs, dans tous les sujets de ce genre, la théorie a toujours quelque chose de libre ou d'arbitraire, au lieu que la pratique ou l'expérience y est entièrement nécessaire. Entre les parties de l'art de la richesse qui sont utiles, est la connaissance pratique des choses qu'on possède, savoir, quelles sont les plus profitables ; comment et dans quels lieux : par exemple, quelle nature de bien

---

(1) Il n'est presque pas besoin d'avertir que les idées d'Aristote, dans tout ce dernier paragraphe, manquent entièrement de justesse. L'argent étant, comme il l'a reconnu en partie, une véritable denrée ou production, et de plus, un moyen ou un instrument universel d'échanges, il n'y a pas plus d'inconvénient à le louer, ou à le prêter moyennant une certaine redevance, qu'il n'y en a à louer une maison, un terrain, une voiture, etc. ; c'est une vérité qu'aucun homme sensé ne peut plus contester. Quant à l'exagération du taux de l'intérêt exigé par des prêteurs avides, jusqu'à quel point le législateur est-il appelé à la réprimer ? Les abus qui en naissent ne sont-ils pas le plus souvent occasionés par un faux système de mesures sur cette matière ? Ce sont des questions qu'il serait trop long de discuter ici.

c'est que les chevaux, ou les bœufs, ou les brebis, et ainsi des autres animaux; car il faut savoir par expérience quels sont ceux dont la possession est comparativement le plus avantageuse, quels sont ceux qui conviennent mieux à telle ou telle localité, les uns réussissant à merveille dans de certains lieux, et les autres dans d'autres. Ensuite, il faut être expérimenté dans la culture des terres qui sont propres ou aux ensemencements, ou aux plantations; et, enfin, dans l'art de recueillir le miel et les produits de tous les autres animaux, poissons, oiseaux, etc., dont on peut tirer quelques ressources.

2. Telles sont donc les premières et principales parties de l'art de la richesse proprement dit. Quant à celui qui a pour objet les échanges, sa principale partie est le trafic ou négoce, qui se subdivise en trois espèces: transport par mer, transport par terre, et exposition ou *étalage* (1). Mais elles diffèrent les unes des autres, en ce que les unes offrent plus de sûreté, et les autres, c'est-à-dire celles dont se compose le trafic ou négoce, offrent des bénéfices plus considérables. Une seconde partie de l'art de la richesse est le prêt à intérêt; et une troisième, le profit des salaires journaliers. Mais cette branche se partage en arts mécaniques, et en travaux exécu-

---

(1) C'est le propre sens du mot grec παράςασις, de même que ἀπόςασις, en termes de commerce, signifie *entrepôt, magasin*. Voyez les remarques de M^r Coray, dans le premier volume (Πρόδρομος) de sa *Bibliothèque grecque*, p. 361.

tés par des hommes qui, étant incapables d'exercer aucun art, ne sont utiles que par les services qu'on tire de leurs forces corporelles. Enfin, il est une troisième espèce d'industrie, intermédiaire entre celle-ci [l'industrie commerçante] et la première [l'industrie agricole]; car elle tient quelque chose de l'une et de l'autre, puisqu'elle comprend tous les produits qui naissent de la terre, et toutes les choses qu'on tire de son sein, qui, sans produire proprement des fruits, ont néanmoins leur utilité, comme les bois de construction, et en général tout ce qui se tire des mines. Il y en a même déja plusieurs genres; car il y a bien des espèces de produits que la métallurgie tire de la terre.

3. Voilà pour le moment ce qu'il y avait à dire, en général, sur chacun de ces objets : quant aux détails plus exacts et plus particuliers, ils sont utiles sans doute pour l'exécution des travaux, mais il serait ennuyeux et fatigant de s'y arrêter. Au reste, parmi les espèces diverses d'occupations ou de professions, celles où il y a le moins de hasard sont aussi celles qui exigent le plus d'art et de talent; les plus mécaniques, celles qui déforment le plus le corps de l'artisan ou de l'ouvrier; les plus serviles, celles qui exigent exclusivement l'emploi des forces corporelles; enfin les plus viles, celles à l'exercice desquelles la vertu ou force morale est le moins nécessaire.

4. D'ailleurs, comme plusieurs auteurs ont écrit sur ces matières, par exemple Charès de Paros et

Apollodore de Lemnos (1) sur la cultures des terres propres soit aux ensemensements, soit aux plantations ; et de même d'autres auteurs, sur les autres genres de travaux ou d'industrie, c'est dans leurs ouvrages que doit s'instruire quiconque veut s'appliquer à ces occupations diverses. Il faut de plus qu'il recueille les traditions éparses qui peuvent lui faire connaître par quels moyens plusieurs personnes ont réussi à s'enrichir; car tout cela peut être fort utile à ceux qui font cas de la science de la richesse.

5. Telle est l'aventure qu'on raconte de Thalès de Milet; car elle nous fait connaître une invention relative à cette science. Mais on la lui attribue probablement à cause de son habileté connue, car c'est d'ailleurs quelque chose d'assez ordinaire. En effet, comme on lui faisait un sujet de reproche de sa pauvreté, d'où l'on inférait l'inutilité de la philosophie, on prétend qu'ayant prévu, dès l'hiver, au moyen de ses connaissances en astrologie, qu'il y aurait une abondante récolte d'olives, il loua tous les pressoirs à huile de Milet et de Chios, à un prix fort modéré, attendu que personne ne songeait à enchérir sur lui ; et ensuite, au moment de la récolte, comme il se présentait un grand nombre de demandeurs, qui étaient fort pressés par le temps, il céda (dit-on) ses marchés aux conditions qu'il voulait, et ayant ainsi gagné beaucoup

---

(1) Le nom de cet Apollodore est cité aussi par Varron, dans son traité *De re rustica*, l. 1, c. 8.

d'argent, il fit bien voir qu'il serait facile aux philosophes de s'enrichir s'ils le voulaient, mais que ce n'est pas à cela qu'ils s'appliquent (1).

6. Telle est donc la manière dont on raconte que Thalès fit montre de son habileté; mais c'est, comme je l'ai dit, un genre de spéculation fort ordinaire, quand on est à portée de se ménager quelque monopole; aussi y a-t-il des gouvernements qui ont recours a cette ressource, quand ils manquent d'argent, et qui s'attribuent le monopole ou la vente exclusive des denrées.

7. Il y eut aussi en Sicile un homme qui employa l'argent qu'on avait déposé chez lui à acheter tout le fer qui provenait des mines, et qui ensuite, lorsque les négociants vinrent de tous les marchés pour s'approvisionner, se trouva seul dans le cas de leur en vendre. Sans même augmenter beaucoup le prix ordinaire, il ne laissa pas de faire un bénéfice de cent talents, sur cinquante qu'il avait avancés.

8. Cependant Denis ayant été informé de ce fait lui permit à la vérité d'emporter son argent, mais il lui défendit de demeurer plus longtemps à Syracuse, comme ayant imaginé, pour s'enrichir, un

---

(1) Cicéron (*De Divinat.*, l. 1, c. 49) rapporte la même anecdote en ces termes: *Qui* (Thales *scil.*) *ut objurgatores suos convinceret, ostenderetque etiam philosophum, si ei commodum esset, pecuniam facere posse, omnem oleam, antequam florere cœpisset, in agro Milesio coemisse dicitur. Animadverterat fortassè quâdam scientiâ olearum ubertatem fore.*

moyen contraire aux intérêts du prince. Au reste, la spéculation de ce Syracusain était la même que celle de Thalès, car tous deux avaient trouvé le moyen d'exercer un monopole. Il est même quelquefois utile à ceux qui gouvernent de connaître ce genre de ressources (1), car il y a bien des gouvernements qui sont obligés d'employer de pareils moyens pour s'enrichir, aussi-bien que les simples familles, et qui même en ont encore plus besoin. Aussi, parmi ceux qui s'occupent de l'administration des états, y en a-t-il qui sont uniquement appliqués à cette partie [de la science politique, c'est-à-dire celle des finances].

V. Puisqu'il y a, comme nous l'avons reconnu, trois parties dans l'administration de la famille, savoir, l'autorité du maître, dont il a été question précédemment, celle du père, et celle de l'époux;

---

(1) On trouve, parmi les ouvrages d'Aristote, un petit traité intitulé *OEconomica*, qui n'est certainement pas de ce philosophe, et dont l'auteur a recueilli un nombre assez considérable d'exemples de ce genre d'industrie, et d'autres traits de violence ou de fourberie encore plus odieux, attribués à des rois, princes, ou républiques. « De quoy ( dit L. Leroi, dans ses « notes sur cet endroit de sa traduction) n'est besoing escrire « livres, parce que ès cours des rois, et ès maniemens des au-
« tres gouvernemens, se trouvent toujours assez de tels inven-
« teurs, voire plus, bien souvent, qu'il ne seroit besoing : à la « grande foulle et oppression des subjects, et peu d'avantage « des seigneurs, qui ne s'en enrichissent guères, despendant « tout à la mesure qu'ils aient, apportant la facilité de recou-
« vrer facilité de despendre. »

laquelle en effet s'étend sur la femme et sur les enfants, mais considérés, les uns et les autres, comme libres. Aussi ne s'exerce-t-elle pas alors tout-à-fait de la même manière, mais elle est, à l'égard de la femme, comme un pouvoir politique ou civil, et à l'égard des enfants, comme un pouvoir royal. Car naturellement l'homme est plus fait pour commander que la femme (à moins que cet ordre naturel ne soit interverti dans certains cas et dans certains lieux); le plus âgé et le plus accompli doit avoir l'autorité sur celui qui est encore enfant, et dont les facultés sont à peine développées.

2. Toutefois, dans la plupart des magistratures civiles, le pouvoir passe alternativement de ceux qui l'exerçaient d'abord, aux mains de ceux qui y obéissaient. Car on prétend que l'égalité est du fait même de la nature, et l'on veut qu'il n'y ait aucune différence entre les citoyens; quoique d'un autre côté, quand l'autorité est le partage des uns, et l'obéissance celui des autres, on tend à introduire des distinctions, soit par la forme des habits, soit par le langage, soit par les honneurs ainsi qu'Amasis le fit entendre [aux Égyptiens] par le discours qu'il leur tint au sujet du vase à laver les pieds (1). Au reste, le rapport de supériorité existe

---

(1) Hérodote (l. 2, c. 172) raconte ainsi ce trait d'Amasis : « Lorsqu'il eut succédé au roi Apriès, les Égyptiens le mépri- « saient, et ne faisaient pas grand cas de lui, comme étant un « simple citoyen et d'une famille peu illustre. Mais ensuite,

constamment de l'espèce mâle à l'espèce femelle; mais l'autorité qui s'exerce sur les enfants est royale, car le caractère d'une tendre affection jointe à la supériorité de l'âge, qui est celui de la paternité, est aussi celui de la royauté. C'est pourquoi Homère en nommant Jupiter *père des hommes et des dieux*, l'appelle avec raison le *roi* de tous ces êtres. Car il faut que le roi tienne de la nature des avantages incontestables, bien qu'il soit de la même espèce que ceux sur qui il a autorité; or, c'est précisément le cas du plus âgé, par rapport au plus jeune, et du père par rapport à son fils.

3. Il est évident, d'après cela, que l'on doit donner plus d'application à l'économie qui a rapport aux hommes, qu'à celle qui est uniquement rela-

---

« Amasis, par sa prudence et son adresse, sut les ramener à lui.
« Il avait, entre autres objets précieux, un bassin d'or qui servait
« ordinairement à laver les pieds à lui et à ses convives. Il le fit
« briser et fondre pour en faire la statue d'un dieu, qu'il fit pla-
« cer dans l'endroit de la ville le plus convenable pour cela. Les
« Égyptiens, en allant et venant, ne manquèrent pas de prodi-
« guer à cette statue de grandes marques de vénération. Amasis
« en ayant été informé, les fit convoquer en assemblée, et leur
« déclara que cette statue avait été faite d'un bassin où ils avaient
« coutume de vomir, d'uriner et de se laver les pieds, et que
« maintenant ils la vénéraient grandement : à quoi il ajouta qu'il
« lui était arrivé la même chose qu'à ce bassin; que s'il avait
« été auparavant un simple citoyen, actuellement il était leur
« roi, et il leur ordonna de l'honorer et d'avoir de la considé-
« ration pour lui. Par ce moyen, il s'attira leur affection, au
« point qu'ils consentirent volontiers à lui demeurer soumis. »

tive à la possession des choses inanimées ; plus aux moyens de rendre les hommes vertueux, qu'aux moyens d'acquérir ce qu'on appelle de la richesse; enfin plus [à la direction] des hommes libres, qu'à celle des esclaves. Et d'abord, quant à ceux-ci, la question est de savoir, si, outre les qualités purement corporelles, et qui le rendent propre au service, un esclave peut avoir quelque autre vertu d'un plus grand prix, comme la modération, la justice, le courage, et quelque autre habitude ou disposition de ce genre ; ou bien s'il n'y a en lui que les qualités qui le rendent propre au service. Car l'affirmative et la négative, sur cette question, sont également sujettes à difficulté. En effet, si les esclaves sont capables de quelque vertu, quelle différence y aura-t-il entre eux et les hommes libres? et, d'un autre côté, dire qu'ils en sont incapables, bien qu'ils soient hommes et qu'ils aient la raison en partage, cela semble étrange.

4. La même difficulté à peu près se présente à résoudre au sujet de la femme et de l'enfant : sont-ils aussi susceptibles de vertu? faut-il, ou non, que la femme soit sobre, courageuse et juste, que l'enfant soit docile et tempérant? Enfin, il s'agit d'examiner, en général, si celui que la nature a fait pour commander, et celui qu'elle a fait pour obéir, doivent avoir les mêmes vertus, ou s'ils en doivent avoir de différentes? et s'il faut que l'honneur et la probité soient également le partage de l'un et de l'autre, pourquoi l'un serait-il, en tout et partout, destiné à commander, et l'autre

à obéir? car enfin, il n'est pas possible que cette différence tienne au plus ou au moins, puisque commander et obéir diffèrent dans l'espèce, et non dans le degré.

5. Mais s'il faut que celui-là ait des vertus, et non pas celui-ci, ce serait quelque chose de bien surprenant. En effet, si celui qui commande ne doit être ni modéré ni juste, comment exercera-t-il son autorité d'une manière convenable? et si c'est celui qui obéit, comment pourra-t-il obéir comme il faut? car, étant indocile et lâche, il ne saura remplir aucun de ses devoirs. Il suit évidemment de tout ceci que l'un et l'autre doivent avoir de la vertu, mais qu'il y aura de la différence entre leurs vertus, comme il y en a dans ceux que la nature a faits pour obéir. Et ceci nous ramène à ce qui a déjà été dit de l'ame; car il y a en elle une partie que la nature a faite pour commander, et une autre qu'elle a faite pour obéir; et dans chacune d'elles nous reconnaissons une propriété ou qualité différente : par exemple, la présence de la raison [dans l'une], et l'absence, ou la privation de la raison [dans l'autre].

6. On voit donc clairement qu'il en est de même de tous les autres [êtres]; en sorte que la nature elle-même a destiné le plus grand nombre d'entre eux à commander et à obéir. Car l'homme libre exerce sur l'esclave une autorité qui n'est pas la même que celle du mari sur la femme, ni que celle du père sur ses enfants; et néanmoins les parties de l'ame sont dans chacun de ces êtres,

mais elles y sont différentes. Car l'esclave est entièrement privé de la faculté de délibérer (1); la femme la possède, mais faible et inefficace; et l'enfant l'a aussi, mais incomplète et imparfaite.

7. Par conséquent, il faut nécessairement qu'il en soit de même des vertus morales; et l'on est autorisé à croire qu'elles doivent être le partage de tous, non pas sans doute de la même manière, mais seulement autant qu'il le faut pour que chacun remplisse sa tâche. Voilà pourquoi celui qui commande doit posséder la vertu dans sa perfection, car sa tâche est absolument celle de l'architecte (2). Or, [ici] l'architecte, c'est la raison; mais parmi les autres, chacun ne doit avoir de vertu qu'autant que le comporte sa situation ou sa destination.

8. Il est visible, d'après cela, que la vertu morale est une qualité de toutes les personnes dont nous venons de parler; mais que ni la modération, ni le courage, ni la justice ne doivent être les mêmes dans l'homme et dans la femme comme le croyait Socrate (3). Dans celui-là le courage est une qualité qui sert à commander; dans celle-ci, il sert à exécuter ce qu'un autre prescrit. Il en est de même des autres vertus. Au reste, cela se voit mieux encore quand on en fait l'application

---

(1) Voyez la *Morale*, l. 3, c. 2.

(2) C'est-à-dire, se borne à concevoir des plans ou des dessins que d'autres exécutent sous ses ordres.

(3) Allusion à la doctrine exposée dans le cinquième livre de *la République* de Platon, et dans le dialogue du même auteur intitulé *Ménon* (sect. 3).

aux cas particuliers; car on est sujet à se faire illusion à soi-même, quand on se contente de dire, en général, que la vertu consiste dans une bonne disposition de l'ame, ou dans la pratique des bonnes actions, ou toute autre chose de ce genre. Voilà pourquoi ceux qui s'attachent à faire l'énumération des vertus particulières, comme Gorgias, s'expriment d'une manière plus satisfaisante, que ceux qui se bornent ainsi à des définitions générales (1). Et, par cette raison, on doit croire qu'il en est de toutes les personnes comme de la femme, dont le poète (2) a dit,

« Un silence modeste ajoute à ses attraits » ;

mais ce n'est plus la même chose quand il s'agit d'un homme.

9. Quant à l'enfant, il est facile de comprendre qu'étant, pour ainsi dire, dans un état d'imperfection, la vertu n'est pas en lui absolue ou uniquement relative à lui-même, mais relative à l'homme accompli et à celui qui le dirige ou le gouverne. Il en est ainsi de l'esclave à l'égard du maître; d'où il suit évidemment qu'il ne lui faut que peu de vertu, et seulement autant qu'il est nécessaire, pour que jamais il ne manque à ses travaux, soit par indocilité, soit par défaut de courage (3).

---

(1) Voyez *la Morale*, l. 2, c. 7, au commencement, to. 1, p. 72 de notre traduction.

(2) Voyez l'*Ajax* de Sophocle, vs. 293.

(3) La faiblesse et (il faut bien le dire) l'absurdité des raisonnements d'Aristote, sur toute cette question de l'esclavage,

10. Mais on pourra nous demander, en supposant véritable ce qui vient d'être dit, s'il faut donc que les simples ouvriers aient de la vertu ( car il leur arrive souvent, par inconduite, de négliger leurs travaux); ou bien, est-ce ici un cas tout différent? En effet [dira-t-on peut-être] l'esclave vit en commun avec son maître; mais l'artisan est plus indépendant, et sa condition ne comporte qu'un degré de vertu proportionnel à celui de sa dépendance, puisque l'artisan, voué aux professions mécaniques, n'est assujetti qu'à une servitude

---

sont une preuve de l'égarement inévitable où tombent les esprits même les plus éminents, quand une fois ils ont adopté des principes faux ou des données inexactes. Mais rien n'est plus remarquable, en ce genre, et relativement à cette question particulière, que la contradiction manifeste où sont tombés les auteurs et les interprètes des lois romaines. Ils définissent la servitude, « une constitution du droit des gens, ou des nations, « en vertu de laquelle un homme se trouve soumis, *contre nature*, « à la domination d'un autre ». *Servitus autem est constitutio juris gentium, quá quis dominio alieno* contra naturam *subjicitur.* ( Institut. l. 1, Tit. 3, § 2.) Ce que les commentateurs ont fort bien interprété, en disant que les hommes réduits en servitude étaient considérés comme des *choses*, et non comme des *personnes*. *Redacti in hanc conditionem non pro personis, sed pro rebus, immo pro nullis habebantur.* (Heinecc. *Antiq. rom.; Jurisprud. illustr.*, p. 94, édit. Francf. 1771.) Or, assurément il n'y a sur la terre aucune puissance capable de faire qu'un homme soit une chose, ni de faire qu'une chose soit un homme. Aussi tous ceux qui ont tenté de réaliser cette atroce et monstrueuse absurdité, ne sont-ils parvenus qu'à établir un état d'inimitié irréconciliable, une guerre à mort toujours subsistante, entre le maître et l'esclave.

limitée. Enfin l'esclave est tel par nature, au lieu que nul n'est destiné par la nature au métier de cordonnier, ou à toute autre profession mécanique.

11. Il est donc évident que c'est le maître qui doit être pour l'esclave la cause de la vertu qui lui est propre, et non celui qui posséderait un certain talent pour apprendre aux esclaves à bien faire leur service (1). Aussi ceux qui prétendent que l'esclave est un être dépourvu de raison, et qu'il faut se borner à lui commander ce qu'on exige de lui, ont-ils très-grand tort; car il est plus nécessaire de diriger les esclaves par de sages conseils, que les enfants eux-mêmes (2). Mais c'est assez s'être étendu sur ce sujet. Quant à ce qui regarde le mari et la femme, le père et les enfants, les vertus propres à chacun d'eux, leur commerce réciproque, ce qui leur est honorable et avantageux, ou, au contraire, ce qui ne l'est pas, et comment ils doivent rechercher l'un et l'autre, il faut nécessairement considérer tous ces objets en détail dans un traité sur le gouvernement.

12. Car, puisque chaque famille est une portion

---

(1) Plutarque (*in Crasso*, c. 2, t. 3, p. 298 de l'édit. de M$^r$ Coray) nous apprend que Crassus présidait lui-même à l'instruction de ses esclaves. « Tout doit se faire par leurs soins, « disait-il, mais c'est au maître à les régir et à les gouverner « lui-même. »

(2) On croit qu'Aristote fait ici allusion à un passage de Platon (*De Legibus*, l. 6, p. 777 extr.), dont il fait une censure indirecte.

de la cité, puisque les personnes dont nous venons de parler sont les parties de la famille, et que la vertu de la partie doit être en rapport avec le tout, il faut nécessairement qu'on dirige l'éducation des femmes et des enfants, en ayant égard à la forme particulière du gouvernement; s'il est vrai que l'état soit intéressé, pour son bien, à ce que les femmes soient vertueuses, et les enfants sages et dociles. Or, il y est nécessairement intéressé; car les femmes sont une moitié des personnes libres, et les enfants sont destinés à prendre un jour part au gouvernement. Ainsi, après avoir établi sur ce sujet les principes que l'on vient de voir, il faudra revenir ailleurs sur ce qui reste à en dire. Mais, sans nous y arrêter davantage, commençons à nous occuper d'autres objets; et d'abord, examinons les opinions de ceux qui ont exposé leurs pensées sur la meilleure forme de gouvernement.

# LIVRE II.

## ARGUMENT.

I. La recherche du système d'organisation sociale le plus parfait, exige que l'on connaisse, non-seulement les divers modes de gouvernement actuellement existants, mais même ceux qui ont été imaginés et proposés par divers écrivains ou philosophes. Et d'abord faut-il que tous les citoyens participent à l'autorité, les uns plus, les autres moins, ou que quelques classes plus ou moins nombreuses en soient exclues? Platon voulait que les femmes mêmes et les enfants fussent possédés en commun, afin que la cité qu'il concevait ainsi fût plus *une*: mais la cité ne cesserait-elle pas d'être cité, si on la ramenait ainsi à l'unité, puisque son essence est d'être composée d'une multitude? Sans doute, il y aurait quelque avantage à laisser toujours l'autorité à ceux qui sauraient l'exercer, mais ce serait détruire l'égalité et la liberté. En un mot, la nature des sociétés civiles ne comporte pas le mode d'unité que Platon a voulu établir : la communauté des femmes et des enfants, entre beaucoup d'inconvénients fort graves qui la rendent nuisible ou dangereuse, a celui d'affaiblir et presque d'anéantir les sentiments les plus naturels et les plus chers au cœur humain, ceux qui naissent des liens de famille. Une pareille institution offre dans son exécution, même telle que Platon l'a conçue, des embarras et des difficultés qui la rendent tout-à-fait impraticable. — II. Il y a des objections non moins fortes contre le système de la communauté des biens tel qu'il est proposé dans la République de Platon; car l'amour de soi est un des sentiments les plus impérieux et les plus naturels au cœur de l'homme, et l'on ne saurait exprimer quelle satisfaction naît de la pensée qu'une chose nous appartient en propre. D'ailleurs il ne suffisait pas de considérer les inconvénients que peut prévenir le système proposé, il fallait aussi tenir compte des avantages dont il prive. Cette manière d'établir l'unité dans un état est donc bien imparfaite ; mais une direction convenable, donnée à l'éducation de la jeunesse, y contribuerait plus efficacement. L'extrême inégalité qui, dans le système de Platon, doit nécessairement avoir lieu entre la classe des gardiens ou guerriers, d'où sont tirés les magistrats, et celle des laboureurs, auxquels on ne donne presque aucune éducation, doit aussi rendre ces deux classes entièrement ennemies l'une de l'autre, et faire comme deux sociétés ou deux cités en une. Enfin, la vie austère, et composée d'une suite de sacrifices continuels qui sont imposés à ces guerriers, en fera des hommes très-malheureux, et, dans un pareil état de choses, qui donc sera heureux, si ceux même qui jouissent de tous les avantages et de tous les priviléges ne le sont pas ? — III. Il semble que Platon, dans son traité *des Lois*, ait voulu réformer sa première hypothèse, et la rapprocher davantage de ce qui est pratiqué et praticable ; mais, à l'exception de la communauté des femmes et des biens, il y revient insensiblement au plan de sa première république ; seulement, il ajoute aux repas communs des hommes, une semblable institution pour les femmes. Il augmente aussi le nombre des individus qu'il présume nécessaires pour l'établissement d'un pareil système, et ce nombre suppose la possession d'un territoire immense. Il ne détermine pas avec assez de précision la quantité des biens nécessaires à l'existence de chaque citoyen ; et ne songe pas, en établissant l'égalité des propriétés, à assigner des limites à l'accroissement de la population. Il prétend qu'un gouvernement parfait doit se composer de tyrannie et de démocratie, deux modes qui ne sont réellement pas des gouvernements, ou qui sont les pires de tous. Mais celui qu'il propose n'est composé que d'éléments oligarchiques et démocratiques, ou plutôt penche entièrement vers l'oligarchie, comme le prouve l'examen du système d'élection des magistrats tel qu'il l'a conçu. — IV. Phaléas de Chalcédoine a aussi imaginé un système de gouvernement qui avait pour base l'égalité des fortunes entre les citoyens; mais il n'est guère possible de parvenir à ce but, sans assigner des limites à l'accroissement de la population. Solon eut des vues à peu près pareilles, comme le prouvent plusieurs de ses lois. Phaléas voulait encore l'égalité dans l'éducation de tous les citoyens; mais il ne dit point quelle sera cette éducation : et d'ailleurs, il faudrait ajouter à ces deux sortes d'égalité, celle des honneurs. La somme totale des richesses qu'une cité doit posséder, aurait été aussi une chose utile à déterminer; mais Phaléas n'a rien marqué avec précision. Peut-être la quotité des richesses doit-elle être telle qu'elle n'offre point un appât à l'avidité de voisins plus forts. Au reste, la cupidité des hommes étant, de sa nature, insatiable, il vaut mieux s'attacher à modérer leurs désirs, qu'à établir parmi eux l'égalité des biens. — V. Dans le projet de république imaginé par Hippodamus de Milet, on remarque la division du peuple en trois classes, artisans, laboureurs, guerriers; et une division du territoire aussi en trois parts, l'une consacrée aux dieux, une autre appartenant au public, et la troisième aux particuliers : un système d'organisation des tribunaux, qui, de même que la division du territoire, présente des difficultés graves et des inconvénients assez nombreux : une loi particulière en faveur de ceux qui avaient rendu d'importants services à l'état, qui donne également lieu à de fortes objections. La question de savoir si l'on doit changer facilement et fréquemment les lois d'un état, est de la plus haute importance : de pareils changements ne sont jamais sans danger; et l'on ne saurait y apporter trop de maturité et de circonspection. — VI. C'est un principe généralement admis, que les citoyens d'un état bien organisé doivent être affranchis des soins qu'exigent les besoins de première nécessité. Mais, dans la pratique, il présente une grande difficulté, c'est de concilier l'esclavage d'une partie des habitants avec la sécurité des citoyens. Le relâchement dans la conduite des femmes est aussi une cause de graves désordres dans les états. C'est ce que prouve l'exemple de Sparte. Lycurgue, qui en fut le législateur, négligea trop cet article important. L'inégalité des fortunes est encore un des vices du gouvernement de Lacédémone; elle a été l'effet de la loi sur les héritages, en vertu de laquelle deux cinquièmes du territoire sont devenus la propriété des femmes. L'organisation du tribunal des Éphores, qui disposent d'un très-grand pouvoir, est vicieuse en ce que ces magistrats, qui peuvent être pris parmi les citoyens les plus pauvres, sont souvent très-faciles à corrompre, et ont été la plupart du temps des hommes très-corrompus. Le mode d'élection des sénateurs et les règlements de ce corps ont aussi empêché le bien qu'il pouvait faire. Le pouvoir des rois à Sparte est trop étendu d'une part, et trop restreint à d'autres égards. L'institution des repas publics est soumise à des conditions qui lui ôtent le caractère de popularité qu'elle devait avoir. Enfin, un des vices essentiels du gouvernement de Sparte, c'est la prééminence que les institutions tendent à donner au courage militaire sur toutes les autres vertus. — VII. La constitution de Crète ressemble à bien des égards à celle de Lacédémone, à laquelle elle a servi de modèle. Les repas publics sont mieux réglés dans cette île qu'à Sparte. Les règlements relatifs à la sobriété dans le vivre y sont sages. La magistrature des *Cosmes* y tient lieu de celle des Éphores à Sparte; mais on y a recours, dans le cas de plaintes plus ou moins fondées contre les magistrats, à un remède violent et dangereux, c'est-à-dire l'anarchie et la guerre civile; aussi ce pays a-t-il dû la conservation de son indépendance à sa situation géographique, plus qu'à la bonté de sa constitution politique. — VIII. Le gouvernement des Carthaginois, supérieur à celui de la plupart des autres peuples, a d'ailleurs plusieurs traits de ressemblance avec celui de Lacédémone. La constitution de Carthage semble offrir un exemple d'un genre mixte ou intermédiaire entre l'aristocratie et l'oligarchie, puisque, dans le choix des premiers magistrats, on a égard au mérite et à la fortune. C'est un vice de cette constitution que de permettre qu'une même personne exerce les fonctions de plusieurs emplois différents. On y remédie aux inconvénients de la tendance trop oligarchique du gouvernement, en enrichissant successivement diverses portions du peuple. — IX. Quant à la constitution d'Athènes, c'est à tort qu'on reproche à Solon, qui en fut l'auteur, d'avoir exagéré le système démocratique. C'est plutôt Éphialtès et Périclès qu'il faut accuser d'avoir altéré en ce sens les lois de Solon, qui paraît n'avoir accordé au peuple que le pouvoir le plus indispensable, celui d'élire les magistrats, et de se faire rendre compte de leur gestion. Zaleucus et Charondas ont été aussi des législateurs célèbres chez les peuples de l'Italie inférieure. Philolaüs de Corinthe donna des lois aux Thébains. Dracon en avait aussi donné aux Athéniens avant Solon, Pittacus aux Mityléniens, ses compatriotes, et Androdamas aux Chalcidiens de Thrace.

---

I. Puisque nous entreprenons de considérer quelle est l'espèce de société civile la plus parfaite, pour des hommes qui ont d'ailleurs tous les moyens de vivre au gré de leurs vœux, il faut aussi que nous examinions non-seulement les formes diverses de gouvernement en usage dans les états qui passent généralement pour bien administrés, mais encore celles qui ont été imaginées par quelques [écrivains ou philosophes] et qui semblent sagement combinées ; afin qu'on soit à même d'apercevoir ce qui peut s'y trouver de sage et d'utile, et aussi afin qu'on ne croie pas que la recherche de quelque forme différente de celles-ci n'est qu'une fantaisie de gens qui veulent faire montre de leur savoir et de leur sagacité ; mais qu'on voie au contraire, que nous nous livrons à cette recherche, uniquement parce que les gouvernements qui existent aujourd'hui ne sont pas bien organisés (1).

2. Or, il convient d'entrer dans cet examen par une première considération qui appartient naturellement à ce sujet ; car il faut nécessairement que tous les citoyens participent en commun à tout, ou à rien, ou seulement à de certaines choses et non à d'autres. Mais il est évidemment impossible qu'ils soient entièrement exclus de toute participation à quelque chose que ce soit, puisque la société politique est une sorte de communauté. Le sol doit au moins être commun à tous, car l'unité de lieu constitue l'unité de cité, et les citoyens sont

---

(1) Une tendance naturelle et inévitable de l'esprit humain le porte à perfectionner ses institutions sociales, et à améliorer, autant qu'il est possible, sa condition présente. « Car, comme le remarque Lactance, Dieu a donné la raison à tous les hommes, afin que chacun puisse, selon ses moyens, s'instruire de ce qu'il ignore, et soumettre à l'examen ce qu'on lui a enseigné : et il ne faut pas croire que ceux qui nous ont précédés dans le temps, nous aient également surpassés en raison. Elle ne leur appartient pas plus exclusivement que la lumière du soleil. Et puisque la sagesse n'est que l'étude du vrai, c'est anéantir toute sagesse qu'approuver sans discernement tout ce qu'ont adopté nos ancêtres, et se laisser conduire aveuglément comme de vils troupeaux. On se trompe quand on s'imagine qu'il est impossible d'être plus éclairé que ceux qu'on appelle anciens, ou que les hommes d'à présent sont dans l'erreur. Qui donc nous empêcherait de suivre l'exemple de ceux qui nous ont précédés, et de transmettre à la postérité les vérités que nous aurons découvertes, au lieu des erreurs nombreuses qui nous ont été transmises par nos ancêtres ? » Voy. *Lactant.* l. 2, c. 8.

ceux qui habitent en commun une même cité. Mais premièrement, est-il plus avantageux, pour que la cité soit bien administrée, que tous les citoyens prennent part à tout ce à quoi il est possible de les faire participer? ou bien, vaut-il mieux qu'ils soient admis à de certaines fonctions, et exclus de quelques autres? En effet, on peut leur attribuer en commun la possession des enfants, des femmes et des propriétés de toute espèce, comme dans *la République* de Platon; car Socrate veut que les femmes et les enfants y appartiennent à tous, de même que les biens : cependant vaut-il mieux que cet objet soit réglé comme il l'est à présent parmi nous, ou comme le prescrit la loi proposée dans cet ouvrage de Platon?

3. La communauté des femmes entre tous les citoyens offre encore bien d'autres difficultés, et le motif que Socrate assigne à cette institution ne semble pas être une conséquence exactement déduite de son raisonnement. De plus, elle paraît incompatible avec la fin qu'il prétend s'être proposée, et que toute cité doit, suivant lui, se proposer comme on vient de le dire; et d'ailleurs il n'indique nullement les restrictions ou distinctions qu'il convient d'y apporter. Il veut que la cité soit *une* le plus qu'il est possible (1), attendu que c'est ce qu'il y a de plus avantageux pour elle, au moins suivant le système de Socrate, et dans l'hypothèse qu'il adopte.

---

Voy. *Platon. Republ.* l. 5, p. 462.

4. Cependant il est visible que la cité, à mesure qu'elle se formera et qu'elle deviendra plus une, ne sera plus *cité ;* car naturellement toute cité se compose d'une multitude. Et en la supposant le plus qu'il est possible ramenée à l'unité, on réduira la cité à une famille, et la famille à un individu, puisque le mot *un* doit plutôt se dire de la famille que de la cité, et de l'individu plus que de la famille. En sorte que si l'exécution d'une pareille conception était praticable, il ne faudrait pas l'entreprendre, car ce serait anéantir la cité. D'ailleurs, la cité ne se compose pas seulement d'une multitude d'hommes, elle se compose encore de différentes espèces d'hommes ; elle ne subsisterait pas s'ils étaient tous semblables et égaux. Car une société politique n'est pas la même chose qu'une alliance entre des peuples unis pour la guerre, puisque c'est la quantité qui fait la force et l'avantage de celle-ci, quand même les parties constituantes seraient égales et semblables ; attendu que l'alliance ne se forme naturellement qu'en vue de se procurer une assistance réciproque. C'est le cas d'une balance, où le poids le plus fort doit emporter le plus faible.

5. Telle sera aussi la différence qu'il y aura entre une cité et une nation, c'est-à-dire lorsqu'un peuple ne vit pas dispersé dans des bourgades séparées, à la manière des Arcadiens (1). Car les

---

(1) Il est assez difficile de dire à quelle partie et à quelle époque de l'histoire des Arcadiens notre philosophe fait ici

éléments de ce qui doit être *un* sont d'espèces différentes. Aussi est-ce l'égalité par compensation (1) qui seule peut conserver la cité, ou la société civile, ainsi qu'il a été dit précédemment dans le Traité de morale (2). C'est d'ailleurs ce qui doit inévitablement avoir lieu parmi des hommes libres et égaux ; car il n'est pas possible que tous exercent l'autorité en même temps : ils ne peuvent l'exercer chacun que pour un temps limité, soit un an, ou tout autre intervalle, et suivant un ordre déterminé. Ce n'est que de cette manière que tous peuvent commander, comme il arriverait si les cordonniers et les charpentiers, par exemple, exerçaient tour à tour la profession les uns des autres, et que les mêmes individus ne fussent pas toujours cordonniers et charpentiers.

6. Or, comme il vaut mieux, dans ce cas, que les choses soient ainsi, il s'ensuit évidemment que, dans la société civile, il vaudrait mieux aussi que l'au-

---

allusion, parce qu'il ne nous reste que peu de documents sur ce peuple, d'ailleurs remarquable par la simplicité et la douceur de ses mœurs, dont Polybe (*Hist.* l. 4, c. 20 et 21) nous a laissé une esquisse rapide et curieuse. Quelques commentateurs ont supposé qu'Aristote avait voulu ici faire allusion à la fondation de *Mégalopolis*, peu après la bataille de Leuctres (Voy. *Xenoph. Hellenic.* l. 6, c. 5, § 3) : mais ce n'étaient pas seulement des Arcadiens qui se réunirent dans cette ville, par les soins et les conseils d'Épaminondas ; il y avait avec eux un grand nombre d'exilés Messéniens.

(1) Voyez *la Morale*, l. 5, c. 5.
(2) Voyez *la Morale*, l. 5, c. 8.

torité fût toujours dans les mêmes mains, si cela était possible. Mais lorsque cela ne l'est pas, entre des hommes qui sont naturellement égaux (et aussi parce qu'il est juste que tous participent au pouvoir, soit qu'on le considère comme un avantage, ou comme un inconvénient), alors il vaut mieux se rapprocher de ce mode de gouvernement, en faisant passer successivement l'autorité entre les mains des citoyens égaux entre eux. Car, de cette manière, tous commandent et obéissent tour à tour, comme s'ils devenaient en effet d'autres hommes. C'est ainsi que ceux qui commandent doivent exercer, à tour de rôle, les uns une magistrature, et les autres une autre (1).

7. Il est donc évident, d'après cela, que la nature de la société civile ne comporte pas la sorte d'unité que quelques personnes prétendent y introduire, et que ce qui, suivant eux, serait le plus grand avantage des républiques, est précisément ce qui tend à les détruire. Cependant, c'est le bien propre à chaque chose qui assure la durée de cette chose. Mais on peut démontrer encore, d'une autre manière, que la tendance exagérée vers l'unité n'est pas ce qu'il y a de plus avantageux pour la société civile. En effet, une famille est plus capable

---

(1) « Plus pernicieuse et dommageable peste ne peut entrer « en une république (ou société civile), que si aucune partie « d'icelle devient plus forte que les autres. Car il est impossible « que l'union puisse durer entre les citoyens, quand le droict « n'y est également gardé. » *L. Leroi.*

de se suffire à elle-même qu'un individu, et une république l'est plus qu'une famille ; la république même n'existe proprement que lorsque le lien social qui unit la multitude l'a mise en état de se suffire à elle-même. Si donc la situation qui offre le plus cette dernière condition est celle qu'il faut préférer, il s'ensuit que ce qui a moins le caractère de l'unité est préférable à ce qui l'a plus.

8. Et même, en supposant que ce fût un grand avantage de réduire la république à la plus parfaite unité, Socrate ne semble pas démontrer cette proposition par un raisonnement fort exact, lorsqu'il veut que tous les citoyens disent *mien* et *non-mien* en parlant d'une même chose. Car tel est le caractère qu'il assigne à cette unité parfaite de la république. Le mot *tous*, en effet, a un double sens : si donc on le prend dans le sens partitif (1), cela serait peut-être plus conforme au but que ce philosophe se propose, puisque alors chacun pourrait dire, en parlant d'une même personne, que c'est son fils, ou que c'est sa femme, et il en serait de même des biens, et de toutes les autres circonstances qui lui sont propres.

9. Mais ce n'est pas en ce sens que pourront le dire ceux qui possèdent en commun les enfants et les femmes ; le mot *tous* les désignera collectivement, et non pas chacun d'eux en particulier : il en sera de même de la propriété, elle appartiendra à

---

(1) Comme désignant chaque individu en particulier.

tous, et non à aucun individu. Il y a donc un paralogisme, ou une équivoque manifeste dans l'emploi du mot *tous*. Car c'est précisément à cause de leur double signification que les mots *tous*, et *tous deux*, sont *pair* et *impair*, ce qui les rend propres, dans les disputes, à la composition des syllogismes contentieux. Voilà pourquoi cette proposition : que tous disent *mien*, en parlant d'une même chose, exprime dans un sens [partitif] une pensée fort belle sans doute, mais impossible à réaliser; et dans l'autre sens [le collectif], elle serait peu propre à établir la concorde (1).

10. Mais elle a encore un autre inconvénient : c'est que rien n'inspire moins d'intérêt qu'une chose dont la possession est commune à un très-grand nombre de personnes; parce que, si l'on attache une grande importance à ce qui nous appartient en propre, on en attache bien moins à ce qu'on possède en commun, où du moins chacun ne s'y intéresse qu'en ce qui le concerne. On s'en inquiète même moins, comme de choses qui touchent d'au-

---

(1) Il y a bien ici un peu de cette subtilité excessive qu'on a reprochée avec raison à Aristote, et dont Alexandre, au rapport de Plutarque (*In Alex.* c. 74), se moquait quelquefois. Au reste, en disant que *tous* et *tous deux* expriment à la fois le nombre pair et le nombre impair, suivant qu'on les prend dans un sens collectif ou partitif, il veut dire que *douze*, par exemple, comme collection d'unités, font un nombre pair; mais que ces unités prises chacune à part, ou par parties de quatre unités chacune, feront des nombres impairs.

tres personnes. C'est ainsi que, dans le service domestique, un grand nombre de valets s'acquittent quelquefois de leurs devoirs avec plus de négligence qu'un nombre moins considérable.

11. Chaque citoyen (je suppose) aura mille fils, qui tous seront ses enfants, non pas en tant qu'il est un individu, au contraire l'un quelconque d'entre eux sera aussi le fils du premier citoyen qu'il rencontrera ; en sorte que tous s'intéresseront également peu à lui. De plus, chacun ne pourra appeler *mien* quelque citoyen, heureux ou malheureux, qu'à proportion du nombre dont il est lui-même (pour ainsi dire) une partie aliquote : il ne pourra que dire, par exemple, C'est mon fils, ou celui de tel autre ; parlant ainsi de chacun des mille, ou de tout autre nombre de citoyens dont la cité se compose, sans pouvoir rien affirmer avec certitude, puisqu'on ne sait pas quel est celui d'entre eux qui a eu un enfant, ou dont l'enfant a survécu.

12. Cependant vaut-il mieux que chaque individu, entre deux mille, ou entre dix mille, emploie ainsi le mot *mien* pour désigner une même chose, ou qu'il se serve de ce mot comme on le fait communément aujourd'hui dans toutes les villes ? car c'est la même personne que l'un y appelle son fils, la même qu'un autre y appelle son frère, un autre son cousin, ou qu'il désigne par tel autre degré de parenté, soit de consanguinité, soit d'alliance, nommant d'abord celui qui lui tient de plus près, et ensuite ceux qui sont alliés des siens. Outre cela, il donne à un autre le nom qui le dé-

signe comme appartenant à la même *phratrie* (1) ou à la même tribu que lui. Car enfin il vaut mieux n'être que le cousin d'un individu connu et déterminé, que d'être fils [à la manière dont le veut Socrate].

13. Toutefois il n'est guère possible d'éviter que quelques-uns ne soupçonnent quels sont leurs propres frères, ou leurs enfants, ou leurs pères et leurs mères. Car il arrivera nécessairement que les ressemblances, qui ont lieu assez communément entre les pères ou mères et les enfants, leur fourniront des indices presque certains. Cela arrive même en effet, suivant le témoignage de quelques-uns de ceux qui ont écrit de ces voyages appelés *tour du monde*; car ils racontent que dans la Libye supérieure, où l'on possède les femmes en commun (2), on se partage les enfants qui en sont nés,

---

(1) Le peuple d'Athènes avait été divisé anciennement en quatre *tribus*, et chaque tribu en trois sous-divisions qu'on appelait aussi *phratries* (φρατρίαι). Voyez Harpocration, au mot φράτορες, et Pollux (*Onomast.*, l. 8, § 111), etc.

(2) Pomporius Mela (*Geograph.* l. 1, c. 8) dit que cette coutume existait chez les Garamantes, et Hérodote (*Hist.* l. 4, c. 180) raconte la même chose des Auses, qui habitaient les côtes de l'Afrique, près du lac Triton. Diodore de Sicile (l. 3, c. 31) dit que la communauté des femmes et des enfants était établie chez les Troglodytes; le roi seul pouvait avoir une femme à lui. Enfin, le baron *de Campenhausen*, auteur d'un ouvrage intitulé, *Bemerkungen über Russland*, et cité par Schneider, dit aussi que la communauté des femmes avait lieu chez les Saporoges, et qu'elles habitaient dans des bourgs séparés.

et on les discerne à la ressemblance. Il se trouve, même dans les autres espèces d'animaux, comme les bœufs et les chevaux, des femelles qui ont naturellement la faculté de produire des petits parfaitement semblables à ceux qui les ont engendrés. Telle était, entre autres, cette jument de Pharsale, qui en fut appelée *Dicæa*, [c'est-à-dire juste ou fidèle ) (1).

14. Il y a encore d'autres inconvénients, qu'il n'est pas facile de prévoir, quand on établit une pareille communauté. Par exemple, les sévices, les meurtres, soit volontaires soit involontaires, les rixes et les discours injurieux; toutes choses bien plus criminelles envers des pères et mères, ou d'autres proches parents, qu'à l'égard des étrangers; et qui doivent nécessairement arriver plus fréquemment entre gens qui ne se connaissent pas, qu'entre ceux qui se connaissent. Et, quand par malheur elles ont eu lieu, si l'offenseur et l'offensé se connaissent, on peut avoir recours aux réparations prescrites par la coutume ou par les lois, au lieu que cela est impossible quand ils ne se connaissent pas.

15. Il n'est pas moins absurde, quand on établit la communauté des enfants, de se borner à interdire seulement tout commerce criminel, tandis qu'on autorise entre un père et un fils, ou entre des frères, des attachements et des familiarités

---

(1) Aristote fait encore mention de cette jument de Pharsale, dans son *Histoire des animaux*, l. 7, c. 6.

contraires à toute idée de décence ; puisque tout sentiment passionné doit, en pareil cas, être interdit. Et il est aussi peu raisonnable de ne défendre un commerce criminel que par le seul motif qu'il en résulte une volupté trop grande ; tandis qu'on semble regarder comme une chose indifférente, que ce commerce ait lieu entre un père et une fille, ou entre un frère et une sœur. Enfin, on semble regarder la communauté des femmes et des enfants comme plus utile à établir dans la classe des laboureurs que dans celle des gardes [ou défenseurs de l'état], par la raison qu'il y aura moins d'attachement réciproque entre les individus de cette classe, quand cette communauté sera établie ; et qu'il faut que cela soit ainsi, parmi des gens qui doivent être soumis à l'autorité, afin de les rendre dociles et moins enclins à tenter des innovations.

16. Mais, en général, le résultat nécessaire d'une pareille loi sera tout le contraire de ce qu'on doit attendre de lois justes et sages, précisément par la raison pour laquelle Socrate croit devoir régler (1), comme il le fait, ce qui regarde les femmes et les enfants. Car je suis persuadé qu'un sentiment universel de bienveillance est pour la société civile le plus grand des biens, puisque c'est ce qu'il y a de plus propre à la garantir de la discorde. Socrate lui-même approuve hautement que la cité soit *une* le plus qu'il est possible, et cette unité semble devoir être surtout, comme il en convient, l'œuvre

---

(1) Voyez *Platon. De Republ.* l. 5, p. 464.

de la bienveillance. C'est ce qu'Aristophane dit expressément dans le *Banquet* de Platon sur l'amour (1), puisqu'il y représente les amoureux comme aspirant, par la violence de leur passion, à confondre leurs existences, et à ne faire de deux individus qu'un seul et même être.

17. Cependant il faut nécessairement que de cette union si intime résulte l'anéantissement de l'un des deux, ou de tous deux à la fois. Mais une pareille intimité doit infailliblement rendre la bienveillance extrêmement faible, dans une société civile, à force d'y être, pour ainsi dire, délayée; et il est presque impossible qu'un père y dise: Mon fils; ou un fils, Mon père. Car de même qu'en mêlant un peu de miel dans une grande quantité d'eau, on obtient un mélange qui n'a plus de saveur douce; ainsi ce qu'il y a d'individuel et de touchant dans les rapports que désignent ces noms se dissipe et s'évanouit, parce que le résultat inévitable d'une pareille communauté est d'intéresser extrêmement peu un père à ses fils, des fils à leur père, et des frères les uns aux autres. Car il y a deux choses qui contribuent essentiellement à faire naître l'intérêt et l'attachement dans le cœur des hommes, la propriété et l'affection. Or, ni l'une ni l'autre ne peuvent exister dans une forme de gouvernement comme celle-là.

---

(1) Allusion à la fable ou allégorie des *Androgynes*, ou individus qui unissaient les deux sexes, racontée par Aristophane, l'un des interlocuteurs du *Banquet* de Platon, p. 321.

18. D'un autre côté, c'est un grand embarras, et une cause de grands désordres, que de savoir comment on s'y prendra pour transporter les enfants qui seront nés dans la classe des laboureurs, et les confier à celle des gardiens; et réciproquement les enfants de ceux-ci à ceux-là (1). Il faut bien que ceux qui livrent ces enfants et ceux qui les transportent, sachent quels ils sont et à qui ils les donnent : et les inconvénients graves dont j'ai parlé tout à l'heure, les mauvais traitements, les meurtres, les passions criminelles, deviendront encore plus possibles et plus probables. Car les enfants des gardiens ne les appelleront plus ni leurs frères ni leurs pères, ni leurs mères, quand on les aura confiés à une autre classe de citoyens; pas plus que ceux qui sont parmi les gardiens n'appelleront de ces mêmes noms ceux qui auront été confiés aux autres citoyens, en sorte qu'ils puissent se garantir de commettre à leur égard aucun des délits que nous venons de dire. Mais en voilà assez sur ce sujet.

II. Nous avons maintenant à examiner ce qui concerne la propriété; comment il convient de l'établir dans un état qui aurait l'organisation politique la plus parfaite, et s'il faut que toutes choses y soient, ou n'y soient pas possédées en commun ? c'est une question qui peut être considérée indépendamment de tout ce que les lois auraient sta-

---

(1) C'est le sujet que traite Platon, à la fin du troisième et au commencement du quatrième livre de sa *République*.

tué d'ailleurs au sujet des femmes et des enfants. Il s'agit de savoir, quant aux biens-fonds et aux terres, en admettant que cet autre objet (la possession des femmes et des enfants) soit réglé comme il l'est aujourd'hui partout, s'il y a plus d'avantage dans la possession en commun des terres, ou dans la jouissance commune des fruits ? Par exemple, est-il plus avantageux que les terres soient possédées par des particuliers, et que les fruits en soient mis en commun pour être partagés entre tous les individus, comme cela se pratique chez quelques nations ; ou, au contraire, que la terre soit possédée et cultivée en commun, et que les fruits en soient distribués aux individus à mesure du besoin ? (car on dit que cette sorte de communauté a lieu chez quelques peuples barbares;) ou enfin, convient-il que les terres et les fruits soient la propriété commune de tous ?

2. Si l'on suppose que les terres soient cultivées par d'autres [que par les citoyens] (1), ce serait un autre ordre de choses, moins sujet à difficultés. Mais si ceux qui cultivent le font pour leur propre compte, il en résultera bien des embarras ; car le partage des travaux et des jouissances étant iné-

___

(1) « Comme en France les paysans labourent aux gentils-
« hommes leurs terres, coupent les blés, fauchent les foins
« qu'ils charient es granges et fenilz, ce qu'on appelle *corvées*. »
(*L. Leroi.*) Tel était, en effet, l'état des choses en France au temps de cet écrivain, sous le règne de Charles IX, auquel il dédia sa traduction.

gal, cela donnera lieu à de vives réclamations de la part de ceux qui travaillent beaucoup et ne reçoivent que peu, contre ceux qui, sans prendre presque aucune peine, reçoivent beaucoup.

3. Au reste, la communauté de toutes les choses nécessaires aux hommes, et les rapports fréquents et habituels quand on vit ensemble (surtout pour ces choses-là), sont, en général, la source de beaucoup d'embarras, comme on peut le voir dans les associations qui se font pour des voyages lointains; car alors les événements les plus ordinaires et les moindres objets font naître, la plupart du temps, des dissensions et des querelles. Et l'on peut remarquer qu'entre nos domestiques, ceux contre qui nous nous irritons le plus facilement et le plus souvent, sont précisément ceux qui nous rendent un service personnel et habituel. Tels sont donc, entre plusieurs autres, les inconvénients que produit la communauté des biens.

4. Mais le mode de possession qui existe aujourd'hui, appuyé sur les mœurs, sur les coutumes, et régularisé par de sages lois, doit avoir un grand avantage; car il réunit ce qu'il y a de bien dans les deux systèmes dont on vient de parler, je veux dire celui de la propriété possédée en commun, et celui de la possession individuelle. Car les soins qu'on y consacre étant partagés entre les individus, loin de donner lieu à des plaintes réciproques, ne peuvent que contribuer à l'amélioration des propriétés, puisque chacun s'y applique avec assiduité, comme à son avantage personnel; et

quant à l'emploi des fruits, la vertu le rendra tel qu'il doit être, suivant le proverbe : Entre amis tout est commun.

5. On voit, même de nos jours, des traces et comme une ébauche de ce mode de possession établi dans quelques états; ce qui fait voir qu'il n'est pas impraticable, et que parmi ceux qui sont le mieux administrés, il existe à certains égards, et pourrait être établi sous d'autres rapports; car chaque citoyen y ayant sa propriété particulière, la consacre en partie à l'usage de ses amis, et s'en sert en partie comme d'un bien commun. Ainsi les Lacédémoniens se servent des esclaves les uns des autres, comme s'ils étaient la propriété particulière de chacun d'eux. Il en est de même des chevaux, des chiens et des provisions de bouche, s'ils ont besoin d'en faire usage, lorsqu'ils sont à la campagne(1). Il est donc évident qu'il vaut mieux sans doute que les biens appartiennent aux particuliers, mais qu'ils deviennent, pour ainsi dire, propriété commune, par l'usage qu'on en fait. Mais c'est l'affaire du législateur d'inspirer aux citoyens les sentiments propres à établir un pareil ordre de choses.

6. Au reste, on ne saurait exprimer quelle satis-

---

(1) Xénophon (*De Rep. Laced.* c. 6, § 4) dit que ceux qui, après une chasse prolongée jusqu'au soir, auraient eu besoin de quelques provisions, et ne s'en seraient pas pourvus, étaient autorisés à entrer dans une habitation, à ouvrir le buffet pour prendre la nourriture qui leur serait nécessaire, ayant soin ensuite de serrer ce dont ils n'auraient pas fait usage.

faction procure la pensée qu'une chose nous appartient en propre. Car il ne faut pas croire que l'amour de soi ait été vainement inspiré à chaque individu; c'est un sentiment naturel : au lieu que l'égoïsme est blâmé avec raison, car il ne consiste pas à s'aimer simplement soi-même, mais à s'aimer plus qu'on ne doit. Il en est de ce sentiment comme de l'amour des richesses et de celui des honneurs; ce sont des choses que presque tous les hommes aiment naturellement, mais cet amour porté à l'excès, comme il l'est chez l'avare, ou chez l'ambitieux, devient blâmable. D'un autre côté, obliger des amis, ou des personnes connues, ou même des étrangers, les secourir dans leur détresse, est la plus douce des jouissances; et l'on ne peut se la procurer qu'autant que l'on possède quelque chose en propre.

7. Or, c'est un avantage dont se privent ceux qui exagèrent le système de l'unité politique; et de plus, ils anéantissent évidemment la pratique de deux vertus, d'abord la retenue à l'égard des femmes, car c'est une chose digne d'estime et honorable que de s'interdire, par un sentiment de vertu, tout penchant pour la femme d'un autre; et ensuite la libéralité dans l'emploi de son bien, car il sera impossible, dans l'hypothèse proposée, qu'on soit généreux, et qu'on fasse aucune action libérale, puisque la libéralité ne consiste que dans la manière dont on use de ce qu'on possède.

8. Une pareille législation a sans doute quelque

chose de spécieux, et semble, pour ainsi dire, empreinte de l'amour de l'humanité. Car celui qui entend le détail des dispositions qu'elle contient y applaudit avec joie, s'imaginant qu'il en doit résulter une merveilleuse bienveillance entre tous les citoyens ; surtout lorsqu'on a soin de faire ressortir tous les vices des gouvernements existants, et de les attribuer uniquement à ce que la communauté des biens n'y est pas établie : je parle des procès à l'occasion des engagements réciproques, des condamnations pour faux témoignages, des viles complaisances pour les riches, tous vices qui ne viennent que de la corruption générale, et non de ce que la communauté des biens n'existe pas.

9. Cependant on voit plus souvent des dissensions s'élever entre ceux qui ont des possessions communes qu'entre ceux dont les fortunes sont distinctes et séparées ; mais on a peu d'occasions de voir des procès parmi ceux qui possèdent quelque chose en commun, comparativement au nombre considérable de ceux qu'ont entre eux les individus qui possèdent chacun en propre ce qui leur appartient. D'ailleurs, il n'est pas juste de considérer uniquement les inconvénients que peut prévenir la communauté des biens, il faut dire aussi les avantages dont elle prive. Mais un pareil genre de vie paraît tout-à-fait impossible. Enfin, l'erreur de Socrate, en ce point, doit être attribuée à ce qu'il adopte une fausse hypothèse ; car il faut bien que la famille et la cité soient *unes* à certains

égards, mais non pas absolument; et [dans le système que nous combattons] il arrivera un moment où la république, par son progrès, cessera d'être une, sous quelques rapports; tandis que, sous d'autres rapports, conservant une sorte d'unité, mais étant tout près de n'être plus un état, sa situation sera véritablement pire. C'est comme si l'on faisait chanter à l'unisson un chœur de musiciens, ou si l'on n'admettait dans l'harmonie qu'une seule espèce de cadence (1).

10. Au reste, la société civile se composant nécessairement d'une multitude d'individus, comme on l'a déja dit, c'est par l'éducation commune qu'il faut la ramener, pour ainsi dire, à l'unité. Mais de s'imaginer, quand on a songé à lui donner un système d'éducation, que cela suffira pour faire aussitôt un peuple vertueux, c'est ce qui semble assez étrange, et aussi de croire que la réforme pourra s'opérer par de tels moyens, et non par les mœurs, la philosophie et les lois. Car, à Lacédémone et en Crète, par exemple, c'est par l'institution des repas publics que le législateur a établi la communauté des biens. Enfin il y a encore une chose qu'on ne doit pas perdre de vue : c'est la considération du temps et de cette longue suite de siècles, pendant lesquels une institution, qui serait véritablement bonne et sage, n'aurait pas manqué de se

---

(1) Il n'y aurait plus d'harmonie dans le premier cas, ni de rythme dans le second.

présenter à l'esprit des hommes. Car il n'y a presque rien qui n'ait été imaginé et trouvé; mais, entre tant de pensées diverses, il y en a qui n'ont pas été recueillies, et il y en a dont on ne fait pas usage, quoiqu'on les connaisse.

11. On se convaincrait pleinement de la vérité de ce que nous avons dit, si l'on voyait un gouvernement [tel que celui que Socrate propose] établi dans la réalité; car il ne serait pas possible qu'il subsistât, si l'on n'y admettait une sorte de partage des biens, en affectant les uns aux repas publics, les autres à certaines classes d'habitants, divisés en *Phratries*, ou en tribus. En sorte que tout ce qui résultera de cette législation, c'est que la classe des guerriers ne sera point occupée à la culture des terres, ce qui commence de nos jours à s'introduire chez les Lacédémoniens. D'ailleurs, Socrate ne s'est nullement expliqué sur le mode de gouvernement qui doit exister parmi des hommes entre lesquels tout est commun, et il aurait eu de la peine à le faire. Cependant, la multitude des autres citoyens est proprement la masse des habitants, au sujet desquels il n'y a rien de déterminé. On ne dit point si les propriétés seront communes entre les laboureurs, ou si elles seront distinctes pour chacun : même doute et même incertitude, à l'égard des femmes et des enfants, dans cette classe de citoyens.

12. Car, si tout est commun à tous de la même manière, quelle différence y aura-t-il entre l'une et l'autre classe? et quel sera, pour ceux qui com-

posent la classe inférieure, le dédommagement de leur sujétion? quel motif les portera à demeurer soumis? à moins que l'on n'ait recours à quelque expédient à peu près du même genre que celui dont usent les Crétois, qui, en permettant tout le reste aux esclaves, ne leur ont interdit que les exercices du gymnase et le droit d'avoir des armes. Si, au contraire, tout doit être ici sur le même pied que dans les autres états, quel sera donc le moyen d'établir cette communauté? Car il y aura nécessairement deux cités en une, et même deux cités contraires l'une à l'autre, puisque parmi les citoyens on veut que les uns soient exclusivement les gardiens et les protecteurs de l'état, et que les laboureurs, les artisans, et les autres habitants forment une classe à part.

13. Quant aux procès, aux dissentiments, et à tous les autres vices ou inconvénients qu'il observe dans les autres gouvernements, ils n'existeraient pas moins dans le système de Socrate; et pourtant il affirme que ses citoyens, grace à l'éducation qu'ils auront reçue, n'auront besoin que d'un très-petit nombre de réglements relatifs, soit à la police de la ville, soit à celle des marchés et aux autres objets de détail; se contentant néanmoins de pourvoir à l'éducation de la seule classe des gardiens ou défenseurs. Il laisse aux laboureurs la libre disposition de ce qu'ils possèdent, à condition qu'ils paient une redevance à l'état. Cependant il est bien probable que ceux-ci seront plus indociles et plus insubordonnés que ne le sont

6.

dans certans pays ceux qu'on appelle *hilotes*, *pénestes* et *périœciens* (1).

14. Mais de savoir si ce sera, ou non, la conséquence nécessaire de son système, c'est sur quoi l'on ne décide rien, quant à présent, ni par conséquent sur une autre question, immédiatement liée à celle-là, savoir : quelle sera l'éducation de cette classe, comment elle sera gouvernée, et quelles lois il faudra lui donner? Il n'est pas même facile de deviner ( quoique ce ne soit pas une chose indifférente), comment l'existence de cette classe pourra se concilier avec le maintien de la communauté établie dans celle des gardiens. Enfin, soit que l'on établisse encore ici la communauté des femmes, et la distinction des propriétés, soit que les femmes et les biens soient en commun dans cette classe des laboureurs, qui sera chargé de l'administration et des travaux dans l'intérieur des maisons, comme les hommes le sont de ceux de la campagne?

15. Dire que les femmes doivent remplir les mêmes fonctions que les hommes, parce que cela se passe ainsi parmi les animaux, c'est une chose absurde; puisque les animaux n'ont rien de commun avec l'économie domestique. Il y a aussi du dan-

---

(1) Ce qu'étaient les *Hilotes* chez les Lacédémoniens, c'est-à-dire, des espèces de serfs attachés à la glèbe, les *Pénestes* (mot qui signifie *hommes de peine*) l'étaient chez les Thessaliens, et les *Périœciens* (littéralement *habitants de la banlieue*) chez les Crétois, et chez plusieurs autres peuples.

ger à confier toujours aux mêmes personnes l'exercice des magistratures, comme le fait Socrate ; car ce doit être une cause de sédition et de révolte, en général, même parmi des hommes qui n'ont aucun sentiment de leur dignité ; à plus forte raison parmi des hommes fiers et belliqueux. Mais il est évident que Socrate est bien obligé de laisser toujours l'autorité aux mêmes personnes, puisque Dieu en créant les ames des individus de ces deux classes n'a point fait entrer le précieux métal tantôt dans les uns, tantôt dans les autres, et qu'au contraire Socrate affirme qu'au moment de leur naissance il mêle l'or divin aux ames des individus de la première classe (1), tandis qu'il ne compose qu'avec le fer ou le cuivre celles des hommes de la seconde, qui sont destinés à être artisans et laboureurs.

16. D'un autre côté, en privant ses gardiens de tout ce qui est jouissance ou bonheur, il prétend que le devoir du législateur est de rendre heureuse la cité tout entière. Cependant il est impossible qu'elle le soit, à moins que le bonheur ne soit le partage du plus grand nombre, sinon de tous ceux qui la composent. Car il n'en est pas du bonheur comme des choses qui sont en nombre pair (2) ;

---

(1) Platon (*De Rep.*, l. 3, p. 444.)

(2) Un nombre *pair* peut être composé d'autres nombres qui n'aient pas cette propriété ; ainsi, 12 est un nombre pair et peut être composé de 3, répété quatre fois, ou de 7 et de 5, qui sont des nombres *impairs*.

cette propriété peut être celle de la somme totale, quoiqu'elle ne soit celle d'aucune de ses parties; mais, en fait de bonheur, cela est impossible. Cependant, si les protecteurs de l'état ne sont pas heureux, quels seront donc ceux qui pourront l'être? Ce ne seront pas apparemment les artisans, ni la foule de ceux qui exercent les professions mécaniques. Telles sont les difficultés que présente la république dont Socrate a tracé le plan; on pourrait y faire encore d'autres objections, non moins difficiles à résoudre.

III. Le traité *des Lois*, composé postérieurement [à celui *de la République*] contient des choses à peu près semblables; et, par cette raison, il conviendra de s'y arrêter un moment, pour examiner la forme de gouvernement qui y est proposée; d'autant plus que, dans la *République*, Socrate ne traite d'une manière précise que quelques articles en très-petit nombre, comme la communauté des enfants et des femmes, la manière dont il faut l'établir, et l'ordre qui doit régir l'administration. Car il divise en deux parts la multitude des habitants, l'une comprenant les cultivateurs, l'autre les défenseurs de l'état; et il forme, parmi ceux-ci, une troisième classe, composée de ceux qui seront chargés de délibérer sur les affaires publiques, et à qui sera confiée l'autorité souveraine. Quant aux laboureurs et aux artisans, faudra-t-il les exclure de toutes les magistratures, ou les faire participer à quelques-unes, leur permettre d'avoir des armes et de concourir à la défense du pays, ou les exclure de ces fonctions? Socrate ne s'explique sur aucun de ces points. Seulement, il pense que les femmes doivent supporter les travaux de la guerre avec les défenseurs de la république, et recevoir la même éducation qu'eux. Tout le reste du traité est rempli de discours étrangers à la question, et de réflexions sur l'éducation qu'il convient de donner aux gardiens de l'état.

2. Le traité *des Lois,* au contraire, ne contient, pour la plupart, que des dispositions législatives; Socrate n'y dit que peu de choses du gouvernement [proprement dit] et voulant que ses vues puissent s'appliquer à la plupart des états existants, il est insensiblement conduit à reproduire le plan de sa première république. Car, à l'exception de la communauté des femmes et des biens, le reste des établissements qu'il propose est le même dans les deux traités; puisqu'il dit à peu près les mêmes choses sur l'éducation, sur les repas publics, et sur la convenance d'exempter les guerriers de tous les travaux mécaniques et nécessaires [à la subsistance des citoyens]. Seulement, dans son second projet, il dit qu'il faut que les femmes aussi aient des repas communs; et il porte à cinq mille le nombre des guerriers, qui, dans le premier, n'est que de mille.

3. Ainsi donc tous les discours de Socrate joignent à l'élégance du style l'abondance et l'originalité des idées, ils font penser; mais peut-être était-il difficile que tout y fût juste et exact. D'ailleurs, il ne faut pas se dissimuler qu'une multitude, comme celle qu'on vient de dire, aurait besoin de la plaine

de Babylone, ou de quelque territoire aussi vaste, pour que cinq mille hommes pussent y vivre sans rien faire; indépendamment de ces troupes de femmes et de gens de service, qui composent un nombre je ne sais combien de fois plus considérable. Sans doute on peut se permettre ce qu'on veut, quand on fait une hypothèse; mais il ne faut pourtant y admettre rien d'impraticable.

4. Un législateur, dit Socrate, doit considérer, en composant ses lois, deux choses : le pays et les hommes. Il eût été bon d'y ajouter encore les contrées voisines (1), si l'on veut que la cité ait une véritable existence politique. Car il sera nécessaire qu'on y emploie, à la guerre, non-seulement les armes dont on peut se servir avec avantage dans le pays même, mais aussi celles qui peuvent servir hors du territoire. Et, en supposant qu'on ne veuille pas faire prendre des habitudes militaires aux citoyens, ni dans leur vie privée, ni dans leur vie publique, il n'en faudrait pas moins qu'ils fussent en état de se rendre redoutables aux ennemis, non-seulement quand ils viendraient attaquer ou envahir le territoire, mais aussi quand ils seraient forcés d'en sortir.

5. Il faut encore considérer, par rapport à la masse des richesses et des propriétés, s'il n'aurait pas mieux valu en disposer autrement, en même

---

(1) Platon indique néanmoins sommairement cet objet, au sixième livre des *Lois* ( p. 263), et dans le cinquième (p. 225) *ed. Bipont*. to. 8.)

temps qu'on aurait traité cet article d'une manière plus claire et plus intelligible. En effet, Socrate prétend que chacun doit posséder ce qui suffit à une vie sobre et modérée ; c'est comme qui dirait : pour pouvoir vivre heureux ; car cette expression est plus générale. D'ailleurs, on peut mener une vie sobre et modérée, mais pourtant assez misérable ; et la définition eût été meilleure, s'il avait dit vivre sobrement et libéralement. Car, si l'on prend séparément chacune de ces deux conditions, le luxe et la mollesse pourront être la suite de l'une, la misère et la peine celle de l'autre, et il n'y a guère que ces sortes d'habitudes qui soient relatives à l'emploi de la fortune. Ainsi on ne peut pas user de ses biens avec douceur, ni avec vigueur, mais on peut en user libéralement ou modérément ; et il n'est pas possible que l'usage qu'on en fait soit différent de cela.

6. Il est encore bien étrange qu'en établissant l'égalité des propriétés on ait négligé de rien statuer sur le nombre des citoyens, et qu'on les laisse se multiplier indéfiniment ; comme si ce nombre devait demeurer à peu près le même, celui des naissances, quel qu'il soit, devant se trouver compensé par le manque d'enfants (1), dans certaines familles (quelle qu'en soit la cause), parce que c'est le résultat que semblent donner les républiques qui existent à présent. Cependant, ce résultat ne doit pas

---

(1) Voyez *Plat. De Legib.* l. 5, p. 231.

être, dans un état organisé [suivant l'hypothèse de Socrate], entièrement tel que nous l'observons aujourd'hui; car, dans les républiques de notre temps, la division des propriétés entre tous les membres de la société, fait que personne n'est dans une indigence absolue; au lieu que, dans le système proposé, les propriétés étant indivises, il faut nécessairement que le nombre plus ou moins grand de ceux qui ne feront partie d'aucun ménage, ou d'aucun couple, n'aient absolument rien.

7. On serait même porté à croire que c'est l'accroissement de la population qu'il aurait fallu contenir dans de certaines limites, plutôt encore que la propriété, en sorte que les naissances ne dussent pas excéder un nombre déterminé. Et ce nombre devrait être réglé sur la probabilité des événements; par exemple, de la mort de quelques-uns des nouveau-nés, et de la stérilité de quelques mariages. Mais l'abandonner au cours naturel des choses, comme on le fait dans la plupart des états, cela doit nécessairement être une cause de pauvreté pour les citoyens, et la pauvreté ne manque guère de produire des séditions et des désordres. Aussi Phidon de Corinthe (1), l'un des plus anciens législateurs, était-il persuadé que le nombre des maisons et celui des citoyens devaient être fixes et invariables; quand même tous auraient

---

(1) Il en est encore fait mention dans le cinquième livre de ce traité, c. 8, § 5.

commencé par avoir des lots inégaux; au lieu que, dans les *Lois* de Platon, c'est tout le contraire. Au reste, nous aurons occasion de dire, dans un autre endroit, quelle serait, à notre avis, la meilleure manière de régler cet objet.

8. On a également omis, dans ces mêmes lois, ce qui concerne les magistrats; on ne dit point quelle différence il y aura entre eux et les gouvernés; mais seulement qu'il doit y avoir, entre les uns et les autres un rapport du même genre qu'entre la trame et la chaîne d'une étoffe, ces deux parties n'y étant pas de même laine (1). D'ailleurs puisqu'on permet l'augmentation de la fortune jusqu'au quintuple (2), pourquoi l'augmentation en terres ne serait-elle pas aussi autorisée jusqu'à une certaine limite? Il faut aussi prendre garde que la distribution des habitations et de leurs emplacements n'ait des inconvénients pour l'économie, et pourtant il est difficile d'administrer deux habitations et de leur donner les soins convenables (3).

9. En général, la constitution qu'on propose ici n'est, à proprement parler, ni une démocratie ni une aristocratie, mais un mode de gouvernement intermédiaire, auquel on donne le nom de *répu-*

---

(1) Le passage de Platon, auquel notre auteur fait ici allusion, se trouve dans le cinquième livre des *Lois* (p. 220.)

(2) Voyez *Plat. De Legib.* l. 5, p. 240.

(3) Aristote lui-même oublie la critique qu'il fait de cette idée de Platon. Voyez le septième livre de ce traité (c. 9, § 7).

*blique*, parce qu'elle se compose de guerriers pesamment armés. Si donc l'auteur de ce système a voulu le présenter comme se rapprochant plus qu'aucun autre de ce qui existe dans les différents états, peut-être a-t-il eu raison; mais s'il a prétendu le donner comme le meilleur, après son premier premier projet, il a eu tort; car le gouvernement de Lacédémone, ou même tout autre état aristocratique, semblerait préférable.

10. Cependant, il y a des gens qui prétendent que le meilleur des gouvernements doit être un mélange de toutes les formes, et c'est par cette raison qu'ils approuvent celui de Lacédémone. Les uns, en effet, disent qu'on y trouve à la fois l'oligarchie, la monarchie et la démocratie; puisque, suivant eux, la royauté y représente la monarchie, l'autorité des vieillards [*Gérontes* ou sénateurs] l'oligarchie, et que la magistrature des éphores y introduit le principe ou l'élément démocratique, attendu que les éphores sont pris dans le peuple. D'autres, au contraire, prétendent que cette magistrature des éphores est une vraie tyrannie (1), et que les repas en commun, et les autres réglements relatifs à la vie privée et journalière, constituent une véritable démocratie.

11. Mais, dans le traité des lois (2), on soutient que le meilleur gouvernement doit être composé

---

(1) Voyez *Plat. De Legib.* l. 5, p. 178.
(2) Voyez *Plat. De Legib.* l. 4, p. 174.

de tyrannie et de démocratie, c'est-à-dire des deux formes qu'on est en droit de regarder, ou comme ne constituant réellement pas des gouvernements, ou comme les plus mauvais de tous. L'opinion de ceux qui admettent le mélange d'un plus grand nombre de formes est donc préférable; car la constitution qui résulte d'un pareil mélange est meilleure. D'un autre côté, le système proposé ne semble avoir rien de monarchique; il ne contient, au contraire, que des éléments oligarchiques et démocratiques : ou plutôt, il penche entièrement vers l'oligarchie. Cela se voit par la manière dont on y établit les magistrats; car de les tirer au sort parmi un nombre d'élus par la voie des suffrages, c'est un mode commun à la démocratie et à l'oligarchie. Mais obliger les plus riches à assister aux assemblées, à proposer les magistrats, et à exercer toutes les fonctions civiles, tandis que les autres citoyens en sont dispensés, cela est tout-à-fait propre à l'oligarchie ; comme aussi de prendre, dans cette même classe des riches, le plus grand nombre des magistrats, et de donner les charges les plus importantes à ceux qui ont le plus de fortune.

12. La manière dont se fait l'élection des membres du sénat (1) est encore tout-à-fait oligarchique. Car tous les citoyens sont obligés de choisir [d'abord 90 sénateurs], mais pris seulement dans la première classe; et ensuite [90 autres] pris dans la

---

(1) Voyez *Plat. De Legib.* l. 6, p. 259.

seconde; et ensuite autant, pris dans la troisième, excepté que tous les citoyens de la troisième et de la quatrième classe ne sont pas forcés de concourir à ces élections. Mais quand il est question de choisir [aussi 90 membres] de la quatrième classe, il n'y a que les citoyens de la première et de la seconde qui soient obligés de donner leur vote. Enfin Socrate veut que parmi ces élus on prenne un nombre égal [la moitié ou 45] pour chaque classe. Ceux des classes où le revenu est le plus considérable seront donc plus habiles et en nombre plus considérable, attendu qu'il y aura des citoyens des classes populaires qui ne concourront pas à l'élection, puisqu'ils n'y sont pas obligés.

13. Il est évident, d'après cela, et il le sera plus encore, par ce que j'aurai occasion d'ajouter dans la suite, lorsque je reviendrai sur l'examen de cette sorte de gouvernement, qu'elle ne doit pas être composée de monarchie et d'oligarchie. D'ailleurs, ce mode d'élection, qui consiste à prendre des magistrats parmi un nombre d'hommes déja élus d'avance, n'est pas sans danger; car, si des citoyens formant un parti, même assez peu nombreux, veulent se liguer et s'entendre, les choix se feront toujours suivant leur volonté. Tel est le système de gouvernement exposé dans le Traité des lois.

IV. Il y a encore d'autres modes de gouvernement imaginés par des philosophes, ou par d'autres personnes, mais qui tous se rapprochent de l'ordre établi aujourd'hui plus que les deux traités [de Platon] que nous venons d'examiner. Car aucun de ces auteurs n'a songé à introduire des nouveautés telles que la communauté des enfants et des femmes, et que les repas en commun de celles-ci ; mais ils débutent de préférence par les choses essentielles. En effet, quelques-uns ont pensé que le plus important était de régler convenablement ce qui regarde les propriétés ; attendu que c'est là, suivant eux, qu'est la source de toutes les dissensions. Aussi Phaléas de Chalcédoine (1) commence par traiter de ce sujet, et déclare que tous les citoyens doivent avoir des fortunes égales.

2. Au reste, il pensait que ce point n'était pas difficile à régler, dans le moment même où un gouvernement s'établissait ; et que, malgré la difficulté plus grande qu'il présentait, dans les états déjà constitués, l'on pouvait néanmoins rétablir assez promptement l'égalité, en prescrivant aux riches de donner une dot à leurs filles, et de n'en point recevoir (2) ; tandis que les pauvres, au contraire, n'en donneraient point, mais en recevraient. Ce-

---

(1) On n'a point d'autres renseignements sur ce Phaléas. Peut-être était-il de Carthage, et non pas de Chalcédoine ; au moins l'ancienne version latine d'Arétin porte *Carthaginensis*, au lieu *Chalcedonius*.

(2) « Je ne sache point qu'aucune république se soit accom-
« modée d'un réglement pareil. Phaléas met les citoyens sous
« des conditions dont les différences sont si frappantes, qu'ils
« haïraient cette égalité même que l'on chercherait à introduire.
« Il est bon quelquefois que les lois ne paraissent pas aller si
« directement au but qu'elles se proposent. » *Montesq.*, *Esprit des Lois*, l. 5, ch. 5.

pendant Platon pensait, comme on le voit par son Traité des lois, qu'il fallait laisser subsister l'inégalité de fortune jusqu'à un certain point; mais ne permettre à aucun citoyen d'en posséder une qui excedât plus de cinq fois les plus petites, ainsi qu'il a été dit précédemment.

3. Toutefois, ceux qui proposent de pareilles lois ne doivent point perdre de vue une observation qui paraît leur avoir échappé : c'est qu'en réglant ainsi la quotité des fortunes, il faut régler en même temps la quantité des enfants. Car si le nombre des enfants excède les moyens de fortune [nécessaires à leur subsistance], il faudra bien que la loi soit enfreinte; et, indépendamment de cette infraction, il y a un grave inconvénient à ce que beaucoup de ceux qui étaient riches deviennent pauvres; car alors on aura bien de la peine à empêcher qu'ils ne soient enclins aux nouveautés.

4. Il paraît même que plusieurs des anciens législateurs ont très-bien senti l'avantage qui résulte pour la société civile de l'égalité des fortunes, comme on le voit par les lois de Solon (1) à Athènes, et par celles qui, chez d'autres peuples, interdisent aux citoyens d'acquérir des terres autant qu'ils peuvent en désirer. Pareillement il y a des lois par lesquelles il est défendu de vendre sa propriété, comme cela a lieu chez les Locriens (2), où la loi ne permet

---

(1) Il semble, d'après ce que dit ici notre auteur, qu'on doit regarder Phaléas comme postérieur à Solon.

(2) Heyne (*Opusc. Academ.* t. 2, p. 42) croit qu'il est ici

de vendre, que dans le cas où l'on peut prouver qu'on est tombé dans l'infortune. Enfin, les lois prescrivent de maintenir dans leur intégrité les anciens héritages ; et même l'infraction de ce règlement chez les Leucadiens (1) rendit leur gouvernement trop démocratique, car il ne fut plus possible d'y maintenir le cens exigé auparavant pour parvenir aux magistratures.

5. Cependant, il peut se faire que l'égalité des fortunes existe dans un état ; mais que le taux de chacune soit trop élevé, en sorte que les citoyens y vivront dans le faste et dans la mollesse ; ou qu'il soit trop bas, de manière qu'ils auront bien de la peine à vivre. Ce qui prouve qu'il ne suffit pas au législateur d'avoir établi une pareille égalité, mais qu'il doit encore s'appliquer à saisir un juste milieu. Et même, il ne servirait à rien, d'assigner à chacun une portion de fortune médiocre ; car c'est bien plutôt dans les désirs que dans les fortunes qu'il faut introduire cette égalité ; or, cela ne peut s'exécuter que parmi des hommes à qui les lois ont donné une éducation convenable.

6. Et ici peut-être Phaléas nous dirait-il que c'est précisément là ce qu'il a recommandé, parce que, suivant lui, l'égalité de ces deux choses, la propriété et l'éducation, doit se trouver dans tout état. Mais il fallait dire encore quelle sera cette éduca-

---

question des *Locri Epizephyrii*, peuple de l'Italie inférieure, ou grande Grèce.

(1) On ne connaît de cette république des Leucadiens, colonie de Corinthe, que ce qu'en dit ici Aristote.

tion. Et il ne sert à rien de dire qu'elle doit être une et la même, car il est possible qu'elle ait en effet ce caractère, et que pourtant elle soit telle que les citoyens qu'elle aura formés soient plus portés qu'il ne faut à l'amour des richesses, ou à l'ambition des honneurs, ou à ces deux passions à la fois.

7. D'ailleurs ce n'est pas seulement l'inégalité des biens, c'est aussi celle des honneurs, qui fait naître la discorde, mais en sens opposé de part et d'autre : car le vulgaire s'irrite de l'inégalité des fortunes, et les hommes distingués par leurs talents ou par leur éducation voient avec dépit l'égale répartition des honneurs, ce qui a donné lieu à ces paroles [d'Achille s'indignant contre Agamemnon qui, dit-il,]

Honore également et le brave et le lâche (1).

Mais les hommes ne commettent pas seulement des injustices, pour se procurer les nécessités de la vie, (à quoi Phaléas croit trouver un remède dans l'égalité des biens, en sorte qu'ils ne soient point tentés de dépouiller leurs concitoyens, pour se garantir du froid ou de la faim;) souvent aussi l'avidité des jouissances, et l'impétuosité de leurs passions, les rendent injustes; car, si leurs désirs vont au-delà de leurs besoins, ils commettront des violences pour les satisfaire. Ce n'est donc pas seulement la nécessité [qui les rend injustes], ils le deviennent aussi quand ils éprouvent de violents désirs; ils le deviennent pour se procurer des voluptés sans peine.

---

(1) Voyez l'*Iliade* d'Homère, ch. 9, vs. 319.

8. Quel moyen donc de remédier à ces trois inconvénients? il sera, pour l'un, dans une richesse peu considérable et dans le travail; pour l'autre, dans la sobriété et la modération; quant au troisième, quiconque cherche des plaisirs qu'il ne puisse devoir qu'à lui-même, ne peut les trouver que dans la philosophie; car les autres voluptés ne s'obtiennent que par le secours des hommes. En effet, c'est pour se procurer le superflu et non pas le nécessaire, qu'on commet les plus grands des forfaits. Par exemple, on ne devient pas tyran pour se garantir du froid; aussi les plus grands honneurs sont-ils la récompense de celui qui tue, non pas un voleur, mais un tyran. On voit donc que le mode de gouvernement proposé par Phaléas, n'offre de garantie que contre les petites injustices.

9. Il propose encore des moyens propres, pour la plupart, à perfectionner l'administration intérieure d'un état; mais il faut songer aussi à lui procurer des ressources contre ses voisins, et, en général, contre tous les ennemis du dehors; par conséquent il faut y organiser une force militaire, et c'est ce dont il n'a rien dit. Il en est de même des finances, car il faut qu'elles puissent suffire non-seulement aux besoins de l'état, mais encore à le garantir des dangers extérieurs. Voilà pourquoi il ne faut pas que le domaine consiste en une quantité d'objets propres à tenter la cupidité des peuples voisins et plus puissants, tandis que ceux qui les possèdent seraient incapables de les défendre, en cas d'invasion. Mais d'un autre côté, il ne

7.

faut pas qu'elle soit si peu considérable que ceux qui la possèdent ne puissent supporter la guerre contre des voisins égaux et pareils à eux.

10. Phaléas n'a donc rien déterminé avec précision. Au reste, il faut savoir que la quantité des richesses est un point important. Peut-être donc la limite la plus avantageuse est celle qui n'offre aucun profit aux plus forts, s'ils voulaient entreprendre la guerre pour s'enrichir; mais il faut aussi qu'on soit dans une situation telle, que ce ne fût pas même un avantage pour l'ennemi de nous enlever ce que nous possédons. C'est ainsi qu'Eubulus, lorsqu'Autophradates avait dessein d'assiéger Atarnée, lui fit dire de considérer combien de temps il lui faudrait pour la prendre, et de calculer la dépense qu'il serait obligé de faire pendant ce temps-là, lui proposant de livrer la place à l'instant même, pour une moindre somme; et par cette négociation, il fit qu'Autophradates, désormais mieux avisé, renonça à son entreprise (1).

11. Sans doute il y a quelque utilité dans l'éga-

---

(1) On n'a aucun autre témoignage sur le fait dont parle ici Aristote, que ce récit même. L'eunuque Hermias, ami de notre philosophe, posséda Atarnée, après la mort d'Eubulus, dont il avait été l'esclave. (Voyez *Strabon. Geogr.* l. 13, p. 610.) Outre le scolie en l'honneur d'Hermias, dont nous avons donné la traduction dans le volume précédent, nous apprenons, par une épigramme de Théocrite (de Chios), que notre philosophe avait fait bâtir un tombeau à Eubulus et à Hermias. (Voyez Brunck, *Analect.* t. 1, p. 184.) Xénophon, Diodore et Cornélius Népos font mention d'Autophradates, qui était satrape de la Lydie.

lité des biens, pour prévenir les séditions et les discordes entre les citoyens : mais, à vrai dire, c'est peu de chose; car les hommes distingués par leurs talents et par leurs connaissances s'indignent d'un pareil état de choses. Aussi les voit-on souvent cabaler et exciter des troubles. D'ailleurs, la cupidité des hommes est insatiable, et si d'abord ils se contentent de deux oboles (1), une fois que cela est établi, ils aspirent à obtenir davantage; leurs vœux ne connaissent plus de bornes. Car le désir est, de sa nature, quelque chose d'infini, et la vie de la plupart des hommes se passe à chercher les moyens de le satisfaire.

12. Dans cet état des esprits, il vaut donc mieux, plutôt que de rendre les fortunes égales, chercher à inspirer à ceux qui ont été heureusement doués de la nature, des sentiments tels qu'ils ne désirent pas de s'enrichir, et s'arranger de manière que ceux qui ont moins d'élévation dans l'ame, ne le puissent pas. Ce qu'on obtiendra en les retenant dans une condition inférieure, sans les laisser exposés à l'injustice. Au reste, Phaléas a eu tort de se servir de l'expression d'égalité des biens, en général, puisqu'il n'y a proprement que les propriétés territoriales, qu'il fasse égales. Or, il faut y joindre encore la multitude des esclaves et des troupeaux, l'argent monnayé, et tout cet ensemble d'objets et

---

(1) C'était le salaire que l'on donnait aux juges. Il fut ensuite de trois oboles, etc. Voy. le scholiaste d'Aristophane (*in Plut.* vs. 329).

d'ustensiles de tout genre compris sous le nom de mobilier : il faut donc chercher le moyen de faire des lots égaux de toutes ces choses, ou y établir au moins un ordre convenable, ou renoncer entièrement à ce vain projet d'égalité.

13. Cet auteur semble aussi, dans son système de législation, n'avoir voulu établir qu'une cité bien peu considérable, s'il faut que tous les artisans y soient des esclaves appartenant au public, et s'ils ne doivent pas faire une des parties essentielles de l'état. Mais, si l'on veut que ceux qui exécutent les travaux publics soient des esclaves de la république, il faut donc que cela se pratique comme à Epidamne (1), et comme Diophante l'avait voulu établir à Athènes. On peut voir, d'après ce que nous venons de dire au sujet de la république de Phaléas, en quoi cet écrivain a eu raison et en quoi il a eu tort.

V. Mais Hippodamus (Milésien, fils d'Euryphon) qui le premier imagina la division des villes [en rues, places, quartiers,] et qui établit cette division dans le Pirée (2); le même qui fut accusé par

---

(1) *Epidamne*, appelé ensuite *Dyrrachium*, et aujourd'hui *Durazzo*, colonie de Corinthe. On ne trouve rien qui puisse expliquer l'usage auquel Aristote fait allusion ici, sans dire en quoi il consistait.

(2) Voyez encore ci-dessous (l. 7, c. 10, § 4); ce qui est dit ici de cet Hippodamus est confirmé en partie par le Lexique d'Hesychius ( au mot Ἱπποδάμου νέμησις ) et par ceux de Photius et d'Harpocration. Il fut contemporain de Périclès, et légua au peuple athénien la maison qu'il avait dans le Pirée, au lieu où fut ensuite la place appelée de son nom ἀγορὰ Ἱπποδάμειος, dont parle Xénophon ( *Hellenic.* l. 2, c. 4, § 8 ). On trouve dans le

quelques personnes d'avoir, par vanité, vécu avec trop de faste, en affectant de se montrer avec une énorme chevelure, et de porter en été comme en hiver des habits qui, bien que simples en apparence, étaient d'un tissu moelleux et chaud ; qui prétendait à une vaste science dans toutes les choses naturelles, est le premier qui, sans avoir jamais pris aucune part active à l'administration, ait entrepris d'écrire sur la meilleure forme de gouvernement.

2. Il supposait sa république composée de dix mille hommes, qu'il partageait en trois classes, l'une des artisans, l'autre des laboureurs, et la troisième des guerriers et de ceux qui avaient le droit de porter les armes. Il divisait pareillement le territoire en trois parts ; l'une consacrée aux dieux, l'autre appartenant au public, et l'autre aux particuliers. Celle qui était consacrée aux dieux devait fournir à toutes les dépenses qu'exigeait le culte ; celle qui appartenait au public devait fournir la subsistance des guerriers ; et la portion réservée aux particuliers devait appartenir aux la-

---

recueil de Stobée, intitulé *Florilegium ethicum*, trois fragments de politique, sous le nom d'Hippodamus, mais il y a tout lieu de croire que ces fragments, écrits en dialecte dorien, sont l'ouvrage de quelque Pythagoricien des siècles postérieurs, qui n'a fait que traduire en ce style les pensées et souvent les expressions mêmes de Platon, et qui n'a rien de commun avec Hippodamus de Milet, dont il est question dans ce chapitre. Voyez, à ce sujet, une note fort étendue de Schneider (to. 2, p. 117—120), dans son édition de la *Politique* d'Aristote.

boureurs. Il pensait aussi qu'il ne peut y avoir que trois sortes de lois, attendu qu'il n'y a que trois sortes de causes qui puissent donner lieu aux procès : l'outrage, le dommage et le meurtre.

3. Pour prononcer sur tous les procès qui sembleraient n'avoir pas été jugés avec équité, il établissait, par ses lois, un seul tribunal suprême, qu'il composait de vieillards élus par les citoyens. D'ailleurs il ne voulait pas que les juges prononçassent leurs sentences en déposant leurs votes dans des urnes, mais en présentant chacun des tablettes sur lesquelles ils écriraient leur vote pour la condamnation pure et simple, et qui seraient vides, s'ils étaient d'avis d'absoudre simplement l'accusé; au lieu qu'ils devaient y détailler les raisons qui les porteraient à condamner, sous de certains rapports, et à absoudre, à d'autres égards. Car il pensait que la législation, telle qu'elle existe à présent, sur cet article, est vicieuse; et que les juges sont forcés de se parjurer, quand ils prononcent quelque sentence que ce soit.

4. Il proposait aussi une loi en faveur des auteurs de toute invention utile à la société, voulant qu'on leur rendît des honneurs ; et que les enfants des citoyens qui sont morts à la guerre fussent nourris aux frais de l'état, attendu que c'était une institution que les autres législateurs avaient négligé [jusqu'alors] d'établir; mais aujourd'hui elle existe à Athènes et dans d'autres républiques. Tous les magistrats, suivant lui, devaient être élus par le peuple, et il entendait par le peu-

ple les trois classes des habitants de la cité; et il faisait entrer dans les attributions des magistrats ainsi élus la surveillance des affaires générales, tant celles qui regardaient les étrangers que les citoyens, et la tutelle des orphelins. Telles sont la plupart et les plus importantes des dispositions que fait entrer Hippodamus dans son système de gouvernement.

5. Mais d'abord, on pourrait trouver quelque difficulté dans la répartition ou la division qu'il fait de la multitude. Car les artisans, les laboureurs, et les guerriers, participent tous à l'administration des affaires; les laboureurs n'ayant point d'armes, et les artisans sans avoir ni armes ni terres; en sorte qu'ils seront presque les esclaves de ceux qui ont les armes. D'un autre côté, il est impossible qu'ils aient part à tous les honneurs; car il faudra nécessairement que les fonctions de généraux, de défenseurs des citoyens, et, en général, les magistratures les plus importantes, soient remplies par ceux qui ont les armes. Or, comment serait-il possible que des gens qui ne participent en rien au gouvernement fussent bien affectionnés pour la république?

6. Cependant, il faut aussi que ceux qui ont les armes soient plus puissants que les deux autres classes de citoyens. Mais cela ne sera pas facile, s'ils ne sont pas en grand nombre. Et, s'ils sont très-nombreux, à quoi bon faire participer les autres au gouvernement, et leur donner le droit de disposer des magistratures? D'ailleurs, à quoi les la-

boureurs serviront-ils dans la ville? Car, pour les artisans, il faut bien qu'il y en ait, puisque tout état en a besoin, et qu'ils peuvent subsister du produit de leurs métiers, comme on le voit dans les autres états ou républiques. Les laboureurs, s'ils fournissaient la subsistance à ceux qui possèdent les armes, seraient sans doute considérés, avec raison, comme une portion essentielle de l'état; mais ici, la terre leur appartient en propre, et ils la cultivent pour leur propre compte.

7. D'un autre côté, si ce sont les défenseurs de l'état eux-mêmes qui cultivent les terres appartenant à la république dont ils tirent leur subsistance, il n'y aura donc aucune différence entre les guerriers et les laboureurs; et pourtant c'est ce que veut le législateur. Et, si ce sont d'autres que les guerriers et que les laboureurs proprement dits qui cultivent les terres du domaine public, alors ils se trouveront former une quatrième classe, qui ne participera à rien, et qui sera étrangère à la république. Enfin, en supposant que les terres qui appartiennent aux particuliers et celles qui composent le domaine public, soient cultivées par les mêmes personnes, on ne voit pas bien comment les produits pourront suffire à ce que chacun des cultivateurs entretienne deux familles, et pourquoi ils ne prendraient pas sur les mêmes lots de quoi fournir à leur propre subsistance, et à celle des guerriers. Assurément il y a dans tout cela beaucoup de confusion et d'embarras.

8. On ne saurait non plus approuver la loi qui

concerne les jugements, et qui veut que le juge motive son opinion, après avoir donné simplement son avis par écrit, et devienne ainsi arbitre de juge qu'il était. Sans doute, cela peut se faire dans un arbitrage, entre plusieurs individus appelés à débattre contradictoirement les intérêts qui leur sont confiés, et sur lesquels ils ont à prononcer. Mais il n'en est pas de même dans les tribunaux : la plupart des législateurs ont pourvu, au contraire, à ce que les juges ne se communiquent point leurs avis les uns aux autres.

9. Ensuite, quelle confusion n'y aura-t-il pas dans les jugements, lorsque le juge croira qu'à la vérité le défendeur doit quelque chose, mais pas autant que réclame le demandeur? Par exemple, celui-ci exige vingt mines, mais le juge estime qu'il ne lui en est dû que dix; un autre plus, un autre moins, celui-là cinq, celui-ci quatre, (car c'est probablement ainsi que la somme sera partagée suivant les opinions diverses;) les uns accorderont tout et les autres rien. Quel moyen donc de concilier tous ces dissentiments? D'ailleurs, personne ne force à se parjurer celui qui prononce simplement ou la condamnation, ou l'acquittement, si la requête s'exprime en termes clairs et précis, et c'est avec raison. Car, en prononçant l'acquittement du défendeur, le juge ne déclare pas qu'il ne doit rien, mais seulement qu'il ne doit pas les vingt mines qu'on réclame de lui; mais celui-là sans doute se parjure, qui, persuadé que les vingt mines ne sont pas dues, condamne néanmoins celui qui refuse de les payer.

10. Quant à la loi qui a pour objet d'accorder des honneurs à ceux qui inventent quelque chose d'utile à la société, elle n'est pas sans inconvénient, et l'on ne peut alléguer en sa faveur que des raisons spécieuses. Car elle peut donner lieu à bien des intrigues, et quelquefois même à de graves commotions dans le gouvernement. Mais ceci nous conduit à l'examen d'une autre question : en effet, il y a des gens qui hésitent à prononcer s'il est utile ou dangereux de changer les lois anciennement établies, en cas qu'on puisse leur en substituer de meilleures. Voilà pourquoi il n'est pas facile de donner immédiatement son assentiment au projet proposé [par Hippodamus sur les récompenses], s'il est vrai qu'il y ait de l'inconvénient à changer les lois. Car il peut se trouver des gens qui proposeront l'abolition des lois et de la constitution, comme une chose avantageuse à la société tout entière.

11. Mais, puisque nous sommes tombés sur ce sujet, il sera bon de s'y arrêter un peu; car il donne, comme nous l'avons dit, lieu à quelque embarras, et sans doute on peut croire qu'il y aurait, dans certains cas, de l'avantage à changer les lois. Au moins cet avantage est-il incontestable dans ce qui a rapport aux autres sciences : par exemple, pour la médecine, quand on s'y écarte des anciennes méthodes; pour la gymnastique, et, en général, pour tous les arts ou facultés : en sorte que, puisqu'il faut bien ranger la politique dans cet ordre de choses, il est visible qu'il doit en être de

même à son sujet. On pourrait d'ailleurs trouver la preuve de cette assertion dans les faits eux-mêmes: car les lois anciennes portent un caractère de grossièreté et de barbarie trop choquant : ainsi autrefois les Hellènes avaient coutume de ne se montrer qu'armés (1), et d'acheter les femmes les uns des autres.

12. Ce qui nous reste des usages sanctionnés dans divers pays par les anciennes lois, est tout-à-fait absurde. Par exemple, il existe à Cymé (2) une loi sur le meurtre, qui déclare coupable celui qu'on en accuse, si l'accusateur peut fournir, parmi ses propres parents, un certain nombre de témoins. Au reste, ce n'est pas, en général, ce qui a été approuvé et pratiqué par leurs ancêtres que les hommes cherchent ou veulent, mais ce qui est bon ou avantageux; et il est probable que les premiers ou les plus anciens peuples, soit qu'ils fussent nés de la terre, ou qu'ils eussent échappé à quelque grande catastrophe, ressemblaient assez à ceux qui composent aujourd'hui la portion la plus vulgaire et la moins sensée des nations, comme on le dit en effet des géants, fils de la terre; en sorte qu'il y aurait peu de raison à demeurer attaché aux opinions ou aux pratiques de tels hommes. Enfin, il n'y a aucun avantage à attendre de l'immuabilité des lois, même écrites; car, dans une constitution politique,

---

(1) Voyez Thucydide (*Histor.* l. 1, c. 5, *extr.*, et 6 *init.*).
(2) Ville de l'Éolide, l'une des plus grandes et des plus belles de cette contrée, suivant Strabon (*Geogr.* l. 13, p. 622).

comme dans les autres arts, il est impossible que tout ait été marqué et prescrit avec une exacte précision, puisque l'on ne peut se servir en écrivant que d'expressions générales, au lieu que les actions supposent toujours quelque chose de particulier et d'individuel. Il est donc évident, d'après cela, qu'il y a des lois qu'il faut changer, et des circonstances où il est nécessaire qu'elles soient changées.

13. Toutefois ce sujet, quand on le considère sous un autre point de vue, semble exiger beaucoup de circonspection : car, lorsque l'avantage est peu considérable, tandis qu'il est dangereux d'accoutumer les citoyens à abroger trop facilement les lois, il est clair qu'il vaut mieux laisser subsister quelques erreurs du législateur, ou fermer les yeux sur quelques fautes des magistrats. La société ne tirera pas autant de profit du changement, que l'habitude de l'insubordination envers les magistrats lui causerait de dommage.

14. D'ailleurs, la comparaison de la politique avec les arts est fausse ; car un changement dans les lois n'est pas la même chose qu'un changement dans les procédés des arts. C'est que la loi n'a de force, pour se faire obéir, que dans l'habitude : et l'habitude ne peut être que le produit de la longueur du temps; en sorte que changer facilement les lois établies, pour leur en substituer de nouvelles, c'est affaiblir la puissance de la loi (1). De plus, en admet-

---

(1) « En général, les lois ne sont pas lois, si elles ne sont

tant la convenance de ce changement, devra-t-il, ou non, porter sur toutes les lois, et être autorisé dans toute forme de gouvernement ? Tout individu pourra-t-il l'entreprendre, ou n'y aura-t-il que quelques personnes qui le puissent ? Car il y a bien de la différence dans tout cela. Ainsi donc, laissons cette question, quant à présent, car il faudra y revenir dans un autre moment.

VI. A l'égard des gouvernements de la Crète et de Lacédémone, et de presque tous les autres, il y a deux choses à considérer : l'une, si leur constitution est plus ou moins conforme au meilleur système de législation possible ; l'autre, en quoi ils s'écartent le plus du système d'administration qu'ils ont adopté.

2. Et d'abord, on convient généralement que, dans tout état bien administré, il faut que les citoyens soient affranchis des soins qu'exigent les besoins de première nécessité (1). Mais comment

---

« inviolables. Tous les peuples civilisés conviennent de cette
« maxime..... On perd la vénération pour les lois, quand on les
« voit si souvent changer. C'est alors que les nations semblent
« chanceler comme troublées et prises de vin, ainsi que parlent
« les prophètes. L'esprit de vertige les possède, et leur chute
« est inévitable..... C'est l'état d'un malade inquiet, qui ne sait
« quel mouvement se donner..... On tombe dans cet état quand
« les lois sont variables et sans consistance, c'est-à-dire, quand
« elles cessent d'être lois. » BOSSUET, *Politique tirée des propres paroles de l'Écriture*, l. 1, art 4, prop. 8.

(1) Cette opinion, née de l'esprit de conquête, et qui tend à en prolonger indéfiniment les effets et la violence, est éminemment destructive de la sécurité et de la stabilité des états.

cela pourra-t-il avoir lieu? c'est ce qu'il n'est pas facile de déterminer. Car la *Pénestie* (1) a souvent fait courir des dangers aux Thessaliens; et pareillement les Hilotes, chez les Lacédémoniens, ont été, pour ainsi dire, occupés sans cesse à épier les calamités dont ils pouvaient tirer avantage.

3. Cependant il n'est jamais rien arrivé de pareil chez les Crétois. C'est peut-être parce que les villes voisines, quoique en guerre les unes contre les autres, ne s'allient jamais avec les révoltés; car cela ne leur serait nullement avantageux, puisqu'elles ont aussi des *Périœciens* [c'est-à-dire des serfs] dans leur dépendance. Les Lacédémoniens, au contraire, ont été dans un état continuel d'hostilité avec tous leurs voisins, Argiens, Messéniens, Arcadiens. Quant aux Thessaliens, ce qui porta, dans le commencement, leurs esclaves à la révolte, c'est la guerre qu'ils soutenaient sur leurs frontières contre les Achéens, les Perrhœbéens et les Magnésiens.

4. Au reste, cette partie du gouvernement ou de l'administration, qui consiste dans la manière de

---

(1) Athénée (l. 6, p. 264) raconte ainsi l'origine de la *Pénestie* chez les Thessaliens: Lorsque ces peuples s'établirent en conquérants dans le pays, les anciens habitants, qui n'avaient pu se résoudre à le quitter, consentirent à cultiver les terres pour leurs vainqueurs, à condition qu'ils ne les chasseraient pas du pays, ni ne les tueraient. Mais le nom de *Pénestes* (hommes de peine) fut donné à plusieurs autres populations, qui se trouvaient à peu près dans le même cas que les anciens habitants de la Thessalie, comme l'atteste Théopompe, cité par Athénée, (l. 6, p. 265.)

se comporter envers les esclaves est, sans comparaison, ce qu'il y a de plus difficile. Car, si l'on se relâche à leur égard, ils deviennent insolents, et aspirent bientôt à être avec leurs maîtres sur le pied de l'égalité; si, au contraire, on les traite avec dureté, ils sont sans cesse animés par des sentiments de haine et de révolte. D'où il suit évidemment que ceux qui en agissent ainsi avec leurs esclaves, ne savent pas trouver la meilleure manière de se conduire envers cette classe d'hommes.

5. Le relâchement dans la conduite des femmes est encore une chose très-nuisible à la direction des affaires du gouvernement et au bonheur de l'état (1). Car, l'homme et la femme étant chacun une partie de la famille, il est clair qu'on doit aussi regarder la société tout entière comme divisée à peu près en deux portions : l'une qui se compose de la multitude des hommes; et l'autre, de celle des femmes. En sorte que, dans tous les états où elles ne sont pas assujetties à de sages réglements, il y a lieu de croire que la moitié des citoyens vit sans règle et sans lois. Et c'est ce qui est arrivé à Sparte : car le législateur, ayant voulu que tout ce qui compose la société fût capable d'endurer les

---

(1) Plutarque (*In Lycurg.* c. 14) combat cette assertion d'Aristote, répétée dans sa *Rhétorique* (l, 1, c. 5) et qui n'est que trop justifiée par le témoignage de Platon (*De Legib.* l. 3, p. 309), et par celui de Plutarque lui-même, qui, en retraçant les bizarres coutumes de Sparte sur le mariage, sur l'éducation des femmes, etc. avoue, dans cette même vie de Lycurgue (c. 15), qu'elles portaient à l'excès la facilité ou la licence des mœurs.

plus rudes fatigues, a évidemment atteint ce but, pour ce qui regarde les hommes; mais il a entièrement négligé les femmes. Aussi elles vivent dans la mollesse, et s'abandonnent à toutes sortes de déréglements.

6. Il suit de là que, dans un pareil gouvernement, on doit nécessairement faire grand cas des richesses; surtout quand les hommes sont disposés à se laisser dominer par les femmes, comme le sont la plupart des peuples guerriers, à l'exception des Celtes, et des autres nations où l'on fait profession d'approuver des goûts et des passions contraires à la nature. C'est donc avec assez de raison que les inventeurs de la mythologie ont imaginé les premiers l'allégorie de Mars uni à Vénus par les liens de l'amour; puisque tous les hommes de ce caractère semblent enclins à rechercher avec ardeur le commerce des femmes, ou même celui des jeunes gens.

7. C'est aussi ce qu'on a pu observer chez les Laconiens: dans le temps de leur domination, la plupart des affaires étaient décidées par les femmes. Au reste, que ce soient elles qui commandent, ou que ce soient des hommes soumis à leur autorité, n'est-ce pas la même chose? car le résultat est le même. Mais comme l'audace ne sert à rien dans les habitudes de la vie ordinaire, et qu'elle n'est bonne, tout au plus, qu'à la guerre; dans ce cas-là même, les femmes des Lacédémoniens leur firent beaucoup de tort. C'est ce qu'on vit clairement à l'époque de l'invasion des Thébains: car, non-seu-

lement elles ne servaient à rien, comme cela arrive dans les autres villes, mais elles occasionèrent plus de trouble et de désordre que les ennemis eux-mêmes (1).

8. Cependant, il est probable que le relâchement s'était introduit fort anciennement dans les mœurs des femmes des Lacédémoniens. Car les expéditions qu'ils firent au dehors les tinrent long-temps éloignés de leur patrie, durant leurs guerres contre les Argiens, et ensuite contre les Arcadiens et les Messéniens. Le repos qui suivit ces guerres, et la vie militaire qu'ils avaient menée, les avaient sans doute préparés d'avance à être dociles aux vues du législateur (car il y a dans ce genre de vie, bien des parties de la vertu); mais, pour les femmes, on prétend que Lycurgue, ayant entrepris de les assujettir aux lois, éprouva de leur part tant de résistance, qu'il finit par renoncer à son dessein.

9. C'est donc elles qui ont été la cause des événements qui sont arrivés, et qui l'ont été évidemment aussi de ce défaut [qu'on remarque dans la constitution de Sparte]. Toutefois, nous n'examinons pas ici qui il faut condamner, ou à qui il faut faire grace; nous ne considérons que ce qui est bien ou mal. Or, il paraît que quand les institutions relatives aux femmes ne sont pas sagement combinées, comme on l'a dit précédemment, il en résulte non-seulement un désordre contraire à la décence,

---

(1) C'est ce qu'attestent Xénophon (*Hellenic.* l. 6, c. 5, § 28), et Plutarque dans la vie d'Agésilaüs (c. 30).

et qui dégrade la constitution même, mais aussi une tendance inévitable à l'amour des richesses.

10. En effet, outre ce qui vient d'être dit, on serait porté à blâmer aussi [dans la constitution de Sparte] l'inégalité des propriétés; puisque quelques citoyens étaient parvenus à en posséder d'immenses, tandis que d'autres n'avaient presque rien; de sorte que le territoire tout entier appartenait à un petit nombre de propriétaires. Mais c'est encore là l'effet d'un vice dans la législation : car la loi flétrit celui qui vend ou qui achète des terres; et c'est avec raison : mais elle permet à qui le veut de donner ou de léguer celles qu'il possède (1). Cependant, de manière ou d'autre, le résultat doit nécessairement être le même.

11. Or, les deux cinquièmes du territoire presque entier sont la propriété des femmes, parce qu'il y en a beaucoup qui sont devenues seules héritières des biens de leurs familles, et parce qu'on a coutume de leur donner des dots considérables (2). Cependant, il eût mieux valu ou ne leur en point donner (3), ou ne leur donner qu'une

---

(1) Plutarque (*In Agid.* c. 5) raconte que ce fut un citoyen puissant, nommé Épitadès, qui, pour pouvoir déshériter son fils, introduisit la loi qui donnait la faculté de tester en faveur de qui on voulait.

(2) Il y a ici quelque obscurité dans le texte, sur quoi l'on peut voir la note de M^r Coray, p. 276.

(3) Ce qui est dit ici de l'excessive richesse des femmes de Sparte, est confirmé par Plutarque, dans la vie d'Agis (c. 4 et c. 7), et dans celle de Cléomène (c. 1).

dot fort peu considérable, ou médiocre. Au lieu qu'on permet à un père d'accorder à qui bon lui semble l'héritière de sa fortune ; et s'il meurt sans avoir fait de testament, celui qui est chargé de la tutelle (1) peut disposer de la main de l'héritière, et la marier à qui il veut. Aussi, dans ce pays qui peut fournir la subsistance à 1500 cavaliers et à 30,000 Hoplites, ne s'en trouvait-il pas mille.

12. Mais les faits eux-mêmes ont prouvé que cette partie du gouvernement était très-défectueuse chez les Lacédémoniens ; car l'état n'a pu supporter une seule catastrophe, et il a péri par la disette d'hommes (2). On dit néanmoins que les premiers rois admirent des étrangers (3) aux droits de cité ; en

---

(1) Élien (*Var. Hist.* l. 6, c. 6) prétend, on ne sait sur quelle autorité, qu'il y avait à Sparte une loi qui prescrivait de marier les filles sans dot ; et il raconte (c. 4) que celui à qui Lysandre avait fiancé sa fille, ayant refusé de l'épouser après la mort du père, parce qu'elle se trouvait sans fortune, fut condamné à l'amende par les éphores, « pour avoir montré des sentiments « indignes d'un Lacédémonien. » Justin (*Hist.* l. 3, c. 3) dit aussi, en parlant de Lycurgue : *Virgines sine dote nubere jussit, ut uxores eligerentur, non pecuniæ.* Mais Aristote affirme que Lycurgue n'avait rien statué sur ce point.

(2) C'est-à-dire d'hommes nés à Sparte, et qui eussent la qualité de citoyens. C'est en ce sens que Xénophon, au commencement de son traité *de la République des Lacédémoniens*, appelle Sparte la cité où il y a le moins d'hommes ; ἡ Σπάρτη τῶν ὀλιγανθρωποτάτων οὖσα.

(3) Les anciens historiens qui nous restent ne citent, en ce genre, que l'exemple des Parthéniens ; mais, postérieurement à Aristote, les rois Agis et Cléomène, et le tyran Nabis, admi-

sorte que, malgré les longues guerres qu'ils avaient à soutenir, la disette d'hommes ne se faisait point sentir à cette époque. L'on prétend même qu'il y a eu quelquefois à Sparte jusqu'à dix mille citoyens: mais, que cela soit vrai ou non, toujours vaut-il mieux que l'accroissement ou la quantité de la population tienne à l'égalité des propriétés.

13. D'ailleurs, la loi qui concerne le nombre des enfants nés de la même union, s'oppose à cette amélioration. En effet, le législateur, désirant que le nombre des Spartiates pût s'accroître le plus qu'il serait possible, encourage les citoyens à avoir le plus d'enfants qu'ils pourront, puisqu'il y a une loi qui déclare exempt du service militaire le père qui aura eu trois enfants; et de toute imposition, celui qui en aura eu quatre (1). Cependant, il est facile de voir que s'il naît un grand nombre d'enfants, le territoire étant partagé comme il l'est, il y en aura nécessairement beaucoup qui tomberont dans l'indigence.

14. D'un autre côté, l'organisation de l'Éphorie est très-vicieuse : car les membres de cette magistrature, qui décide des affaires les plus importantes, sont tous pris dans le peuple; en sorte qu'il y arrive souvent des hommes très-pauvres, et que leur indigence a plus d'une fois disposés à se ven-

---

rent au nombre des citoyens de Sparte, non-seulement des étrangers, mais même des esclaves, comme le témoignent Plutarque et Tite-Live.

(1) Voyez Élien (*Var. Hist.* l. 6, c. 6).

dre ; comme on a pu le voir souvent dans les temps passés, et récemment encore au sujet des *Andries* (1); car quelques-uns d'entre eux, s'étant laissé corrompre par argent, il n'a pas tenu à eux que l'état n'ait été entièrement ruiné. Et, comme leur autorité était très-grande et presque despotique, les rois eux-mêmes étaient forcés de s'appliquer à capter leur bienveillance ; c'est une des causes qui ont dégradé et altéré la forme de la constitution, qui, d'aristocratique, est devenue démocratique.

15. Il est vrai que cette magistrature affermit [sous d'autres rapports] le gouvernement; car elle tient le peuple en repos, par le droit qu'elle lui donne de participer au plus grand pouvoir; de sorte que, soit sagesse du législateur, soit hasard, elle contribue à l'utilité générale et au bien des affaires. Car, pour qu'un gouvernement subsiste et se conserve, il faut que toutes les classes de la société désirent son existence et son maintien. Or, à Sparte, les rois ont un pareil intérêt, à cause des honneurs dont ils jouissent; les citoyens distingués par leur naissance, leur fortune et leur vertu, à cause du sénat [où ils peuvent être appelés], puisque cette ma-

---

(1) Voyez le § 3 du chapitre suivant. Il y a pourtant lieu de croire que le texte grec est ici altéré; car on ne voit pas pourquoi Aristote aurait imaginé d'employer dans cette circonstance un mot ancien et hors d'usage, pour désigner les repas publics, ni pourquoi il en serait question dans un endroit où l'auteur parle de la vénalité comme étant devenue un vice commun parmi les éphores.

gistrature est le prix de la vertu ; et le peuple, à cause de l'éphorie, à l'exercice de laquelle tous les citoyens peuvent être admis.

16. Au reste, il fallait sans doute que cette magistrature fût élective, et que les membres en fussent pris dans le peuple ; mais non pas avec le mode d'élection qui est usité aujourd'hui, car il est aussi trop puéril (1). D'ailleurs, ce sont les éphores, c'est-à-dire des magistrats pris dans la dernière classe du peuple, qui jugent les causes les plus importantes ; et par cette raison, il aurait mieux valu qu'ils ne pussent pas juger arbitrairement, mais qu'ils fussent tenus de conformer leurs sentences aux lois et à des règles écrites. Enfin, leur manière de vivre n'est nullement en harmonie avec les vœux de l'état ; car elle est très-relâchée, tandis que celle des autres citoyens est d'une excessive sévérité ; en sorte qu'ils ne peuvent en supporter la rigueur, et que, se dérobant à l'autorité de la loi, comme des esclaves fugitifs, ils se livrent secrètement à toutes sortes de voluptés.

17. Les réglements relatifs aux sénateurs ont aussi bien des défauts : car étant des gens distingués

---

(1) On ne sait point quel était ce mode d'élection : il est probable qu'il était à peu près le même que celui qu'on employait pour élire les sénateurs, et que Plutarque a décrit dans la vie de Lycurgue (c. 26). En général, dit Thucydide (*Hist.* l. 1, c. 87), les Lacédémoniens, dans leurs assemblées, manifestent leur choix par des acclamations, et non en donnant leurs suffrages, κρίνουσι γὰρ βοῇ, καὶ οὐ ψήφῳ.

par leurs talents et par une éducation propre à en faire des hommes de mérite et de vertu, on pourrait regarder cette magistrature comme fort utile à l'état. Mais, d'un autre côté, comme ils sont appelés, pour toute la durée de leur vie, à décider des plus grandes affaires, cela présente peut-être quelques inconvénients. Car il y a une vieillesse pour l'entendement comme pour le corps; et comme le législateur lui-même semble se défier d'eux, et craindre que l'éducation qu'ils ont reçue ne les mît pas à l'abri de la corruption, leur pouvoir n'est pas sans danger pour l'état.

18. Il paraît même que ceux qui sont revêtus de cette autorité se laissent quelquefois séduire par des présents, et sacrifient l'intérêt public à la faveur. Il aurait donc mieux valu qu'ils fussent responsables, au lieu qu'ils ne le sont pas. Le tribunal des éphores semblerait devoir exercer sur toutes les autres magistratures une surveillance sévère; mais ce serait accorder un privilége excessif à l'éphorie, et ce n'est pas de cette manière-là que nous prétendons que la responsabilité doit exister. De plus, la manière dont l'opinion des citoyens se manifeste, dans l'élection des sénateurs, est puérile; et il n'est pas bien que celui qui doit être appelé par les suffrages à cette fonction, la sollicite; car, quand on est digne d'une magistrature, on doit en remplir les fonctions, soit qu'on le veuille, ou qu'on ne le veuille pas.

19. Ici, au contraire, comme dans tout le reste de ses institutions, il semble que le législateur,

après avoir fait naître l'ambition dans le cœur des citoyens, les appelle à choisir les sénateurs : car il n'y a qu'un ambitieux qui puisse solliciter l'occasion d'exercer l'autorité. Et pourtant la plupart des injustices volontaires qui se commettent dans le monde, ont pour cause l'amour des honneurs et celui des richesses.

20. Quant à la royauté, de savoir s'il vaut mieux, ou non, qu'il existe une pareille institution dans les sociétés civiles, c'est une question qu'il faudra discuter ailleurs. Au moins serait-il plus avantageux qu'elle ne fût pas telle qu'elle est à présent à Lacédémone, et que chacun des rois ne fût élu que sur les preuves de mérite ou de vertu qu'il aurait données dans le cours de sa vie. Il est même évident que le législateur n'a pas cru pouvoir les rendre bons et vertueux; aussi s'en défie-t-il, comme n'ayant pas autant de vertu qu'il serait nécessaire; et c'est pour cela qu'on les a toujours fait accompagner au dehors par [des éphores (1) ou des sénateurs qui étaient] leurs ennemis, et qu'on a toujours pensé que la discorde entre les deux rois était nécessaire au salut de l'état (2).

21. La loi qui a établi les premiers repas communs, appelés *Phidities*, n'a guère moins d'incon-

---

(1) C'étaient ordinairement deux éphores, qui ne devaient se mêler d'aucune affaire, si le roi ne les consultait, mais qui observaient sa conduite et celle des autres chefs. Voyez Xénophon (*De Republ. Laced.* c. 13, § 5).

(2) On peut voir ce que dit à ce sujet, Plutarque, dans la vie de Cléomène (c. 12).

vénients : car il aurait mieux valu que la dépense de ces réunions fût à la charge du trésor public, comme en Crète ; au lieu qu'à Lacédémone chaque citoyen est obligé d'y apporter sa portion, bien qu'il y en ait quelques-uns de très-pauvres, et qui sont dans l'impossibilité de suffire à cette dépense. En sorte qu'il en résulte tout le contraire de ce que le législateur aurait voulu. Car il a prétendu que l'institution des repas publics fût démocratique, et elle ne l'est point du tout, par le mode d'exécution que prescrit la loi. C'est qu'il n'est pas facile à ceux qui sont très-pauvres d'y participer, et pourtant c'est une condition anciennement exigée chez eux pour constituer le droit de cité ; d'où il arrive que celui qui est incapable de supporter cette charge est exclu de toute participation au gouvernement.

22. D'autres ont blâmé aussi, et avec raison, la loi qui concerne les *Navarques*, ou commandants de la flotte : car elle est une cause de dissensions, puisque le commandement des vaisseaux est presque une autre royauté, à côté de celle des rois, qui sont à perpétuité les chefs de l'armée. Enfin, par cette raison, on peut faire au plan du législateur le reproche que lui a déjà fait Platon, dans ses *Lois* (1) : c'est que toute sa constitution ne se rapporte qu'à une partie de la vertu, c'est-à-dire, à la valeur militaire. Sans doute, elle est utile pour s'assurer la supériorité de la force : aussi les Lacédémoniens se

---

(1) Voyez *Plat. de Legib.* l. 1, p. 16, ed. Bipont.

sont-ils maintenus, tant qu'ils ont fait la guerre; mais, quand leur domination a été établie, ils ont péri, faute de savoir vivre en repos, et de s'être exercés à aucune autre vertu, plus importante que celle qui sert dans les combats.

23. Une erreur non moins grave, qu'on peut reprendre encore en eux : c'est qu'ils s'imaginent que c'est par le courage, plutôt que par la lâcheté, qu'on peut obtenir les biens qu'on désire le plus, et en cela ils ont raison; mais ils ont tort de croire que de pareils biens sont au-dessus de la vertu. Les institutions relatives aux richesses dont l'état dispose ont aussi chez les Lacédémoniens de fâcheux inconvénients; car il n'y a point chez eux de trésor public : et, quand ils sont forcés de soutenir de grandes guerres, chacun ne contribue aux frais qu'avec parcimonie (1). Comme la plus considérable partie des terres appartient à des Spartiates, ils n'exercent pas une surveillance bien sévère sur les contributions les uns des autres, et de cette manière le législateur est arrivé à un résultat tout contraire à l'intérêt général de l'état; car il l'a rendu pauvre et dénué d'argent, et il a rendu les particuliers avides de richesses. Je ne dirai rien de plus au sujet du gouvernement des Lacédémoniens, car ce sont là les vices principaux qu'on pourrait y reprendre.

---

(1) C'est précisément ce que dit Archidamus, dans Thucydide (l. 1, c. 80), pour détourner les Lacédémoniens d'entreprendre la guerre contre les Athéniens.

VII. La constitution de la Crète (1) se rapproche beaucoup de celle de Lacédémone; elle ne lui est pas inférieure sous quelques rapports de peu d'importance : seulement, elle porte en général le caractère d'une civilisation moins avancée. On dit aussi, et il est facile de s'en apercevoir, que le gouvernement de Sparte a été formé sur le modèle de celui de la Crète (2); or, il y a ordinairement dans les institutions anciennes, moins de régularité que dans celles qui sont plus récentes. On raconte, en effet, que Lycurgue, lorsque, ayant renoncé à la tutelle du roi Charilaüs, il eut pris la résolution de voyager, s'arrêta assez long-temps en Crète, à cause des liens qui unissaient les deux pays, car les Lyctiens étaient une colonie des Laconiens (3); et ceux d'entre eux qui vinrent alors s'établir en Crète, adoptèrent le système de lois qu'ils trouvèrent établi parmi les habitants du pays. Voilà pourquoi les *Periœciens* (4) observent encore aujourd'hui ces

---

(1) Sur l'île de Crète, ses antiquités, ses mœurs, etc., on peut consulter le *Voyage du jeune Anacharsis*, chap. 73; et sur la constitution politique de ce pays, le savant ouvrage de feu M$^r$ de Sainte-Croix, intitulé : *Des anciens Gouvernements fédératifs*.

(2) L'historien Éphore, au rapport de Strabon (*Geogr.* l. 10, p. 480 suiv.), regardait la constitution de Sparte comme imitée de celle de Crète, et la plupart des anciens écrivains font la même observation : Polybe seul (*Hist.* l. 6, c. 45) a essayé de combattre cette opinion.

(3) Voyez Polybe (*Hist.* l. 6, c. 54).

(4) Ou paysans, serfs ou esclaves, habitant dans le voisinage des villes; car le mot grec περίοικοι, suivant Pollux (l. 6, § 113),

mêmes lois, dont Minos a été le premier auteur.

2. Au reste, l'île paraît destinée par la nature à commander à toute la Grèce, et est admirablement située pour cela, puisque les peuples grecs habitent presque tous les bords de la mer; que d'une part, elle est très-peu éloignée du Péloponnèse, et de l'autre, de la côte d'Asie, où se trouve Triopium (1), et de l'île de Rhodes. Aussi Minos possédait-il l'empire de la mer et des îles, dont les unes furent conquises par lui, et les autres habitées par les colonies qu'il fonda. Enfin, ayant voulu soumettre la Sicile, il y perdit la vie près de Camicus (2).

3. Le gouvernement de la Crète a donc de l'analogie avec celui de Sparte. Car ici, ce sont les hilotes qui cultivent la terre, et chez les Crétois les périœciens; et il y a chez les deux peuples des banquets ou repas communs; et même, anciennement, ces repas n'étaient pas appelés par les Spartiates *Phiditia*, mais *Andria*, comme on les appelle en Crète; ce qui fait voir que c'est de là que cette in-

---

est synonyme de γείτονες (voisins). Isocrate (*Panegyr.* c. 36) trouvait fort convenable que l'on fît ainsi des *voisins* (περιοίκους) de tous les Barbares, c'est-à-dire de tous les peuples qui n'étaient pas Grecs; et pourtant ce même écrivain (*Panathen*, c. 73) s'indigne de la cruauté et de la lâcheté des Spartiates, qui exposaient ces malheureux esclaves à des dangers qu'eux-mêmes n'osaient affronter. Voyez le commentaire de Mr Coray sur Isocrate, t. 2, p. 271.

(1) Ville de la Carie. (Voyez *Plin. Hist. nat.* l. 5, c. 28).

(2) Ville de la Sicile, bâtie près d'un fleuve du même nom. Voyez Strabon (l. 6, p. 273 et 299).

slitution est venue (1). L'ordre des fonctions pu-

---

(1) Athénée (*Deipnosoph*. l. 4, p. 143) nous a conservé, sur ce sujet, des détails assez curieux, extraits du quatrième livre d'un traité de Dosiadès sur les mœurs des Crétois. « Voici (dit « cet auteur) comment les Lyctiens ordonnent les repas qu'ils « prennent en commun. Chacun contribue pour l'association « ou *Hétérie* dont il est membre, et pour les revenus de la ville, « du dixième de ses produits; et cette contribution est répartie « par les chefs de la ville entre toutes les familles. Quant aux « esclaves, leur contribution est d'un statère d'Égine par tête. « Or, tous les citoyens sont divisés en sociétés ou hétéries, « qu'ils nomment ἀνδρία, et le soin des repas communs est confié « à une femme, qui prend pour le service trois ou quatre esclaves « publics; et chacun d'eux s'adjoint deux valets porteurs de « bois, qu'ils appellent καλοφόροι. Il y a dans toutes les villes de « la Crète deux édifices publics, dont l'un, destiné pour les « repas, se nomme ἀνδρεῖον, et l'autre, servant d'asyle aux « étrangers, s'appelle κοιμητήριον. Dans l'édifice destiné aux re- « pas, on trouve d'abord deux tables, appelées tables hospita- « lières, où s'asseyent les étrangers qui se trouvent là; ensuite « les tables pour les citoyens. On donne une part égale à chacun « des convives présents; mais les jeunes gens n'ont qu'une « moitié de part de viande, et ne touchent à aucun autre mets. « Puis on place sur la table un vase de vin mêlé d'eau. Tous « ceux qui sont à table en boivent, et après le repas on en ap- « porte un autre. Les enfants n'ont qu'un seul vase de vin, « mêlé aussi d'eau; mais les hommes plus âgés peuvent boire « plus de vin, s'ils le veulent. La femme qui préside à l'ordon- « nance des repas commence par choisir les morceaux les plus « délicats, et les fait servir à ceux qui ont acquis de la renom- « mée, soit par leur valeur dans les combats, soit par leur sa- « gesse dans les conseils. Ordinairement, après le repas, on « commence par délibérer sur les affaires publiques, ensuite on « raconte les actions héroïques qui ont eu lieu à la guerre, on « loue ceux qui se sont illustrés par leur bravoure, et on les pro- « pose pour modèles à la jeunesse. »

bliques est aussi le même. Car les éphores ont la même autorité que les magistrats appelés *Cosmes* en Crète, excepté qu'il n'y a que cinq éphores, au lieu que les *Cosmes* sont au nombre de dix. Les sénateurs (ou Gérontes) sont aussi en même nombre que le corps appelé *sénat* par les Crétois. Quant à la royauté, elle existait également chez eux, dans les premiers temps; mais ils l'abolirent dans la suite, et ce sont les *Cosmes* qui ont le commandement des troupes pendant la guerre.

4. Tous les citoyens sont admis à prendre part aux délibérations qui se font en assemblée générale; mais ces assemblées ne décident d'aucune affaire, elles ne font que confirmer par leurs suffrages ce qui a été proposé par les sénateurs et par les Cosmes. Mais ce qui concerne les repas publics est mieux ordonné chez les Crétois que chez les Lacédémoniens. Car, chez ces derniers, chacun est tenu d'apporter personnellement la portion d'aliments qui est exigée; sinon la loi l'exclut de toute participation au gouvernement, comme il a été dit plus haut. Mais, en Crète, cette institution est plus populaire. Car il est ordonné par la loi de prendre sur les récoltes des fruits, et sur les bestiaux, et en général sur tous les tributs appartenant à l'état, et fournis par les Périœciens, une partie que l'on consacre au culte des dieux et aux dépenses publiques de toute espèce, et une autre partie pour les repas communs. En sorte que tous les citoyens, hommes, femmes et enfants, sont nourris aux frais de l'état.

5. Le législateur a encore fait plusieurs sages ré-

glements concernant la sobriété dans le vivre, chose si importante; et concernant la séparation des femmes, afin qu'elles ne puissent pas avoir beaucoup d'enfants; et pour cela il a établi l'institution du commerce des hommes entre eux. Mais j'aurai occasion d'examiner ailleurs, au sujet de cette dernière institution, si elle est vicieuse, ou si elle ne l'est pas. Toujours est-il évident que l'organisation des repas communs est meilleure chez les Crétois que chez les Lacédémoniens. Quant à celle des Cosmes, elle est encore plus défectueuse que celle des Éphores; car elle a le même inconvénient que cette dernière magistrature, puisqu'on y appelle aussi des hommes qui n'offrent aucune garantie; mais ce que l'Éphorie a d'avantageux pour l'état, en général, ne se trouve pas ici. En effet, comme tous les citoyens, à Lacédémone, peuvent être choisis pour Éphores, le peuple, participant ainsi à la plus grande autorité, désire que le gouvernement se maintienne; mais ici, on ne prend pas les Cosmes dans toutes les classes des citoyens, on ne les prend que dans certaines familles, et on ne fait sénateurs que ceux qui ont exercé les fonctions de Cosmes (1).

6. On pourrait faire, au sujet de ceux-ci, les mêmes réflexions que nous avons déjà faites sur ceux qui exercent cette magistrature à Sparte. Car

---

(1) Éphore, cité par Strabon (l. 10, p. 480 et suiv.), confirme ce que dit ici Aristote; et les notes de feu M$^r$ Laporte Dutheil, dans la traduction française, contiennent plusieurs utiles éclaircissements sur le même sujet.

*Tome II.*

l'exemption de toute responsabilité, et l'autorité à vie, sont des priviléges trop grands, et la faculté d'user du pouvoir au gré de leur volonté, et sans se conformer à aucune loi écrite, a des dangers réels. Au reste, la tranquillité où demeure le peuple, quoiqu'il n'ait aucune part à l'administration, n'est pas une preuve que ce gouvernement soit bien organisé : car les Cosmes n'ont pas occasion, comme les Éphores, de se laisser gagner par argent, vivant dans une île où ils sont trop loin de ceux qui auraient intérêt à les corrompre. Mais le remède que l'on applique aux abus de cette magistrature, est bizarre et fort peu politique ; c'est plutôt un moyen tyrannique et arbitraire.

7. En effet, il arrive souvent que les Cosmes sont chassés par quelques uns de leurs collègues, ou par de simples particuliers qui se soulèvent contre eux ; et même, sans cela, il leur est permis d'abdiquer leur pouvoir. Mais il vaudrait mieux que cela se fît en vertu des lois, que suivant le caprice des hommes ; car c'est une méthode qui n'est pas sans danger. Mais, ce qu'il y a de plus mauvais que tout le reste, c'est l'anarchie (1) qu'établissent quelquefois ceux des hommes puissants qui veulent se soustraire aux poursuites juridiques intentées contre eux (2). Par où il est évident que l'ordre des

---

(1) Littéralement : l'*Acosmie*, c'est-à-dire, l'absence, ou la suspension, pour un temps, de la magistrature exercée par les *Cosmes*.

(2) Montesquieu, dans l'*Esprit des Lois* (l. 8, ch. 11), pré-

choses, dans ce pays, n'est pas une véritable forme de gouvernement, mais n'en a que l'apparence. C'est plutôt un régime oligarchique et tout à fait arbitraire. Les Crétois ont aussi pour habitude, quand le peuple se trouve partagé en partis, d'établir une monarchie, et, se livrant ainsi à l'esprit de sédition, de combattre les uns contre les autres.

8. Cependant, quelle différence y a-t-il entre un pareil état de choses, et le renversement complet de la forme du gouvernement, au moins pour un temps, ou même l'entier anéantissement de tout ordre social? Dans cette situation, un état est plus exposé à devenir la proie de tous ceux qui voudront et qui pourront attenter à sa sûreté. Mais, comme je l'ai dit, celui-ci doit son salut à la nature et à la situation des lieux. Car l'éloignement y tient lieu d'une loi qui en bannirait les étrangers (1). Voilà pourquoi la classe des Périœciens reste tranquille chez les Crétois, tandis que les hilotes se révoltent souvent. D'ailleurs, les Crétois n'ont aucun pouvoir hors de chez eux; et, dans ces derniers temps, ils ont eu à soutenir dans leur île, contre des étrangers, une guerre qui a bien fait

---

tend que si cette coutume pernicieuse ne détruisit pas le gouvernement, et même tout lien social chez les Crétois, il faut l'attribuer a leur amour excessif pour la patrie. Mais Aristote paraît avoir mieux aperçu la véritable cause de ce fait.

(1) Au sujet de la *Xénélasie*, ou de l'expulsion et de l'éloignement des étrangers, qui était ordonné par les lois de Sparte, voyez Xénophon (*De Rep. Laced.*, c. 14, § 4), et Plutarque (*In Lycurg.* c. 27, et *Lacon. instit.*, p. 886), etc.

voir toute la faiblesse des lois de ce pays-là (1). Je n'en dirai pas davantage sur cette forme de gouvernement.

VIII. Les Carthaginois (2) paraissent aussi avoir une bonne constitution politique, et supérieure, à bien des égards, à celle des autres peuples, mais qui se rapproche, dans certaines choses, de celle des Lacédémoniens. Car ces trois modes de gouvernement, je veux dire celui de Crète, celui de Lacédémone et celui des Carthaginois, ont plusieurs traits de ressemblance entre eux, et ont de grands avantages sur les autres. On trouve, chez les Carthaginois, plusieurs institutions fort sages; et ce qui prouve la bonne organisation de leur répu-

---

(1) On ne sait quelle est cette guerre dont parle ici notre philosophe; peut-être était-ce quelqu'une de celles que les Crétois soutinrent contre les Macédoniens, sous le règne d'Alexandre, ou contre les Lacédémoniens, sous celui d'Agis. Cicéron ( *Orat. pro L. Muræna* ) observe que les lois des Lacédémoniens et des Crétois ne purent les garantir du joug des Romains, et il ajoute, en parlant des derniers : *Quorum alteri uno adventu nostri exercitus deleti sunt.*

(2) Les principales sources où l'on peut puiser quelques documents, toujours fort incomplets, sur les Carthaginois, sont les histoires de *Polybe*, de *Diodore de Sicile*, de *Tite-Live* et d'*Appien*. *Justin* nous fournit aussi quelques renseignements, puisés principalement dans Théopompe. Parmi les ouvrages modernes, on peut lire avec fruit, 1° *Hendrick De Republica Carthaginiensium*; 2°, et surtout, le savant et ingénieux ouvrage de M<sup>r</sup> de Heeren, intitulé : *Ideen über die Politick*, etc., ou « Idées sur la politique et les relations commerciales des états de « l'antiquité », dont la 3<sup>e</sup> édition a paru à Gœttingue en 1815.

blique; c'est que, bien que le peuple y soit une des parties constitutives de l'état, il n'a point subi de révolutions, et qu'il ne s'y est jamais élevé ni dissensions de quelque importance, ni tyrannie usurpée par quelque particulier.

2. Il y a, en fait d'institutions assez semblables à celles des Lacédémoniens, des repas publics de sociétés d'amis, ou *Hétéries*(1), et un tribunal de cent quatre magistrats, qui tient lieu de celui des Éphores, excepté qu'il a moins d'inconvénients. Car les Éphores sont pris sans distinction parmi toutes sortes de gens, au lieu qu'à Carthage ces cent quatre magistrats sont choisis à raison du mérite et de la vertu. Enfin, il y a aussi à Carthage des dignités analogues ou correspondantes à celles des rois et des sénateurs à Lacédémone, et même mieux constituées, en ce que les rois ne sont pris ni dans la même famille, ni dans une famille obscure, mais distinguée; et que la dignité de sénateur s'y donne au choix plutôt qu'à l'âge. En effet, ce tribunal devant décider d'affaires importantes, s'il est composé d'hommes sans aucun mérite, il peut faire beaucoup de mal, comme il en a déja fait à la république de Sparte.

3. Au reste, la plupart des défauts que nous avons blâmés, comme des déviations d'une bonne constitution, se retrouvent dans les trois états dont nous avons parlé : mais, dans un système de gouverne-

---

(1) On ne sait point d'ailleurs ce que c'étaient que ces *Hétéries* chez les Carthaginois.

ment soit aristocratique, soit démocratique, ces défauts consistent, d'une part, à faire trop pencher la balance du côté du peuple, et de l'autre, à trop favoriser la tendance vers l'oligarchie. En effet, à Carthage, les rois et les sénateurs sont maîtres de soumettre de certaines affaires à la décision du peuple, et d'en dérober d'autres à sa connaissance, toutes les fois qu'ils seront d'accord : sinon, c'est le peuple qui décide même de celles qu'on ne voulait pas lui soumettre. Dans les choses sur lesquelles ils l'appellent à délibérer, non-seulement ils lui font part des résolutions qui ont été prises par les magistrats, mais c'est à lui qu'il appartient de décider, et il est permis à tout individu de combattre les propositions qu'on soumet à l'assemblée, ce qui n'a pas lieu dans les autres républiques.

4. Mais les *Pentarchies* [ou commissions composées de cinq magistrats] qui ont la décision des affaires les plus importantes, ayant la faculté d'élire elles-mêmes les membres dont elles se composent, de nommer les membres du conseil des cent, où réside la plus grande autorité, et enfin d'exercer le pouvoir plus long-temps qu'on ne le fait dans les autres magistratures (car ils l'exercent dans les provinces même, quand ils y vont, aussi-bien qu'à Carthage) ; ces commissions, dis-je, ont un caractère prononcé d'oligarchie. Et, d'un autre côté, il faut regarder comme un caractère d'aristocratie la condition de ne recevoir aucun salaire de leurs fonctions, de n'être point éligibles par le sort, et autres usages semblables. Enfin, que toutes les

causes soient jugées par les mêmes magistrats (1), et non pas certains procès par quelques magistrats, et d'autres procès par d'autres tribunaux, comme à Lacédémone, c'est encore là un caractère d'aristocratie.

5. Au reste, la constitution de Carthage semblerait s'éloigner de l'aristocratie, et pencher fortement vers l'oligarchie, si l'on admettait l'opinion de beaucoup de personnes, qui pensent que ce n'est pas seulement à raison du mérite et de la vertu qu'il faut choisir les magistrats, mais qu'on doit aussi avoir égard aux richesses ; car, suivant eux, il est impossible qu'un homme dans l'indigence exerce l'autorité comme il le doit, et qu'il ait assez de loisir. Or, si le choix fondé sur la considération des richesses caractérise l'oligarchie, et si celui qui

---

(1) L'auteur veut dire ici, et il le répète dans le premier chapitre du livre suivant (§ 7), que les juges formaient à Carthage un ordre à part, qui avait, exclusivement à toute autre magistrature, la fonction de juger les causes et les procès de tout genre; ce qui est confirmé par Tite-Live (1. 23, c. 46) qui dit expressément : *Judicum ordo Carthagine ea tempestate dominabatur, et maxime quod iidem perpetui judices erant. Res, fama, vitaque omnium in illorum potestate erat ; qui unum hujus ordinis, idem omnes adversarios habebat : nec accusator deerat apud infestos judices.* Cette institution, qui ressemblait à quelques égards à ce qu'étaient les parlements en France, avant 1789, paraît à Aristote tout-à-fait aristocratique, et avec raison. Il faut voir, dans l'endroit cité de Tite-Live, quelle fut la conduite perfide et tyrannique de ces juges envers Annibal, et comment leur orgueil et leur avarice devinrent l'une des principales causes de la ruine de leur patrie.

se fonde sur la vertu est le caractère de l'aristocratie, la constitution de Carthage présenterait alors une troisième combinaison, puisqu'on y élit les magistrats, et précisément ceux qui ont le pouvoir le plus étendu, c'est-à-dire les rois et les généraux, en ayant égard à cette double condition.

6. Cependant on doit regarder cette altération du principe de l'aristocratie comme une faute du législateur; car un de ses premiers devoirs et de ses soins les plus importants est de pourvoir à ce que les citoyens les plus recommandables, par leur mérite et leur vertu, aient du loisir, et ne soient jamais dans le cas de perdre leur considération, non-seulement lorsqu'ils remplissent quelques fonctions publiques, mais même dans la vie privée (1). D'ailleurs, s'il faut avoir quelque considération pour l'aisance ou la fortune, à cause du loisir qu'elle procure, il y a de l'inconvénient à ce que les dignités les plus considérables soient vénales, comme la royauté et le commandement des armées; car une pareille loi fait qu'on attache plus de prix à la richesse qu'à la vertu, et inspire à tous les citoyens l'amour de l'argent.

---

(1) Aristote ne fait qu'énoncer ici une opinion, qui, bien qu'elle ait été celle de tous les politiques de son temps, n'en est pas moins erronée. L'affaire du législateur n'est assurément pas de pourvoir aux besoins ou à l'aisance des hommes estimables et vertueux, c'est un soin qui ne doit regarder qu'eux. Que la loi les protége contre l'injustice des méchants et des hommes violents, magistrats ou autres, ils n'ont rien de plus à lui demander.

7. Or, ce que les hommes qui ont la suprême autorité considèrent comme digne de leur estime, obtient nécessairement celle des autres citoyens; et il est impossible qu'une constitution vraiment aristocratique s'affermisse, partout où la vertu n'est pas principalement honorée. Il est encore naturel que ceux qui achètent leurs dignités s'accoutument à faire des profits, lorsqu'ils sont parvenus, à force de dépenses, à exercer le pouvoir; car il serait étrange qu'un homme pauvre, mais honnête, eût le désir de s'enrichir, et que celui qui aurait moins d'élévation d'ame ne consentît pas à le faire, après avoir prodigué sa fortune [pour obtenir une magistrature]; il faut donc que le pouvoir soit entre les mains de ceux qui sont capables de l'exercer dans le sens de la véritable aristocratie. Sans doute le législateur, même en négligeant de mettre les hommes honnêtes à l'abri de l'indigence, fera toujours bien de pourvoir à ce que les dépositaires de l'autorité aient le loisir [de vaquer aux affaires publiques].

8. C'est encore un vice du gouvernement, et une coutume fort en vogue à Carthage, qu'une même personne y exerce les fonctions de plusieurs emplois. Car une tâche n'est bien faite que par celui qui s'y consacre tout entier. Or, c'est au législateur à veiller à cela, et à ne pas exiger que le même individu joue de la flûte et fasse des souliers. Tellement que, dans un état qui n'est pas trop petit, il est plus conforme à l'ordre public, et plus populaire, de faire participer aux emplois un plus

grand nombre de personnes; car, comme je viens de le dire, il y a plus d'avantage à ce qu'une même chose soit faite par les mêmes personnes; elle se fait mieux et plus vite. C'est ce qu'on voit clairement dans les manœuvres de la guerre et des vaisseaux, où l'autorité et l'obéissance se partagent entre tous ceux qui concourent à ces deux genres d'opérations, et passent successivement des uns aux autres.

9. Quoique la constitution de Carthage soit oligarchique, on y échappe avec beaucoup d'habileté à cet inconvénient, en enrichissant successivement quelque portion du peuple, qu'on envoie dans les villes qui dépendent de la république. Car c'est là le moyen qu'on a imaginé pour rendre l'ordre des choses durable; mais c'est l'effet du hasard, au lieu que l'absence des discordes et des dissensions devrait être celui de la sagesse du législateur. Dans l'état présent des choses, s'il arrive quelque désastre, et que la multitude des sujets se révolte, le silence des lois ne laisse espérer aucune ressource contre un pareil danger. Telle est la manière dont sont organisées les républiques de Lacédémone, de Crète et de Carthage, qui ont acquis une juste célébrité.

IX. Entre les écrivains qui ont proposé quelques vues sur l'ordre des sociétés politiques, il y en a qui n'ont jamais pris la moindre part active au gouvernement d'aucun état, mais qui sont restés tout le temps de leur vie dans une condition privée; et nous en avons dit à peu près tout ce qui mérite quelque attention. Mais plusieurs ont été législateurs, les uns dans leur propre patrie, les autres chez des peuples étrangers. Quelques-uns même ont présidé à l'administration des affaires ; et, parmi ceux-ci, il y en a qui ont été simplement auteurs de lois, et d'autres qui ont été fondateurs de gouvernements, comme Lycurgue et Solon. Car ce ne sont pas seulement des lois, mais des républiques qu'ils ont établies.

2. J'ai déja parlé de celle des Lacédémoniens : quant à Solon (1), il y a des gens qui le considèrent comme un profond législateur, car ils lui attribuent d'avoir aboli l'oligarchie, qui n'était pas assez tempérée ; d'avoir affranchi le peuple de la servitude, et d'avoir fondé dans sa patrie une démocratie, qui consistait en un heureux mélange des autres formes de gouvernement. En effet, le conseil de l'aréopage est une institution oligarchique, les magistratures électives en sont une aristocratique, et l'organisation des tribunaux est entièrement démocratique. Toutefois, il paraît que Solon conserva le conseil de l'aréopage, et le mode de l'élection aux magistratures, tels qu'ils existaient auparavant, mais que c'est lui qui a établi la démocratie, en composant les tribunaux d'individus pris dans toutes les classes de citoyens.

---

(1) La législation de Solon a été décrite avec assez de détails par Plutarque, dans la vie de ce sage Athénien. Mais l'auteur du *Voyage du jeune Anacharsis* a réuni avec autant de goût que d'érudition, dans le premier volume de son ouvrage (p. 102—151), tout ce que les anciens nous ont transmis sur ce sujet.

3. Aussi quelques personnes lui reprochent-elles d'avoir détruit l'une de ces deux institutions, en mettant toute l'autorité dans les tribunaux, dont les membres sont nommés par le sort. Car, du moment où leur autorité se fut affermie, les magistrats sacrifièrent la constitution entière au désir de plaire au peuple, comme à un tyran capricieux, et introduisirent la démocratie qui existe aujourd'hui. Éphialtes commença à mutiler le pouvoir de l'aréopage, de concert avec Périclès, qui de plus introduisit l'usage de donner un salaire aux membres des tribunaux (1). De cette façon, chacun des démagogues qui se succédèrent renchérit sur les abus, pour porter la puissance populaire au degré où elle est parvenue. Mais il est probable que ce n'était pas là l'intention de Solon, et que cet ordre de choses a été l'effet du hasard et des circonstances.

4. En effet, le peuple ayant été la principale cause des succès obtenus sur mer, dans la guerre Médique, s'enorgueillit et prit pour chefs des démagogues pervers, malgré l'opposition des citoyens les plus recommandables. D'ailleurs, Solon paraît n'avoir accordé au peuple que le pouvoir le plus indispensable, celui de choisir les magistrats, et de se faire rendre compte de leur gestion. Car, s'il n'a

---

(1) Ce que notre auteur dit ici des changements introduits par Éphialtes et par Périclès, et de l'effet de ces changements, est confirmé par Diodore de Sicile (l. 11, c. 77), et par Plutarque dans la vie de Cimon (c. 15). On peut voir aussi le savant commentaire de Perizonius sur Élien (*Var. Hist.* l. 8, c. 10).

pas au moins ce droit dans le gouvernement, il ne peut qu'être esclave, et par conséquent hostile. Mais ce législateur avait voulu que toutes les magistratures fussent exercées par des citoyens distingués et jouissant d'une aisance honnête, c'est-à-dire, par ceux qui composaient les deux classes [désignées relativement au cens ou au revenu par les noms] de *Pentacosiomédimnes*, de *Zeugites*, et de *Chevaliers*, qui composaient la troisième classe. Car la quatrième, celle des mercenaires, était composée d'habitants, qui n'avaient aucune part à l'autorité ni au gouvernement (1).

5. Il y a eu encore d'autres législateurs : Zaleucus (2), chez les Locriens épizéphyriens, et Cha-

---

(1) Solon, dit Plutarque (*In Solon*, c. 18), composa la première classe de ceux qui recueillaient au moins cinq cents mesures, soit de fruits secs, soit de liquides, et les appela, par cette raison, *Pentacoséiomdimnes*. Il composa la seconde classe de ceux qui recueillaient trois cents mesures, ou qui étaient en état d'entretenir un cheval, et les appela *Chevaliers*. Il donna le nom de *Zeugites* à la troisième classe, composée de ceux qui ne recueillaient que deux cents mesures, ou peut-être qui pouvaient entretenir un couple de bœufs (ζεῦγος) pour le labour. Enfin, les mercenaires, gens de peine, vivant du salaire qu'ils recevaient en travaillant pour autrui, et qui furent appelés *Thètes* (Θῆτες), formèrent la quatrième classe.

(2) On croit que Zaleucus a vécu vers la 69ᵉ olympiade (514 ans avant J.-Ch.), et par conséquent plus d'un siècle avant l'époque de Pythagore, quoique Sénèque (*Epist.* 90) l'ait compté au nombre des Pythagoriciens. Il donna des lois aux *Locriens épizéphyriens* (ainsi nommés du cap *Zephyrium*, aujourd'hui cap Burzano, à l'extrémité méridionale de l'Italie), qui étaient une colonie des

rondas de Catane, qui donna des lois à ses propres concitoyens, et aux autres républiques fondées par des colonies de Chalcidiens, dans l'Italie et dans la Sicile. Quelques-uns prétendent qu'il faut joindre à ceux-ci Onomacrite qui, suivant eux, aurait été le premier parmi ceux qui ont montré une grande habileté dans la législation, et qui, quoique Locrien, exerça, disent-ils, ses talents en Crète, où il séjournait pour pratiquer l'art de la divination. Ils lui donnent pour ami *Thalès* (de Gortyne) et font Lycurgue et Zaleucus disciples de ce Thalès, comme Charondas le fut, suivant eux, de Zaleucus; mais, dans toutes ces assertions, ils ont trop négligé d'avoir égard à l'ordre des temps.

6. Philolaüs (1) de Corinthe donna aussi des lois aux Thébains; il était de la famille des Bacchiades, et s'étant lié d'une tendre amitié avec Dioclès, qui avait remporté le prix aux jeux olympiques, lorsque ce dernier abandonna sa patrie, pénétré d'horreur de la passion incestueuse qu'avait conçue pour lui sa mère Halcyone, il se retira à Thèbes, où tous deux finirent leurs jours. On montre encore aujourd'hui leurs tombeaux, dont l'un est visible du territoire de Corinthe, et l'autre ne l'est pas. Ils

---

Locriens de la Grèce. M. Heyne a restitué, d'après Stobée et Diodore de Sicile, les fragments qui nous restent de ses lois. Voyez Heinii *Opuscul. Academic.* to. II.

(1) On ne sait de ce Philolaüs que ce qu'en dit ici Aristote. La famille des Bacchiades avait long-temps régné à Corinthe. Au reste, il ne faut pas confondre ce législateur avec un philosophe du même nom, pythagoricien célèbre, et ami de Platon.

sont situés de manière que de l'un des deux il soit facile de voir l'autre.

7. La tradition rapporte qu'ils avaient eux-mêmes donné cet ordre pour leur sépulture ; Dioclès ayant voulu, par un profond ressentiment des chagrins qu'il avait éprouvés, que la terre de Corinthe ne pût pas être aperçue de son tombeau, et Philolaüs, au contraire, ayant désiré qu'on l'aperçût du sien. Telle fut donc la cause qui les porta à fixer leur séjour chez les Thébains. Philolaüs fit pour eux des lois, et entre autres celles qui concernent la naissance des enfants, et celles qu'ils appellent *Lois d'adoption* (1) ; et, dans les réglements qu'il a faits à ce sujet, il a particulièrement eu en vue la conservation du nombre des lots ou des héritages.

8. Il n'y a rien de particulièrement remarquable dans les lois de Charondas (2), à l'exception des poursuites qu'il veut qu'on fasse contre les faux témoignages, car il est le premier qui se soit oc-

---

(1) M$^r$ Schneider doute si la loi de Thèbes sur ce sujet, rapportée par Élien (*Var. Hist.* l. 2, c. 7), n'aurait pas quelque rapport avec celles de Philolaüs, dont parle ici Aristote.

(2) Charondas, de Catane, en Sicile, fut le législateur de sa patrie et de plusieurs des peuples Chalcidiques (colonies de Chalcis), établis en Sicile et en Italie. On trouve des détails sur ses lois et sur sa personne dans les *Opuscula Academica* de M$^r$ Heyne (to. II), et dans les *Opuscula philologica* de Bentley (p. 354 et suiv., ed. Lips.) Il mourut au commencement de la 76$^e$ olympiade (avant J.-Ch. 467). Voyez aussi ce qu'en dit Aristote au 4$^e$ livre (c. 9, § 10) de ce traité.

cupé de punir ce genre de délits; mais il y a plus de précision dans ses lois, et plus de noblesse dans son langage, qu'on n'en trouve dans celui des législateurs d'à-présent. L'égalité maintenue entre les propriétés est un des traits distinctifs de la législation de Philolaüs; la communauté des biens et des femmes, et l'institution des repas communs entre celles-ci, distinguent celle de Platon, où l'on peut remarquer aussi la loi sur l'ivresse, qui ordonne que la présidence des festins soit dévolue aux hommes sobres: et le réglement sur les exercices guerriers, qui a pour but de rendre les soldats ambidextres, attendu qu'il ne faut pas que l'une des deux mains soit utile, et l'autre inutile.

9. Il existe encore des lois de Dracon (1), mais il les fit pour un gouvernement déja établi; et il n'y a rien dans ces lois qui soit digne de mémoire, si ce n'est l'excessive dureté qu'annonce la grandeur des peines. Pittacus (2) aussi a été auteur d'un corps de lois, mais non pas d'un système de gouvernement. Une loi qui lui est particulière est celle qui punit le délit d'un homme ivre, d'une amende plus forte que si la même faute était commise par un homme sobre. Car comme il y a plus de gens qui s'abandonnent à la violence et à l'in-

---

(1) La législation de Dracon, à Athènes, précéda celle de Solon, qui n'en conserva que les lois sur le meurtre. (Voyez *Plutarch. in Solon.* c. 6; *Ælian. Var. Hist.* l. 8, c. 10; *A. Gell noct. Attic.* l. 11, c. 28).

(2) Voyez la *Morale*, l. 9, c. 6, p. 420 de notre traduction

solence dans l'état d'ivresse qu'à jeun, le législateur n'a pas cru devoir tant considérer l'indulgence que mérite un pareil état, que l'utilité [d'en punir les excès]. Il y a eu aussi Androdamas de Rhége, législateur des Chalcidiens de Thrace, qui fit des lois sur le meurtre et relativement aux héritières (1). Mais nous n'avons d'ailleurs rien à dire de particulier sur lui. Voilà les considérations que j'avais à présenter sur les divers modes de gouvernement qui sont actuellement en vigueur, ou qui ont été imaginés par quelques écrivains.

---

(1) On ne sait rien de plus sur cet Androdamas. On remarque, dans les deux derniers chapitres de ce livre, une précipitation et un défaut d'ordre, qui ont fait croire aux plus habiles éditeurs que le texte y est altéré, en plusieurs endroits. Peut-être n'est-ce ici qu'un résumé ou un abrégé de ce qu'avait écrit Aristote lui-même.

# LIVRE III.

### ARGUMENT.

I. Pour connaître l'essence de la société civile, et les caractères distinctifs des divers gouvernements, il faut d'abord savoir ce que c'est que *cité*, et surtout ce que c'est que *citoyen*. Or, on donne ce nom à tout homme qui participe aux jugements et aux délibérations sur les intérêts généraux de la société. Cette définition ne s'applique, au reste, rigoureusement qu'aux membres d'un état démocratique. Dans les autres formes de gouvernement, le droit de délibérer en assemblée générale et d'exercer les fonctions de juge, n'appartient pas individuellement à tous, comme dans la démocratie. D'autres conditions, comme d'être né d'un père et d'une mère ayant droit de cité, ou de l'un d'eux seulement, constituent quelquefois le citoyen. Les révolutions qui changent la forme du gouvernement, changent aussi ces conditions; ce qui donne lieu à la question de savoir quand on peut dire qu'un état est ou n'est pas le même. — II. La vertu qui caractérise l'homme de bien, en général, est-elle, ou non, la même que celle qui fait le bon citoyen? Comme la vertu de celui-ci est essentiellement relative à la forme du gouvernement sous lequel il vit; et comme les formes des gouvernements sont très-diverses, la vertu du bon citoyen ne saurait être une et parfaite, comme celle de l'homme de bien. Il faut que le bon citoyen sache et puisse commander et obéir; et sa vertu propre consiste à savoir ce que c'est que l'autorité sur des hommes libres. — III. Si la participation à l'autorité est ce qui caractérise éminemment le citoyen, faudra-t-il mettre les artisans au nombre des citoyens? Comme il y a diverses formes de gouvernement, il doit y avoir aussi diverses classes de citoyens. Dans les états démocratiques, les artisans devront nécessairement être citoyens; mais ils ne pourront pas l'être dans les états aristocratiques. Au contraire, ils pourront jouir du droit de cité sous un gouvernement oligarchique; mais à de certaines conditions, soit de revenu, soit de quelque autre nature. Ainsi, il y a réellement plusieurs espèces de citoyens, et ce titre ne peut appartenir qu'à ceux qui participent aux honneurs et à l'autorité dans le gouvernement. — IV. Dans tout état, ceux qui gouvernent ou administrent, composent ce qu'on nomme *le souverain*. Dans la démocratie, c'est le peuple; dans l'oligarchie, c'est un petit nombre d'hommes, etc. Le besoin de vivre est le lien commun de la société, parce qu'il y a un sentiment de plaisir ou de bonheur attaché au seul fait de notre existence. L'homme a donc essentiellement besoin de vivre et de vivre heureux; l'état de société n'est qu'un moyen naturel de satisfaire ce besoin. Par conséquent, tous les gouvernements qui ont pour but l'utilité commune de tous les citoyens, sont bons et conformes à la justice, dans le sens propre et absolu de ce mot : mais tous ceux qui ne tendent qu'à l'avantage particulier des hommes qui gouvernent, sont dans une fausse route. Ce sont des déviations ou des corruptions des bons gouvernements. — V. Le gouvernement d'un seul, lorsqu'il a pour but l'intérêt général, s'appelle *royauté*; celui d'un petit nombre d'hommes, ayant le même but, est appelé *aristocratie*; et celui du plus grand nombre, toujours dans le même sens, se nomme *république*. La *tyrannie* est une monarchie gouvernée dans le seul intérêt du monarque; l'*oligarchie* est dirigée dans le seul intérêt des riches, et la *démocratie* dans le seul intérêt des pauvres. Les dissensions qui s'élèvent dans les divers états, quelle que soit la forme du gouvernement, viennent de ce qu'on ne se fait pas une juste notion de ce qu'il faut entendre par les mots *justice* ou *droit*; c'est qu'étant égaux ou inégaux, sous de certains rapports, les citoyens prétendent l'être sous tous les rapports possibles. Mais, ce qui caractérise essentiellement la cité, c'est la participation de tous à une vie vertueuse et heureuse, ayant pour but le bonheur et l'aisance des familles et des générations qui se succèdent. Par conséquent, ceux qui contribuent le plus à un pareil résultat, ont plus d'importance réelle dans la cité que ceux qui leur sont égaux, ou même qui les surpassent, sous d'autres rapports. — VI. Quel sera le *souverain* de l'état? Le pouvoir absolu a de graves inconvénients, soit qu'on le confie à un seul, ou à plusieurs, ou à la multitude. Il en a aussi entre les mains de ceux qui ne sont ni riches, ni considérables par leurs talents ou par leurs vertus. Peut-être la véritable fonction de ceux-ci est-elle de choisir la plupart des magistrats, et de se faire rendre compte de leur gestion. En général, le dépositaire du pouvoir, quel qu'il soit (que ce soit un homme, ou qu'il y en ait plusieurs), ne doit jamais décider que dans les cas où les lois ne peuvent pas s'expliquer d'une manière claire et précise. Mais, dans les bons gouvernements, les lois seront justes, et elles ne le seront pas dans ceux qui ne sont que des déviations de ceux-là. — VII. Le but de la société politique étant la justice, qui n'est que l'utilité commune, et l'égalité étant le fondement de la justice, il faut se faire une notion exacte de cette égalité. Or, ceux qui ne sont égaux ou supérieurs aux autres que sous un seul rapport, ne doivent pas prétendre à l'égalité ou à la supériorité sous tous les autres rapports. La *bonté* des lois consiste à y observer l'*égalité*, prise en ce sens. — VIII. Une supériorité extraordinaire, en fait de vertus et de talents de tout genre, ne peut presque pas être soumise aux lois, et c'est pour cela que, dans plusieurs états démocratiques, on a établi l'*ostracisme*, moyen qui a quelque analogie avec la conduite des tyrans, quand ils font périr ceux des citoyens qui se distinguent par leur courage ou par l'élévation de leurs sentiments, dans la crainte qu'ils ne renversent leur autorité. Cependant, un homme doué des plus rares talents et de la plus sublime vertu, mériterait sans doute que les autres citoyens consentissent à lui obéir, et lui confiassent la puissance royale à perpétuité. — IX. Le gouvernement monarchique peut être considéré comme un genre, qui comprend sous lui plusieurs espèces. Il y en a où le roi n'a d'autorité absolue que sur l'armée, dont il est le général à perpétuité : il y en a d'héréditaires et d'électives ; il y en a où le monarque jouit d'un pouvoir absolu et illimité, etc. En Grèce, les monarques eurent, dans les plus anciens temps, une autorité de ce genre, mais qui fut successivement diminuée et presque anéantie dans la plupart des états de ce pays. — X. On peut réduire les diverses espèces de royauté au nombre de quatre : 1° celle des temps héroïques, limitée, et fondée sur le consentement des sujets ; 2° celle des barbares, absolue, héréditaire, mais fondée sur la loi ; 3° celle des *Æsymnètes*, tyrannie élective, pour un temps, ou pour la vie seulement [espèce de dictature] ; 4° celle des rois de Lacédémone, commandement de l'armée à perpétuité. Enfin, c'est une cinquième espèce, lorsque le monarque est maître absolu de tout, sans loi et sans condition. Les abus de cette monarchie, produisent l'oligarchie, laquelle produit, à son tour, la tyrannie, dont les excès soulèvent le peuple et amènent quelquefois la démocratie. L'hérédité a des inconvénients ; le degré de pouvoir et de force à accorder au monarque est difficile à déterminer. — XI. La monarchie absolue et illimitée donne lieu à des objections auxquelles on ne saurait répondre d'une manière satisfaisante. Celui qui veut que la loi commande, semble ne reconnaître d'autorité que celle de Dieu lui-même et de la raison : celui qui prétend que c'est à l'homme de commander, substitue à cette autorité de la raison celle de la bête féroce ; car les passions ont quelque chose d'aussi violent, elles corrompent et dégradent les hommes même les plus vertueux, lorsqu'ils disposent du pouvoir. Aussi, peut-on dire avec raison que la loi est l'intelligence, ou la raison, sans les passions. — XII. Les notions exposées dans les chapitres précédents, peuvent conduire à des vues plus précises sur la forme de gouvernement la plus parfaite, sur les moyens de l'établir....... [*La suite de ce chapitre et la fin du* 3$^e$ *livre manquent.*]

1. Pour celui qui observe la société politique, qui veut connaître quelle est, pour ainsi dire, l'essence et quels sont les caractères distinctifs de chaque état, le premier point à considérer, au sujet de la cité (1), c'est de savoir ce qu'elle est. Car jusqu'ici on n'est pas d'accord sur cela, les uns prétendant que c'est toujours la cité qui agit (ou qui transige, toutes les fois qu'il se fait quelque transaction publique), tandis que d'autres soutiennent que ce n'est pas la cité (l'état), mais l'oligarchie ou le tyran. D'ailleurs, il est facile de voir que toute l'occupation du politique et du législateur a la cité pour objet ; or, le gouvernement, ou la constitution politique, n'est que l'ordre établi entre ceux qui habitent la cité.

2. Mais, comme la cité est un objet complexe, de même que tout autre système composé d'un nombre d'éléments ou de parties, il est évident qu'il faut d'abord chercher ce que c'est qu'un citoyen ; car la cité est une multitude de citoyens ; en sorte qu'il faut examiner ce que c'est que le citoyen, et à qui il faut donner ce nom. Car on

---

(1) Le mot *cité* (πόλις) a dû prendre, dans cette traduction, une signification fort étendue ; il signifie donc la même chose que république, état, société politique ou civile, mais avec cette circonstance particulière qu'on y considère spécialement une ville, ou capitale, qui comprend, en quelque sorte, l'état tout entier, quelle que soit d'ailleurs l'étendue, grande ou petite, du territoire qui environne la ville, ou qui est dans sa dépendance.

n'est pas toujours d'accord sur ce point, puisque tout le monde ne convient pas, au sujet d'un même individu, qu'il soit citoyen; et il est possible, en effet, que tel qui l'est dans une démocratie, ne le soit pas dans une oligarchie.

3. Laissons donc à part ceux qui obtiennent ce nom, de quelque autre manière que ce soit, comme sont, par exemple, ceux à qui l'on a accordé le droit de cité. Or, on n'est pas citoyen, pour habiter dans un certain lieu : car les simples domiciliés et les esclaves sont aussi des habitants. On ne l'est pas non plus, pour participer aux mêmes droits, de manière qu'on soit dans le cas d'être poursuivi devant les mêmes tribunaux ou d'y poursuivre les autres; car c'est ce qui a lieu pour tous ceux qui ont entre eux des relations d'affaires ou de commerce. Dans plusieurs endroits même, les simples domiciliés ne jouissent pas complètement de ce privilège, mais il faut qu'ils aient un répondant ou un patron (1), de manière que, sous ce rapport, ils ne sont qu'imparfaitement membres de la communauté.

4. C'est ainsi qu'on ne peut donner que jusqu'a un certain point, et non dans un sens absolu, le nom de citoyens aux enfants qui ne sont pas en-

---

(1) A Athènes surtout, un simple domicilié ne pouvait poursuivre aucune affaire, s'il n'avait un citoyen pour répondant ou pour patron (προςάτης, et en latin *auctor*). On peut voir les remarques de Mʳ Coray sur Isocrate (t. 2, p. 130) où les textes d'Harpocration et de Suidas, sur ce sujet, ont été recueillis avec soin.

core inscrits sur les registres publics (1), à cause de leur bas âge, et aux vieillards, qui sont exempts de tout service (à cause de leur âge avancé); mais on est obligé d'ajouter (en parlant des uns) qu'ils ne sont encore qu'imparfaitement citoyens, et des autres qu'ils ont passé l'âge, ou toute autre restriction pareille; car il importe peu: et l'on comprend ce que je veux dire. En effet, je ne veux que déterminer l'idée complète et absolue du citoyen, sans qu'il y ait rien à y reprendre ou à y réformer. D'ailleurs, il en serait de même de ceux qui auraient été notés d'infamie ou condamnés à l'exil: il y aurait les mêmes doutes à élever et les mêmes questions à résoudre sur leur qualité de citoyens; or, il n'y a rien qui détermine cette qualité d'une manière plus absolue, que le droit de participer aux jugements et à l'autorité. Mais, entre les magistratures, il y en a qui ne s'exercent que pour un temps limité, de sorte que quelques-unes ne peuvent être exercées deux fois par la même personne, où du moins on ne peut les exercer de nouveau qu'après un certain laps de temps. Il y en a, au contraire, dont la durée est illimitée, comme les fonctions de juge et de membre des assemblées générales.

---

(1) C'est-à-dire sur le registre, ou tableau, où l'on inscrivait les noms des citoyens, lorsqu'ils étaient parvenus à l'âge où la loi les autorisait à régir leur patrimoine. Ce registre était appelé Ληξιαρχικὸν, (*scil.* γραμματεῖον.) Voyez encore l'ouvrage de M<sup>r</sup> Coray, cité dans la note précédente (t. 2, p. 137).

5. Peut-être dira-t-on que ceux qui remplissent de pareilles fonctions n'exercent aucun pouvoir, et que par conséquent ils n'ont point de part à l'autorité ; et pourtant il serait ridicule de refuser toute autorité à ceux qui ont le pouvoir souverain. Mais ne disputons pas là-dessus, puisqu'il n'est question ici que du nom ; car, puisque nous n'avons point de terme pour désigner ce qu'il y a de commun au juge et au membre de l'assemblée générale, admettons, pour en mieux distinguer l'idée, que c'est une autorité, une magistrature indéterminée ; or, ce sera précisément ceux qui y participent, que nous appelons citoyens. Et, en effet, tel est à peu près le caractère par lequel tous ceux à qui l'on donne ce nom se ressemblent entre eux.

6. D'ailleurs, il est bon de savoir que, dans les choses que l'on peut classer sous différentes espèces, entre lesquelles il y en a une première, une seconde, et ainsi de suite, il n'y a quelquefois rien de commun, ou au moins à peine quelques traits de ressemblance, qui soient propres à leur faire donner un même nom (1). Or, nous voyons que les formes de gouvernement diffèrent d'espèce les unes à l'égard des autres, que les unes ont la priorité sur les autres, qui sont en quelque sorte d'un rang

---

(1) Aristote remarque ici que les noms génériques, lorsqu'on les applique aux diverses espèces comprises sous un même genre, expriment souvent des choses qui n'ont presque aucune ressemblance entre elles, et qui n'ont, pour ainsi dire, de commun que le nom qu'on leur donne.

inférieur; car il faut bien que celles qui sont défectueuses, ou qui ont subi quelque altération, soient au-dessous de celles où l'on ne trouve rien à reprendre; et l'on verra plus loin dans quel sens nous entendons ces mots d'altération, ou de dégradation de la forme du gouvernement. De là il suit nécessairement que le citoyen n'est pas le même dans chaque sorte de gouvernement, et que par conséquent c'est dans la démocratie qu'il est surtout tel que je l'ai défini.

7. Sans doute, il peut s'en rencontrer de tels dans les autres espèces de gouvernement, mais ils ne s'y trouvent pas nécessairement; car il y en a où le peuple ne fait point une partie constitutive de l'état, et où les lois n'ont point établi d'assemblées générales, qui aient la décision des affaires, mais seulement des convocations, ou réunions, dont on prend les avis. Certains tribunaux se partagent le jugement des procès, comme à Lacédémone où chacun des éphores est chargé de prononcer sur différentes espèces de causes relatives aux transactions entre particuliers, tandis que les sénateurs (1) prononcent sur les accusations de meurtre, et peut-être quelque magistrature particulière, sur d'autres genres de délits. Il en est de même à Carthage, où ce sont de certaines magistratures qui jugent toutes les espèces de causes.

---

(1) C'étaient toujours des hommes avancés en âge, des vieillards (γέροντες) de nom et d'effet, comme le remarque Cicéron (*De Senect.* c. 14, et *De Divinat.* l. 1, c. 43).

8. Ainsi donc notre définition du citoyen est susceptible de quelque modification ou restriction : car, dans les autres formes de gouvernement, le droit de délibérer en assemblée générale, et d'exercer les fonctions de juges, n'appartient pas indéfiniment à tous les citoyens (comme dans la démocratie), il constitue au contraire une magistrature déterminée. Et le privilège de délibérer et de juger est accordé, ou à tous les membres de cette magistrature, ou à quelques-uns d'entre eux, ou sur tous les objets, ou seulement sur quelques-uns. On voit donc par là ce que c'est que le citoyen ; car celui qui participe à l'autorité délibérative et judiciaire, est celui que nous appelons citoyen de la cité ainsi constituée; et nous appelons, en général, cité, la multitude de tels citoyens, capable de se suffire à elle-même, et de se procurer tout ce qui est nécessaire à son existence.

9. On définit quelquefois, dans l'usage ordinaire, le citoyen celui qui est né d'un père ou d'une mère qui étaient citoyens, et non pas de l'un des deux seulement ; d'autres exigent quelque chose de plus ; par exemple, que les aïeux au premier degré aient été citoyens, ou même les ascendants au second et au troisième degrés. Et même, après cette définition assez grossière, et qui n'est que pour la pratique, il y a des gens qui conservent quelque doute, et qui demandent comment on constatera que ce quatrième ascendant était citoyen. Aussi Gorgias de Léontium, soit pour exprimer un doute réel, soit par ironie, disait-il que de même que

l'on appelle mortiers certains ustensiles qui ont été faits par les fabricants de mortiers [et non par un autre mortier] : ainsi l'on appelait citoyens de Larisse ceux qui avaient été faits par certains ouvriers, qui étaient comme des fabricants de Larisséens, [et non par des habitants de Larisse]. Mais la chose est bien simple : car, si ceux dont on parle participaient au gouvernement de la manière que nous avons expliquée, ils étaient citoyens. Et, en effet, la condition d'être né d'un citoyen et d'une citoyenne ne saurait s'appliquer aux premiers qui ont bâti une ville, ou fondé un état.

10. Il y a peut-être plus de difficulté, par rapport à ceux qui ont été admis au rang de citoyens, par suite d'une révolution arrivée dans le gouvernement; comme lorsque Clisthène (1), après que les tyrans eurent été chassés d'Athènes, admit dans les tribus, des étrangers, des esclaves et des domiciliés. Mais la question, en pareil cas, n'est pas de savoir qui est citoyen, mais si c'est justement ou non qu'on l'est. Toutefois ceci pourrait donner lieu à une nouvelle difficulté : on pourrait douter si celui qui n'a pas été fait citoyen avec justice, est réellement citoyen, puisque injuste et faux est à peu près la même chose. Au reste, nous voyons certaines personnes exercer injustement l'autorité, et

---

(1) Clisthène, après l'expulsion des fils de Pisistrate et de leurs partisans, fut l'auteur de plusieurs modifications qui furent faites aux lois de Solon, et entre autres de la mesure dont parle ici Aristote.

néanmoins nous disons qu'ils ont cette autorité, quoiqu'ils l'aient injustement. Or, c'est la jouissance d'un certain privilège qui fait le citoyen, puisque, comme on l'a dit, celui-là est citoyen, qui participe à ce privilège ; d'où il suit clairement que telle est la véritable acception du mot *citoyen* ; mais ici revient la question de savoir s'ils le sont justement, ou injustement. En effet, il y a des gens qui sont embarrassés de décider quand c'est l'état qui agit, et quand ce n'est pas lui : comme lorsque l'oligarchie ou la tyrannie se change en démocratie. Car alors quelques-uns ne veulent ni acquitter leurs engagements, (prétendant que ce n'était pas avec l'état, mais avec un tyran qu'ils avaient été contractés), ni exécuter plusieurs autres choses de ce genre, attendu qu'il y a des gouvernements qui ne se fondent que sur la violence, et non sur l'intérêt général.

11. Mais, si un gouvernement démocratique s'établit sur la ruine d'une oligarchie, ou sur celle d'un tyran, dira-t-on que toutes les transactions des gouvernements précédents doivent être regardées comme lui appartenant ? Cette observation nous conduit à l'examen de la question de savoir quand on peut dire qu'un gouvernement reste le même, ou devient autre qu'il n'était : et cette recherche ne serait pas difficile, s'il ne s'agissait que des lieux et des hommes ; car il peut arriver qu'il y ait séparation des uns et des autres, et qu'une partie des citoyens habite un lieu, et l'autre partie une autre contrée. Il faut donc prendre la question

dans un sens moins rigoureux (ou moins matériel), car, comme le mot de gouvernement a bien des acceptions diverses, il y a plus de ressources ou de données pour la solution du problême.

12. Pareillement, quand faut-il regarder les hommes qui habitent une même contrée, comme composant une même cité? Ce n'est pas sans doute parce qu'elle serait entourée de murailles : car on pourrait en entourer le Péloponnèse tout entier. Telle est peut-être l'enceinte de Babylone, ou toute autre qui contient dans son sein une nation, plutôt qu'une cité; de cette Babylone, dont on dit qu'un quartier tout entier ne s'était encore aperçu de rien, trois jours après qu'elle était tombée au pouvoir des ennemis (1). Mais l'examen de cette difficulté, tout important qu'il est, doit être renvoyé à un autre endroit; car le politique habile ne doit pas ignorer quelle doit être l'étendue de la cité, et s'il est avantageux qu'elle ne comprenne qu'une nation, ou qu'elle en comprenne plusieurs.

13. Mais, lorsque les mêmes hommes habitent la même contrée, et tout le temps qu'ils sont une même nation, dira-t-on que la cité demeure la même, quoique sans cesse des individus périssent,

---

(1) Il veut parler de la prise de Babylone par Cyrus. Voyez Hérodote (*Hist.* l. 1, c. 191) qui, au reste, ne dit pas qu'il se fût écoulé trois jours, avant que la nouvelle de la prise de la ville fût connue dans un certain quartier; mais que ceux qui habitaient au centre ne s'aperçurent pas qu'elle était attaquée ou occupée par une de ses extrémités.

tandis que d'autres naissent : comme nous appliquons ordinairement ce mot *même* aux fleuves et aux sources, bien qu'il s'en écoule sans cesse des eaux, qui sont remplacées par d'autres eaux? Ou bien faut-il dire que cette cause fait que les hommes sont les mêmes, mais qu'elle rend la cité autre? Car, si la cité est une sorte de communauté, si elle est une communauté de gouvernement entre les citoyens : du moment où la forme du gouvernement deviendra autre, et d'espèce différente, on sera nécessairement autorisé à penser que la cité n'est plus la même. C'est ainsi du moins qu'un chœur de danseurs, tantôt dans la comédie, tantôt dans la tragédie, est autre, quoique souvent il soit composé des mêmes acteurs.

14. Pareillement, nous appelons différente toute autre association ou combinaison, lorsqu'elle offre une autre espèce de composition; par exemple l'harmonie des mêmes sons, est appelée autre, lorsqu'il en résulte tantôt le mode dorien, tantôt le mode phrygien. Or, s'il en est ainsi (dans tous ces cas), il s'ensuit évidemment que nous devons dire qu'une cité est la même, surtout en ayant égard à la forme du gouvernement. Et il est permis de lui appliquer le même nom, ou un nom différent, et lorsque ce sont les mêmes hommes qui l'habitent, et lorsque ce sont des hommes tout différents. Mais, de savoir s'il est juste d'abolir, ou non, les engagements contractés, lorsque la cité subit une révolution dans la forme de son gouvernement, c'est une autre question.

II. A ce que nous venons de dire, se rattache immédiatement l'examen de cette autre question : savoir, si la vertu qui caractérise l'homme de bien, en général, est ou n'est pas la même que celle qui fait le bon citoyen. Au reste, en supposant que ce point mérite une recherche attentive, il faut commencer par se faire une idée sommaire et générale de la vertu propre au citoyen. Or, on peut dire du citoyen ce que l'on dit de l'un quelconque des individus qui sont à bord d'un navire, qu'il est membre d'une espèce de société ou d'association. Mais, entre toutes ces personnes qui naviguent ensemble, et qui ont des moyens ou des facultés différentes, (puisque l'un est rameur, l'autre pilote attaché au gouvernail, celui-ci dirigeant une autre manœuvre à la proue, celui-là ayant une fonction désignée par quelque autre nom), il est évident que l'on pourra exprimer, par une définition précise et rigoureuse, la vertu ou la fonction propre de chacun ; et que pourtant il y aura aussi quelque définition générale, applicable à tous. Car le salut de l'équipage est l'affaire de tous, puisque c'est l'objet commun des vœux de chacun d'eux.

2. Pareillement, le salut de la communauté est l'affaire de tous les citoyens, quelque différence qu'il y ait entre eux : or, ce qui constitue la communauté, c'est la forme du gouvernement ; il faut donc nécessairement que la vertu du citoyen y soit relative ; et, s'il existe plusieurs formes de gouvernement, il s'ensuit clairement que la vertu du bon citoyen ne saurait être une et parfaite. D'un autre

côté, on a raison de dire que c'est la perfection de la vertu qui constitue l'homme de bien : il est donc évident que le bon citoyen peut ne pas posséder la vertu qui fait l'homme de bien.

3. Quoi qu'il en soit, on peut, d'une autre manière, arriver au même résultat, en raisonnant sur la question relative à la meilleure forme de gouvernement. Car, s'il est impossible que la cité se compose d'hommes qui seront tous vertueux, et s'il faut que chacun remplisse avec exactitude la tâche qui lui est personnellement imposée (ce qui ne peut venir que de la vertu puisque tous les citoyens ne sauraient être semblables en tout ), alors la vertu de l'homme de bien et celle du bon citoyen ne saurait être une et la même. Car sans doute il faut bien que tous aient la vertu du bon citoyen, puisqu'ainsi la cité sera nécessairement à son plus haut degré de perfection ; mais ils ne peuvent avoir la vertu de l'homme de bien, à moins qu'on ne prétende qu'il est nécessaire que tous les citoyens, dans un bon gouvernement, soient vertueux.

4. D'ailleurs, la cité se compose d'individus qui ne sont pas semblables; c'est ainsi, par exemple, que l'animal est composé de l'ame et du corps; l'ame, de la raison et du désir. Comme la famille est composée du mari et de la femme ; la propriété, du maître et de l'esclave : de même la cité se compose de tous ces divers éléments, et outre cela, de plusieurs autres espèces d'éléments divers. Il faut nécessairement que la vertu de tous les citoyens ne soit pas la même, comme dans un chœur de danse

le talent du coryphée ne doit pas être le même que celui du simple choriste qui figure à côté de lui.

5. Il est donc visible, d'après cela, que la vertu n'est pas absolument la même dans tous les citoyens. Mais enfin y aura-t-il quelque citoyen dont la vertu doive être la même que celle de l'homme de bien par excellence? Sans doute on ne saurait nier qu'un bon magistrat ne doive être un homme vertueux et sensé, et que tout homme politique ne doive avoir au moins un sens droit. Il y a même des gens qui prétendent que l'éducation de celui qui exerce l'autorité doit être autre que celle du simple citoyen, comme on voit les enfants des rois s'exercer à monter à cheval et étudier l'art de la guerre. Euripide lui-même dit aussi :

« Qu'ils ne m'étalent point ces agréments vulgaires,
« Qu'ils montrent des vertus à l'état nécessaires (1). »

comme étant persuadé qu'il y a une instruction propre à celui qui est destiné à commander.

6. Mais, si la vertu d'un magistrat, digne dépositaire du pouvoir, est la même que celle de l'homme de bien, et si celui qui obéit au magistrat est en même temps citoyen; il s'ensuit que la vertu du citoyen, en général, n'est pas la même que celle de l'homme de bien; cela ne peut se dire que de la

---

(1) C'est le sens de deux vers d'une tragédie d'Euripide, intitulée *Æolus*, que nous n'avons plus : ces deux vers se trouvent dans Stobée (*Serm.* p. 302), mais Aristote n'en cite que les principales paroles.

vertu de quelque citoyen. Car celle du magistrat revêtu de l'autorité n'est pas la même que celle du citoyen. C'est peut-être pour cela que Jason (1) disait qu'il mourrait de faim, s'il ne régnait pas, parce qu'il ne savait pas vivre comme simple particulier.

7. Quoi qu'il en soit, on loue celui qui est en état de commander et d'obéir, et il semble que la vertu du citoyen consiste à pouvoir également bien faire l'un et l'autre. Si donc nous admettons que la vertu de l'homme de bien soit de commander, et que celle du citoyen soit d'obéir et de commander, il s'ensuivra que l'une et l'autre de ces deux choses ne sont pas également louables. On voit donc par là qu'on peut quelquefois être autorisé à penser que l'homme constitué en autorité et celui qui obéit ne doivent pas apprendre les mêmes choses, mais que le citoyen doit les savoir et les pratiquer toutes deux (2).

8. En effet, il y a une autorité du maître; et par là j'entends celle qui se rapporte aux choses nécessaires à la vie, que celui qui commande n'est pas indispensablement obligé de savoir, mais dont il est plutôt dans le cas de régler l'emploi. L'autre rôle est aussi celui des esclaves; et j'entends par

---

(1) C'est probablement Jason, tyran de Thessalie, dont il est fait mention dans le sixième livre de l'*Histoire grecque* de Xénophon.

(2) J'ai suivi le sens proposé par $M^r$ Coray, qui soupçonne, avec assez de fondement, que le texte est un peu altéré dans la dernière phrase de ce §.

l'autre rôle, la faculté de servir et d'exécuter tous les actes relatifs au service. Au reste, il y a plusieurs espèces d'esclaves, puisqu'il y a plusieurs sortes de travaux, dont une partie est exécutée par les manouvriers, c'est-à-dire, comme l'exprime le nom lui-même, par ceux qui vivent du travail de leurs mains; entre lesquels est l'artisan qui exerce un art mécanique quelconque. C'est pour cela qu'anciennement, chez quelques peuples, les artisans ne participaient point aux magistratures, avant l'établissement de cette démocratie extrême [qui admet au rang de citoyens les dernières classes d'habitants].

9. Il ne faut donc pas que l'homme de bien, ni celui qui doit remplir des fonctions politiques, ni le bon citoyen, s'instruisent à pratiquer ces sortes de travaux, qui ne conviennent qu'à ceux qui sont destinés à obéir, à moins qu'ils n'aient occasion quelque fois d'en faire usage pour leur propre utilité. Car alors il n'y a plus lieu à considérer d'un côté le maître, et de l'autre l'esclave; mais c'est une sorte d'autorité qui s'exerce sur des personnes libres et égales. Et en effet, nous appelons proprement autorité politique celle qu'il faut apprendre à exercer en obéissant, comme on est en état de commander la cavalerie, quand on a servi parmi les cavaliers, de conduire une légion ou un bataillon, quand on a été simple soldat dans l'une et dans l'autre. Aussi dit-on avec raison qu'on ne commande avec succès que quand on a obéi.

10. Sans doute la vertu propre à chacune de ces deux situations n'est pas la même; mais il faut que

le bon citoyen sache et puisse commander et obéir; et sa vertu propre consiste à savoir ce que c'est que l'autorité sur des hommes libres, sous ce double rapport. Par conséquent, celle de l'homme de bien les réunit l'un et l'autre, quoiqu'il y ait une espèce de tempérance et de justice qui n'est pas la même dans celui qui commande [et dans celui qui obéit]. Car il est évident qu'il ne peut y avoir pour l'homme de bien qui obéit, mais qui est libre, une seule et unique vertu (comme la justice, par exemple), mais qu'il y en a diverses espèces, suivant qu'il commandera ou qu'il obéira. C'est ainsi que la tempérance et le courage, dans un homme, sont autres que dans une femme. Car un homme qui ne serait courageux que comme une femme courageuse, semblerait timide; et une femme passerait pour impudente babillarde, si elle n'avait que la réserve et la modestie d'un honnête homme (1). Aussi voyons-nous que, dans la famille, les devoirs de l'homme diffèrent de ceux de la femme; celui de l'un est d'acquérir, celui de l'autre est de conserver.

11. Mais la prudence est la seule vertu propre du magistrat exerçant l'autorité; car, pour les autres vertus, il semble nécessaire qu'elles soient également le partage de ceux qui commandent et de ceux qui obéissent. La vertu du sujet, ce n'est pas la prudence, mais un jugement sain, une opinion conforme à la vérité. C'est ainsi que celui qui fabrique des flûtes est dans le cas d'obéir au joueur

---

(1) Voyez ci-dessus l. 1, c. 5, § 8.

de flûte, qui fait usage de l'instrument, et qui commande. On voit donc, par tout ceci, si la vertu de l'honnête homme est la même que celle du bon citoyen, ou si elle est autre; comment elle est la même, et comment elle est différente.

III. Il reste encore un doute à résoudre au sujet du citoyen : savoir, si la faculté de participer à l'autorité est ce qui le caractérise véritablement, ou bien s'il faut mettre aussi les artisans au nombre des citoyens. Car, s'il faut les considérer comme tels, eux qui n'ont aucune part à l'autorité, il est dès-lors impossible de dire que la même prérogative appartienne à tout citoyen; et d'un autre côté, si aucun homme de cette classe n'est citoyen, dans quelle classe faudra-t-il les ranger? Car ils ne sont ni de simples domiciliés, ni des étrangers. Ou bien, dirons-nous qu'il n'y a rien d'extraordinaire en cela, puisque ni les esclaves, ni les affranchis, ne sont pareillement rien de ce que nous venons de dire.

2. En effet, il est incontestable qu'on ne doit pas compter au nombre des citoyens tous les individus sans lesquels la cité ne saurait exister, puisque les enfants ne sont pas citoyens de la même manière que les hommes faits. Mais les uns le sont dans un sens absolu, et les autres seulement d'une manière conditionnelle ou éventuelle. Car ils ne sont qu'imparfaitement citoyens. Aussi, dans les anciens temps, tout artisan était-il considéré, chez certains peuples, comme esclave ou comme étranger, et c'est pour cela que la plupart de ces gens-là

le sont encore aujourd'hui. Au reste, jamais cité bien ordonnée n'admettra un artisan au rang de citoyen; et si on l'y admet, alors il faudra dire que la vertu dont nous avons parlé précédemment (1), n'appartient pas à tout individu, ni seulement à l'homme libre, mais à tous ceux qui peuvent s'exempter des travaux nécessaires à leur subsistance.

3. Or, en fait de travaux de ce genre, ceux qui les exécutent pour le service d'une seule personne, sont des esclaves, et ceux qui les exécutent pour le service du public, sont des artisans et des mercenaires; d'où il est facile de voir, avec un peu de réflexion, quelle doit être la condition de ces diverses classes, et ce qu'on vient de dire suffit pour le faire connaître avec évidence. Car, puisqu'il y a plusieurs formes de gouvernement, il faut aussi qu'il y ait des citoyens de plusieurs sortes, surtout parmi ceux qui sont sujets. En sorte que, dans telle espèce de république, l'artisan et le mercenaire devront nécessairement être citoyens, tandis que

---

(1) La vertu caractéristique du citoyen, qui, suivant notre philosophe, consiste à être également capable d'obéir et de commander, ne pourra toujours point être le partage de l'artisan, même quand il sera admis au rang de citoyen, car il ne saura qu'obéir, et non pas commander, tant que la nécessité de pourvoir à sa subsistance, par son travail, le mettra dans la dépendance de ceux qui le font travailler. Cette pensée n'est assurément pas tout-à-fait juste, mais elle est fondée sur un préjugé universellement admis chez les Grecs, à l'époque où écrivait Aristote.

cela sera impossible dans quelques autres; par exemple, s'il s'en trouve quelqu'une, comme celle que nous appelons aristocratique, où les honneurs et les dignités ne soient donnés qu'au mérite et à la vertu; car il n'est pas possible de s'appliquer à la vertu, quand on mène la vie d'artisan ou de mercenaire.

4. Quant aux gouvernements oligarchiques, il n'est pas possible qu'un mercenaire y soit citoyen, puisqu'on n'y parvient aux magistratures, qu'autant que l'on possède un revenu considérable; mais un artisan peut l'être, car il y en a beaucoup qui sont riches. Cependant, à Thèbes, il y avait une loi qui excluait des fonctions publiques quiconque n'avait pas cessé depuis dix ans toute espèce de trafic. Mais, dans beaucoup de républiques, la loi élève même un étranger au rang de citoyen; car il y a des états démocratiques, où ce rang est accordé au fils d'une citoyenne.

5. Il en est de même chez plusieurs peuples, à l'égard des bâtards; toutefois, ce n'est qu'à défaut de vrais et légitimes citoyens qu'on les admet à ce rang (car c'est un moyen que les lois emploient quelquefois pour remédier à la disette d'hommes). Mais, lorsqu'insensiblement la population s'est accrue, on exclut d'abord ceux qui sont nés d'un père et d'une mère esclaves, puis ceux qui ont eu seulement leur mère dans cette condition, puis enfin on ne fait citoyens que ceux dont le père et la mère l'étaient également.

6. On voit donc, par là, qu'il y a plusieurs es-

pèces de citoyens, et que ce titre appartient surtout à celui qui peut participer aux honneurs, et qui n'est pas, comme s'exprime Homère, dans ses poëmes :

« Traité sans nul égard, exclu de la cité (1). »

puisqu'en effet celui qui ne participe point aux honneurs, ne peut être considéré que comme un simple domicilié. Mais, quand cet ordre de choses n'est pas expressément avoué, quand on le dissimule, ce n'est qu'un moyen de tromper ceux qui habitent la même ville. Il est donc à présent facile de voir, par tout ce qui a été dit, si la vertu qui caractérise l'homme vertueux et le bon citoyen, est la même, ou si elle ne l'est pas; que, dans certains états, c'est le même caractère, tandis que dans d'autres c'en est un différent, qui même n'appartient pas à tous les individus, mais seulement à celui qui prend part à l'administration, et qui est, ou qui peut être à même de surveiller (soit seul, soit de concert avec d'autres) les intérêts communs de la cité.

IV. Après avoir ainsi déterminé ces notions essentielles, il faut examiner s'il convient d'admettre une seule forme de gouvernement, ou s'il y en a plusieurs; et, dans ce dernier cas, combien il y en a, quelles elles sont, et en quoi elles diffèrent. Ce qui constitue la forme de gouvernement d'un état, c'est l'ordre ou l'établissement des magistra-

---

(1) Voyez l'*Iliade* d'Homère, Chant 9ᵉ, vs. 644.

tures, surtout de celle qui a la suprématie sur les autres ; car partout c'est l'administration ou le gouvernement suprême qui est le *Souverain* dans l'état ou dans la cité ; et c'est elle proprement qui détermine la forme du gouvernement. C'est-à-dire que, dans les démocraties, par exemple, c'est le peuple qui est le souverain ; et, au contraire, dans l'oligarchie, c'est un petit nombre d'hommes. Or, nous disons que ces deux formes diffèrent essentiellement, et nous raisonnerons de la même manière sur les autres espèces de gouvernement.

2. Et d'abord, il faut prendre pour base de cet examen, le but ou la fin de la société civile, et le nombre des espèces diverses d'autorité qui gouvernent les hommes, et qui les font vivre en commun. Au reste, au commencement de ce traité, où l'on a expliqué ce que c'est que l'économie domestique et l'autorité du maître, on a déja dit que l'homme est un animal destiné par la nature à vivre en société : voilà pourquoi ceux même qui n'ont aucun besoin du secours les uns des autres, n'en éprouvent pas moins le désir de vivre ensemble.

3. Outre cela, l'intérêt commun porte les hommes à se réunir, autant que cette union peut contribuer, pour chacun, au bonheur et à l'aisance de la vie. Tel est donc le but principal ou la fin que tous les hommes se proposent, soit en commun, soit individuellement : quelquefois aussi c'est uniquement pour pouvoir vivre qu'ils se réunissent, et c'est le même besoin qui est le lien de la société politique. Car, peut-être y a-t-il dans le seul acte de vivre une

partie et comme un principe du bien, ou du bonheur, toutes les fois que la vie n'est pas surchargée de maux trop pénibles à supporter. Au moins est-il visible que la plupart du temps les hommes endurent beaucoup de souffrances, par attachement pour la vie, comme s'il s'y trouvait, pour ainsi dire, mêlée une sorte de contentement et de douceur naturelle (1).

4. Au reste, il est facile de distinguer les diverses espèces d'autorité dont nous parlons, et même nous sommes revenus plus d'une fois sur cette distinction, dans ceux de nos ouvrages qui sont entre les mains de tout le monde (2). Car l'autorité du maître, bien que l'intérêt de celui que la nature a fait pour l'exercer, soit véritablement le même que celui de l'esclave par nature; cette autorité du maître (disons-nous), ne s'exerce néanmoins pour l'utilité de l'esclave, que par accident, et, pour ainsi

---

(1) La même pensée est exprimée par Euripide, dans sa tragédie des *Suppliantes* (vs. 196 suiv.) en ces termes : « On a « dit que, parmi les mortels, la somme des maux surpasse celle « des biens : quant à moi, je suis d'un sentiment contraire à « celui-là ; je crois qu'il y a parmi les hommes plus de bien que « de mal : car, si cela n'était pas, nous ne verrions pas la « lumière du jour. »

(2) Littéralement : *dans nos discours exotériques*, par opposition aux ouvrages ou aux traités appelés *ésotériques* ou *acroamatiques*, qui contenaient une doctrine propre à l'auteur, laquelle n'était communiquée qu'aux disciples éprouvés, et quelquefois dans des leçons purement orales. Il a déja été fait mention de ces livres exotériques, dans le premier livre de ce traité.

dire, comme un résultat, puisqu'il n'est pas possible que cette autorité se conserve, si l'esclave vient à périr.

5. Quant à l'autorité qui régit une femme, des enfants ou une famille entière, et qui est celle que nous nommons domestique ou économique, elle a pour but l'avantage de ceux qui y sont soumis, ou tout à la fois cet avantage et celui du maître. Cependant il peut arriver que, dans le cas où le but essentiel est le bien de ceux qui obéissent, l'avantage de ceux qui commandent se rencontre aussi par circonstance, comme on le voit dans plusieurs arts, et entre autres dans la médecine et dans la gymnastique. Car rien n'empêche que le maître d'exercices ne s'exerce aussi lui-même quelquefois pour son propre compte, et le pilote est toujours un des navigateurs. C'est sans doute l'avantage de ceux à qui ils commandent que le maître d'exercices ou le pilote ont en vue; mais lorsqu'il est lui-même un de ceux-là, il participe, par occasion, à l'avantage commun, puisque le pilote est aussi embarqué avec les passagers, et que le maître d'exercices est un de ceux qui s'exercent.

6. Voilà pourquoi, dans tout gouvernement fondé sur l'égalité et sur une sorte de parité entre les citoyens, chacun prétend à exercer à son tour les pouvoirs politiques; et, dans l'origine, ce désir était conforme à la nature même des choses. En prétendant que les fonctions publiques fussent remplies successivement par tous les citoyens, chaque citoyen voulait qu'il y eût quelqu'un qui veillât à son

tour sur ses intérêts, comme il avait lui-même veillé sur ceux des autres, quand il avait été revêtu de l'autorité. Mais aujourd'hui, à cause des grands avantages que procurent le pouvoir et la direction des affaires générales, on voudrait les conserver sans cesse. C'est comme si l'exercice du pouvoir procurait toujours, à ceux qui l'auraient obtenu, la santé, par exemple, quand ils seraient malades; car alors ce serait peut-être un motif pour ambitionner les charges et les dignités.

7. Il est donc évident que tous les gouvernements qui ont pour but l'utilité commune des citoyens, sont bons et conformes à la justice, dans le sens propre et absolu ; mais tous ceux qui ne tendent qu'à l'avantage particulier des hommes qui gouvernent, sont dans une fausse route ; ce ne sont que des corruptions ou des déviations des bons gouvernements. Car leur autorité est despotique [c'est celle du maître sur l'esclave], au lieu que la cité, ou société civile, est une association d'hommes libres (1). A présent donc que ces notions sont

---

(1) Ce principe fondamental de la science politique, reconnu et proclamé d'abord par les législateurs sortis de l'école de Pythagore, et ensuite par Platon (*De Repub*. l. 1, p. 185. Voy. aussi *Cic. de Offic*. l. 1, c. 25) énoncé ici d'une manière formelle par Aristote, adopté depuis comme règle de conduite par tout ce qu'il y a eu d'hommes éclairés et généreux à la tête des affaires, dans tous les pays civilisés du globe, a été admirablement confirmé et développé par l'illustre et respectable auteur du *Commentaire sur l'Esprit des Lois*, dans le second livre de cet excellent ouvrage.

bien déterminées, il nous reste à examiner combien il y a de formes diverses de gouvernement, et quelles elles sont; et d'abord ceux qui sont bons; car quand nous les aurons bien définis, il sera facile de reconnaître quels sont les gouvernements qui n'en sont que des déviations ou des corruptions.

V. Or, puisque les mots *république* et *gouvernement* signifient la même chose, puisque le gouvernement est l'autorité suprême dans les états, et que nécessairement cette autorité suprême doit être dans les mains d'un seul, ou de plusieurs, ou de la multitude : il s'ensuit que lorsqu'un seul, ou plusieurs, ou la multitude, usent de l'autorité conformément à l'utilité commune, il faut nécessairement que ces gouvernements soient bons; mais que ceux qui n'usent du pouvoir que dans l'intérêt d'un seul, ou de plusieurs, ou de la multitude, sont des déviations de ces bons gouvernements. Car il faut que l'on convienne, ou que ceux qui en sont membres ne sont pas des citoyens, ou qu'ils doivent participer à l'avantage général.

2. Entre les *monarchies*, on donne communément le nom de *royauté* à celle qui a pour but l'intérêt général; et le gouvernement d'un petit nombre d'hommes, ou de plusieurs, et non d'un seul, s'appelle *aristocratie*, soit parce que l'autorité est entre les mains des plus gens de bien, soit parce qu'ils en usent pour le plus grand bien de l'état et de tous les membres de la société. Enfin, lorsque la multitude gouverne dans le sens de l'intérêt

général, on donne à cette forme de gouvernement le nom de *république*, qui est commun à toutes les autres formes.

3. Au reste, c'est avec raison qu'on s'exprime ainsi ; car il est possible qu'un ou plusieurs individus acquièrent une supériorité remarquable en fait de vertu ; mais il est difficile qu'un grand nombre de gens puissent atteindre au plus haut degré de perfection dans tous les genres de vertu, excepté la vertu guerrière ; car celle-là se montre souvent dans un grand nombre d'hommes. C'est pour cela que, dans cette forme de gouvernement, la classe des guerriers est celle qui a la principale autorité, et que tous ceux qui ont des armes participent à l'administration des affaires.

4. Les gouvernements qui sont des déviations ou des dégénérations de ceux que nous venons de nommer, sont, par rapport à la royauté, la *tyrannie* ; par rapport à l'aristocratie, l'*oligarchie* ; et par rapport à la république, la *démocratie*. En effet, la tyrannie est une monarchie gouvernée dans l'intérêt du monarque, l'oligarchie est dirigée dans le seul intérêt des riches, et la démocratie dans le seul intérêt des pauvres ; mais aucun de ces gouvernements ne s'occupe de l'utilité ou de l'avantage de la société toute entière. Au reste, il est nécessaire de s'étendre un peu plus sur les caractères qui distinguent chacune de ces formes diverses ; car il s'y rencontre quelques difficultés à résoudre. Or, dans toute recherche, celui qui ne considère pas uniquement la pratique, mais qui approfondit son

sujet en philosophe, s'est fait une habitude de ne rien omettre et de ne rien négliger; mais, au contraire, il s'attache à mettre la vérité à découvert dans tous ses détails.

5. La tyrannie est, comme on vient de le dire, une monarchie dans laquelle le monarque est maître de la société politique; l'oligarchie a lieu quand ceux qui possèdent les richesses sont les maîtres du gouvernement; et au contraire, la démocratie existe lorsque l'autorité est dans les mains, non pas de ceux qui ont le plus de richesses, mais des pauvres. Or, la première difficulté qui se présente contre cette définition, c'est le cas où le plus grand nombre, étant maître du gouvernement, se composerait d'hommes qui seraient en même temps dans l'aisance; car la démocratie est le gouvernement de la multitude. Pareillement, il pourrait arriver, au contraire, que les pauvres fussent en moindre nombre que les riches, et qu'étant les plus forts, ils fussent maîtres du gouvernement. Cependant, lorsque le petit nombre est le maître, on dit que le gouvernement est oligarchique : il semblerait donc que les définitions qu'on a données de ces formes diverses ne sont pas justes.

6. D'un autre côté, si, combinant ensemble les conditions de richesse et de petit nombre, de pauvreté et de grand nombre, on établit sur cette base les dénominations des divers gouvernements, appelant oligarchie, celui où les riches, en petit nombre, exercent les magistratures, et démocratie celui où le pouvoir est entre les mains des pauvres,

qui sont le plus grand nombre, il se présente encore une autre difficulté : car quel nom donnerons-nous aux gouvernements dont nous venons de parler, celui où les riches en plus grand nombre, et celui où les pauvres en moindre nombre, sont pourtant les maîtres de l'état? Que seront ces formes de gouvernement, s'il n'y en a point d'autres que celles que nous avons précédemment définies?

7. Ces réflexions font voir, ce me semble, évidemment, que le petit nombre et le grand nombre ne sont que des circonstances accidentelles, dont l'une caractérise l'oligarchie, et l'autre la démocratie ; parce que partout les riches sont peu nombreux, et les pauvres sont le grand nombre. Aussi n'est-ce pas la différence du nombre de ceux qui ont l'autorité, qui constitue la distinction des formes de gouvernement dont nous parlons : mais ce qui fait que la démocratie et l'oligarchie diffèrent l'une de l'autre, c'est la pauvreté et la richesse; et partout où l'autorité est entre les mains des riches, qu'ils soient en plus ou moins grand nombre, le gouvernement sera nécessairement oligarchique, comme il sera démocratique partout où les pauvres auront le pouvoir. Mais il se trouve, comme nous l'avons dit, que les uns sont toujours peu nombreux et les autres en grand nombre; car il y en a peu qui aient de l'opulence, tandis que tous participent à la liberté, et c'est là la cause des prétentions opposées qui s'élèvent entre eux au sujet du gouvernement.

8. Cependant, il faut d'abord déterminer les

limites que l'on doit assigner à l'oligarchie et à la démocratie, et s'assurer de ce que c'est que le juste relativement à chacun de ces modes de gouvernement. Car tous les hommes atteignent un certain degré de justice, mais ils ne vont pas au-delà, et ils ne disent pas tout ce qui est juste, proprement et absolument parlant. Par exemple, il semble que l'égalité soit justice, et elle l'est en effet; mais elle ne l'est pas pour tous : elle ne l'est qu'entre égaux. L'inégalité aussi semble être justice, et elle l'est en effet; mais seulement entre ceux qui ne sont pas égaux. Mais on supprime cette condition et l'on juge mal. Cela vient de ce qu'on juge pour soi-même, et presque toujours les hommes sont mauvais juges dans leur propre cause.

9. Il suit de là que, lorsque ce qui est juste pour de certaines personnes a été déterminé avec une égale précision, sous le rapport des choses et sous le rapport des individus, comme il a déjà été dit dans le Traité de morale (1), on conviendra bien peut-être de l'égalité sous le rapport de la chose : mais on la contestera, sous le rapport des individus, précisément par la raison que je viens de dire, qui est qu'on juge mal dans sa propre cause; et aussi parce que disant, chacun de son côté, ce qui est juste, jusqu'à un certain point, on s'imagine que ce qu'on dit est juste absolument. Car les uns, s'ils ne sont pas égaux à certains égards, par exemple, en richesses, croient qu'ils ne le sont sous aucun

---

(1) Voyez *la Morale*, l. 5, c. 3, p. 205 de notre traduction.

rapport : et les autres, pour être égaux en quelque chose, par exemple, en fait de liberté, se persuadent qu'ils le sont en tout; mais ils se gardent bien de dire ce qui est véritablement essentiel [dans la question].

10. Car, si l'association et la communauté n'avaient pour objet que de s'enrichir, les associés ne devraient participer au gouvernement qu'à proportion de leurs richesses; en sorte que l'argument des partisans de l'oligarchie semblerait avoir ici l'avantage. Il n'est pas juste, en effet, que celui qui n'a mis dans l'association qu'une mine, ait, sur cent mines, une part égale à celui qui a fourni le reste de la somme; soit qu'il s'agisse du partage des premières avances, soit qu'il s'agisse de celui des bénéfices.

11. Toutefois, si ce n'est pas seulement pour vivre, mais pour vivre heureux, que les hommes ont établi parmi eux la société civile (car on pourrait donner le nom de cité à une association d'esclaves et même d'autres êtres animés; nom qu'elle ne mérite pas, parce que tous ses membres ne participeraient ni au bonheur, ni à la faculté de vivre au gré de leurs désirs); si elle n'a pas pour but une alliance offensive et défensive, destinée à mettre chaque individu à l'abri de l'injustice; si elle n'a pas pour but de favoriser les échanges et le commerce mutuel ( car alors les habitants de la Thyrrénie (1) et ceux de Carthage, qui sont unis

---

(1) L'Étrurie, ou la Toscane d'aujourd'hui. Il paraît que,

entre eux par des traités, seraient, pour ainsi dire, citoyens d'une même cité, puisqu'ils sont liés par des conventions réciproques, au sujet des importations, par des traités qui les garantissent des violences injustes, et par des alliances dont les conditions ont été stipulées par écrit : mais d'ailleurs, il n'existe point chez eux de magistratures communes pour ces objets : les uns en ont d'une espèce, et les autres d'une autre ; les uns ne s'inquiètent nullement de la manière dont les autres agissent, ni de savoir si quelqu'un des citoyens compris dans les traités est exposé à quelque injustice, ou enclin à quelque vice ; la seule chose qui les intéresse c'est que l'un des peuples ne fasse éprouver à l'autre aucun dommage ;) si, dis-je, tous ceux qui s'occupent d'un système de lois bonnes et sages, considèrent surtout la vertu et le vice, dans leurs rapports avec le gouvernement, il suit évidemment de là que le soin de la vertu est le caractère de toute société civile, qui soit telle de fait et en toute réalité, et non pas simplement de nom. Car, sans cela, la société devient, à tous égards, comme une alliance de tous les citoyens, et ne diffère que par l'unité de lieu, des alliances contractées avec des peuples éloignés ; elle a pour base de ses conventions, la loi elle-même, qui est, comme l'a dit le sophiste Lycophron (1), une garantie mutuelle des

---

du temps d'Aristote, les Carthaginois avaient contracté des traités d'alliance et de commerce avec les Étrusques.

(1) Aristote fait encore mention de ce Lycophron dans son

citoyens pour tout ce qui est juste, mais qui ne peut les rendre eux-mêmes justes et vertueux.

12. Et ce qui prouve évidemment qu'il en est ainsi, c'est que si l'on entreprenait de réunir divers territoires en un seul, comme si l'on renfermait dans une même enceinte de murailles les villes de Mégare et de Corinthe, ce ne serait pourtant pas en faire une seule cité, quand même on y donnerait aux familles des habitants la faculté de s'unir par des mariages, ce qui est pourtant un des liens propres aux cités ou sociétés civiles. De même encore, si l'on suppose des hommes ayant des habitations séparées, mais cependant pas assez éloignées les unes des autres pour qu'ils ne puissent pas avoir de communication ; et qu'il y ait des lois qui les obligent à ne point se faire de tort les uns aux autres, dans les marchés, ou dans les transactions qu'ils feront entre eux, l'un étant, par exemple, charpentier, l'autre laboureur, l'autre cordonnier, l'autre exerçant telle ou telle profession de ce genre: supposons même que le nombre en soit de dix mille, et qu'il n'y ait d'ailleurs rien autre chose de commun entre eux, que sous le rapport des échanges et des secours mutuels en cas d'attaque, ce ne sera pas encore là une cité.

13. Pourquoi cela ? ( car ce n'est pas faute de com-

---

traité *De Sophistic. Elench.* (c. 15), et dans sa *Rhétorique* ( l. 3, c. 3). Ce n'est pas, au reste, le poète obscur, auteur de la *Cassandra*, qui fut postérieur d'un demi-siècle au moins à notre philosophe.

munications assez rapprochées), c'est que, quand même ceux qui n'ont entre eux que ce genre de communauté viendraient à se réunir, chacun ne serait qu'avec sa propre famille dans les rapports qui constituent la cité. D'ailleurs, ne trouvant dans les autres habitants que les secours qui résultent d'une alliance pour repousser les attaques injustes, ils ne formeraient pas encore ainsi une cité, aux yeux de celui qui s'est fait des notions exactes sur ce sujet; s'ils vivaient réunis avec les mêmes conditions que quand leurs demeures étaient séparées. D'où il suit évidemment que ce qui constitue la cité, ce n'est pas d'habiter les mêmes lieux, de ne se faire aucun tort les uns aux autres, et d'avoir des relations de commerce mutuel; quoique ces circonstances particulières doivent nécessairement avoir lieu pour que la cité existe; mais à elles seules, elles ne font pas son caractère essentiel. Il est dans la participation de tous à une vie heureuse, ayant pour but de procurer, aux familles et aux générations qui se succèdent, toutes les ressources nécessaires à la subsistance et à une aisance complète.

14. Toutefois, cela ne saurait avoir lieu parmi des hommes qui n'habiteraient pas une même contrée, et dont les familles ne s'uniraient pas par les liens du mariage; et voilà ce qui a produit dans les républiques les relations de parenté, *les Phratries* [ou associations particulières de citoyens], les réunions pour des sacrifices communs, et les divertissements qui naissent de ces réunions. Or, tout cela est l'œu-

vre de la bienveillance mutuelle; car c'est là le sentiment qui porte les hommes à vivre ensemble. Bien vivre est donc la fin ou le but de la société civile, et toutes ces institutions ne sont que des moyens pour arriver à ce but. La cité est une association de familles et de bourgs, qui participent en commun à tous les moyens de subsistance et d'aisance complète qui leur sont nécessaires. Mais bien vivre, suivant nous, c'est vivre heureux et vertueux; il faut donc admettre [ce principe fondamental] que l'essence de la société politique consiste dans les actions honnêtes et vertueuses des hommes qui la composent, et non pas simplement dans la condition de vivre ensemble.

15. Par cette raison, ceux qui contribuent le plus au résultat d'une pareille communauté, ont réellement plus d'importance dans l'état que ceux qui les égalent, ou qui leur sont supérieurs, sous le rapport de la liberté, ou sous celui de la naissance, mais qui ne les égalent pas en vertu politique; ou que ceux qui les surpassent en richesses, mais qu'ils surpassent en vertu. On voit, par tout ce qui vient d'être dit, que tous ceux qui disputent sur le sujet du gouvernement ne s'attachent qu'à une partie de la justice.

VI. Mais quel sera le *Souverain* de l'état? c'est une question difficile à résoudre : car il faut que ce soit, ou la multitude, ou les riches, ou les hommes distingués par leurs talents et leurs vertus, ou un seul homme, qui sera le plus vertueux de tous, ou un tyran. Tout cela semble présenter des difficultés. Car enfin, si les pauvres, parce qu'ils sont le plus grand nombre, se partagent les biens des riches, n'est-ce pas une chose injuste? Non, certes, dit-on, car le souverain a décidé que cela est juste. Alors, quel nom faudra-t-il donner au dernier degré de l'injustice? D'un autre côté, prenant tous les citoyens en masse, si la partie la plus nombreuse se partage les propriétés du petit nombre, il est évident que ce sera détruire la cité. Et cependant, la vertu ne détruit pas ce qui la possède, la justice n'est pas un principe de destruction dans l'état. D'où l'on voit clairement qu'une pareille loi ne saurait être juste.

2. Ajoutons que tous les actes d'un tyran sont nécessairement injustes; car, comme il est le plus fort, il emploie toujours la contrainte, comme fait la multitude à l'égard des riches. Mais est-il donc juste que ce soient les moins nombreux et les riches qui aient le pouvoir? S'ils agissent pourtant de la même manière, s'ils dépouillent violemment la multitude de ce qu'elle possède, cela sera-t-il juste? Alors l'autre supposition serait aussi conforme à la justice. Il est donc évident que toutes ces hypothèses sont également vicieuses et injustes.

3. Mais faut-il que les hommes de mérite et de vertu soient maîtres de tout? Il faudra donc alors que tous les autres subissent une sorte de dégradation, puisqu'ils ne participeront pas à l'honneur de commander. Car les magistratures s'appellent aussi des honneurs; et puisque ce sont toujours les mêmes personnes qui ont l'autorité, il faut né-

cessairement que les autres soient privés d'honneurs. Enfin, vaut-il mieux que ce soit un seul homme, et le plus vertueux de tous, qui commande? Mais cela est encore plus oligarchique, car il y aura encore plus de gens privés d'honneurs. Peut-être enfin dira-t-on que c'est un mal de confier le pouvoir à un homme, quel qu'il soit, qui aura toujours les passions que comporte sa nature, et de ne pas le donner à la loi : mais, si cette loi est ou oligarchique ou démocratique à l'excès, les difficultés proposées n'en subsisteront pas moins, car les inconvénients que nous venons de signaler seront les mêmes.

4. Nous parlerons ailleurs des autres cas qui peuvent se présenter: mais peut-être serait-ce résoudre la question avec quelque probabilité, et même en donner la véritable solution, que de dire qu'il vaut mieux mettre la suprême puissance entre les mains de la multitude, qu'entre celles d'un petit nombre d'hommes, même les plus vertueux. Car il est possible que ceux qui composent le plus grand nombre (bien que chacun d'eux ne soit pas individuellement un homme de mérite), l'emportent, lorsqu'ils sont réunis, sur les autres, non pas comme individus, mais comme masse; de même que les festins, faits à frais communs par plusieurs personnes, sont quelquefois plus magnifiques que ceux dont un seul fait la dépense. Car, étant en grand nombre, il est probable que chacun d'eux a sa part de prudence et de vertu; et de la réunion de tous il se fait, pour ainsi dire, un seul homme qui a plu-

sieurs pieds, plusieurs mains et plusieurs sens : or, il en est ainsi par rapport aux mœurs et à l'intelligence. Voilà pourquoi la multitude juge mieux les compositions des musiciens et des poètes : car l'un apprécie une partie, l'autre une autre, et tous apprécient le tout.

5. Mais l'avantage que les hommes d'un mérite distingué ont sur chaque individu de la multitude, est le même que les belles personnes ont sur celles qui ne le sont pas, et que les chefs-d'œuvre de la peinture ont sur les objets naturels qu'ils représentent : c'est de réunir dans un seul objet les beautés éparses ou disséminées, en quelque manière, dans la nature; puisque, parmi les êtres naturels et isolés, il y en a qui ont, par exemple, les yeux plus beaux que l'ouvrage du peintre ne les représente, ou telle autre partie plus belle qu'elle n'est dans le tableau. Au reste, on ne saurait dire si cette supériorité de la multitude, sur un petit nombre d'hommes d'un mérite distingué, a lieu dans tous les cas : peut-être même s'en trouve-t-il, où l'on peut affirmer avec certitude qu'elle ne peut avoir lieu; car le même raisonnement pourrait par analogie s'appliquer aux animaux : et pourtant, quelle différence y a-t-il, pour ainsi dire, entre eux et de certains hommes (1)?

---

(1) Il y a en effet des nations entières dans un état d'abrutissement si complet, d'ignorance si déplorable, que les opinions les plus absurdes, et les préjugés les plus contraires à tout ce qui est juste et raisonnable, y obtiennent, pendant de longs siècles, un assentiment universel.

Cependant, rien n'empêche que, par rapport à telle masse d'hommes déterminée, l'observation que nous avons faite ne puisse être très-véritable.

6. Aussi peut elle servir à résoudre la première question qui a été proposée, et celle qui s'y rattache immédiatement : quelle doit être l'autorité des hommes libres et de la multitude des citoyens, c'est-à-dire de ceux qui ne sont ni riches, ni considérables par leurs talents ou leurs vertus? Car, leur donner accès aux magistratures les plus importantes, n'est pas sûr ; on doit craindre, ou qu'ils ne commettent des injustices, faute de probité, ou qu'ils ne commettent de graves erreurs, faute de lumières. D'un autre côté, il y a du danger à les exclure entièrement de tous les emplois : car tout état où les pauvres, étant le plus grand nombre, sont privés de tous les honneurs et sans aucune considération, renferme dans son sein une foule d'ennemis. Il reste donc qu'on les admette à prendre part aux délibérations et aux jugements.

7. C'est pour cela que Solon et quelques autres législateurs veulent que cette classe de citoyens soit chargée d'élire les magistrats, et de leur faire rendre compte de leur gestion, sans permettre toutefois qu'ils exercent seuls une pareille autorité. Car, étant tous réunis en masse, ils ont un sentiment exact de ce qui est juste et convenable, et mêlés avec les hommes qui ont plus de mérite et de vertu, ils peuvent être très-utiles à l'état. C'est ainsi que lorsqu'une nourriture qui n'est pas saine est mêlée avec des aliments sains, elle peut avoir moins

d'inconvénients, en grande qu'en petite quantité. Sans doute chaque individu, pris à part, serait fort incapble de juger avec discernement.

8. Cependant, on peut faire quelques objections contre une pareille institution : et d'abord, il semblerait que lorsqu'il s'agit de décider qui a bien traité une maladie, il faut surtout s'en rapporter à celui qui est en état de soigner et de guérir l'homme qui est actuellement attaqué de cette maladie, c'est-à-dire au médecin; il en doit être de même pour tous les autres cas qui supposent la pratique d'un art, ou une certaine expérience. De même donc que c'est à des médecins qu'un médecin doit rendre compte du mode de traitement qu'il a suivi ; ainsi, dans les autres professions, chacun doit être jugé par ses pairs. Or, en médecine, par exemple, il y a d'abord le praticien (1), puis le théoricien, et enfin l'homme qui a quelque instruction, quelques connaissances dans cet art. L'on peut dire la même chose de presque tous les autres arts, et l'on peut

---

(1) Il appelle *praticiens* (δημιουργοὺς) ceux que Platon, au 4e « livre *des Lois* (p. 720), nomme les *aides*, ou élèves des médecins, ceux que l'homme profondément versé dans la théorie « chargeait d'exécuter les opérations chirurgicales, de composer « les médicaments, de chercher et de recueillir les simples qui « servaient à ses remèdes. Mais, quand ils avaient acquis un « degré suffisant d'expérience et de connaissance de l'art, ils leur « confiaient le soin des malades qui venaient se faire guérir dans « leurs hospices ou maisons de santé ( ἰατρεῖα ), et les envoyaient « à leur place visiter les malades chez lesquels ils ne pouvaient « pas aller. » M^r Coray, p. 284 de l'édit. grecque.

s'en rapporter pareillement au jugement des hommes instruits [des simples *amateurs*] et de ceux qui ont approfondi la théorie.

9. En second lieu, on pourrait, ce semble, appliquer ces réflexions aux élections : car, un bon choix est l'affaire de ceux qui savent. C'est à ceux qui savent la géométrie, par exemple, à choisir un géomètre ; et, choisir un pilote est le fait des hommes qui ont quelque expérience de la navigation. Car, si certains travaux ou certains arts sont quelquefois pratiqués par des hommes étrangers à ces professions, toujours ne les exercent-ils pas mieux que ceux qui les ont apprises. De sorte que, suivant cette manière de raisonner, ce ne serait pas à la multitude qu'il faudrait confier le choix des magistrats et l'examen de leur administration.

10. Mais peut-être aussi que ce raisonnement n'est pas très-juste, par les motifs que nous avons assignés précédemment, à moins qu'on ne suppose une multitude tout-à-fait abrutie. Car, chacun des individus qui la composent, sera sans doute moins bon juge que ceux qui savent ; mais, réunis tous ensemble, ils jugeront mieux, ou du moins aussi bien. D'ailleurs, il y a des choses dont celui qui les fait n'est ni le seul ni le meilleur juge ; ce sont tous les ouvrages que ceux mêmes qui ne pratiquent pas l'art ont occasion de connaître. Ainsi, ce n'est pas seulement à l'architecte qui l'a bâtie qu'il appartient d'apprécier la convenance d'une maison ; celui qui s'en sert en jugera même mieux : et celui-là, c'est l'économe. Le pilote jugera mieux d'un gouvernail

que le charpentier; et la bonté d'un repas sera mieux appréciée par les convives que par le cuisinier. C'est ainsi peut-être qu'on pourrait résoudre d'une manière assez satisfaisante l'objection proposée.

11. Mais en voici une autre qui tient à celle-là : c'est qu'il semble contraire à la raison, que des hommes, sans mérite et sans instruction, exercent un pouvoir plus grand que les citoyens distingués par leurs talents et leurs vertus. Or, l'examen des comptes de l'administration, et le choix des magistrats est, comme on l'a dit, un droit du peuple dans quelques républiques, et pourtant ce qu'il y a de plus important. Car l'assemblée générale décide de ces objets. Cependant, pour être admis à cette assemblée, pour délibérer et exercer les fonctions de juge, il ne faut (quelque âge que l'on ait, pour ainsi dire), qu'un revenu peu considérable : tandis que, pour administrer les deniers publics, pour commander les armées, et pour être élevé aux charges les plus importantes, il faut posséder une grande fortune.

12. Mais on peut résoudre cette objection de la même manière, et peut-être avec le même succès que la précédente. En effet, ce n'est ni un juge, ni un sénateur, ni un membre de l'assemblée qui exerce l'autorité; c'est le tribunal, le sénat et le peuple. Chaque individu n'est qu'une partie de ces différents corps : j'entends par une partie, chaque sénateur, chaque citoyen, chaque juge. En sorte qu'il est juste que la multitude ait un pouvoir plus grand ; puisque c'est elle qui compose le peuple, le

sénat et les tribunaux. D'ailleurs le revenu ou la richesse de tous ceux-là est plus considérable que celle de chaque individu pris à part, ou du petit nombre de ceux qui exercent les grandes magistratures.

13. Telle est donc la manière dont on peut considérer ce sujet, pour s'en faire des notions exactes. Mais, la première question que nous avons traitée fait voir surtout avec évidence, que les lois qui sont véritablement bonnes et utiles doivent avoir la plus grande autorité; au lieu que le magistrat ou le dépositaire du pouvoir (que ce soit un homme, ou qu'il y en ait plusieurs) ne doit jamais décider, que dans les cas où les lois ne peuvent pas s'expliquer d'une manière précise et positive, parce qu'il est difficile de s'expliquer nettement d'une manière générale sur tous les objets. D'ailleurs, on ne sait pas encore quelles doivent être des lois vraiment bonnes et salutaires, et la question à cet égard reste toujours indécise. Au reste, il faut nécessairement que les lois soient bonnes ou mauvaises, justes ou injustes, à raison de leur analogie avec la forme du gouvernement; au moins voit-on clairement qu'il faut que les lois soient adaptées à cette forme, quelle qu'elle soit; et une conséquence évidente et nécessaire de ce principe, c'est que, dans les bons gouvernements, les lois seront justes; et qu'elles ne le seront pas, dans ceux qui ne sont que des déviations de ceux-là.

VII. Mais, puisque le *Bien* est la fin de toutes les sciences et de tous les arts, le plus important et le plus puissant de tous, c'est-à-dire l'art social, doit avoir pour résultat le plus grand de tous les biens, c'est-à-dire le bien politique ou de la société, la justice, qui n'est elle-même que l'utilité commune. Or, tout le monde pense que la justice consiste dans une sorte d'égalité, et l'on admet généralement, au moins jusqu'à un certain point, les principes philosophiques (1) qui ont été exposés dans notre traité de morale. Car on y a expliqué ce que c'est que le juste (le droit), à qui il se rapporte (2), et tout le monde convient que ceux qui sont égaux ont des droits égaux : mais il faut savoir aussi en quoi consistent l'égalité et l'inégalité; car c'est une question qui intéresse la philosophie politique.

2. Peut-être donc dira-t-on qu'il faut que les magistratures ne soient pas réparties également, mais à proportion de la supériorité des individus, en quelque genre de mérite ou de talent que ce soit, lors même qu'il n'y aurait aucune différence entre eux dans tout le reste, et qu'ils seraient tout-à-fait semblables; puisque le droit fondé sur le mérite, n'est pas le même pour ceux qui diffèrent entre eux sous ce rapport. Cependant, si cela est vrai, il faudra donc que ceux qui auront sur les autres un avan-

---

(1) Littéralement : « *les raisonnements* ou les *discours de* « *philosophie* » οἱ κατὰ φιλοσοφίαν λόγοι, appelés aussi ἐσωτερικοὶ λόγοι, ou *discours ésotériques*, par opposition aux discours ou traités appelés *exotériques*. Voyez, ci-dessus, la note du chap. 4, § 9.

(2) C'est-à-dire quelle sorte de rapport ce mot exprime, soit qu'on l'applique aux choses ou aux personnes. Voyez ci-dessus c. 5, § 9.

tage quelconque, celui du teint, par exemple, ou de la taille, ou tout autre, jouissent aussi de droits politiques plus étendus. Et, si l'erreur est ici trop manifeste, elle ne le sera pas moins par rapport aux connaissances ou aux talents d'un autre genre. Car, entre des joueurs de flûte également habiles dans leur art, ce ne sera pas aux plus nobles qu'il faudra donner de meilleurs instruments, (ils n'en joueront pas mieux de la flûte pour cela); mais c'est celui qui a la supériorité de talent dans la pratique ou dans l'exécution, qui doit obtenir cet avantage.

3. Que si l'on ne comprend pas encore clairement ce que je veux dire, peut-être le comprendra-t-on mieux en suivant plus loin ce raisonnement. Je suppose, par exemple, qu'un homme, supérieur dans l'art de jouer de la flûte, soit fort inférieur à un autre, sous le rapport de la noblesse et de la beauté. Quoique chacun de ces avantages soit plus précieux que le talent de jouer de la flûte, et ait une supériorité proportionnellement plus grande, que ne l'est celle de cet homme dans l'art qu'il professe; c'est à lui néanmoins qu'il faudra donner les meilleures flûtes; car autrement, il faudrait supposer que la supériorité de la noblesse et de la beauté contribuent en quelque chose à l'exécution musicale; or, elles n'y contribuent en rien.

4. D'ailleurs, d'après cette manière de raisonner, tous les genres d'avantages seraient comparables entre eux; car, si une grandeur est plus ceci ou cela, que quelque autre chose, alors la grandeur, en gé-

néral, pourra être opposée à la richesse et à la liberté: en sorte que, si tel homme l'emporte plus en grandeur que tel autre en vertu, et si la grandeur l'emporte, en général, sur la vertu, toutes choses pourront être comparées. Car, si telle grandeur est préférable à telle autre, il est évident qu'il s'en trouvera aussi quelque autre qui lui sera égale (1).

5. Or, comme cela est impossible, il est aisé de voir qu'en fait de droits politiques, ce n'est pas sans raison qu'on ne considère pas toutes les sortes d'inégalités, quand il y a contestation pour les magistratures. Car, si les uns sont lents et les autres prompts à la course, ce n'est pas une raison pour accorder plus d'avantages politiques à ceux-ci qu'à ceux-là; dans les jeux gymniques, leur supériorité obtiendra la considération qu'elle mérite. Mais [ici] les qualités essentielles à la société politique doivent nécessairement être l'objet de la discussion. Aussi est-ce à juste titre que les nobles, les hommes libres et les riches, aspirent aux honneurs; car il faut bien qu'il y ait, dans un état, des hom-

---

(1) Ce raisonnement est exprimé d'une manière assez obscure. L'auteur veut dire, ce me semble, que si l'on compare des choses qui n'ont entre elles absolument rien de commun, alors il n'y aura aucun objet qui ne puisse être comparé avec un autre, ce qui est trop évident de soi pour avoir besoin d'être démontré. Il le démontre cependant, et il lui arrive ce qui arrive toujours, quand on veut démontrer ce qui porte avec soi l'évidence, c'est que son raisonnement a moins de clarté que la chose même qu'il entreprend de prouver.

mes libres, assez riches pour payer un certain cens; puisqu'il ne peut pas y avoir de cité qui ne soit composée que de pauvres, comme il n'y en a point qui ne le soit que d'esclaves.

6. D'un autre côté, s'il faut qu'un état ait des citoyens de cette espèce, il est clair aussi qu'il a besoin de justice et de vertus guerrières; car il ne pourrait pas non plus subsister sans cela; seulement, il est impossible qu'il existe sans les premières données [c'est-à-dire sans les classes de citoyens] que nous avons dites; et sans la justice et la valeur militaire, il est impossible qu'il soit bien administré. Ainsi donc l'existence d'un état exige qu'il y ait une sorte de rivalité entre toutes ces conditions diverses, ou au moins entre quelques-unes; mais son bonheur et sa prospérité exigent que l'éducation et la vertu y soient des objets légitimes de contestation ou de discussion, ainsi qu'il a été dit plus haut.

7. Comme il ne faut pas que ceux qui ne sont égaux que sous un seul rapport aient une portion égale, dans tous les genres de choses qui peuvent être données ou possédées, ni que ceux qui ne sont inégaux que dans un seul point, soient inégalement partagés en tout genre; il s'ensuit que tous les gouvernements où cela a lieu, sont des déviations [ou des altérations de la forme la meilleure]. Et, en effet, nous avons déjà remarqué que les prétentions des individus dont la société se compose sont fondées à certains égards, quoique toutes ne soient pas d'une justice absolue. Ainsi les prétentions des

riches se fondent sur ce qu'ils possèdent des portions de territoire plus considérables; or, le territoire est un bien commun; de plus, ils montrent, au moins généralement, plus de fidélité dans les engagements. Les hommes libres et les nobles ont des prétentions souvent opposées, comme formant des classes voisines, pour ainsi dire, l'une de l'autre. Car ceux qui ont une naissance illustre sont plus citoyens que ceux qui sont nés dans l'obscurité, et tout homme noble jouit dans sa patrie d'une considération marquée; d'ailleurs, il est naturel de penser que ceux qui sont nés de parents illustrés par des qualités supérieures sont eux-mêmes plus généreux; car, noblesse est vertu de race.

8. L'on peut dire aussi que les prétentions de la vertu sont assurément très-légitimes : car on peut affirmer que la justice est une vertu sociale, qui nécessairement entraîne, en quelque sorte, toutes les autres à sa suite. Mais, d'un autre côté, le grand nombre a aussi des prétentions à opposer au petit nombre; car, pris en masse, il possède comparativement plus de force, plus de richesses, et aussi plus de vertus. Si donc on suppose réunis dans une même cité, d'une part, tous les hommes vertueux, tous les riches et tous les nobles; et, de l'autre, une multitude d'individus, un peuple de citoyens beaucoup plus nombreux, pourra-t-il y avoir lieu à contester, pour savoir qui doit, ou non, exercer l'autorité?

9. Sans doute, dans chacune des formes de gouvernement que nous avons considérées, on n'est

pas embarrassé de décider à qui doit appartenir le pouvoir ; car, c'est précisément la différence des personnes en qui réside la souveraineté, qui les distingue les uns des autres; c'est parce que, dans l'une, par exemple, le pouvoir est entre les mains des riches; dans l'autre, entre celles des hommes les plus vertueux, et ainsi de chaque autre forme de gouvernement. Examinons néanmoins comment la question peut se résoudre, lorsque toutes ces conditions diverses se rencontrent en même temps.

10. Et d'abord, si le nombre des hommes qui ont de la vertu est extrêmement petit, comment faudra-t-il s'y prendre? Faut-il ne considérer ce petit nombre que relativement à la tâche qu'ils peuvent remplir, en supposant que, si peu nombreux qu'ils soient, ils puissent gouverner l'état comme il faut; en sorte qu'eux seuls, pour ainsi dire, composent la cité tout entière? Mais il se présente ici une difficulté, par rapport à tous ceux qui ont des prétentions aux honneurs et aux dignités politiques. Car ceux qui croiraient que leurs richesses leur donnent le droit de commander ne sembleraient pas alléguer de justes raisons; et il en serait de même, à l'égard de ceux qui auraient la même prétention à cause de leur noblesse. Puisqu'en supposant qu'il se présentât un citoyen plus riche, à lui seul, que tous les autres, ce serait lui qui devrait, en vertu du même droit, leur commander à tous. Et pareillement, celui qui l'emporterait par l'éclat de sa naissance, devrait avoir l'autorité sur

tous ses concurrents, qui feraient valoir en leur faveur leur qualité d'hommes libres.

11. Probablement, ce sera tout-à-fait la même chose, dans un état aristocratique, au sujet de la vertu : car, s'il se trouve un seul homme, plus vertueux que les autres hommes vertueux qui ont part au gouvernement, c'est celui-là qui doit être le maître, en considération du même droit. Par conséquent aussi, supposé que la multitude doive exercer la souveraineté, parce qu'elle est plus forte que le petit nombre ; s'il se trouvait un seul homme, ou plusieurs individus, mais en moindre nombre que la masse du peuple, qui fussent plus forts que le reste des citoyens, ce seront eux qui devront être maîtres, plutôt que la multitude des autres citoyens.

12. Or, il semble résulter évidemment de tout cela, qu'aucune des conditions ou déterminations, d'après lesquelles certaines classes prétendent que c'est à elles de commander, et que tous les autres doivent leur obéir, n'est exacte et conforme à la raison. Car enfin, la multitude peut opposer de très-justes raisons à ceux qui prétendraient disposer de l'autorité, à cause de leurs vertus, aussi-bien qu'à ceux qui auraient la même prétention à cause de leurs richesses ; puisque, encore une fois, rien n'empêche que la multitude ne possède plus de richesses et de vertus, que le petit nombre, non pas en considérant à part chacun de ceux qui la composent, mais en les prenant tous ensemble.

13. Ainsi peut se résoudre la question qui a été

proposée par quelques personnes : en effet, ils demandent si le législateur qui désire faire les meilleures lois possibles, doit se proposer pour but l'intérêt des meilleurs citoyens, ou celui du plus grand nombre, lorsqu'un peuple se trouve dans la circonstance que nous venons d'indiquer (1) ? Mais il faut prendre ici l'expression *bonté* des lois, dans le sens d'*égalité*. Or, ce qui est *bon*, en ce sens qu'il est *conforme à l'égalité*, est aussi conforme à l'intérêt de la société tout entière, au bien commun des citoyens. Le citoyen, en général, c'est celui qui participe à l'autorité, et qui y est soumis à son tour ; il n'est pas le même dans chaque forme de gouvernement ; mais, dans la meilleure de toutes, le citoyen est celui qui peut et qui veut commander et obéir, en s'appliquant sans cesse à rendre toutes les actions de sa vie conformes à la vertu.

VIII. Mais, s'il se rencontre un seul individu que l'éclat et la supériorité de sa vertu élèvent tellement au-dessus de tous les autres citoyens, qu'ils ne puissent en aucune manière lui être comparés, sous ce rapport, ni sous celui des talents politiques ; ou même, s'il se trouve plusieurs individus qui soient dans le même cas, mais pourtant en trop petit nombre pour former, à eux seuls, la cité ; ne faudra-t-il plus les compter comme en faisant partie ? car ce sera leur faire injustice, que de ne les y ad-

---

(1) C'est-à-dire, lorsque la multitude, ou le peuple pris en masse, a plus de richesses et de vertus que le petit nombre des hommes distingués par leur naissance, ou par leur fortune.

mettre que sur le pied de l'égalité, puisqu'ils ont une si grande supériorité de vertus et de talents; et il semblerait, en effet, qu'un être de cette espèce devrait être regardé comme un dieu parmi les hommes.

2. Ceci nous fait voir que ce n'est que pour des hommes égaux, par leur naissance et par leurs facultés, que les lois sont nécessaires : quant à ceux qui s'élèvent à ce point au-dessus des autres, il n'y a point de loi qui leur convienne; ils sont à eux-mêmes leur propre loi. En effet, celui qui prétendrait leur imposer des règles, ne saurait manquer de se rendre ridicule; et peut-être seraient-ils en droit de lui dire ce qu'Antisthène (1) raconte que les lions répondirent aux lièvres, lorsque ceux-ci demandaient que tout fût égal entre les animaux. Aussi est-ce précisément pour cette raison que l'on établit l'usage de l'*Ostracisme* (2) dans les états dé-

---

(1) Allusion à un apologue dont apparemment le philosophe Antisthène, disciple de Socrate, était l'auteur : « Les lièvres « réclamaient l'égalité pour tous les animaux; les lions leur « dirent: un pareil langage aurait besoin d'être soutenu avec « des ongles et des dents comme les nôtres. » Voyez le recueil des *Fables d'Ésope* (édit. de M$^r$ Coray, p. 225).

(2) L'*Ostracisme*, ainsi appelé, parce que les citoyens donnaient leur vote inscrit sur des coquilles (ὄστρακα), et la loi du même genre, appelée à Syracuse *Pétalisme*, parce qu'on se servait de feuilles d'olivier (πέταλα) pour le même objet, avaient pour but de bannir pour un temps les citoyens dont la gloire, le crédit, les richesses ou les talents, pouvaient donner quelque ombrage au peuple, ou plutôt à ceux qui parvenaient à avoir un grand crédit sur le peuple. (Voyez *Plutarch. Aristid.* c. 7

mocratiques ; car, c'est à l'égalité qu'on croit devoir s'attacher par dessus tout, dans cette forme de gouvernement ; en sorte qu'on y procède, par cette voie, contre ceux qui semblent avoir acquis un grand crédit par leurs richesses, ou par le nombre de leurs partisans, ou par quelque autre moyen d'influence politique, et on les bannit de la ville, pour un temps déterminé.

3. C'est même pour une cause semblable que, suivant la mythologie, Hercule fut abandonné par les Argonautes (1), sous prétexte que le navire *Argo* refusait de le porter, parce qu'il surpassait en poids les autres navigateurs. Aussi ne faut-il pas croire que ceux qui blâment la tyrannie, et le conseil de Périandre à Thrasybule, aient entièrement raison. On dit, en effet, que Périandre ne fit aucune réponse au héraut que Thrasybule lui avait envoyé pour prendre son avis ; mais qu'il se contenta de rendre partout égal le champ dans lequel il se

---

et 8 ; *Diod. Sic. Hist.* l. 11, c. 87.) Aussi, malgré l'approbation que Montesquieu (voyez *Esprit des Lois*, l. 26, c. 17, et l. 29, c. 7) donne à cette loi des Athéniens, il semble que Condorcet en juge beaucoup plus sainement lorsqu'il dit : « L'*ostracisme* « était une injustice ; on n'est point criminel pour avoir des « richesses, du crédit, ou de grands talents. C'était de plus un « moyen de priver la république de ses meilleurs citoyens, qui « n'y rentraient ensuite qu'à la faveur d'une guerre étrangère, « ou d'une sédition. » Voyez ci-dessous § 6.

(1) Voyez la *Bibliothèque d'Apollodore* (l. 1, c. 9, § 19) et le scholiaste d'Apollonius de Rhodes sur le vs. 1290 du premier livre des *Argonautiques*.

promenait, en arrachant les épis qui s'élevaient au-dessus des autres; d'où il arriva que le héraut, qui ignorait la cause de cette action, l'ayant racontée à Thrasybule, celui-ci comprit, en y réfléchissant, qu'il devait faire périr tous les hommes qui avaient quelque prééminence que ce fût parmi les habitants de Corinthe (1).

4. Car ce ne sont pas seulement les tyrans qui ont un pareil intérêt, et ils ne sont pas les seuls qui agissent ainsi; mais il en est de même dans les états oligarchiques et dans les états démocratiques; puisque l'ostracisme y produit, jusqu'à un certain point, le même effet, en affaiblissant le pouvoir des citoyens les plus distingués et en les exilant. Les républiques même et les nations sont traitées de la même manière, par ceux qui disposent de la force, comme on le voit par la conduite des Athéniens à l'égard des Samiens, et des habitants de Chios et de Lesbos (2); puisque du moment où ils

---

(1) C'était, au contraire, suivant Hérodote (*Histor.* l. 5, c. 92) Thrasybule, qui fut consulté par Périandre. Voyez les notes de Walkenaër sur cet endroit d'Hérodote, et celles de Ménage sur Diogène Laërce (l. 1, § 100).

(2) On voit dans plusieurs endroits de l'histoire de Thucydide, des exemples de la conduite orgueilleuse et cruelle des Athéniens à l'égard de ces peuples, et de ceux qu'ils appelaient leurs *alliés*, mais qui n'étaient, en effet, que des *sujets*, continuellement victimes de la violence et de la rapacité du peuple athénien, ou plutôt de ses démagogues. Quant aux Mèdes et aux Babyloniens, leur histoire nous est assez peu connue; mais ce qu'on lit dans Hérodote de leur asservissement par les

se furent emparés de la puissance, ils ne cessèrent de les humilier et de les affaiblir, contre la foi des traités ; comme fit aussi le roi de Perse, à l'égard des Mèdes, des Babyloniens, et des autres peuples qui semblaient conserver quelque orgueil de la domination qu'ils avaient eue autrefois.

5. Au reste, la question que nous traitons s'applique, en général, à toutes les formes de gouvernement, sans excepter les bons gouvernements ; car, dans ceux qui s'écartent de la justice, on agit ainsi en vue de quelque intérêt privé ; mais cependant le système de conduite est le même, dans les gouvernements qui ne considèrent que le bien général de la société. C'est ce qu'on voit clairement, même dans la pratique des autres arts ou sciences : car un peintre ne laissera pas subsister dans son tableau, une figure dont les pieds excéderaient la proportion convenable, quelle que fût d'ailleurs la perfection avec laquelle ils seraient dessinés ; ni un constructeur de navire n'emploiera une poupe, ou une autre partie, qui ne soit pas en proportion avec le reste du vaisseau ; ni enfin celui qui exerce un chœur de musiciens, ne voudra y admettre l'acteur qui aurait une voix beaucoup plus forte et plus belle que tous les autres.

6. Ainsi donc rien n'empêche que les monarques n'adoptent, par cette raison, une conduite conforme à celle des autres états, s'ils le font à cause

---

Perses, suffit pour confirmer l'observation que fait ici notre philosophe.

de l'utilité que leur autorité personnelle procure à l'état qu'ils gouvernent. Voilà pourquoi le raisonnement sur lequel se fondent les lois d'ostracisme, contre les supériorités reconnues, n'est pas dénué de quelque justice, au moins politique. Toutefois, il vaut mieux que le législateur établisse, dès le principe, le gouvernement de manière à n'avoir pas besoin de recourir à un pareil remède; et qu'il ne tente de l'amender, par quelque correction de ce genre, que dans le cas où il est obligé d'en venir à une réforme. C'est ce qui n'est pas arrivé dans les différents états; car on n'y a pas eu égard à l'intérêt ou au bien propre du gouvernement établi; mais on y a fait de l'ostracisme un emploi toujours dicté par l'esprit de faction. On voit donc que ce moyen, dans les gouvernements mal organisés, ne sert que l'intérêt privé et n'est juste que dans cet intérêt; et peut-être n'est-il pas moins évident qu'il n'est pas complètement et absolument conforme à la justice.

7. Mais, dans l'hypothèse du meilleur gouvernement possible, ce qu'il y a de plus embarrassant c'est de savoir ce qu'il faut faire, dans le cas d'une supériorité manifestement reconnue, non pas en fait d'avantages ordinaires (tels que la force, la richesse, ou le grand nombre de partisans), mais en fait de vertu. Car enfin, on ne peut pas dire qu'il faille rejeter et bannir de l'état celui qui aurait une pareille supériorité. D'un autre côté, on ne peut pas non plus exercer l'autorité sur lui; car ce serait presque vouloir commander à Jupiter et partager

avec lui la puissance. Le seul parti donc qui reste à prendre, c'est que tous consentent de bon cœur à obéir à un tel homme, en sorte que l'on donne à perpétuité la royauté, dans les états, aux mortels doués de si rares vertus.

IX. Peut-être est-il convenable, après cette digression, de revenir à l'examen du gouvernement royal; car il est un de ceux qui, dans notre opinion, présentent le plus d'avantages. Voyons donc si l'intérêt d'un état, ou d'un pays qui doit être bien administré, demande en effet qu'il soit, ou non, soumis au pouvoir d'un roi ; ou bien, s'il n'y a pas quelque autre forme de gouvernement préférable à celle-là; ou enfin, s'il y a des états à qui elle convient, et d'autres à qui elle ne convient pas. Mais il s'agit d'abord de s'assurer s'il n'y a qu'une seule espèce de gouvernement royal, ou s'il y en a plusieurs.

2. Or, il est facile de reconnaître que la monarchie est, pour ainsi dire, un genre qui comprend sous lui plusieurs espèces différentes, et que ce mode de gouvernement n'est pas le même dans tous les états soumis à l'autorité d'un seul homme. En effet, la royauté, telle qu'elle existe à Sparte, semble être surtout de celles qui sont subordonnées aux lois, et où le monarque n'a point un pouvoir absolu. Mais, lorsqu'il est hors du territoire de Sparte, il a la direction suprême de tout ce qui est relatif à la guerre, et de plus c'est lui qui préside à toutes les cérémonies religieuses. Le caractère d'une telle royauté est dans le commandement ab-

solu et perpétuel de l'armée : car il n'est permis au roi de faire périr personne, excepté dans les expéditions militaires au dehors, et dans la chaleur de l'action, comme c'était l'usage dans les anciens temps. Homère nous en offre la preuve : car Agamemnon, qui souffrait que dans les assemblées on lui adressât même des paroles outrageantes, avait le droit de tuer ses soldats, du moment où ils étaient entrés en campagne et en présence de l'ennemi. Aussi dit-il (1) :

« Celui que je verrai près des sombres vaisseaux
« Se dérober en lâche aux dangers, aux travaux,
« A mon juste courroux, rien ne peut le soustraire,
« *Sa vie est en mes mains :* c'est en vain qu'il espère
« Échapper aux vautours de carnage affamés,
« Les chiens disperseront ses restes mutilés. »

3. Voici donc déjà une espèce de royauté, celle qui consiste dans le commandement à vie de l'armée ; et entre les monarchies de cette espèce, les unes sont héréditaires, et les autres électives. Mais il existe, outre celles-là, d'autres espèces de mo-

---

(1) Voyez l'*Iliade* d'Homère, chant 2$^e$, vs. 391 et suiv. Aristote cite encore ces paroles du poète dans sa *Morale* (l. 3, c. 8, p. 119 de la trad. franç.), mais il les attribue à Hector, et alors ce serait plutôt les vers 548 et suiv. du 15$^e$ chant de l'*Iliade* qu'il paraîtrait avoir eu en vue. Au reste, on ne trouve, ni dans l'un ni dans l'autre endroit du poème d'Homère, les mots Πὰρ γὰρ ἐμοὶ θάνατος (*sa vie est en mes mains*), ce qui semble prouver que les copies de ce poème qui nous ont été transmises différaient, en plusieurs endroits, de celles qui existaient du temps d'Aristote.

narchies que l'on trouve chez quelques nations barbares. Elles réunissent toutes les sortes de pouvoirs, à peu près comme la tyrannie; cependant, elles sont fondées sur la loi et héréditaires. Car, les barbares étant naturellement plus serviles que les Grecs, et ceux d'Asie plus que ceux de l'Europe, ils supportent sans murmure une autorité despotique. Ces monarchies sont donc tyranniques, par la nature de l'autorité dont les monarques disposent; mais l'hérédité et la loi qui l'établit en assurent la durée.

4. Une garde particulière pour le monarque est encore un caractère de cette royauté, et non de la tyrannie. Car ce sont des citoyens qui s'arment pour veiller à la sûreté du roi, au lieu que les tyrans se font garder par des étrangers. C'est que les uns règnent en vertu de la loi, et sur des hommes qui se soumettent volontairement à leur autorité, tandis que les autres exercent la leur contre la volonté des citoyens; de sorte que ceux-là ont une garde formée par leurs sujets eux-mêmes, et ceux-ci en ont une destinée à contenir les citoyens. Ce sont donc là deux sortes de monarchies.

5. Il y eut anciennement chez les Hellènes, une autre espèce de rois, qu'on appelle *Æsymnètes* (1);

---

(1) Αἰσυμνήτας. Ce mot se trouve dans l'*Odyssée* d'Homère (ch. 8, vs. 258); et la forme αἰσυμνητὴρ, dans l'*Iliade* (ch. 24, vs. 347); sur quoi l'on peut voir le commentaire de Heyne, qui, après avoir rapporté diverses étymologies de ce mot, toutes assez peu satisfaisantes, remarque combien les critiques anciens et modernes en ont souvent hasardé de semblables.

c'était, pour ainsi dire, une tyrannie élective, mais qui différait de la royauté chez les barbares, non pas pour n'être pas fondée sur la loi, mais seulement en ce qu'elle n'était pas héréditaire. Car les uns avaient l'autorité pour tout le temps de leur vie, et les autres ne l'avaient que pour un temps limité, et pour l'exécution de certaines entreprises déterminées. C'est ainsi que les Mityléniens élurent autrefois Pittacus, pour les défendre contre les exilés, à la tête desquels étaient Antiménide et le poète Alcée (1).

6. Celui-ci donne effectivement à entendre, dans un de ses scolies, qu'ils avaient choisi Pittacus pour maître; puisqu'il reproche à ses concitoyens d'avoir, par un aveugle enthousiasme, élevé à la tyrannie, dans une cité pleine de trouble et en proie aux plus funestes discordes, Pittacus qui avait (dit-il) pris naissance dans une famille obscure. Ces espèces de monarchies, sont donc et furent toujours tyranniques, puisque l'autorité y était absolue; mais, comme électives et conformes à la volonté des citoyens, elles ont un caractère de royauté.

---

(1) On ne sait presque rien de la vie d'Alcée, et peu de choses de celle de Pittacus. Voyez Strabon (l. 13, p. 617). S'il faut en croire Diogène Laërce (l. 1, § 76), Pittacus eut au moins la vertu de la clémence, puisqu'il pardonna à plusieurs de ses ennemis, et à Alcée lui-même. C'est le fameux poète lyrique dont Horace (l. 2, *Od.* 13,) a dit:

*Et te sonantem plenius aureo,*
*Alcæe, plectro dura navis,*
*Dura fugæ mala, dura belli.*

7. Une quatrième espèce de monarchie royale, est celle qui existait dans les temps héroïques, fondée également sur la loi, sur le consentement des sujets, et de plus héréditaire. Car, ceux qui furent les premiers bienfaiteurs des peuples, par leur valeur guerrière, par l'invention de quelques arts, ou pour avoir réuni les citoyens, et leur avoir procuré des terres, obtinrent de leur consentement la dignité royale, qu'ils transmettaient à leurs enfants. Aussi disposaient-ils de la suprême autorité dans la guerre, et de tout ce qui tient au culte, à l'exception des fonctions sacerdotales (1). Outre cela, ils jugeaient les procès; mais, pour exercer cette autorité, les uns étaient obligés de prêter serment, et les autres en étaient dispensés. La prestation du serment se faisait en élevant le sceptre (2).

8. Les monarques, dans les anciens temps, avaient donc un pouvoir qui s'étendait sur toutes les affaires publiques, tant au dedans qu'au dehors; mais, dans la suite, soit qu'ils eussent eux-mêmes abandonné quelques parties de leur autorité, soit que le peuple leur eût ôté quelques-unes de leurs attributions, il y eut des états où l'on ne laissa aux rois que le soin de présider aux sacrifices publics,

---

(1) Il y avait aussi des rois qui étaient en même temps prêtres, comme on le voit dans Virgile (*Æn*. l. 3, vs. 80):

*Rex Anius, rex idem hominum, Phœbique sacerdos.*

(2) Cet usage est indiqué et confirmé par plusieurs passages de l'*Iliade*. Voyez, entre autres, ch. 7, vs. 412; ch. 10, vs. 321, etc.

et il ne leur resta, des fonctions auxquelles on peut donner véritablement le nom de royauté, que le droit de commander l'armée, quand on faisait la guerre hors du territoire.

X. Telles sont donc les diverses espèces de royauté, au nombre de quatre; l'une, celle des temps héroïques, fondée sur le consentement des sujets, mais dont l'autorité ne s'étendait que sur des objets déterminés : car le roi était général, et juge, et maître des choses qui avaient rapport au culte des dieux. La seconde est celle des barbares; elle est absolue, héréditaire, et fondée sur la loi. La troisième est celle qui fut exercée par les princes auxquels on donne le nom d'Æsymnètes; c'est une tyrannie élective. La quatrième est celle de Lacédémone; c'est proprement celle où le commandement de l'armée est confié perpétuellement à un monarque héréditaire. Ce sont là les caractères qui distinguent les unes des autres ces diverses espèces de royauté.

2. Mais il y en a une cinquième espèce, où un seul homme est maître de tout, de la même manière que chaque nation ou chaque état administre souverainement ce qui appartient à la société tout entière, suivant les règles de la science économique. Car, de même que l'administration des biens d'une famille est une espèce de royauté domestique, ainsi la royauté est une administration, pour ainsi dire, économique d'un peuple ou d'un état, ou de plusieurs peuples ou états. Au reste, nous n'avons guère à considérer ici que deux espèces de royauté; celle que nous venons de définir, et celle

de Sparte; car la plupart des autres espèces sont comme intermédiaires entre ces deux-là, puisque les rois y ont moins de pouvoir que dans la monarchie absolue (1), et ont une autorité plus grande que celle des rois de Lacédémone. De sorte que la question se réduit presque à l'examen de ces deux points : premièrement, est-ce un avantage pour les états d'avoir un chef militaire inamovible, et faut-il qu'il soit pris dans une famille particulière, ou choisi à raison de sa valeur et de son mérite, ou cela a-t-il de l'inconvénient ? En second lieu, est-il avantageux, ou non, qu'un seul individu soit maître de tout ?

3. Quoi qu'il en soit, les considérations auxquelles peut donner lieu un tel pouvoir du chef militaire sont plutôt relatives à l'établissement des lois particulières qu'à la forme du gouvernement; car il peut exister dans tous les gouvernements un pouvoir de ce genre. Laissons donc cette question quant à présent; mais l'autre mode de royauté constitue réellement une forme distincte; et par conséquent c'est celui-là que nous allons examiner, et nous jetterons un coup d'œil rapide sur les difficultés qu'il présente. Le point principal de cette recherche, c'est de savoir s'il est plus avantageux d'être soumis à l'autorité de l'homme le plus vertueux, ou à celle des meilleures lois.

---

(1) C'est ce que l'auteur appelle παμβασιλεία, nom qu'il paraît avoir imaginé, pour exprimer une notion peu familière aux Grecs, et qu'on ne rencontre en effet dans aucun autre écrivain.

4. L'opinion de ceux qui trouvent plus d'avantages dans l'autorité d'un roi, est fondée sur ce que les lois ne s'expliquent que d'une manière générale, sans rien prescrire pour tous les cas possibles. Or, dans quelque art que ce soit, c'est une folie que de suivre les règles à la lettre; comme on le fait en Égypte, par exemple, où il n'est pas permis au médecin de purger un malade, avant le quatrième jour qui suit le début de la maladie, sous peine d'être responsable de l'événement, s'il le purge avant cette époque (1). Il est donc évident, par cette raison, que le meilleur gouvernement n'est pas celui où l'on suit à la rigueur le texte de la loi. Cependant, chez les hommes qui exercent le pouvoir, on trouvera encore cette manière générale de s'exprimer en intimant leurs ordres; et d'un autre côté, on doit préférer ce qui est entièrement inaccessible aux passions ou affections, à ce qui de sa nature en est éminemment susceptible. Or, la loi en est tout-à-fait exempte, tandis que le cœur humain ne saurait jamais s'en affranchir.

5. Peut-être dira-t-on qu'un homme saura mieux que la loi prendre parti sur les cas particuliers : mais alors il est visible que cet homme devient lé-

---

(1) Diodore de Sicile (*Hist.* l. 1, c. 82) fait mention de cette loi des Égyptiens, qui obligeait les médecins à se conformer, dans le traitement des maladies, à une sorte de formulaire composé par plusieurs anciens et célèbres médecins; et Platon (*De Legib.* l. 2, p. 66) nous apprend qu'il en était à peu près de même pour les peintres, les statuaires, ou les musiciens.

gislateur ; et que par conséquent il y aura des réglements qui n'auront pas l'autorité absolue qui caractérise la loi, dans tous les points où ils s'écarteront de l'esprit général de la législation ; quoique, sous les autres rapports, ils doivent avoir toute autorité. Or, dans tous les cas où il est impossible que la loi prononce d'une manière juste et absolue, vaut-il mieux que ce soient tous les citoyens, ou le plus vertueux d'entre eux, qui décident? Car aujourd'hui, dans les républiques de la Grèce, ce sont les citoyens réunis en assemblée qui prononcent des sentences, qui délibèrent, et qui prennent des résolutions, et tous ces jugements portent sur des objets particuliers. Sans doute, chaque individu pris à part a peut-être moins de mérite et de vertu ; mais la cité tout entière, ou la réunion d'une multitude de citoyens, [en a davantage;] comme un repas composé de mets auxquels chaque convive a contribué pour sa part, est meilleur que celui qui n'est donné que par une seule personne, et qui n'offre qu'une seule espèce de mets. Voilà pourquoi, dans bien des cas, le peuple est meilleur juge qu'un individu, quel qu'il soit.

6. La multitude a encore l'avantage d'être plus incorruptible, que ne le seraient un petit nombre de personnes : comme une grande quantité d'eau se corrompt moins facilement qu'une petite. Mais lorsqu'un seul homme se laisse une fois dominer par la colère, ou par quelque autre passion de ce genre, elle altère nécessairement son jugement : au lieu qu'il est bien difficile qu'un grand nombre

d'hommes se laissent tous à la fois enflammer par la colère, ou séduire par l'erreur. Mais, supposons une multitude d'hommes libres, qui ne fassent rien de ce que la loi ne permet pas, excepté dans les cas dont elle a été forcée de leur abandonner la décision; (car, s'il est difficile qu'un grand nombre de gens restent dans cette limite, cela peut du moins avoir lieu, lorsque la plupart sont des citoyens et des hommes vertueux;) est-il présumable qu'un seul dépositaire du pouvoir sera plus incorruptible qu'un plus grand nombre de personnes ayant toutes des vertus? ou plutôt n'est-il pas évident que l'avantage sera du côté du plus grand nombre? Mais, dit-on, ceux-ci seront divisés de sentiments, ce qui n'arrivera pas à celui-là. On pourrait répondre à cette objection, en disant que l'on a supposé que ce grand nombre de personnes ont des vertus, aussi-bien que l'individu qu'on leur oppose.

7. Or, si l'on doit donner le nom d'aristocratie à l'autorité d'un nombre d'hommes tous vertueux, et celui de royauté à la domination d'un seul, il s'ensuivra que, dans tous les états, on doit préférer l'aristocratie à la royauté; soit qu'on y joigne la puissance absolue, ou qu'on l'en sépare, pourvu que l'on puisse trouver un nombre d'hommes semblables et égaux en vertus. Et c'est probablement pour cela que les peuples furent d'abord gouvernés par des rois, parce qu'il était rare de trouver beaucoup de personnes d'une vertu éminente, surtout dans un temps où les villes n'avaient que peu d'habitants. D'ailleurs, on fut déterminé à se donner pour

rois ceux dont on avait éprouvé la bienfaisance, qui est en effet l'œuvre des hommes vertueux. Cependant, quand il se trouva plus d'individus qui se ressemblaient sous ce rapport, on ne put demeurer plus long-temps dans cette situation, mais on chercha une autorité commune à tous, et l'on établit le gouvernement républicain.

8. Ensuite, lorsque des hommes corrompus eurent commencé à s'enrichir aux dépens du public, il était assez naturel qu'il s'élevât des oligarchies, car on avait entouré la richesse d'une grande considération. Les révolutions produites par cet état de choses firent succéder à l'oligarchie la tyrannie, laquelle fut, à son tour, remplacée par la démocratie. Car, à mesure que la cupidité et l'amour des richesses réduisaient le nombre des hommes en pouvoir, la multitude devenait plus puissante, en sorte qu'il lui fut possible de s'élever contre ses oppresseurs; et de s'emparer à son tour de l'autorité. D'ailleurs, du moment où les états sont parvenus à un degré de puissance et de population assez considérable, peut-être n'est-il pas facile qu'il existe d'autre forme de gouvernement que la démocratie.

9. Mais enfin, si l'on suppose que ce qu'il y a de plus avantageux pour les états soit d'être gouvernés par des rois, quel parti prendra-t-on à l'égard de leurs enfants? Faudra-t-il que la dignité royale soit exclusivement renfermée dans une famille? Ce système a de graves inconvénients, puisque alors les rois seront, pour ainsi dire, des hommes pris au hasard [sur les vertus et les talents

desquels on ne peut avoir aucune garantie]. Supposera-t-on qu'un roi, qui est maître de tout, ne transmettra pas son pouvoir à ses enfants? Mais, c'est encore une chose sur laquelle on ne peut guère compter; car c'est supposer une vertu dont l'exercice est bien difficile, et, pour ainsi dire, au-dessus de l'humanité.

10. Il est également assez embarrassant de déterminer le degré de pouvoir qu'on doit accorder au monarque; s'il faut qu'il ait à sa disposition une force au moyen de laquelle il puisse contraindre et soumettre ceux qui refuseraient de lui obéir; et enfin, comment il pourra administrer et gouverner. Car enfin, en supposant que son pouvoir soit fondé sur la loi, et qu'il ne veuille rien faire qui y soit contraire, toujours faudra-t-il qu'il ait une force suffisante, pour maintenir et conserver la loi elle-même. Peut-être néanmoins n'est-il pas difficile de régler ce qui convient à un tel roi: car on voit qu'il doit avoir une force qui suffise à le rendre plus puissant que chaque individu, ou même que plusieurs individus réunis, mais moins que le peuple tout entier, comme étaient les gardes que les anciens accordaient au chef qu'ils se donnaient, dans certaines circonstances, et qu'ils appelaient *Æsymnète* ou *Tyran* (1); et lorsque Denys demandait

---

(1) Il est évident, par ce passage, et par une infinité d'autres endroits des meilleurs écrivains, que le mot τύραννος (*tyran*) n'avait point, dans l'ancienne langue grecque, la signification qu'il a prise dans la suite; et l'un des commentateurs d'Aristote

une garde aux Syracusains, quelqu'un leur conseilla de la lui donner dans cette proportion-là.

XI. Il s'agit maintenant de considérer la condition du monarque qui peut tout faire, au gré de son caprice, et dont nous n'avons pas encore parlé : car la royauté fondée sur la loi, n'est pas proprement une forme de gouvernement, comme on l'a déja dit, puisque dans toutes il peut y avoir des chefs qui soient revêtus à perpétuité du commandement des armées, comme dans la démocratie et dans l'aristocratie. Chez plusieurs peuples même on confie la direction suprême des affaires à un seul homme, et il existe en effet une magistrature de ce genre à Épidaure : il y en a aussi une pareille à Opunte, mais dont les pouvoirs sont à plusieurs égards moins étendus.

2. Quant à ce qu'on appelle monarchie absolue (c'est-à-dire celle où le roi dispose de tout en maître, suivant sa volonté), il y a des personnes qui pensent qu'il est contre la nature qu'un seul homme soit le maître de tous, dans un état où les citoyens sont égaux. Car, disent-ils, la nature a nécessairement donné des droits égaux, et aussi les mêmes

---

(Victorius) remarque, à ce sujet, que ce nom n'est joint à celui d'OEdipe, dans la tragédie de Sophocle intitulée Οἰδίπους τύραννος (*OEdipe Roi*), que pour marquer la différence de la situation de ce personnage, d'abord environné de puissance et de respects, puis banni, réduit à l'indigence, et repoussé de tous les lieux où il portait sa misère, comme on nous le représente dans la tragédie du même Sophocle intitulée *OEdipe à Colone*.

prétentions légitimes, à ceux qu'elle a faits semblables et égaux. De sorte que si, en donnant une même nourriture et des vêtements pareils, à des hommes qui n'ont ni la même taille ni le même tempérament, on ne peut que nuire à leur santé; il en doit être de même des honneurs : et de même encore, si l'on traite également ceux qui ne sont pas égaux.

3. Il n'est donc pas plus juste que des citoyens égaux commandent, qu'il ne l'est qu'ils obéissent et par conséquent il convient qu'ils exercent tour-à-tour l'autorité. Voilà déjà une loi, car l'ordre c'est la loi: d'où il suit qu'il vaut beaucoup mieux que la loi commande que l'un quelconque des citoyens. Par la même raison, s'il y a quelque avantage à confier l'autorité à certaines personnes, il ne faut en faire que les gardiens et les ministres ou les serviteurs de la loi (1). Car il faut bien qu'il y ait des magistrats investis du pouvoir; mais il n'est pas juste, dit-on, que ce pouvoir soit entre les mains d'un seul, du moins lorsque tous sont égaux.

4. D'ailleurs, l'homme n'est pas en état de prononcer sur tous les objets sur lesquels la loi ne peut s'expliquer avec précision ; mais, quand elle a exposé clairement les règles générales, elle abandonne les détails au jugement et à la décision des magistrats, guidés par le sentiment le plus exact de la

---

(1) Platon (*De Legib.* l. 4, p. 184) se sert aussi de l'expression ὑπηρέτας τοῖς νόμοις (*serviteurs des lois*), en parlant des magistrats ou des dépositaires quelconques de l'autorité.

justice. Elle leur confie même le soin de corriger et de rectifier ce qui est établi, lorsque l'expérience leur aura fait voir qu'il y a des parties susceptibles d'amélioration. Celui donc qui veut que la loi commande, semble ne reconnaître d'autorité que celle de Dieu lui-même et de la raison; mais celui qui prétend que c'est à l'homme de commander, y ajoute aussi le pouvoir de la bête féroce. Car les passions ont quelque chose d'aussi violent, et la colère corrompt et dégrade même les plus vertueux des hommes, lorsqu'ils disposent du pouvoir. Au lieu que l'on peut dire de la loi qu'elle est une intelligence sans passions (1).

5. L'exemple des autres arts, qu'on allègue à ce sujet, est tout-à-fait illusoire; parce que c'est assurément une erreur que de traiter un malade, en suivant à la lettre les préceptes de la médecine; et

---

(1) « L'intérêt et la passion corrompent les hommes; la *loi* « est sans intérêt, sans passion : elle est sans tache et sans « corruption, elle dirige les ames, elle est fidèle : elle parle sans « déguisement et sans flatterie. Elle rend sages les enfants, elle « prévient en eux l'expérience, et les remplit, dès leur premier « âge, de bonnes maximes. On est ravi de voir comme elle est « égale à tout le monde, et comme, au milieu de la corruption, « elle conserve son intégrité. Elle est pleine de lumières; dans « la *loi* sont recueillies les lumières les plus pures de la raison. « Elle est véritable et se justifie par elle-même : car elle suit les « premiers principes de l'équité naturelle, dont personne ne « disconvient, que ceux qui sont tout-à-fait aveugles. Elle est « plus désirable que l'or et plus douce que le miel : d'elle vient « l'abondance et le repos. » Bossuet, *Politique tirée des propres paroles de l'Écriture*, l. 1, art. 4, prop. 4.

qu'il vaut bien mieux avoir recours à ceux qui ont appris à les pratiquer. En effet, les médecins ne font jamais rien par passion et contre la raison, mais ils reçoivent leur salaire, quand ils rendent la santé aux malades; au lieu que ceux qui exercent les pouvoirs politiques agissent assez ordinairement par des motifs de faveur ou de haine. Et certes, si l'on soupçonnait qu'un médecin, gagné par leurs ennemis, fût disposé à détruire la santé de ses malades, alors on préférerait de se faire traiter uniquement suivant les préceptes de l'art.

6. Il y a plus : les médecins, lorsqu'ils sont malades, appellent auprès d'eux d'autres médecins; et les maîtres de gymnastique, lorsqu'ils font montre de leurs talents, invitent à leurs exercices d'autres maîtres expérimentés; parce qu'ils se sentent incapables de prononcer eux-mêmes, avec une certitude infaillible, dans des circonstances où il s'agit de leur propre intérêt, et où ils ne peuvent pas être de sang-froid. Par où il est évident que, cherchant ce qui est juste, ils ont recours à ce milieu (qui s'éloigne également des extrêmes): or, ce milieu, c'est la loi. Enfin, les lois qui résultent des mœurs et des habitudes ont encore plus d'autorité que les lois écrites; en sorte que, si les décisions de l'homme revêtu de l'autorité sont moins sujettes à erreur, que celles qui seraient conformes à la lettre de la loi, celles qui sont le résultat des mœurs et de la coutume sont encore plus sûres.

7. D'un autre côté, il n'est pas facile à un seul homme de tout voir : il faudra donc qu'il ait sous

ses ordres plusieurs personnes admises à partager son autorité; et dès-lors qu'importe qu'on établisse un pareil ordre de choses dès le principe, ou qu'on le laisse établir de cette manière par un seul individu? D'ailleurs, s'il est juste, comme on l'a déja dit, que le pouvoir appartienne à un homme vertueux, parce qu'on lui reconnaît ce genre de supériorité, deux hommes de bien réuniront encore plus de vertus; car c'est là le cas de dire, avec le poète:

« Deux guerriers réunis........ (1)

Et tel est aussi le vœu d'Agamemnon :

« Oh! si j'avais dix conseillers pareils! (2)

[ce qui prouve qu'il n'est pas juste qu'un seul homme commande à tous les autres]. Au reste, il se trouve même à présent, dans certains états, des magistrats qui ont le pouvoir de décider, dans certains cas, comme les juges, dans les choses sur lesquelles la loi ne peut pas prononcer; car, dans toutes celles où elle le peut, personne assurément ne conteste qu'elle ne juge et ne décide de la manière la plus avantageuse.

8. Mais, comme il y a des objets sur lesquels on peut s'en rapporter à la décision de la loi, et d'autres sur lesquels elle ne peut pas prononcer, voilà ce qui cause la difficulté, et qui fait que l'on demande s'il vaut mieux que l'autorité soit donnée

---

(1) Voyez l'*Iliade* d'Homère, ch. 10, vs. 224.
(2) *Iliade*, ch. 2, vs. 371.

à la meilleure loi, ou à l'homme le plus vertueux. Car il est impossible que la loi ait prononcé à l'avance sur les choses qui sont l'objet d'une délibération. Aussi n'est-ce pas là ce que l'on conteste; on ne prétend pas nier qu'il faudra nécessairement que ce soit l'homme qui prononce sur ces choses-là; seulement, on veut que la décision en soit remise au jugement de plusieurs, et non d'un seul. Car (dit-on) tout magistrat instruit et formé par la loi, ne saurait manquer de juger comme il faut.

9. Mais peut-être semblera-t-il assez étrange qu'un homme qui n'a que deux yeux et deux oreilles pour voir et entendre, que deux mains et deux pieds pour agir, puisse juger plus sainement des choses, qu'un nombre considérable de personnes, disposant de bien plus de moyens. Cependant, ne voyons-nous pas les monarques de notre temps se donner, pour ainsi dire, beaucoup d'yeux, d'oreilles, de pieds et de mains (1); en partageant

---

(1) « Nous apprenons, dit Xénophon, (*Cyroped.* l. 8, c. 2, « § 10) que Cyrus, pour s'attacher ceux qu'on appelle *les yeux* « et *les oreilles* du roi, n'eut recours à aucun autre moyen que « les dons et les honneurs; car, en comblant de bienfaits ceux « qui lui donnaient avis de tout ce qu'il avait intérêt de savoir, « il fit qu'un grand nombre d'hommes écoutaient et observaient « tout avec soin, afin de trouver l'occasion de se rendre utiles « à la royauté, par les rapports qu'ils feraient; et de là vint « l'opinion qu'il avait beaucoup d'yeux et beaucoup d'oreilles. » Ceci nous fait voir qu'en prodiguant les honneurs et les richesses aux délateurs et aux espions, on peut en multiplier indéfi-

leur pouvoir avec ceux qu'ils connaissent pour affectionnés à leur personne et à leur autorité? Sans doute, si ces hommes n'ont pas une véritable affection pour le monarque, ils n'agiront pas suivant ses désirs; mais s'ils lui sont dévoués, ils le seront également à la personne et au pouvoir. Or, l'amitié rend les hommes égaux et semblables; de sorte que, si le monarque croit qu'ils doivent exercer l'autorité, il doit penser que ceux qui l'aiment et qui lui ressemblent seront disposés à l'exercer comme lui. Telles sont à peu près les objections que font les adversaires du gouvernement monarchique (1).

10. Peut-être en effet les choses sont-elles, à quelques égards, comme ils le disent; mais elles ne le sont pas, sous d'autres rapports. Car, il y a une sorte de gouvernement absolu, qui peut convenir à la nature de quelques peuples; à d'autres, ce sera le gouvernement royal; et à d'autres, la forme républicaine, fondée sur la justice et sur l'intérêt commun. Mais une domination tyrannique est contraire à la nature; et, par la même raison, toutes

---

niment l'espèce; mais, quoi qu'en dise le naïf historien, il y a lieu de croire qu'un si beau secret avait été découvert bien long-temps avant Cyrus; et certes, il n'est pas à craindre qu'il vienne jamais à se perdre.

(1) Voyez le traité intitulé : *De la Servitude volontaire*, ou *le Contre un*, d'Étienne de la Boétie, si célèbre par l'amitié qui l'unit avec Montaigne. Ce traité a été réimprimé dans l'édition stéréotype des *Essais*. Paris, 1802.

les altérations ou corruptions des autres formes de gouvernement ne peuvent convenir à aucun peuple. Au moins est-il évident, par tout ce que nous avons dit, que parmi des hommes égaux et semblables, il ne saurait être utile ou avantageux qu'un seul soit le maître ; ni lorsqu'il n'y a point de lois, et que lui seul est, pour ainsi dire, la loi ; ni lorsqu'il y a des lois ; ni en le supposant vertueux, au milieu d'hommes également vertueux ; ni en le supposant sans vertus, parmi des hommes aussi dépravés que lui ; ni enfin, quand même il surpasserait tous les autres en vertus, sinon d'une certaine manière, et à de certaines conditions. Mais il faut dire quelles sont ces conditions et cette manière, et nous en avons donné à entendre quelque chose précédemment.

11. Cependant, commençons par déterminer ce qu'on doit entendre par un peuple fait pour le gouvernement monarchique, ou pour le gouvernement aristocratique, ou pour vivre en république. Or, un peuple fait pour être soumis à des rois, est celui qui, par la nature de ses habitudes et de son caractère, peut supporter la domination d'une famille douée de vertus supérieures, qui la rendent propre à l'administration civile. Un peuple destiné à vivre sous un gouvernement aristocratique, est celui qui supporte naturellement la domination d'hommes libres, que leurs talents et leurs vertus rendent propres à exercer l'autorité civile. Enfin, un peuple républicain est celui qui, doué de vertus guerrières, peut obéir et comman-

der conformément à la loi qui distribue entre les membres de l'état, même à ceux qui sont pauvres, les fonctions et les magistratures diverses, à raison du mérite.

12. Lors donc qu'il se trouve ou une famille, ou une race tout entière, ou un seul individu, doués de vertus tellement éminentes, qu'elles surpassent celles de tout le reste, alors il est juste que cette race soit élevée au pouvoir royal, qu'elle soit maîtresse de tout, ou qu'on fasse roi cet individu privilégié. Car, comme on l'a déja dit, non-seulement cela doit être ainsi, en vertu de ce droit qu'ont proclamé tous ceux qui ont établi des gouvernements, soit aristocratiques, soit oligarchiques; mais c'est aussi le principe qu'on invoque, même dans les démocraties. Car tous les hommes reconnaissent les droits de la supériorité, mais ce n'est pas le même genre de supériorité dans les différents états.

13. Cela doit être ainsi, suivant ce que nous avons dit encore, qu'assurément il ne peut jamais être permis de faire périr, ou de bannir, ni de soumettre aux rigueurs de l'ostracisme un homme d'une éminente vertu, ni même de prétendre qu'il obéisse à son tour : car il est contre la nature que le tout l'emporte sur la partie. Or, c'est ce qui arriverait, dans le cas d'une supériorité si incontestable. En sorte qu'il ne reste qu'à obéir à celui en qui on la reconnaît, et à lui confier une autorité, non pas périodique, mais perpétuelle. Voilà ce qu'il y avait à dire de la royauté, pour en déterminer les caractères divers, pour décider la question de savoir si elle

est, ou non, avantageuse aux sociétés politiques, à quelles nations elle peut l'être, et comment.

XII. Mais, comme nous avons dit qu'il y a trois sortes de bons gouvernements, entre lesquels le meilleur doit nécessairement être celui qui sera administré par les hommes les plus vertueux; c'est-à-dire, celui dans lequel il se trouvera un seul individu surpassant tous les autres en mérite, ou une famille tout entière, ou un peuple composé d'hommes assez vertueux, pour être capables d'obéir et de commander tour à tour, de manière qu'il en résulte pour tous la plus grande somme de bonheur possible : comme nous avons fait voir encore, au commencement de ce livre, que c'est nécessairement la même vertu qui caractérise l'homme de bien, le bon citoyen, et la société la plus parfaite; il est évident que c'est de la même manière, et par les mêmes moyens, qu'on peut devenir homme de bien, et parvenir à établir un bon gouvernement, soit aristocratique, soit démocratique. De sorte que la même éducation, et à peu près les mêmes institutions, pourront servir à former l'honnête homme et le bon citoyen, dans une monarchie, dans une république, et dans un gouvernement aristocratique.

2. Ces notions étant ainsi arrêtées, il faut maintenant parler de la forme de gouvernement la plus parfaite, et essayer de faire voir comment elle peut exister, et par quels moyens on peut l'établir. Or, il faut d'abord que celui qui se propose de méditer sur ce sujet........ *(Le reste manque.)*

# LIVRE IV.

## ARGUMENT.

I. La véritable science, en matière de gouvernement, suppose, dans celui qui la possède, la connaissance exacte de toutes les formes d'états qui existent, et celle du meilleur mode d'administration possible. L'homme habile, en ce genre, doit savoir aussi quelle est la meilleure constitution pour un peuple, dans un état de choses donné, et même dans une hypothèse donnée, car il n'est pas moins difficile de réformer un gouvernement, que de l'établir dès le principe. Il est donc fort important de connaître les caractères distinctifs des divers gouvernements existants, et les combinaisons diverses qu'on en peut faire. — II. La tyrannie est le plus détestable des gouvernements, et la démocratie est le plus tolérable entre ceux qui sont vicieux. L'oligarchie est aussi une forme de gouvernement qui ne peut qu'être plus ou moins mauvaise. On exposera, dans ce livre, quels sont les caractères de ces diverses formes, et, dans le suivant, quelles causes les altèrent ou les dégradent, et quels moyens peuvent les maintenir. — III. Le gouvernement n'est que l'ordre établi dans les magistratures : il doit y avoir autant de formes de gouvernement qu'il y a de combinaisons relatives aux supériorités ou aux différences qui existent entre les membres de la société. La démocratie existe, lorsque le pouvoir est entre les mains des hommes libres, formant le plus grand nombre. L'oligarchie a lieu, lorsque la puissance est aux mains des riches, qui sont toujours le plus petit nombre. Ici l'autorité est plus arbitraire et a plus d'intensité ; là elle est plus douce et plus relâchée. On peut considérer dans toute société, en général, huit classes de citoyens : les cultivateurs, les artisans, les marchands, les mercenaires, les guerriers, les juges, les riches contribuant de leur fortune au service de l'état, et les magistrats ou administrateurs de tout genre. — IV. La *démocratie* est essentiellement fondée sur l'égalité des droits qu'ont tous les citoyens à exercer l'autorité; la première espèce, en ce genre, est celle où l'opinion du plus grand nombre fait la loi. Quelquefois la loi seule règne, et d'autres fois, c'est le peuple conduit par des démagogues qui lui dictent des décrets contraires aux lois. Cette dernière forme est despotique et arbitraire; elle ressemble, à beaucoup d'égards, à la tyrannie : un pareil gouvernement amène l'anarchie et la dissolution de la société. — V. L'*oligarchie* est fondée sur la richesse, considérée comme condition nécessaire pour exercer l'autorité. Il y en a quatre sortes, dont la dernière, celle où le pouvoir des magistrats est au-dessus des lois, correspond à la démocratie pure et à la tyrannie. Au reste, la tendance plus ou moins populaire ou oligarchique du gouvernement dépend beaucoup des mœurs et des habitudes générales des citoyens. Mais le droit de participer à l'autorité, à raison du revenu qu'on possède, est le caractère propre de l'oligarchie. Outre la monarchie, la démocratie et l'oligarchie, il y a encore l'*aristocratie*, où le pouvoir est confié aux hommes les plus excellents en vertu, et où l'homme de bien (en prenant cette expression dans toute l'étendue de son acception), est le même que le bon citoyen. — VI. La *république* est proprement un mélange de la démocratie et de l'oligarchie; mais on donne plus spécialement ce nom aux gouvernements qui inclinent plus vers la démocratie, et ceux qui ont plus de tendance vers l'oligarchie, prennent le nom d'aristocratie. Le caractère propre de celle-ci est la vertu, celui de l'oligarchie est la richesse, et celui de la démocratie, la liberté. Ces trois éléments se disputent, pour ainsi dire, l'égalité de rang dans le gouvernement; et c'est le mélange de deux d'entre eux (richesse et pauvreté) qu'on appelle république; tandis que la combinaison des trois constitue l'aristocratie. — VII. Le caractère du parfait mélange des deux formes (oligarchie et démocratie) qui constituent la république, c'est qu'on puisse donner presque indifféremment au gouvernement le nom de l'une ou de l'autre ; mais il faut qu'on les y reconnaisse toutes deux, sans y trouver exclusivement ni l'une ni l'autre. Il faut qu'il se maintienne par lui-même, et non par la volonté des étrangers, (ce qui pourrait arriver pour un mauvais aussi-bien que pour un bon gouvernement), mais par l'accord unanime de tous les citoyens, dont aucun ne voudrait que la constitution fût autre qu'elle n'est. — VIII. La *tyrannie*, proprement dite, ou monarchie absolue, est celle qui, n'ayant aucune limite ni responsabilité, exerce sa puissance sur des hommes tous égaux, et meilleurs que le tyran, uniquement dans son intérêt, et sans aucun égard à celui des sujets. Aussi existe-t-elle malgré eux, car jamais des hommes libres ne la supportent volontairement. — IX. En général, toute société politique se compose de trois classes de citoyens : ceux qui sont très-riches, ceux qui sont très-pauvres, et ceux qui sont dans une condition moyenne. Les hommes des deux premières classes, par des causes différentes, sont portés à la violence, à l'insubordination, au désir des nouveautés. Elles sont hostiles à l'égard l'une de l'autre, et étrangères aux sentiments de bienveillance, qui sont la condition de la sociabilité. D'où il suit que la société civile la plus parfaite, est celle où la classe moyenne est nombreuse, et plus puissante que les deux autres, ou du moins plus puissante que chacune d'elles ; car alors elle peut faire pencher la balance en faveur du parti auquel elle se joint, et, par ce moyen, empêcher que ni l'un ni l'autre n'obtiennent une supériorité décisive. — X. Toute société politique peut être considérée aussi comme composée de deux sortes d'éléments : qualité (c'est-à-dire, liberté, richesse, instruction, noblesse), et quantité (c'est-à-dire, supériorité du nombre dans le peuple); et la combinaison de ces éléments, donne lieu aux diverses espèces de démocratie et d'oligarchie dont on a parlé dans les chapitres précédents. Mais, dans tous les cas, c'est au moyen ordre des citoyens que le législateur doit surtout avoir égard, c'est à la classe moyenne qu'il doit adapter ses lois. Ceux qui établissent

des constitutions aristocratiques, ont le tort, non-seulement d'accorder trop de prérogatives aux riches, mais aussi de chercher à tromper le peuple par divers moyens, dont il résulte nécessairement de graves inconvénients; dans les démocraties, on y oppose divers artifices qui ont également de funestes conséquences. Au reste, les prétentions exagérées des riches, et leur cupidité, sont en général, plus propres à détruire la constitution, et à produire des révolutions, que celles du peuple.
— XI. Il y a trois sortes de fonctions dans le gouvernement, et trois corps ou trois ordres de magistrats pour les remplir : délibération sur les affaires générales, comme guerres, alliances, lois à établir, etc.; exercice des magistratures diverses; décisions des contestations qui peuvent survenir entre particuliers, ou jugement des procès, soit civils, soit criminels. La forme du gouvernement sera de l'une ou de l'autre des espèces de démocratie, d'aristocratie, ou d'oligarchie, précédemment décrites, selon que la totalité, ou une partie seulement, où différentes classes des citoyens seront appelés à remplir la première de ces fonctions, c'est-à-dire, à exercer la souveraineté, soit tous à la fois, ou à tour de rôle, par sort ou par élection, ou par ces deux voies employées simultanément; à la condition de payer un cens plus ou moins considérable, ou sans cette condition. — XII. La question de la division des magistratures, du nombre qu'il en faut admettre, de l'étendue et de la durée des fonctions, pour chacune d'elles, donne lieu à des considérations à peu près pareilles à celles qu'on vient de présenter : mais il s'agira principalement d'examiner qui sont ceux qui doivent établir les magistratures, ceux qu'on y doit appeler, et de quelle manière on doit procéder à leur établissement; et ici reviennent les conditions du sort et de l'élection, du nombre plus ou moins grand des citoyens appelés à élire, et les combinaisons de ces conditions diverses. — XIII. Application des mêmes vues et des mêmes distinctions, aux corps judiciaires, ou à l'établissement des tribunaux et des membres qui les composent, d'où résulte la connaissance des modes divers qui sont appropriés à chaque forme de gouvernement.

1. Dans tous les arts et dans toutes les sciences qui ne s'appliquent pas à quelques objets partiels, mais qui embrassent dans leur perfection un genre tout entier, ce qui appartient à chaque partie est l'objet d'une seule et même théorie. Ainsi, c'est à la gymnastique de déterminer quelle espèce d'exercice convient à tel ou tel tempérament, quel est le plus excellent des exercices (car ce doit être nécessairement celui qui convient au corps le mieux disposé par la nature pour la force, et pour la beauté, et qui s'est développé de la manière la plus avantageuse), enfin ce qui est utile, en ce genre, au plus grand nombre des individus, et à tous en général : car c'est là le propre de la gymnastique. Celui même qui n'aspirerait à acquérir ni le talent, ni les dispositions les plus propres à le faire briller dans les jeux athlétiques, n'en devrait pas moins avoir recours au maître de gymnastique, pour parvenir au degré de médiocrité dont il se contenterait à cet égard.

2. Nous voyons qu'il en est de même de la médecine, de la construction des navires, de la fabrication des vêtements, ou de tout autre art : d'où il suit évidemment que c'est à une même science qu'il appartient de rechercher, au sujet de la meilleure forme de gouvernement, ce qu'elle est, quelles sont les conditions qui peuvent lui donner toute la perfection désirable, indépendamment de tous les obstacles extérieurs, et quelle est celle qui

convient à tel ou tel peuple, car, il est peut-être impossible à la plupart d'entre eux d'avoir la plus excellente. Tellement que le législateur et le véritable politique doit savoir quelle est la forme, absolument parlant, la plus parfaite; quelle est la meilleure, dans certaines circonstances données; et enfin, être capable d'en concevoir une, fondée sur des données hypothétiques. Car, il faut qu'il puisse, d'après un état de choses donné, se faire une idée des causes qui ont pu le produire dès l'origine, et des moyens de lui assurer la plus grande durée possible, en le prenant tel qu'il est. Je veux dire, par exemple, s'il se trouve un état qui ne soit pas bien administré, qui ne possède pas les ressources nécessaires à son existence, et qui même ne tire pas tout le parti possible de celles qu'il a, mais qui en fasse un mauvais usage.

3. Il faut, outre cela, qu'il connaisse surtout quelle forme de gouvernement convient à tous les divers états; attendu que la plupart de ceux qui ont traité ce sujet, tout en disant des choses d'ailleurs excellentes, ont souvent erré dans celles qui sont le plus utiles. Car, il ne s'agit pas seulement de considérer la meilleure constitution, mais celle qui est praticable, et aussi celle qui est d'une facile exécution, et qui s'accommode mieux à tous les états. Au lieu que, parmi les auteurs de politique, les uns s'attachent à la forme la plus parfaite et qui exige des ressources considérables; et les autres, adoptant une forme de constitution plus usuelle, rejettent toutes celles qui existent, et n'approuvent

que le gouvernement de Lacédémone, ou de quelque autre état particulier.

4. Mais il faudrait introduire une forme, ou un ordre, tel qu'on pût facilement le faire adopter, d'après ce qu'on trouverait déja établi, et qu'on pût le rendre populaire; attendu qu'il n'y a pas une moindre difficulté à réformer un gouvernement, qu'à l'établir dès le principe; comme il n'y en a pas moins à désapprendre ce qu'on a appris, qu'à commencer à s'instruire. Aussi, outre les talents que nous avons indiqués, l'habile politique doit-il avoir celui de remédier aux vices des gouvernements existants, comme on l'a déja dit; or, c'est ce qu'il ne saurait faire, s'il ignore combien il y en a d'espèces diverses. Par exemple, certaines personnes s'imaginent qu'il n'y a qu'une sorte de démocratie et une sorte d'oligarchie; mais cela n'est pas vrai.

5. Ainsi donc, il faut que l'on connaisse les caractères distinctifs des gouvernements, et quelles combinaisons diverses on en peut faire : il faut examiner avec la même circonspection les meilleures lois, et celles qui conviennent à chaque état particulier. Car, on doit faire les lois pour les gouvernements, comme on le fait presque toujours, et non les gouvernements pour les lois. En effet, le gouvernement, proprement dit, est l'ordre qui existe entre les différentes magistratures, et dans la manière de les distribuer; il consiste à déterminer ce que c'est que la souveraineté dans l'état, et quelle est, pour chacun de ses membres, le but

et la fin de l'association. Mais les lois doivent être distinguées des principes fondamentaux (1) et caractéristiques du gouvernement; elles sont les règles d'après lesquelles les magistrats doivent user de leur autorité, et contenir ceux qui seraient disposés à les enfreindre.

6. Il suit évidemment de là qu'il est nécessaire, pour pouvoir faire les lois, que l'on connaisse les différences qui caractérisent chaque espèce de gouvernement; car, il n'est pas possible que les mêmes lois conviennent à toutes les démocraties et à toutes les oligarchies, s'il est vrai qu'il y ait plusieurs espèces d'oligarchie, et non pas une seule.

II. Cependant, comme, dans nos précédentes recherches sur ce sujet, nous avons distingué trois sortes de bons gouvernements, la monarchie, l'aristocratie, la république, et trois autres espèces,

---

(1).Littéralement: « de ce qui indique ou manifeste la forme « du gouvernement. » Ce sont proprement les articles de la *Constitution*, soit qu'on lui donne le nom de *Charte*, de déclaration des droits des citoyens et des principes du gouvernement, de pacte ou de *Contrat social*, etc. Aristote distingue ici, avec raison, cette partie de la législation de ce qu'il appelle simplement des *Lois*, et que les modernes ont appelé *Lois civiles* ou *Droit civil*, par opposition aux *Lois politiques*, qu'il vaudrait mieux nommer *Lois constitutionnelles*, ou *Droit constitutionnel*. « Cette malheureuse épithète *civil*, opposée tour à « tour aux mots *Pénal, Ecclésiastique, Politique, Militaire*, a « quatre sens différents, qui se confondent sans cesse (dit un « profond publiciste de notre temps). C'est un des plus insignes « faux-fuyants qu'il y ait en jurisprudence. » *Traité de Législation civile et pénale*, par M$^r$ Jér. Bentham, t. 1, p. 147.

qui sont des déviations de celles-ci, la tyrannie à l'égard de la monarchie, l'oligarchie à l'égard de l'aristocratie, et la démocratie par rapport à la république; et comme nous avons déja parlé de l'aristocratie et de la monarchie (car, présenter des considérations sur la meilleure forme de gouvernement, c'est précisément expliquer la signification de tous ces mots, puisque l'existence de chacune de ces formes ne peut se fonder que sur une vertu cultivée et exercée); enfin, comme nous avons marqué précédemment les caractères qui distinguent, l'une de l'autre, l'aristocratie et la monarchie, et à quels indices on peut reconnaître celle-ci : il nous reste à traiter de l'espèce de gouvernement désignée par le terme commun de *République*, et des autres formes, c'est-à-dire, de l'oligarchie, de la démocratie, et de la tyrannie.

2. Au reste, il est facile de voir quel est le pire de ces gouvernements dégénérés, et quel est celui qui ensuite est le plus mauvais; car, nécessairement, le plus détestable doit être celui qui est une dépravation du premier et du plus divin. Or, il faut ou que la monarchie n'existe pas, et ne soit qu'un vain nom, ou qu'on la trouve dans l'immense supériorité (de talents et de vertus) qui distingue le souverain; d'où il suit que la tyrannie, qui est le pire des gouvernements, est aussi celui qui s'éloigne le plus de la république. Vient ensuite l'oligarchie; car, l'aristocratie diffère beaucoup de cette forme de république. Enfin, la démocratie est le plus tolérable de ces gouvernements vicieux.

3. Il est vrai que cette conclusion a déja été présentée par un des écrivains (1) qui ont traité autrefois le même sujet, quoiqu'il ne l'ait pas envisagé sous le même point de vue; car il a prononcé qu'entre tous les bons gouvernements, tels que l'oligarchie la plus parfaite, et les autres, c'est la démocratie qui est le pire, mais qu'elle est le meilleur entre les mauvais.

4. Au lieu que, suivant nous, ces formes de gouvernement sont, en général, vicieuses; et l'on a tort de dire qu'il y ait une oligarchie meilleure ou plus parfaite qu'une autre; on doit seulement la regarder comme moins mauvaise. Mais en voilà assez, quant à présent, sur cette opinion. Occupons-nous d'abord de déterminer les divers caractères des gouvernements, s'il est vrai qu'il y ait plusieurs espèces de démocratie et d'oligarchie. Ensuite, nous chercherons quelle est la plus commune et celle qu'il faut préférer, après la république la plus parfaite. Enfin, en supposant qu'il existe quelque autre gouvernement aristocratique bien constitué, mais qui ne pût pas convenir au plus grand nombre des états, nous examinerons quel il peut être.

5. Nous verrons ensuite, parmi les autres formes de gouvernement, quelle est celle qui est préférable pour tel ou tel état; car, il peut arriver que la démocratie soit plus nécessaire à l'un que l'oli-

---

(1) Il veut parler de Platon, qui a fait aussi la même observation dans le dialogue intitulé *Politicus*, p. 303.

garchie, et, au contraire, que celle-ci convienne mieux à un autre que celle-là. Après quoi, il faudra exposer comment on doit s'y prendre, quand on veut établir ces sortes de gouvernements, c'est-à-dire, chaque espèce de démocratie et d'oligarchie. Enfin, quand nous aurons traité en peu de mots, mais avec l'étendue convenable, de tous ces objets, nous tâcherons de faire connaître quelles causes altèrent ou dégradent, et quels moyens peuvent maintenir, ces diverses formes de gouvernement, soit toutes en général, soit chacune d'elles en particulier; et quelles sont les circonstances propres à produire naturellement de pareils effets (1).

III. La cause qui a donné naissance à ce nombre de formes de gouvernement diverses, c'est que toute cité se compose de plusieurs parties : car, d'abord, on voit qu'elles comprennent toutes un certain nombre de familles, d'où se forme ensuite une multitude d'habitants, dont les uns sont riches, les autres pauvres, et d'autres composent une classe moyenne entre ces deux-là. La classe des riches est en état de s'armer, et celle des pauvres est sans armes. On voit encore, dans toute cité, une partie du peuple vouée aux travaux de l'agriculture, une

---

(1) Aristote indique assez clairement ici, le sujet de ce quatrième livre, et ceux des deux livres suivants : ce qui est encore un argument à opposer aux éditeurs ou traducteurs qui ont proposé d'intervertir l'ordre des anciennes éditions, ou qui ont cru pouvoir, comme le traducteur anglais, adopter effectivement un ordre différent.

autre au trafic, et une autre aux professions mécaniques. Enfin, entre les notables d'un pays, il y a aussi des différences, sous le rapport de la richesse et sous celui de l'étendue des propriétés : par exemple, s'il s'en trouve qui élèvent et entretiennent des chevaux; car, c'est ce que les riches sont seuls en état de faire.

2. Voilà pourquoi, dans les anciens temps, l'oligarchie s'était établie chez tous les peuples dont la principale force était dans la cavalerie. On s'en servait, en effet, pour faire la guerre aux peuples voisins, comme firent les Érétriens, les Chalcidiens (1), les Magnésiens qui habitaient près des rives du Méandre, et plusieurs autres peuples de l'Asie. Outre les différences produites par la richesse, il y en a encore qui sont le résultat de la naissance ou de la vertu, et des autres qualités de ce genre que nous avons dit se rencontrer dans une société politique, quand il a été question de l'aristocratie; car, nous avons déterminéa lors de com-

---

(1) Plutarque, dans le traité intitulé Ἐρωτικὸς ou *Amatorius* (to. 9, p. 49, ed. Reisk), raconte comment, dans la guerre qui eut lieu entre les Érétriens et les Chalcidiens, ceux-ci, quoique ayant une redoutable infanterie, furent vaincus par les Érétriens, dont la cavalerie reçut un renfort de cavaliers Thessaliens. Quant aux Magnésiens des bords du Méandre, dont notre auteur fait ici mention, Athénée (l. 12, p. 525) nous apprend, d'après Théognis, Callinus et Archiloque, qu'amollis par le luxe, ils succombèrent aux attaques des Éphésiens; si toutefois c'est à cet évènement qu'Aristote a voulu faire allusion. Voyez aussi Strabon (*Geogr.* l. 14, p. 647, 648.)

bien de parties se compose toute société civile, puisqu'il y a des cas où les membres de chacune de ces classes prennent part au gouvernement, d'autres où c'est le privilége d'un moindre nombre, et d'autres où c'est celui d'un nombre plus grand.

3. Il est donc évident qu'il doit nécessairement y avoir plusieurs formes de gouvernement différentes les unes des autres, puisque les parties dont se compose la société diffèrent assez entre elles. Car le gouvernement n'est que l'ordre établi dans les magistratures : tous les citoyens se les distribuent, ou à raison des facultés de ceux qui y participent, ou en ayant égard à une certaine égalité commune, par exemple, entre les riches, ou entre les pauvres, ou même commune aux uns et aux autres. Il faut donc bien qu'il y ait autant de formes de gouvernement qu'il y a de combinaisons relatives aux supériorités ou aux différences qui existent entre les membres de la société.

4. Or, il paraît qu'il y en a deux principales et essentielles, comme on dit qu'il y a deux sortes de vents, ceux du Nord et ceux du Midi, dont les autres sont des dégradations ou des modifications. Ainsi, il y a deux formes de gouvernement, la démocratie et l'oligarchie; car, on ne considère l'aristocratie que comme une espèce d'oligarchie (comme étant un gouvernement du petit nombre), et la république n'est qu'une espèce de la démocratie. C'est ainsi qu'entre les vents, le *Zéphyre* [vent d'ouest] est une espèce du *Borée* [vent du nord], et l'*Eurus* [le vent d'est], une espèce du *Notus* [vent

du sud]. Il en est de même encore au sujet de la musique, comme disent quelques personnes; car on n'y admet aussi que deux sortes d'harmonie, le mode dorien, et le phrygien ; en sorte que toutes les autres combinaisons harmoniques sont appelées ou doriennes, ou phrygiennes.

5. Telle est donc la manière dont on a coutume d'envisager communément le sujet de la politique. Mais peut-être est-il plus exact de dire, comme nous l'avons fait, qu'il n'y a que deux, ou même une seule forme de gouvernement sage et bien réglé, comme il n'y a qu'une seule harmonie parfaite, dont toutes les autres sont des écarts ou des altérations; les unes par rapport à la combinaison d'accords la plus propre à flatter l'oreille, les autres à l'égard du gouvernement le plus parfait. Les constitutions oligarchiques, où l'autorité est plus arbitraire et a plus d'intensité; les constitutions populaires, où elle est plus douce et plus relâchée.

6. Et il ne faut pas croire, comme font communément aujourd'hui quelques personnes, que la démocratie existe absolument, dans tout état où la souveraineté réside dans le grand nombre; (puisque dans les oligarchies, et partout, c'est toujours le plus grand nombre qui a la suprême puissance); ni croire qu'il y ait oligarchie, toutes les fois que le pouvoir est dans les mains du petit nombre. Car, si l'on suppose que sur une population de 1,300 citoyens, il y en ait mille qui soient riches, et qui ne donnent aucune part dans l'administration aux trois cents autres, qui seront pauvres, mais d'ail-

leurs libres, semblables et égaux aux riches, personne ne pourra affirmer qu'une telle population vive sous un régime démocratique. Pareillement, si les pauvres, quoique en petit nombre, étaient plus puissants que les riches, (d'ailleurs plus nombreux), personne ne donnera le nom d'oligarchie à ce gouvernement, dans lequel le reste des citoyens, possédant les richesses, n'aurait aucune part aux honneurs.

7. Il vaut donc mieux dire que la démocratie existe, lorsque le pouvoir est entre les mains des hommes libres; et l'oligarchie, lorsqu'il est entre les mains des riches. Mais il arrive ordinairement que les uns, c'est-à-dire les hommes libres, sont en grand nombre; et les autres, ou les riches, peu nombreux. Et certes, si l'on n'appelait aux magistratures que les hommes d'une grande taille, comme en Éthiopie (1), ou ceux d'une beauté remarquable, ce serait une oligarchie; le nombre des hommes d'une haute taille, ou d'une grande beauté, étant toujours peu considérable.

8. Cependant, ces conditions-là seules ne suffisent pas pour déterminer avec précision ces formes de gouvernement; mais, comme la démocratie et l'oligarchie se composent de plusieurs parties, il

---

(1) Hérodote (l. 3, c. 20) dit que les Éthiopiens regardent comme digne de la royauté celui d'entre eux qui se distingue par la plus haute stature, et par une force proportionnée à sa taille. C'est à cela que notre auteur semble avoir fait allusion plus haut, l. 3, c. 7, § 2.

faut encore distinguer, et admettre que, dans le cas où les hommes libres, en petit nombre, auraient autorité sur le plus grand nombre des habitants, qui ne jouiraient pas de la liberté, ce ne serait pas là encore une démocratie. C'est ce qu'on a pu voir à Apollonie, sur les côtes de la mer Ionienne (1), et à Théra : car, dans ces deux villes, les honneurs ne s'accordaient qu'à ceux qui étaient d'une naissance illustre, [aux descendants de ceux] qui les premiers avaient fondé la colonie, et qui n'étaient qu'en très-petit nombre, par rapport au reste des habitants. Ce ne sera pas non plus une démocratie, si les riches ont le pouvoir, parce qu'ils sont les plus nombreux, comme il arriva autrefois à Colophon (2), car la plus nombreuse portion des citoyens y possédait de grandes propriétés, avant la guerre qu'ils soutinrent contre les Lydiens. Mais la démocratie

---

(1) Apollonie était une colonie des Corcyréens et des Corinthiens. On y avait adopté, au rapport d'Élien (*Var. Hist.* l. 13, c. 19), la *Xénélasie* des Lacédémoniens, ou le bannissement des étrangers. D'après un passage d'Hérodote (*Hist.* l. 9, c. 93), il semblerait que le gouvernement de cette ville était plutôt oligarchique que démocratique. Quant à la république de Théra, on a encore moins de documents sur la manière dont elle était gouvernée.

(2) Xénophane, qui était de cette ville, nous fait une vive peinture du luxe qui y régnait. Athénée (l. 12, p. 526) nous a conservé un fragment précieux de ce poète, dont l'historien Théopompe paraît avoir tiré ce qu'il dit sur le même sujet, et il ajoute : « Ce luxe effréné fit naître de cruelles dissensions, « amena à sa suite la tyrannie, et enfin la ruine entière de cet « état. » (Voyez *Schneid. in Addend.* to. 2, p. 486)

existe, lorsque les citoyens libres et pauvres, formant le plus grand nombre, sont maîtres du gouvernement; et l'oligarchie, lorsque ce sont les riches et les nobles, en moindre nombre.

9. J'ai fait voir qu'il y a plusieurs formes de gouvernement, et pour quelles causes; je dois dire à présent qu'il y en a plus que je n'en ai compté; quelles elles sont, et pourquoi; toujours en partant de l'observation que j'ai présentée d'abord. En effet, nous convenons qu'une cité se compose de plusieurs parties : or, de même que si nous entreprenions de classer les diverses espèces d'animaux, nous commencerions par déterminer les parties qui doivent nécessairement se trouver dans tout animal, comme sont, par exemple, certains sens, et les organes nécessaires à la réception et à la digestion de la nourriture, tels que la bouche et l'estomac, et outre cela, les organes nécessaires à la locomotion pour chaque animal :

10. Et sans doute, s'il n'y avait que ces espèces d'organes, mais qu'il s'y trouvât des différences : par exemple, s'il y avait plusieurs sortes de bouches, d'estomacs, ou de sens et d'organes locomoteurs, le nombre des combinaisons qu'on en pourrait faire formerait nécessairement plusieurs genres d'animaux : car il n'est pas possible qu'un même animal ait plusieurs espèces de bouches, ou d'oreilles : tellement qu'en prenant toutes les combinaisons qui s'en peuvent faire deux à deux, on obtiendrait autant d'espèces diverses d'animaux qu'il y aurait de ces combinaisons possibles d'organes nécessaires. Il faut

donc en dire autant des formes de gouvernement dont nous avons parlé; car les états ne se composent pas d'une seule partie, mais de plusieurs, comme on l'a déja dit bien des fois.

11. Il y a donc d'abord une classe nombreuse de citoyens, occupée de pourvoir à la subsistance de la cité, ce sont les laboureurs. La seconde classe est celle des artisans, occupés à la pratique des arts sans lesquels un état ne saurait exister; et, entre ces arts, les uns sont d'une nécessité indispensable, et les autres servent au luxe et aux commodités de la vie. La troisième est celle des marchands, employés aux ventes, aux achats, passant leur vie dans les marchés publics et dans les boutiques; la quatrième, celle des mercenaires; la cinquième classe est celle des guerriers destinés à défendre l'état, et n'est pas moins nécessaire que les autres, si l'on ne veut pas qu'il coure risque d'être asservi par ceux qui l'attaqueraient: car, comment supposer que des esclaves par nature pussent jamais composer une cité qui soit digne de ce nom? une cité se suffit à elle-même, et une race esclave ne peut atteindre ce but.

12. C'est pourquoi [l'on peut dire que] si ce sujet est traité avec élégance dans la *République* (1) de

---

(1) Voyez *Plat. De Republ.* l. 2, p. 369. Les commentateurs ont observé, avec raison, que la critique qu'Aristote fait ici des vues de Platon, est tout-à-fait injuste, et que, soit préoccupation ou défaut de mémoire, soit quelque motif encore

Platon, il ne l'est pas avec assez d'exactitude. Car Socrate prétend qu'une cité se compose de quatre classes absolument nécessaires, les tisserands, les laboureurs, les cordonniers et les maçons. Mais ensuite [dans les livres des *Lois*] trouvant ces classes insuffisantes, il y ajoute les forgerons et ceux qui sont employés au soin des animaux nécessaires à l'exploitation, puis les marchands et les débitants ou revendeurs : et tout cela forme une sorte de supplément à la cité telle qu'il l'avait conçue d'abord. Comme si une cité n'existait que pour la satisfaction des besoins de ses citoyens, et non pas plutôt pour l'accomplissement d'un but noble et généreux; et comme si elle avait autant besoin de cordonniers que de laboureurs.

13. Quant à la classe des guerriers, il ne l'introduit dans l'état qu'à l'époque où l'accroissement du territoire mettant ses citoyens, pour ainsi dire, en contact avec des peuples voisins, ils peuvent être dans le cas d'avoir des guerres à soutenir. Cependant ces quatre classes d'habitants, ou tout autre nombre de classes, quel qu'il soit, auront besoin de quelqu'un qui rende la justice et qui prononce sur les droits de chacun. Si donc on admet que l'ame soit, encore plus que le corps, une partie de l'animal, il faudra admettre aussi ces deux éléments, je veux dire la classe guerrière, et la justice civile, comme des parties plus essentielles des états, que ce qui

---

moins excusable, il attribue à son maître des opinions ou des sentiments qui n'étaient pas les siens.

contribue à la satisfaction des besoins les plus indispensables. Il faut même y joindre encore la partie délibérante (ou le conseil), qui est l'œuvre de la prudence politique. Et, que ces fonctions soient attribuées, chacune à part, à certaines personnes, ou qu'elles soient réunies dans les mêmes individus, cela ne fait rien à notre raisonnement; puisqu'en effet il arrive souvent que le maniement des armes et la culture des terres sont confiés aux mêmes mains. De sorte que, si ces deux derniers genres de fonctions doivent, aussi bien que les deux autres, être considérés comme des éléments de la société civile, il est visible que la classe guerrière en est aussi une partie nécessaire.

14. Une septième classe sera composée de ceux qui contribuent de leur fortune aux différents services publics, et qu'on appelle riches. Et, puisqu'une cité ne saurait exister sans chefs, ceux qui se consacrent à l'exercice des diverses magistratures, et qui dirigent l'administration, composeront la huitième classe. Il est donc nécessaire qu'il y ait des hommes capables de commander, et qui se dévouent pour la société à ce genre de service, soit pendant tout le temps de leur vie, soit à tour de rôle. Il en sera de même des autres fonctions dont nous avons fait mention tout à l'heure; je veux dire celle de délibérer, et celle de rendre la justice, en cas de contestation pour les droits entre les citoyens. Si donc il est nécessaire qu'il existe de tels établissements dans les états, et qu'ils y soient fondés sur la justice et sur la raison, il s'ensuit qu'il faut aussi

nécessairement qu'une partie des citoyens destinés à remplir ces fonctions diverses (1) aient de la vertu.

15. On convient généralement que les mêmes individus peuvent réunir la plupart des facultés nécessaires à l'exercice des fonctions diverses; qu'ils peuvent être à la fois, par exemple, guerriers, agriculteurs et artisans; et aussi que les mêmes personnes peuvent prendre part aux délibérations, et rendre la justice; tous même prétendent à la vertu, et se croient en état d'exercer la plupart des magistratures. Mais il n'est pas possible que les mêmes personnes soient riches et pauvres; et, par cette raison, ce sont là les deux classes essentiellement distinctes dont se compose toute société civile. Et, d'un autre côté, comme les uns sont presque toujours peu nombreux, et les autres en grand nombre, ce sont les parties de l'état qui semblent le plus opposées l'une à l'autre. De manière qu'on détermine les formes de gouvernement suivant la prédominance de l'une ou de l'autre; et il semble, d'après cela, qu'il n'y ait que deux sortes de gouvernement: la démocratie, et l'oligarchie. Mais nous avons dit plus haut qu'il y en a davantage, et pour quelles causes. Faisons voir à présent qu'il y a plusieurs espèces de démocratie et d'oligarchie.

IV. Cela est facile à voir, par ce qui vient d'être dit, puisque le peuple, et même ceux qu'on appelle

---

(1) Littéralement: « Quelques-uns des hommes *politiques*, » c'est-à-dire, ayant le droit de participer au pouvoir et aux emplois.

les notables [d'un pays ou d'une cité] se composent de plusieurs classes diverses. Par exemple, dans le peuple il y a la classe des cultivateurs, celle des artisans, celle des marchands occupés à vendre ou à acheter; il y a aussi celle des hommes qui exercent l'industrie maritime, les uns comme guerriers, d'autres comme trafiquants, ceux-ci employés aux transports, ceux-là à la pêche. Car il y a plusieurs pays où ces classes sont très-nombreuses; comme celle des pêcheurs à Tarente et à Byzance (1), celle des matelots pour la guerre à Athènes, celle des trafiquants à Egine et à Chios, celle des bateliers à Ténédos. Il y a encore la classe de manouvriers, et de ceux qui ont une petite fortune, mais trop peu considérable pour leur permettre de vivre sans rien faire; celle des hommes libres, mais dont le père et la mère étaient esclaves; et quelques autres classes du même genre. Quant aux notables, la richesse, la noblesse, la vertu, l'éducation, et les conséquences naturelles de ces conditions diverses, mettent aussi entre eux des différences qui en font également des classes distinctes.

2. On appelle donc d'abord *démocratie*, un gouvernement essentiellement fondé sur l'égalité : car ce que la loi fondamentale de ce gouvernement exprime par le mot égalité, c'est que les riches n'y

---

(1) Voyez ce qui est dit, à ce sujet, dans Athénée (l. 3, p. 116), et dans Strabon (*Geogr.* l. 7, p. 493); et sur le commerce des habitants d'Égine et de Chios, voyez aussi le même géographe (l. 8, p. 577, et l. 14, p. 955).

soient pas plus appelés à exercer l'autorité que les pauvres; que ni les uns ni les autres n'y soient les maîtres, mais que tous le soient pareillement. Or si, comme quelques personnes le pensent, c'est dans la démocratie surtout que se trouvent la liberté et l'égalité, elles ne peuvent pourtant y exister qu'autant que tous les citoyens participeront de la même manière au pouvoir. Mais comme le peuple est toujours plus nombreux, et que c'est l'opinion du plus grand nombre qui fait autorité, il faut bien que ce soit là le caractère essentiel de la démocratie. En voilà donc d'abord une espèce.

3. La condition que les magistratures soient données en vertu d'un certain revenu, mais qui soit peu considérable, constitue une autre espèce : mais il faut que celui qui acquiert la fortune exigée parvienne aux charges, et que celui qui l'a perdue en soit exclu. Une autre espèce de démocratie est celle où tout citoyen, auquel on n'a aucun reproche à faire, participe au gouvernement, mais où la loi seule commande. Celle où tout homme peut exercer une magistrature, pourvu qu'il soit citoyen, et où la loi seule est toute-puissante est encore une autre espèce de démocratie. Enfin il y en a une cinquième espèce, où tout est d'ailleurs comme dans la précédente, excepté que c'est la multitude, et non la loi, qui y exerce la suprême puissance.

4. Cela a lieu lorsque les décrets ont une autorité absolue, et non pas la loi ; ce qui est l'effet du crédit des démagogues. Car, dans les gouvernements démocratiques, où la loi règne, il n'y a point

de démagogues, mais ce sont les citoyens les plus recommandables qui y ont la prééminence ; au lieu qu'il s'élève des démagogues, partout où les lois sont sans force. Car le peuple, qui est alors comme un seul individu composé d'un grand nombre, y devient monarque absolu. Et, en effet, le pouvoir exercé par la multitude n'est pas celui de chaque particulier, mais celui de la masse entière des citoyens. Au reste, de quelle domination, ainsi exercée par plusieurs, Homère a-t-il voulu parler lorsqu'il dit qu'elle est un mal (1)? Est-ce de la domination d'un peuple tout entier, comme dans le cas dont nous parlons, ou de celle de plusieurs chefs? c'est ce qu'on ne voit pas clairement.

5. Quoi qu'il en soit, un tel peuple, en sa qualité de monarque, aspire à régner seul, en s'affranchissant du joug de la loi, et devient *despotique* (2); ce qui fait que les flatteurs y sont en honneur; et une pareille démocratie est, dans son genre, ce que la tyrannie est par rapport à la monarchie. Aussi les mœurs sont-elles les mêmes dans ces deux sortes de gouvernements; dans l'un et dans l'autre les hommes les plus vertueux sont soumis à une autorité arbitraire. Les décrets du peuple sont ici, ce que sont là les ordonnances du monarque; le démagogue et le flatteur y font le même person-

---

(1) Voyez l'*Iliade* d'Homère (ch. 2, vs. 204), où Ulysse dit : « Il n'est pas bon que plusieurs commandent. »

(2) C'est-à-dire : exerçant une autorité qui est la même que celle d'un maître sur ses esclaves.

nage, y jouent des rôles analogues, et ont, chacun de son côté, une très-grande influence, les démagogues sur les peuples, qui sont tels que je viens de le dire, et les flatteurs, sur les tyrans.

6. Ces démagogues sont cause que la suprême autorité est dans les décrets, et non pas dans la loi, par le soin qu'ils prennent de tout rapporter au peuple; car il en résulte qu'ils deviennent puissants, parce que le peuple est maître de toutes choses, et qu'eux-mêmes le sont de l'opinion de la multitude, qui n'obéit qu'à eux. Outre cela, ceux qui ont des reproches à faire aux magistrats prétendent que c'est au peuple de décider; celui-ci consent volontiers qu'on en appelle à son autorité, et de là résulte l'entière dissolution de toutes les magistratures.

7. Or, on peut soutenir, avec juste raison, qu'un pareil gouvernement est une démocratie, et non pas une république : car il n'y a pas de république, là où les lois ne règnent pas. Il faut, en effet, que l'autorité de la loi s'étende sur tous les objets, et que les magistrats prononcent sur les choses de détail, et jugent les procès. Par conséquent, si la démocratie doit être comptée au nombre des formes de gouvernement, il est clair qu'un pareil état de choses, dans lequel tout se règle par des décrets, n'est pas même, à proprement parler, une démocratie (1). Car jamais un décret ne peut être

---

(1) C'est ce que Polybe (l. 6, c. 4, et c. 9) appelle *Ochlocratie*, ou domination de la populace, et qui, suivant lui, conduit toujours à la tyrannie, ou au despotisme d'un seul.

général, [comme doit l'être la loi]. Telles sont donc les différentes espèces de démocratie.

V. Une des formes de l'oligarchie est celle où, pour parvenir aux magistratures, il faut payer un cens, ou jouir d'un revenu si considérable, que les pauvres, qui sont le plus grand nombre, ne puissent y atteindre ; mais que quiconque peut acquérir ce revenu soit admis à prendre part au gouvernement. Une autre forme, est celle où les magistratures étant le partage de ceux qui ont un revenu considérable, ils peuvent y appeler par leur choix des citoyens qui n'ont pas cette quotité de revenu. Si le choix peut se faire parmi tous les citoyens indistinctement, le gouvernement a quelque chose qui tient plus de l'aristocratie, mais si l'on est dans le cas de borner ce choix à de certaines familles, il est tout-à-fait oligarchique. Une autre forme de l'oligarchie, c'est lorsque le fils succède à son père : enfin, une quatrième forme, c'est lorsque, outre la condition qu'on vient de dire, l'autorité absolue appartient aux magistrats, et non pas à la loi. Cette dernière forme, parmi les oligarchies, correspond à la tyrannie dans les monarchies, et à la démocratie pure entre les démocraties ; on lui donne le nom de *dynastie* (1).

---

(1) Δυναςεία : c'est-à-dire, gouvernement arbitraire, ou gouvernement de fait, autorité fondée uniquement sur le *pouvoir*, c'est-à-dire, sur la force. « Alors, dit l'auteur du *Contrat social*
« (l. 4, c. 10), il se forme [dans l'état] un autre état, composé
« seulement des membres du gouvernement, et qui n'est plus
« rien au reste du peuple, que son maître et son tyran. »

2. Tel est donc le nombre des espèces d'oligarchie et de démocratie. Mais il est à remarquer que, dans plusieurs états, quoique la forme du gouvernement ne soit pas précisément populaire, en vertu des lois, cependant la tendance générale des mœurs et des habitudes fait que l'administration y est populaire; et pareillement, dans d'autres états où la forme de gouvernement établie par les lois est plus populaire, l'administration, par l'influence des mœurs et des habitudes, se rapproche plutôt de l'oligarchie. Cela arrive principalement lorsqu'il s'est opéré des changements et des révolutions dans les gouvernements. Car les mœurs ne changent pas aussi promptement, mais on se contente d'abord des petits avantages qu'on obtient les uns sur les autres, de sorte que les lois précédemment établies subsistent encore quelque temps; mais ceux qui entreprennent de changer la forme du gouvernement finissent par l'emporter.

3. Il est facile de voir, par ce que nous venons de dire, qu'il y a autant d'espèces de démocratie et d'oligarchie [que nous en avons admis] : car il faut nécessairement, ou que toutes les classes, dans lesquelles nous avons vu que le peuple peut se diviser, aient part au gouvernement, ou que les unes y soient appelées, et non les autres. Lors donc que la classe des agriculteurs, et de ceux qui possèdent une fortune médiocre, est à la tête du gouvernement, elle gouverne suivant les lois; car les hommes qui la composent peuvent bien vivre en travaillant, mais ils ne peuvent pas avoir beaucoup de loisir.

Aussi, du moment où ils ont établi les lois, ne se réunissent-ils en assemblée générale que dans les cas où cela est nécessaire. Au reste, les autres citoyens ont aussi le droit de participer au gouvernement, quand ils auront acquis le revenu exigé par les lois. [(1) Et en effet, tous ont cette faculté quand ils possèdent ce revenu.] Car ne le pas accorder à tous est, en général, le caractère propre de l'oligarchie. Quant à vivre sans rien faire, cela est impossible, lorsqu'il n'existe point de revenus publics. Voilà donc déjà une espèce de démocratie, par les causes que nous avons dites.

4. La seconde espèce est celle où tous ceux pour qui leur naissance n'est pas un motif d'exclusion peuvent participer au gouvernement, pourvu toutefois qu'ils en aient le loisir ; voilà pourquoi les lois règnent dans une pareille démocratie, parce qu'il n'y existe point de revenus publics. Lorsque tous ceux qui sont libres ont droit de participer au gouvernement, mais qu'ils n'y participent pas pour la cause que nous venons d'indiquer (2), c'est une espèce de démocratie, où la loi règne encore nécessairement. La quatrième espèce est celle qui s'est établie la dernière dans les états.

5. En effet, au moyen de l'accroissement beau-

---

(1) Cette répétition de la même pensée n'est peut-être qu'une glose marginale insérée mal à propos dans le texte, et a été supprimée dans quelques éditions.

(2) C'est-à-dire : à cause de leurs affaires, et parce que les revenus de l'état ne sont pas consacrés à leur donner du loisir.

coup plus considérable qu'ils ont pris, en comparaison de ce qu'ils étaient dans l'origine, et au moyen des revenus considérables dont ils jouissent, tous les citoyens prennent part à la direction des affaires, à cause de la prépondérance qu'a obtenue la multitude. Ils gouvernent (dis-je) et administrent, parce que ceux qui sont pauvres, recevant une rétribution, peuvent avoir le loisir nécessaire pour cela : et même, c'est surtout une telle multitude qui a ce loisir; car le soin de ses affaires particulières ne lui donne aucun embarras; tandis qu'il est un obstacle pour les riches, au point que souvent ils ne prennent point part aux délibérations qui se font en assemblée générale, ni même aux fonctions judiciaires. Il arrive de là que la multitude des pauvres devient maîtresse du gouvernement, et que les lois n'y ont plus d'autorité. Telles sont donc les causes d'où résultent nécessairement autant de sortes de démocratie que nous en avons reconnu, et celles que nous venons de dire.

6. Quant à l'oligarchie, la première espèce, en ce genre, est celle où le plus grand nombre possèdent quelque fortune, mais médiocre et peu considérable : car elle leur donne le droit de prendre part aux affaires publiques; et comme ils sont assez nombreux, il faut nécessairement que ce soient les lois, et non pas les hommes, dont l'autorité soit prédominante. Car, plus un pareil état de choses s'éloigne de la monarchie, lorsque la fortune des citoyens est telle qu'ils ne puissent se livrer au désœuvrement et à l'indolence, sans que pourtant ils

soient assez pauvres pour avoir besoin d'être nourris aux dépens de l'état, il faut bien alors qu'ils trouvent bon que la loi leur commande, et non que leur volonté en prenne la place.

7. Au contraire, si ceux qui possèdent des biens sont en moindre nombre que dans l'hypothèse précédente, [et que leur fortune soit plus considérable], c'est la seconde espèce d'oligarchie : car les citoyens y ayant plus de puissance, y prétendent aussi à plus de priviléges. Et c'est pour cela qu'ils choisissent, parmi les autres, ceux qu'ils appellent à l'administration; mais, comme ils ne sont pas encore assez forts pour commander sans le concours de la loi, ils établissent celle que nous venons de dire(1).

8. Mais, si la puissance est concentrée entre les mains des citoyens en moindre nombre et qui possèdent de plus grandes richesses, c'est le troisième degré de l'oligarchie; celle où les magistratures sont le privilége exclusif de ces citoyens, et où la loi ordonne que leurs enfants leur succèdent dans l'exercice du pouvoir. Enfin, lorsque l'influence d'un petit nombre de personnes, à raison de leur immense fortune et de leurs nombreux clients, est devenue tout-à-fait prépondérante, il en résulte une dynastie [un gouvernement arbitraire] qui approche beaucoup de la monarchie; ce sont les hommes, et non les lois, qui y ont toute l'autorité; et c'est la

---

(1) Celle qui leur donne le droit de nommer aux emplois du gouvernement.

quatrième espèce d'oligarchie, correspondante au dernier degré de la démocratie.

9. Outre la démocratie et l'oligarchie, il y a encore deux autres formes de gouvernement, dont l'une est connue de tout le monde, et que nous avons dit faire partie des quatre principales, qui sont la monarchie, l'oligarchie, la démocratie, et enfin la quatrième, appelée aristocratie. Cependant il y en a une cinquième à laquelle on donne le nom de *République*, qui est commun à toutes les autres. Mais comme il est rare qu'elle existe, elle échappe à l'attention de ceux qui entreprennent de faire l'énumération de ces formes diverses de gouvernement, et ils n'en comptent ordinairement que quatre, comme a fait Platon dans ses traités sur cette matière.

10. Au reste, c'est avec raison qu'on donne le nom d'aristocratie à ce genre de gouvernement dont nous avons parlé précédemment (1); c'est la seule dénomination convenable pour désigner l'état où le pouvoir est confié aux hommes les plus excellents en vertu, prenant ce mot dans sa signification absolue, et non pas relative, comme on le fait, quand on parle des gens de bien dans une hypothèse donnée ou particulière. Car c'est le seul où l'homme de bien, dans toute la rigueur du terme, soit le même que le bon citoyen; au lieu que, dans

---

(1) A la fin du troisième livre, dont les derniers chapitres ont été perdus.

les autres gouvernements, les bons citoyens ne sont ainsi appelés, qu'eu égard à la forme particulière des gouvernements sous lesquels ils vivent. Cependant, il s'en trouve à qui l'on donne aussi le nom d'aristocratie, et qui diffèrent à quelques égards de ceux qui sont régis par des formes oligarchiques, et de ce qu'on appelle proprement république ; ce sont ceux où l'on a égard, dans le choix des magistrats, non-seulement à la richesse, mais aussi au mérite personnel et à la vertu.

11. Dans ce cas-là, le gouvernement diffère de l'une et de l'autre (c'est-à-dire de l'oligarchie et de la république proprement dites), et est appelé aristocratique. Car, dans les états où l'on ne donne pas une application exclusive et constante à la vertu, il se trouve pourtant des personnes qui ont une juste réputation, sous ce rapport, et qui passent pour des gens de mérite et de probité. Ainsi, dans les pays où la constitution a principalement égard à la richesse, à la vertu et à l'intérêt du peuple, comme à Carthage, c'est le gouvernement aristocratique ; et aussi lorsqu'on a en vue deux de ces choses seulement, comme chez les Lacédémoniens, où l'on ne considère que la vertu et le peuple ; et c'est un mélange (ou une combinaison) de ces deux éléments, démocratie et vertu. Voici donc deux espèces d'aristocratie, outre la première et la plus parfaite constitution ; toutes les formes de ce qu'on appelle proprement république, quand elles ont quelque tendance à se rapprocher de l'oligarchie, constituent une troisième espèce.

VI. Il nous reste à parler de la forme appelée communément république, et de la tyrannie. Nous la plaçons à ce rang, comme n'étant pas plus que les sortes d'aristocratie dont nous parlions tout à l'heure, une déviation ou corruption de la constitution la plus parfaite, parce que, à vrai dire, toutes s'en écartent plus ou moins, comme nous l'avons dit au commencement. Mais c'est avec raison que nous avons résolu de ne parler de la tyrannie qu'en dernier lieu, parce que c'est de tous les gouvernements celui qui mérite le moins ce nom, et que l'objet de ce traité est le gouvernement. Nous venons d'indiquer la cause de l'ordre que nous avons adopté : nous allons maintenant parler de la république.

2. Les caractères de ce gouvernement seront plus faciles à reconnaître, à présent que nous avons défini ceux de l'oligarchie et de la démocratie : car la république est, à proprement parler, un mélange de ces deux formes. Mais on donne plus communément le nom de république aux gouvernements qui ont quelque tendance vers la démocratie, et le nom d'aristocratie à ceux qui inclinent plus vers l'oligarchie, parce que la noblesse et la bonne éducation sont plus généralement le partage des riches : d'ailleurs il semble que, possédant, plus que les autres, ce qui provoque l'injustice des hommes disposés à la commettre [ils s'en abstiennent]; et c'est ce qui leur a fait donner le nom de gens de bien et d'honneur, d'hommes distingués et considérables.

3. Or, comme l'aristocratie ne consent à accor-

der la prééminence qu'aux plus vertueux d'entre les citoyens, on prétend aussi que ce qui constitue l'oligarchie, c'est plus spécialement le pouvoir des gens de mérite et d'honneur. Mais il paraît tout-à-fait impossible qu'un état dont le gouvernement est réellement aristocratique, et non dirigé par des hommes méprisables et sans vertu, ne soit pas bien administré et n'ait pas des lois justes et sages ; et pareillement, il semble qu'un état qui a de pareilles lois, est nécessairement aristocratique. Au reste, la bonté et la sagesse des lois, si on ne leur obéit pas, ne constitue pas une bonne administration ; c'est pourquoi il faut admettre qu'il y a une bonne administration, caractérisée par l'observation exacte des lois établies, et une autre qui consiste dans la bonté des lois auxquelles on obéit, (car on peut aussi obéir à de mauvaises lois). Et cela s'entend de deux manières : puisque les lois peuvent être, ou les meilleures qui conviennent actuellement aux citoyens, ou les meilleures en elles-mêmes, et dans un sens absolu.

4. L'aristocratie consiste essentiellement dans la distribution des honneurs à raison de la vertu : car le caractère propre de l'aristocratie est la vertu, comme celui de l'oligarchie est la richesse, et celui de la démocratie, la liberté. Mais, dans tous les gouvernements, c'est toujours l'opinion du plus grand nombre qui prédomine ; et, en effet, dans l'oligarchie, dans l'aristocratie et dans la démocratie, il n'y a de force et d'autorité que dans ce qui est sanctionné par l'opinion de la plus grande partie de

ceux qui participent à l'autorité. Aussi est-ce là ce qui, dans la plupart des états, constitue la forme du gouvernement; car on n'y vise qu'à opérer le mélange et, pour ainsi dire, la fusion des riches et des pauvres, de la richesse et de la liberté. C'est qu'aux yeux de la plupart des hommes, la richesse semble tenir lieu de mérite et de vertu.

5. Mais, puisqu'il y a trois éléments qui se disputent, en quelque manière, l'égalité de rang dans le gouvernement, la liberté, la richesse et la vertu (car le quatrième, ou la noblesse, est une suite assez naturelle des deux derniers, puisque la noblesse n'est qu'une possession ancienne de richesse et de vertu), on voit que c'est au mélange de ces deux éléments, les riches et les pauvres, qu'il faut donner le nom de république : et que la combinaison des trois est plus spécialement ce qu'on nomme aristocratie; sans compter celle qui mérite réellement et essentiellement ce nom. Nous avons donc fait voir qu'il y a, outre la monarchie, la démocratie et l'oligarchie, d'autres formes de gouvernement; nous avons dit quelles elles sont, et en quoi les aristocraties et les républiques diffèrent, soit les unes des autres, soit de l'aristocratie proprement dite, et qu'elles ont assez d'analogie entre elles.

VII. Montrons maintenant, en conséquence de ce que nous avons dit, de quelle manière se forme, outre la démocratie et l'oligarchie, le gouvernement appelé république, et comment il faut le constituer; ce sera donner en même temps la définition de la démocratie et de l'oligarchie : car il faut prendre d'abord ces deux formes séparées, et ensuite, en les rapprochant l'une de l'autre, composer de leur réunion une forme unique; à peu près comme on le fait des deux parties de ces *symboles* [qui sont un signe de reconnaissance dans les liaisons d'hospitalité] (1).

2. Or, il y a trois manières de faire cette composition ou ce mélange : car, ou bien il faut prendre la partie de la législation qui est commune à chacune des deux formes de gouvernement, par exemple, en ce qui regarde l'administration de la justice. En effet, dans les oligarchies, on taxe les riches à une amende, s'ils négligent de remplir les fonctions de juges, et on n'accorde aucune rétribution aux pauvres, quand ils les exercent ; au lieu que dans les démocraties, on donne un salaire aux

---

(1) Le *symbole* (σύμβολον), appelé en latin *tessera*, était ou une pièce de monnaie, ou un morceau de métal, de bois, etc., qu'on coupait en deux, et dont les personnes qui voulaient se rappeler au souvenir l'une de l'autre, après une longue absence, ou faire reconnaître par l'une des deux celui qui lui serait envoyé et recommandé par l'autre, gardaient chacune une partie ; de sorte qu'en les rapprochant on pût reconnaître qu'elles composaient le même tout. On s'en servait pour les liaisons d'hospitalité ; on les donnait comme arrhes, quand on faisait un marché, etc. Voyez, à ce sujet, la note de Schneider (to. 2, p. 252, 253), et les auteurs qu'il cite, tels que les commentateurs de Plaute (*ad Cistellar.* 2, 1, 27. *ad Pœnul.* 5, 1, 25). Les scholies d'Helladius sur Euripide (*ad Medeam.* vs. 6, 13); Casaubon sur Athénée (l. 3, c. 32), etc.

pauvres, et on n'exige point d'amende des riches. Or, en adoptant ces deux procédés [l'amende pour les riches et la rétribution pour les pauvres], on aura un moyen terme, commun aux deux espèces de gouvernement, et, par cette raison, convenable à la république; car il sera une sorte de mélange des procédés de l'une et de l'autre formes. Voilà donc un premier mode de combinaison.

3. Une autre manière, c'est de prendre le terme moyen entre les réglements de l'une et de l'autre espèces de gouvernement. Ainsi, l'une accorde le droit de délibérer dans les assemblées générales, sans aucune condition de cens, ou du moins à la condition d'un très-petit revenu : tandis que l'autre exige [pour l'exercice de ce même droit] un cens très-considérable. Sans doute, il n'y a rien de commun entre ces deux conditions, mais on peut prendre un milieu entre les cens exigés par chacune d'elles. La troisième manière consiste à prendre, des règles adoptées dans les deux gouvernements, une partie de ce que prescrit la loi oligarchique, et une partie de ce qu'exige la loi démocratique. Par exemple : on regarde comme une institution démocratique la distribution des magistratures par le sort, et leur distribution par voie d'élection, comme une institution oligarchique. La démocratie n'admet, dans ce cas, aucune condition de revenu, et l'oligarchie exige un cens déterminé. Par conséquent, il conviendra à l'aristocratie et à la république d'adopter une partie de chacune de ces institutions; de l'oligarchie, le mode des magistratures

électives; et de la démocratie, le principe de n'exiger aucune condition de revenu. Telle est la manière d'opérer le mélange des deux formes de gouvernement.

4. Le caractère du parfait mélange, c'est qu'on puisse dire du même gouvernement qu'il est une démocratie et une oligarchie : car il est clair que ceux qui s'expriment ainsi, ne font qu'énoncer l'impression que produit sur eux le parfait mélange des deux formes. C'est aussi le résultat du juste milieu [observé entre l'une et l'autre], car chacun des extrêmes semble pour ainsi dire s'y réfléchir; ce qui arrive, en effet, dans le gouvernement de Lacédémone.

5. Car, bien des gens n'hésitent pas à en parler comme d'une démocratie, parce qu'il y a dans sa constitution beaucoup de choses populaires. Et d'abord, ce qui est relatif à l'éducation des enfants; car, ceux des riches y sont nourris de la même manière que ceux des pauvres; et, quant à l'instruction, elle y est telle que les enfants des pauvres puissent aussi la recevoir. Il en est de même pour l'époque suivante de la vie, et lorsqu'ils sont devenus hommes; car, rien ne distingue le riche du pauvre. Dans ce qui concerne la nourriture, c'est encore la même chose; tous sont traités également dans les repas communs : et, quant à la manière de se vêtir, les habits que portent les riches sont tels qu'il n'y a pas un individu parmi les pauvres qui ne puisse s'en procurer de pareils. Ajoutons à cela, que des deux plus importantes magistratures,

l'une est conférée par le choix du peuple, et l'autre lui est accessible ; car, c'est lui qui choisit les sénateurs, et il peut exercer les fonctions de l'Éphorie. D'autres nomment ce gouvernement une oligarchie, parce qu'il s'y trouve beaucoup d'institutions oligarchiques, comme celle de l'élection pour toutes les magistratures, dont aucune n'est conférée par la voie du sort ; comme les condamnations à la mort et à l'exil, prononcées par un petit nombre de juges, et plusieurs choses de ce genre.

6. Mais il faut que, dans un gouvernement où le mélange des deux formes est parfait, on croie les reconnaître toutes deux, sans y trouver ni l'une ni l'autre ; qu'il se maintienne par lui-même, et non par aucun secours étranger. Et quand je dis par lui-même, je n'entends pas par la volonté d'un grand nombre d'étrangers qui voudraient le maintenir, car cela pourrait avoir lieu aussi pour un mauvais gouvernement ; mais par l'accord unanime de tous les membres de la société, dont aucun ne voudrait que la constitution fût autre qu'elle n'est. Je viens de dire de quelle manière il convient qu'une république soit constituée, ce qui s'applique également aux gouvernements qu'on désigne aussi par le nom d'aristocraties.

VIII. Il nous reste enfin à parler de la tyrannie ; non que nous ayons beaucoup de choses à en dire, mais afin que cette partie de notre sujet se trouve traitée, puisque nous la comptons parmi les formes de gouvernement. Or, nous avons défini, dans les livres précédents, la notion qu'il faut attacher à la royauté, lorsqu'en considérant l'espèce de gouvernement qui est spécialement exprimé par ce nom, nous examinions s'il est, ou non, utile et avantageux aux états, à qui il en faut confier l'autorité, dans quelles circonstances, et comment.

2. Mais, dans nos considérations sur la question de la royauté, nous avons distingué deux sortes de tyrannie, à raison de la transformation facile que leur puissance peut subir avec la royauté, puisque l'autorité dont jouissent ces deux sortes de tyrannie peut être fondée sur la loi. Car, chez quelques nations barbares, on choisit des monarques auxquels on donne une puissance arbitraire et absolue; et il y eut jadis, chez les Hellènes, des monarques de cette espèce, qu'on appelait Æsymnètes. Toutefois ces tyrannies diffèrent, à quelques égards, les unes des autres : elles étaient royales, comme fondées sur la loi, et sur le consentement des sujets; mais elles étaient tyranniques, en ce que l'autorité y était absolue et tout-à-fait arbitraire.

3. Enfin, il y a une troisième espèce de tyrannie, qui semble plus particulièrement mériter ce nom, comme correspondante à la monarchie absolue. Telle doit être la monarchie qui, n'ayant aucune limite ni aucune responsabilité, exerce sa puissance sur des hommes tous égaux et meilleurs que le tyran, uniquement pour son intérêt et sans aucun égard à celui des sujets : aussi existe-t-elle malgré eux; car, aucun homme libre ne supporte volontairement une pareille autorité. Voilà donc

quelles sont les diverses espèces de tyrannie et combien il y en a, par les causes que nous avons dites.

IX. Mais quel est le meilleur gouvernement, et quelle est l'existence la plus heureuse, pour la plupart des états et pour le plus grand nombre des individus, indépendamment de toute considération d'une vertu supérieure à celle des hommes ordinaires, et d'une éducation qui exige ou des dispositions naturelles peu communes, ou des dépenses et des soins auxquels une grande fortune peut seule suffire; indépendamment d'une constitution politique organisée, pour ainsi dire, à souhait; mais relativement à une manière de vivre qui puisse être celle du plus grand nombre, et à une forme de gouvernement que la plupart des états puissent adopter?

2. Car, les systèmes d'aristocratie dont il a été question [à la fin du livre précédent], dépendent, à certains égards, de conditions qui ne se trouvent point dans la plupart des états, et se rapprochent, à d'autres égards, de la république proprement dite; en sorte qu'on peut traiter de l'une et de l'autre comme d'une seule et même forme. Au reste, les mêmes éléments entrent dans tout jugement exact sur tous ces objets. Car, si l'on a eu raison de dire, dans le traité de morale (1), que la vie heureuse est celle qui suit, sans obstacles, le sentier de la vertu; et que la vertu est une condition ou

---

(1) Voyez *la Morale*, l. 2, c. 6, p. 69 de notre traduction.

situation moyenne [entre deux extrêmes opposés], il s'ensuit nécessairement que la vie la plus vertueuse est cette condition moyenne; mais consistant dans un état de médiocrité, qui peut être, pour ainsi dire, le partage de chaque individu.

3. Mais, nécessairement aussi la même définition pourra s'appliquer à la vertu et aux vices des états et des gouvernements ; car, le gouvernement est, en quelque sorte, la vie d'un état. Or, tout état, ou société politique, se compose de trois parties, ou classes de citoyens : ceux qui sont très-riches, ceux qui sont très-pauvres, et enfin ceux qui sont dans une condition moyenne, ou intermédiaire entre ces deux-là. Puis donc que l'on convient que le terme moyen est la meilleure mesure, il s'ensuit évidemment qu'en fait d'avantages de tout genre, ce qu'il y a de meilleur et de plus désirable, c'est de les posséder dans un certain degré de médiocrité.

4. En effet, les hommes, dans une telle condition, se soumettent sans peine à la raison : mais, chez celui qui possède au plus haut degré les avantages de la beauté, ceux de la force, ou de la naissance, ou de la richesse; ou au contraire, chez celui dont la pauvreté, ou la faiblesse, ou l'abjection, vont jusqu'à l'excès, cette soumission est très-difficile à obtenir. Car, les uns sont plus sujets à devenir violents et emportés, à tenter des entreprises audacieuses contre l'état; et les autres sont plus enclins à l'intrigue, et à commettre une foule de petits désordres. Or, la violence et l'intrigue

sont deux sources d'iniquités. Au contraire, les citoyens d'une condition moyenne n'emploient ni violences, ni intrigues, parce qu'ils n'ambitionnent point les magistratures (1).

5. D'un autre côté, ceux qui jouissent ainsi d'immenses avantages, soit sous le rapport de la force, soit sous celui de la richesse, ou du grand nombre de leurs partisans, ou de toute autre manière, ne veulent ni ne savent obéir aux magistrats; et cet esprit d'insubordination se manifeste en eux dès l'enfance; car, la mollesse dans laquelle ils sont élevés les empêche de contracter l'habitude de l'obéissance, même dans les écoles. Tandis que ceux qui sont dans un trop grand dénûment de tous ces avantages, deviennent trop humbles et trop rampants: de manière que les uns, incapables de commander, ne savent que montrer une soumission servile; et les autres, incapables de se soumettre à aucun pouvoir légitime, ne savent exercer qu'une autorité despotique.

6. La cité ne se compose donc plus (en pareil cas) que de maîtres et d'esclaves, et non d'hommes libres : les uns pleins de mépris pour leurs concitoyens, et les autres en proie au sentiment de l'envie; ce qui est fort éloigné de la bienveillance et du caractère de sociabilité qui font le vrai citoyen. Car, la bienveillance est l'élément ou la condition de la sociabilité : aussi n'aimons-nous pas même à faire route avec nos ennemis. Au lieu

---

(1) Le texte est un peu altéré en cet endroit.

qu'une république a besoin d'être composée, le plus qu'il se peut, de citoyens semblables et égaux; ce qui n'a lieu qu'autant que tous sont, le plus qu'il est possible, dans une condition moyenne. D'où il suit qu'un état composé de ceux que nous venons de dire, doit nécessairement être l'état le mieux gouverné.

7. Les citoyens de cette classe sont aussi ceux qui se maintiennent et se conservent le mieux; car, ils ne désirent point le bien d'autrui comme les pauvres, et ils ne sont point, comme les riches, un objet d'envie ou de jalousie. Leur vie est ainsi moins environnée de périls, parce qu'ils ne sont tentés de nuire à personne, et que personne ne cherche à leur nuire. C'est pourquoi l'on ne peut qu'applaudir à ce vœu du poète Phocylide (1):

« De biens sans nombre ô toi toujours suivie !
« O Médiocrité, viens embellir ma vie ! »

8. Il est donc évident que la société civile la plus parfaite est celle qui existe entre citoyens qui vivent dans une condition moyenne; et qu'il ne peut y avoir d'états bien administrés que ceux où la classe moyenne est nombreuse, et plus puissante que les deux autres, où au moins plus puissante que chacune d'elles; car, elle peut faire pencher la balance en faveur du parti auquel elle se joint, et, par ce

---

(1) Phocylide, de Milet, poète *gnomique* (auteur de sentences ou maximes en vers), était contemporain de Socrate. Il est cité, par Isocrate (*ad Nicocl.* c. 12), avec Hésiode et Théognis, comme un des poètes dont la lecture pouvait le plus contribuer à inspirer la vertu et la sagesse.

moyen, empêcher que l'une ni l'autre n'obtiennent une supériorité décisive. C'est donc un très-grand bonheur que les citoyens ne possèdent qu'une fortune médiocre, et suffisante pour leurs besoins. Car, toutes les fois que les uns ont d'immenses richesses, et que les autres n'ont rien, il en résulte ou la pire des démocraties, ou une oligarchie effrénée, ou une tyrannie insupportable, produit nécessaire des deux excès opposés. Et, en effet, la tyrannie naît ordinairement de la démocratie la plus effrénée, ou de l'oligarchie; au lieu que, parmi des citoyens qui vivent dans une condition moyenne, ou très-voisine de la médiocrité, ce danger est moins à craindre. Nous en dirons ailleurs la cause, quand nous traiterons des changements ou des révolutions qui arrivent dans les gouvernements.

9. On peut se convaincre encore que l'état où les citoyens vivent dans la médiocrité est aussi le mieux administré, parce qu'il est le seul qui soit exempt de troubles et de séditions. Car, il doit y avoir très-peu de pareils désordres, partout où la classe moyenne est nombreuse; et c'est précisément pour cela que les grands états sont moins exposés aux séditions. Au lieu que, dans les petits états, il arrive facilement que la masse entière des citoyens se divise en deux partis; parce que presque tous sont ou riches ou pauvres, et qu'il ne reste plus de parti mitoyen. Les démocraties sont aussi moins exposées aux révolutions, et plus durables que les oligarchies, à cause du moyen ordre des

citoyens ; car, il y en a plus qui sont à même de participer aux honneurs et de s'occuper de l'administration, dans les démocraties, que dans les oligarchies. Aussi, lorsque la multitude des pauvres est devenue excessive, dans une oligarchie ainsi dépourvue de classes moyennes, les désordres et la licence naissent de toutes parts, et l'état ne tarde pas à périr.

10. Il faut encore regarder comme une preuve de la vérité de cette assertion, que les meilleurs législateurs ont été des hommes d'une condition médiocre. Car, Solon était dans ce cas, comme on le voit par ses poésies (1); et Lycurgue aussi, puisqu'il n'était pas roi (2); et Charondas (3), et la plupart des autres. On voit encore, par tout ce que nous venons de dire, pourquoi il y a des gouvernements qui sont aristocratiques, et d'autres qui sont oligarchiques. Car, comme la classe moyenne y est ordinairement peu nombreuse, soit que la supériorité de forces se trouve dans ceux qui possèdent les richesses, soit qu'elle se rencontre dans le peuple, c'est toujours l'une de ces deux classes, qui sort de l'état médiocre ou mitoyen, qui dirige

---

(1) Plutarque, dans la vie de Solon (c. 2), cite des vers de ce célèbre Athénien, où lui-même rend témoignage de la médiocrité de sa fortune.

(2) Plutarque (*in Lycurg.* c. 3) dit qu'il régna, en tout, huit mois.

(3) Heyne, dans ses *Opuscula academica* (to. 2, p. 261), ne cite, sur la condition de Charondas, que cet endroit d'Aristote.

les affaires au gré de ses désirs; en sorte qu'il en résulte toujours, ou une démocratie, ou une oligarchie.

11. Outre cela, par l'effet des dissensions et des querelles qui s'élèvent entre le peuple et les riches, quel que soit celui des deux partis qui parvient à triompher de l'autre, il n'en profite pas pour établir un gouvernement égal, et dans l'intérêt de tous; mais il s'empare de la domination sur l'autre, comme étant le prix de sa victoire; et [en pareil cas] les uns établissent une démocratie, les autres une oligarchie. Aussi, entre les deux peuples qui ont successivement obtenu le commandement de toute la Grèce, chacun ne considérant que la constitution qui existait chez lui, l'un s'est constamment appliqué à établir la démocratie dans tous les états, et l'autre à y établir l'oligarchie, considérant uniquement son propre intérêt, et non pas celui de ces mêmes états.

12. De sorte que, par toutes ces causes, il n'a jamais existé une véritable forme moyenne de gouvernement, ou du moins elle a existé bien rarement, et chez un bien petit nombre de peuples. Car, il ne s'est rencontré qu'un seul homme (1),

---

(1) Parmi les divers commentateurs et traducteurs de ce traité, les uns ont pensé que ce *seul homme*, que notre philosophe ne fait qu'indiquer ici, sans le nommer, était Gélon, roi de Syracuse, au sujet duquel Élien (*Var. Hist.* l. 6, c. 11, et l. 13, c. 37) fait deux récits assez contradictoires. Les autres ont cru que c'était Théopompe, roi de Lacédémone, qui insti-

parmi ceux qui anciennement ont eu l'autorité sur leurs concitoyens, qui ait conçu la pensée de leur donner une telle constitution. Les hommes ont dès long-temps contracté l'habitude de ne pouvoir supporter l'égalité; au contraire, ils ne cherchent qu'à commander, ou à se résigner au joug de ceux qui ont le pouvoir. On voit donc clairement, par tout ceci, quelle est la meilleure forme de gouvernement, et par quelle cause elle est la meilleure.

13. Mais, quand on a défini celle-ci, il n'est pas difficile de voir, parmi les autres constitutions (puisque nous reconnaissons plusieurs sortes de démocratie et d'oligarchie), quelle est celle qu'il faut mettre au premier rang, et celle à qui il faut assigner le second, en suivant le même mode d'examen. Car, celle qui se rapproche le plus de la meilleure, doit nécessairement être préférable; et celle qui s'éloigne davantage du juste milieu,

---

tua le tribunal des Éphores; d'autres que c'était Clisthène. (Voy. ci-dessus la note de la page 156.) Enfin, Schneider, dans les additions à son édition de ce traité d'Aristote (to. 2, p. 487), réfutant ces diverses conjectures, soupçonne, de son côté, que notre philosophe a voulu parler de Thésée, qui, suivant ce que dit Plutarque (*in Thes.* c. 24), fut le premier roi qui se montra favorable au peuple, et abdiqua la royauté, pour se vouer à la défense des opprimés, comme le remarque aussi Isocrate (*Panathen.* § 49, 50). Cette opinion est sans doute plus probable qu'aucune de celles qui ont été proposées avant Schneider, mais ce n'est, et ce ne peut jamais être, qu'une conjecture qui laisse toujours quelque place à l'incertitude.

doit être plus mauvaise, à moins qu'il ne s'agisse d'en juger relativement à un état de choses déterminé, et dans une hypothèse donnée. Je dis dans une hypothèse donnée, parce que, bien qu'une certaine constitution fût préférable, il arrive souvent qu'une constitution différente de celle-là peut être plus avantageuse à certains états.

X. Un sujet qui se rattache immédiatement à celui que nous venons de traiter, c'est l'examen des qualités ou des conditions propres à la constitution qui convient à la nature et au caractère de tel ou tel peuple. Mais il faut d'abord considérer ce qui convient, en général, à toutes les formes de gouvernement. En effet, il faut que la portion des citoyens qui veut le maintien de la constitution, soit plus puissante que celle qui ne le veut pas. Or, toute société politique se compose de deux éléments, qualité et quantité. J'entends par qualité, la liberté, la richesse, l'instruction, la noblesse; et par quantité, la supériorité du nombre dans le peuple.

2. Cependant, il peut arriver que la qualité se rencontre dans la seconde des deux parties dont se compose une cité; et la quantité, dans la première. Par exemple, il est possible que les hommes sans noblesse soient plus nombreux que les nobles, ou les pauvres plus nombreux que les riches: mais que pourtant ils ne l'emportent pas autant, sous le rapport de la quantité, qu'ils sont inférieurs sous celui de la qualité; et, par cette raison, il faut comparer entre eux ces divers avantages.

Partout donc où la multitude des pauvres l'emporte, suivant la proportion que nous venons de dire, il doit naturellement y avoir une démocratie ; et chaque espèce de démocratie doit s'y établir, à raison de la supériorité numérique de chaque classe du peuple. Par exemple, si c'est la multitude des laboureurs qui est la plus nombreuse, ce sera la première espèce de démocratie ; si c'est celle des artisans et des mercenaires, ce sera la dernière espèce ; et il en sera de même pour les espèces intermédiaires entre ces deux-là.

3. Mais, partout où la classe des riches et des hommes distingués a une supériorité plus marquée, sous le rapport de la qualité, qu'elle n'est inférieure sous celui de la quantité, là doit s'établir l'oligarchie ; et pareillement, chaque espèce d'oligarchie, à raison du genre de supériorité qui distingue la classe oligarchique. Cependant, le législateur doit toujours admettre dans le gouvernement les hommes d'une condition moyenne : car, c'est cette classe de citoyens qu'il doit avoir en vue, si les lois qu'il établit sont oligarchiques ; et si elles sont démocratiques, c'est encore au moyen ordre des citoyens qu'il doit les adapter.

4. Lorsque la classe moyenne l'emporte par le nombre, ou sur les deux classes extrêmes, ou sur l'une d'elles seulement, il en peut résulter une équilibre durable du gouvernement. Car, il n'y a pas lieu de craindre que jamais les riches et les pauvres conspirent contre la classe intermédiaire, attendu que jamais les uns ne consentiront à se

voir asservis par les autres. Si donc ils cherchent
la constitution la plus convenable à la masse entière des citoyens, en général, ils n'en sauraient
trouver d'autre que celle-là. Car, ils ne s'accorderont jamais à exercer tour-à-tour le pouvoir, à
cause de la défiance où ils sont les uns des autres; au lieu que partout un arbitre est l'homme
qui inspire le plus de confiance. Or, l'arbitre est
celui qui se trouve dans une situation moyenne;
par conséquent, plus le mélange des partis dans
l'état sera parfait, plus le gouvernement sera durable.

5. Une faute que commettent la plupart de ceux
qui veulent établir des constitutions aristocratiques, c'est non-seulement d'accorder trop de prérogatives aux riches, mais aussi de chercher à
tromper le peuple. Car, à la longue, il faut nécessairement qu'il résulte un mal véritable des biens
illusoires [par lesquels on cherche à le séduire].
En effet, les prétentions excessives et la cupidité
des riches sont plus propres à détruire la constitution, que celles du peuple.

6. Or, tous les artifices par lesquels on cherche
à le rendre dupe de prétextes spécieux, sont au
nombre de cinq, et se rapportent aux assemblées
générales, aux magistratures, aux tribunaux, au
service militaire, et aux exercices du gymnase. Et
d'abord, relativement aux assemblées générales, [on
trompe le peuple] lorsque, tous les citoyens ayant
le droit d'y assister, on n'impose une amende
qu'aux riches qui s'en exemptent, ou lorsqu'on les

soumet à une amende beaucoup plus considérable; relativement aux magistratures, quand on ne permet pas à ceux qui ont un revenu déterminé de s'en affranchir par serment, tandis qu'on le permet aux pauvres; et, relativement aux fonctions judiciaires, quand on fait payer l'amende aux riches qui négligent de les remplir, tandis qu'on en exempte les pauvres; ou bien, quand l'amende est très-forte pour les uns, et très-faible pour les autres, comme on le voit dans les lois de Charondas.

7. Dans quelques républiques, tous ceux qui se sont fait inscrire sur les registres publics, ont le droit de délibérer dans l'assemblée générale, et de siéger dans les tribunaux de justice; mais s'ils n'exercent pas leurs droits, après s'être fait inscrire, ils sont condamnés à de grosses amendes; ce qui a pour but tout à la fois d'empêcher les citoyens pauvres de se faire inscrire, à cause de l'amende dont ils sont menacés, et de les exclure des assemblées et des tribunaux, à défaut d'inscription sur les registres. Les lois qui concernent le droit d'avoir des armes, ou de suivre les exercices du gymnase, sont établies dans les mêmes vues : car il est permis aux pauvres de n'avoir point d'armes; et l'on condamne les riches à l'amende quand ils négligent de s'en procurer; les premiers ne sont soumis à aucune peine, s'ils négligent les exercices du gymnase, et les riches sont condamnés pour le même fait : afin que ceux-ci, par crainte de l'amende, aient soin de s'exercer, et que ceux-là, n'ayant rien à craindre, négligent de se procurer

un pareil avantage (1). Tels sont les artifices de la législation dans le système de l'oligarchie.

8. Mais, dans les démocraties, on a recours à d'autres artifices en sens contraire: car on donne un salaire aux citoyens pauvres, quand ils assistent aux assemblées, ou quand ils siégent dans les tribunaux, et l'on n'impose point d'amende aux riches, quand ils y manquent. Par où il est facile de voir que si l'on veut faire de ces institutions un juste mélange, il faut réunir celles qui sont admises de part et d'autre, et accorder un salaire aux pauvres, tandis qu'on imposera une amende aux riches. Car c'est là le moyen de les faire participer tous au gouvernement; au lieu que, de l'autre manière, ce n'est plus que le gouvernement de l'une des deux parties. D'un autre côté, il faut sans doute que la république ne se compose que de ceux qui ont des armes; mais, quant à la quotité du cens [qu'il convient d'exiger pour constituer le droit de cité], il n'est guère possible de déterminer d'avance, et en général, ce qu'elle doit être; mais on ne doit la fixer qu'après avoir considéré quelle est la plus grande extension qu'elle puisse atteindre, pour que ceux qui participent au gou-

---

(1) Suivant les lois de Solon, les Athéniens devaient cultiver avec soin les exercices de la gymnastique, comme l'observe Platon, dans le *Criton* (c. 12). Lorsque ensuite la démocratie devint plus forte que les lois, les exercices furent fort négligés par le peuple. (Voyez Xénophon *De. Rep. Athen.* c. 1, § 13, et *De Vectigal.* c. 4, § 52.) Aristophane (*In Ran.* vs. 1069) fait aussi la même observation.

vernement soient en plus grand nombre que ceux qui n'y participent pas.

9. Car les pauvres, et ceux qui sont exclus des emplois publics, sont assez disposés à rester en repos, si on ne les outrage pas, et si on ne les dépouille pas de ce qu'ils possèdent. Mais cela n'est pas facile : car il n'arrive pas toujours que les hommes qui sont à la tête du gouvernement, soient d'un caractère doux et bienveillant. Et communément, lorsqu'on est en guerre, les citoyens pauvres n'ont que peu d'ardeur [pour la défense du pays], si l'on ne pourvoit pas à leur subsistance; et si on leur fournit les moyens de vivre, ils ne demandent pas mieux que de s'exposer aux dangers.

10. Au reste, chez certains peuples, la république se compose non-seulement de ceux qui portent les armes, mais aussi de ceux qui ont cessé de les porter. Chez les Maliéens, par exemple, cela était ainsi; mais on choisissait les magistrats parmi ceux qui faisaient actuellement partie de l'armée. Et chez les Grecs, la première république qui s'établit, après l'abolition de la royauté, fut composée de guerriers. Et même ce furent, au commencement, des cavaliers; car la cavalerie était la principale force, et assurait la supériorité dans les combats. L'infanterie n'est pas, en effet, d'un grand secours, quand elle combat sans méthode et en désordre. Or, dans les anciens temps, on n'avait ni l'expérience ni la méthode nécessaires pour s'en servir avec succès, en sorte que toute la force était dans la cavalerie.

11. Mais, lorsque les états se furent accrus, et que la force de l'infanterie fut devenue prépondérante, on admit plus de personnes dans le gouvernement. C'est pour cela qu'on appela d'abord démocraties ce que nous appelons aujourd'hui des républiques. Et il était naturel que les anciennes républiques fussent oligarchiques et royales, car, vu le peu de population, la classe moyenne n'y était pas nombreuse; tellement que, le nombre des habitants étant peu considérable et ne pouvant pas fournir une cavalerie redoutable (1), ils se soumettaient plus volontiers au joug de l'obéissance. Nous avons donc fait connaître pourquoi il y a plusieurs sortes de républiques, et pourquoi il y en a d'autres, outre celles dont on a parlé (car il n'y a pas qu'une seule espèce de démocratie, et il en est de même des autres formes) : nous en avons fait voir aussi les différences, et à quelles causes elles sont dues; enfin nous avons fait connaître quelle est la meilleure constitution, au moins le plus généralement; et nous avons dit quelle est, parmi les autres, celle qui convient à tel ou tel peuple en particulier.

XI. Après avoir parlé de ces formes, en général, et avoir traité de chacune à part, examinons les conséquences qui en résultent, en remontant, pour

---

(1) J'ai adopté ici le sens proposé par M<sup>r</sup> Coray, qui a développé avec quelque étendue, dans ses remarques, les expressions un peu obscures de cette phrase. Voyez l'édition grecque de ce savant, p. 294.

chacune d'elles, au principe qui lui est propre. Or, il y a dans tout gouvernement, trois parties dont un sage législateur doit consulter l'intérêt et la convenance particulière. Quand elles sont bien constituées, le gouvernement est nécessairement bon, et ce sont précisément les différences qui se trouvent entre ces parties, qui constituent les gouvernements divers. L'une est la partie chargée de délibérer sur les affaires publiques, la seconde est celle qui exerce les magistratures, à l'occasion de quoi il faut régler quelles sont celles qu'on doit établir, quelle doit être leur autorité, et comment il faut élire les magistrats. La troisième est celle qui est chargée de rendre la justice. La partie délibérante décide de la guerre et de la paix, des alliances et des traités, fait les lois, et prononce la peine de mort, ou l'exil, ou la confiscation, et reçoit les comptes des agents comptables.

2. Or, il faut nécessairement que la décision de toutes ces choses soit attribuée à tous les citoyens, ou seulement à quelques-uns; par exemple, à quelque magistrat unique, ou bien à plusieurs; ou les unes aux uns, et les autres aux autres; ou quelques-unes à tous, et d'autres à un certain nombre de citoyens. Au reste, accorder à tous le droit de prononcer sur tout, est essentiellement conforme à l'esprit de la démocratie, car c'est là l'espèce d'égalité à laquelle le peuple aspire sans cesse.

3. Cependant, il y a plusieurs manières de donner à tous les citoyens la décision des affaires: l'une est de les appeler à prononcer à tour de rôle,

et non tous à la fois, et c'est ainsi que cela est établi dans la *République* de Téléclès de Milet. Dans d'autres gouvernements, les délibérations se font dans des conseils ou colléges des magistrats; mais les fonctions publiques de tout genre sont confiées à tous les citoyens tour-à-tour, et les diverses tribus, jusqu'aux plus petites divisions, sont appelées à l'exercice des différentes charges, jusqu'à ce que tous y aient pris part. D'ailleurs, il n'y a d'assemblée générale de tout le peuple, que lorsqu'il s'agit de faire des lois, ou des réglements particuliers, ou de proclamer les ordonnances des magistrats.

4. Une autre manière, c'est de faire délibérer la masse des citoyens; mais de ne les réunir que pour donner leur vote dans l'élection des magistrats, pour les actes législatifs, et pour délibérer sur la guerre et sur la paix, ou sur la gestion des comptables. Pour tout le reste, on s'en remet aux magistrats préposés pour chaque objet, et qui d'ailleurs peuvent être pris, par voie d'élection, dans toutes les classes, ou tirés au sort. Une autre manière encore, c'est de n'assembler les citoyens que pour les élections et la reddition des comptes, pour délibérer sur la guerre et sur les alliances, et de laisser tout le reste à la discrétion de toutes les magistratures qui peuvent être électives : or, ce sont toutes celles dont l'exercice exige nécessairement de l'instruction et de l'expérience.

5. Une quatrième méthode, c'est de soumettre toutes les affaires aux délibérations de tout le peuple réuni, en sorte que les magistrats ne peuvent

prendre de décision sur aucun objet, et ne font que préparer les décisions de l'assemblée générale. C'est ainsi que les choses se passent de nos jours dans la pure démocratie, ou dans la dernière espèce de cette forme de gouvernement qui, suivant nous, correspond à l'oligarchie la plus arbitraire, ou à la monarchie tyrannique. Ce sont là tous les divers modes du gouvernement démocratique.

6. Mais, la décision de toutes les affaires entre les mains de quelques-uns, voilà l'oligarchie. Cependant il s'y trouve aussi plusieurs différences. Car, lorsque ces individus sont éligibles, sous la condition d'un cens déterminé et peu considérable, lorsqu'ils sont en assez grand nombre, à cause de la modicité du cens exigé, qu'ils ne changent rien à ce qui est établi et garanti par la loi, mais qu'au contraire ils s'y conforment, et que tout homme qui possède le revenu exigé peut prendre part au gouvernement ; c'est bien une oligarchie, mais qui se rapproche de la république, par le caractère de modération qui y règne. Lorsque tous ne participent pas aux délibérations, mais que ce sont seulement des hommes choisis, et qui exercent l'autorité en se conformant à la loi, comme dans le cas précédent, c'est encore un gouvernement oligarchique. Mais, lorsque ceux qui seuls ont droit de délibérer se choisissent entre eux, que le fils succède à son père, et qu'ils sont maîtres de faire les lois à leur gré, nécessairement un pareil ordre de choses est ce qu'il y a de plus oligarchique.

7. Quand les décisions relatives à de certaines

choses, comme la paix et la responsabilité des comptables, sont attribuées à tous les citoyens, et que des magistrats élus, ou nommés par la voie du sort, ont la décision des autres choses, c'est ce qu'on appelle aristocratie, ou république. Mais, si des magistrats nommés par voie d'élection ont la décision de quelques affaires, tandis que d'autres sont attribuées à ceux qui ont été tirés au sort ; et s'ils sont tirés au sort, ou indistinctement parmi tous les citoyens, ou seulement dans une classe choisie et déterminée ; ou s'ils sont tous à la fois nommés par élection et par la voie du sort, alors c'est un gouvernement qui tient en partie de l'aristocratie, et en partie de la république proprement dite. Telles sont donc les variétés qu'introduit dans les constitutions l'organisation du corps délibérant, et la manière dont chaque gouvernement est administré, est conforme aux différences que nous avons signalées.

8. Il serait avantageux, dans la démocratie, surtout telle qu'on l'entend aujourd'hui (je veux dire celle où le peuple est maître, même des lois), pour donner plus de perfection aux délibérations, de faire ce qu'on fait dans les aristocraties, à l'égard des tribunaux. En effet, on y prescrit des amendes contre ceux qu'on veut voir assidus aux jugements, afin qu'ils ne négligent pas de rendre la justice ; tandis que, dans les démocraties, on accorde une rétribution aux pauvres ; il serait, dis-je, avantageux de faire la même chose à l'égard des assemblées générales. Car il y aura plus de sagesse dans

les délibérations, quand tous y prendront part ; quand le peuple délibérera avec les citoyens les plus distingués, et ceux-ci avec la multitude. Il y aurait aussi de l'avantage à n'admettre aux délibérations que des hommes qu'on élirait, ou qu'on tirerait au sort, également dans toutes les classes de citoyens. Enfin, il serait utile, (dans le cas où le nombre des gens du peuple surpasserait de beaucoup celui des hommes intelligents et instruits dans la science du gouvernement,) ou de ne pas accorder de rétribution à tous, mais seulement dans une proportion déterminée, par rapport au nombre des citoyens distingués, ou bien d'en faire désigner par le sort une certaine quantité [qui seuls prendraient part à la délibération].

9. D'un autre côté, dans les gouvernements oligarchiques, il faudrait, ou choisir dans le peuple un certain nombre de personnes qui seraient admises aux délibérations, ou, en constituant une magistrature, comme il y en a dans quelques républiques, composée de ceux qu'on appelle rapporteurs [chargés de préparer les sujets de discussion] et gardiens des lois, mettre en délibération les affaires sur lesquelles ils feraient leur rapport. Car, de cette manière, la multitude aura part aux conseils, sans pouvoir abolir aucune partie essentielle de la constitution. On pourrait statuer encore que le peuple confirmât par ses décrets les propositions qui lui seraient faites, ou au moins ne décrétât rien qui y fût contraire. Enfin, on pourrait accorder à tous les citoyens le droit d'être consultés, en lais-

sant aux seuls magistrats la faculté de prendre une résolution définitive.

10. Il faudrait aussi faire le contraire de ce qui se pratique dans les républiques : car, quand le peuple absout un accusé, il faut que sa résolution ait toute autorité, et non pas quand il condamne ; mais on doit, dans ce cas, renvoyer l'affaire aux magistrats. C'est, en effet, tout l'opposé de ce qui a lieu dans les républiques ; car le petit nombre y est maître d'absoudre un accusé, et non de le condamner : dans ce cas, l'affaire est toujours remise à la décision du plus grand nombre.

XII. En voilà sans doute assez pour faire connaître ce que c'est que le corps délibérant, et par conséquent le souverain, dans un gouvernement. La question relative à la division des magistratures tient immédiatement à celle que nous venons de traiter : car cette partie de la constitution des états présente aussi de nombreuses différences, soit sous le rapport du nombre des magistratures diverses, soit sous celui de l'étendue des pouvoirs, ou de la durée des fonctions. Combien de temps pour chacune? Les uns veulent qu'elles ne se prolongent pas plus de six mois, d'autres moins encore; ceux-ci veulent que les magistratures soient annuelles, ceux-là, qu'elles durent plus long-temps. Enfin, faut-il qu'elles soient à vie, ou pour un temps très-long, ou ne faut-il ni l'un ni l'autre? Peut-on y appeler plusieurs fois les mêmes personnes, ou vaut-il mieux que la même personne ne soit pas chargée deux fois des mêmes fonctions, mais une fois seulement?

2. Quant à la nomination ou à l'élection aux magistratures, [il y a encore à considérer] qui doit les remplir, par qui et comment ceux-là doivent être nommés. Car il faut qu'on puisse avoir des idées précises sur toutes ces choses, qu'on sache de combien de manières elles peuvent se faire, et qu'ensuite on puisse adapter à chaque mode de gouvernement les conditions particulières qui lui sont avantageuses. Il n'est pas facile non plus de déterminer quels sont ceux qu'il faut appeler magistrats : car la société politique a besoin de plusieurs chefs, et c'est pour cela qu'il ne faut pas considérer comme tels tous ceux qui sont élus par la voie des suffrages, ni tous ceux qui sont tirés au sort. Et d'abord les prêtres, par exemple : car on doit reconnaître que leurs fonctions sont autre chose que celles des magistrats civils. Ajoutons-y les Chorèges (1) et les hérauts; et aussi les ambassadeurs, qui sont nommés par voie d'élection.

3. Mais, entre les fonctions civiles, il y en a dont l'autorité s'étend sur tous les citoyens, et qui ont pour but une certaine action; telle est, par exemple, celle du *Stratège* [ou général d'armée] quand on est en guerre. D'autres ne sont relatives qu'à quelque partie des citoyens, comme les fonctions du *Gynéconome* [directeur ou inspecteur de l'éducation des femmes] et du *Pædonome* [inspecteur de l'éducation

---

(1) Ceux qui faisaient la dépense des *chœurs* de danse ou de musique.

des enfants]. Il y en a de relatives à l'économie : car souvent on élit des préposés au mesurage des grains; enfin, il y a des fonctions publiques tout à fait serviles, et quand l'état est dans l'opulence, ce sont des esclaves qu'on en charge. Cependant, il faut, à proprement parler, donner le nom de magistrats, à tous ceux qui sont dans le cas de délibérer sur certains objets, de juger et d'ordonner; ce dernier point, surtout, est celui qui caractérise davantage l'autorité. Au reste, cela ne fait rien, pour ainsi dire, dans la pratique; car on n'est pas bien d'accord sur le sens qu'il faut attacher au mot de magistrat, mais [sa véritable signification] peut être l'objet de quelque recherche [plus étendue].

4. Quelles sont les magistratures nécessaires pour qu'une société existe, et en quel nombre les faut-il ? combien y en a-t-il qui, sans être nécessaires, sont cependant utiles dans un état bien réglé? voilà des questions assez difficiles à résoudre pour toute espéce de gouvernement, et surtout pour les petits états. Car, dans les grands, on doit attacher une seule magistrature à une seule espèce de fonctions; et cela est possible, puisque beaucoup de gens peuvent arriver aux emplois, attendu le grand nombre des citoyens : de sorte qu'il y en a qui sont un long temps sans y parvenir, et d'autres qui n'y arrivent qu'une fois. Au reste, chaque fonction est bien mieux remplie par les soins d'un homme qui ne fait que cette chose là, que par celui qui en a plusieurs à faire.

5. Au lieu que, dans les petits états, on est forcé de réunir plusieurs emplois sur un petit nombre de personnes; parce que le peu de population fait qu'il n'est pas facile de trouver beaucoup de gens à qui donner les emplois. D'ailleurs, qui trouverait-on pour les remplacer ? Cependant, les petits états ont quelquefois besoin des mêmes magistratures que les grands ; excepté que ceux-ci sont souvent dans le cas d'y avoir recours, tandis que cela n'arrive guère à ceux-là, que dans un long intervalle de temps. Voilà pourquoi rien n'empêche qu'on ne se charge de plusieurs fonctions à la fois, car elles ne s'entraveront point les unes les autres; et la disette d'hommes oblige à faire que les charges soient (s'il le faut ainsi dire) des outils à deux fins (1).

6. Si donc nous pouvons dire combien il faut nécessairement d'emplois publics dans tout état, et combien il doit y en avoir, quoiqu'ils ne soient pas d'une nécessité indispensable : il sera plus facile, quand on le saura, d'en conclure quels sont ceux qu'on peut réunir sous une seule magistrature. Pourtant, il ne faut pas négliger de connaître quels

---

(1) Ὀβελισκολύχνια. Apparemment des piques, ou lances auxquelles on adaptait une lanterne ou un flambeau. Aristote s'est encore servi de ce mot, dans le traité intitulé : *De Partibus animalium* (l. 4, c. 6). Pollux (l. 10, sect. 118) dit que c'étaient des instruments à l'usage des soldats, et cite, à ce sujet, deux vers du poète Théopompe, tirés d'une comédie intitulée *la Paix*, et où le mot ξιφομάχαιρα est joint au mot ὀβελισκολύχνιον. Sur quoi l'on peut voir encore un passage d'Athénée (l. 15, p. 701), et la note de la page 6 de ce volume.

sont, suivant les lieux, les colléges de magistrats (1) qui doivent embrasser la surveillance de plusieurs objets, et sur quelles choses il convient qu'une même magistrature ait une autorité absolue. Par exemple, si c'est l'inspecteur du marché qui doit y faire la police, et si ce doit être ailleurs un autre officier public, ou partout le même? Si les fonctions doivent être distinguées, par rapport à la chose et aux personnes; c'est-à-dire, si un magistrat unique doit être chargé de la police, ou s'il en faut un pour les enfants, et un pour les femmes?

7. Quant aux divers gouvernements, y a-t-il quelque différence relative à chacun d'eux, dans les magistratures de même genre, ou n'y en a-t-il aucune? ainsi, dans la démocratie, dans l'oligarchie, dans l'aristocratie et dans la monarchie, sont-ce les mêmes autorités qui ont tout pouvoir, quoique n'étant pas composées d'hommes égaux ni semblables, mais différents pour chacune de ces formes: puisque, en effet, dans l'aristocratie ce sont les citoyens sages et éclairés, dans l'oligarchie les riches, et dans la démocratie les hommes libres? ou bien se trouve-t-il des différences essentielles et intimes entre

―――――

(1) Le mot grec ἀρχεῖον, que je traduis par *collége de magistrats* (chargés d'un même genre d'affaires ou de surveillance), correspond aussi, à quelques égards, à ce que nous appelons, en français, *département*, comme lorsque nous disons le *département de la marine*, *de la guerre*, etc., ainsi que l'a remarqué M$^r$ Coray, dans ses notes (p. 295).

quelques-unes de ces sortes de hautes fonctions, en sorte qu'il y ait des cas où les mêmes magistratures se ressemblent, et des cas où elles diffèrent : puisque ici, il convient qu'elles soient grandes et imposantes, et là, qu'elles ne soient pas accompagnées d'un grand appareil ?

8. Ajoutons à cela qu'il y en a qui ont un caractère spécial et particulier ; telle est, par exemple, l'institution des *Rapporteurs* (1) [chargés de préparer les sujets de délibération], car elle n'est pas démocratique : au contraire, c'est la délibération ou la discussion immédiate, qui est essentiellement populaire. Cependant, il est nécessaire qu'il y ait quelque commission de ce genre, chargée de préparer le travail de la délibération, afin que le peuple puisse n'être pas trop distrait de ses occupations. Mais, si cette commission se compose de peu de personnes, ce sera une institution oligarchique ; or, il n'est jamais possible qu'elle soit fort nombreuse : en sorte qu'elle est bien réellement oligarchique. Au reste, partout où les deux sortes d'autorités existent, les rapporteurs ont plus de pouvoir que les simples membres du conseil : car le conseil est une institution populaire, et la commission chargée des rapports est une institution oligarchique.

---

(1) Ces *Rapporteurs* ou conseillers (πρόβουλοι), sont mentionnés encore par notre auteur, dans sa *Rhétorique* (l. 3, c. 18). Ce furent eux qui établirent à Athènes le gouvernement oligarchique des Quatre-Cents, vers l'an 411 avant J.-Chr., dans le cours de la guerre du Péloponnèse.

9. Cependant, le pouvoir du conseil général ne tarde pas à se détruire dans les démocraties, où le peuple assemblé traite de toutes les affaires ; mais cela n'arrive guère que lorsque le peuple jouit d'une sorte d'aisance, ou lorsqu'on peut accorder une rétribution à ceux qui assistent aux délibérations. Alors, en effet, les citoyens ayant du loisir, peuvent se réunir fréquemment, et décident de tout par eux-mêmes. Quant à l'inspection sur l'éducation des enfants, sur la conduite des femmes, et aux autres fonctions de ce genre, qui donnent une grande autorité sur de tels objets, c'est une institution aristocratique, et qui n'est nullement populaire. Car, comment empêcher les femmes des pauvres de sortir de chez elles ? Ici même, le principe de l'oligarchie est en défaut : car [dans cette espèce de gouvernement] les femmes des chefs de l'état se livrent ordinairement à toutes sortes de désordres. Mais en voilà assez, quant à présent, sur ce sujet.

10. Essayons maintenant de remonter aux principes sur lesquels se fonde l'établissement des magistratures. Or, leurs divers caractères dépendent de trois conditions, dont les combinaisons doivent nécessairement donner tous les différents modes d'existence de ces autorités. L'une de ces trois conditions, c'est de savoir qui sont ceux qui doivent nommer aux magistratures. La seconde, qui sont ceux qu'on doit y appeler ; et enfin de quelle manière on doit procéder à leur nomination. Mais chacune de ces conditions peut admettre quelque différence : car, ou ce sont tous les citoyens qui con-

courent à la nomination d'un magistrat, ou seulement quelques-uns : ou tous peuvent être élus, ou seulement quelques-uns, à des conditions précises de cens, de naissance, de vertu, ou de telle autre circonstance de ce genre : comme à Mégare (1), où l'on n'admettait aux charges que ceux qui, ayant émigré, étaient revenus en force dans la ville, et avaient combattu contre le peuple ; et, dans tous ces cas, on peut procéder par la voie de l'élection, ou par celle du sort.

11. Ces conditions peuvent, d'un autre côté, se combiner deux à deux : je veux dire, celle qui exige le concours de quelques-uns, ou celui de tous ; celle en vertu de laquelle on admet seulement quelques citoyens, ou on les admet tous ; et enfin la voie de l'élection, ou la voie du sort. Mais d'ailleurs, chacune de ces diversités peut admettre quatre modes divers d'exécution : car, tous peuvent prendre les magistrats entre tous, par élection ou par sort ; et ils peuvent les prendre entre tous, ou successivement et par parties, par exemple, par tribus, par bourgs, par phratries, jusqu'à ce que l'on ait épuisé toutes les classes de citoyens ; ou bien on peut toujours les prendre dans la masse du peuple tout entier ; et tantôt d'une façon (par élection), tantôt de l'autre (par sort). Il y a encore le cas où quel-

---

(1) Aristote, dans sa *Poétique* (c. 3, § 5), parle du gouvernement démocratique qui avait existé à Mégare, et dans le livre suivant de ce traité (c. 6), de la révolution qui y changea cet ordre de choses.

ques-uns seulement prennent les magistrats entre tous les citoyens, par élection, ou entre quelques-uns, par sort. En sorte qu'il en résulte douze modes d'établissement, indépendamment de la double combinaison deux à deux.

12. Or, entre ces modes de nomination, il y en a deux qui sont populaires, c'est lorsque tous peuvent prendre les magistrats dans la totalité des citoyens, par sort ou par élection : ou par ces deux moyens à la fois, certains magistrats devant être nommés par le sort, et d'autres par le choix des citoyens. Au contraire, quand tous ne concourent pas à la nomination des magistrats, qu'ils soient pris entre tous, ou dans une partie seulement, par sort ou par élection ; ou que certaines magistratures soient accessibles à tous, et d'autres à quelques-uns seulement, par les deux procédés à la fois, c'est-à-dire par la voie de l'élection pour les uns, et par la voie du sort pour les autres : c'est une institution républicaine. Et que ce soit une classe de citoyens qui prenne les magistrats dans la masse du peuple, soit par élection, soit par la voie du sort, ou des deux manières, c'est-à-dire par la voie de l'élection pour certaines magistratures, et par la voie du sort pour d'autres : cela est oligarchique ; et plus encore, quand on emploie les deux manières.

13. La condition de prendre certains magistrats parmi tous les citoyens, et d'autres, seulement dans une certaine classe, ou d'en nommer quelques-uns par élection, et d'autres par le sort, est

une institution républicaine, mais qui se rapproche de l'aristocratie. Mais le droit exclusif pour quelques-uns de prendre dans une classe déterminée, soit par sort, soit par élection, soit des deux manières, est oligarchique. Le privilége pour quelques-uns de choisir parmi tous, n'est pas oligarchique; et le droit accordé à tous de choisir parmi quelques-uns est aristocratique. Tel est donc le nombre des modes divers de nomination aux magistratures, et c'est ainsi qu'ils se divisent, relativement aux diverses formes de gouvernement. Il sera facile de voir (d'après cela), ce qui peut être utile ou avantageux à telle ou telle forme, comment il convient d'organiser les constitutions, et, en même temps, quel degré de puissance il convient de donner aux magistratures. Or, j'entends par degré d'autorité d'une magistrature, par exemple, le droit de disposer des revenus, ou des forces militaires de l'état; car c'est une sorte d'autorité fort différente, sans doute, de celle qui donne le commandement de l'armée, et de celle qui prononce, dans les tribunaux, sur les transactions entre particuliers.

XIII. Entre les trois parties constitutives de tout état, il nous reste à parler du corps judiciaire. Or, on peut en reconnaître les divers modes d'existence, en suivant la même méthode que nous avons déja employée. Les tribunaux peuvent être différents, suivant trois conditions; savoir : les personnes qui les composent, la nature des objets qui leur sont soumis, le mode de la nomination des juges. J'entends par les personnes qui les composent, savoir si elles seront prises parmi tous les citoyens, ou seulement dans une certaine classe. Mais la nature des objets est ce qui détermine le nombre des espèces de tribunaux; et j'entends par le mode d'établissement, savoir s'ils sont nommés par la voie de l'élection, ou par le sort. Commençons par déterminer le nombre des espèces de tribunaux. On peut en compter jusqu'à huit : celui qui juge les agents comptables; celui qui prononce sur les délits publics (1); celui qui prononce dans tous les cas où la constitution est intéressée (2); celui qui décide entre les simples particuliers et les magistrats, dans les cas où il y a contestation, au sujet des peines ou des punitions [imposées par ceux-ci]; celui qui juge les procès relatifs aux transactions entre particuliers, et qui ont quelque importance; et, outre cela, le tribunal pour les étrangers, et celui qui connaît des accusations de meurtre.

2. Les espèces en ce genre (soit que le jugement de toutes soit soumis aux mêmes juges, soit qu'on

---

(1) C'est ce qu'on appellait, chez les Athéniens, δημόσια ἀδικήματα, comme concussion, infidélité dans l'administration des deniers publics, dans la gestion d'une tutelle, etc. Voyez Pollux (l. 8, sect. 47).

(2) C'était le cas de l'accusation appelée γραφὴ παρανόμων, chez les Athéniens, dont le cas le plus grave était la tendance à changer la forme du gouvernement, ou à abolir la démocratie. Voyez Pollux (l. 6, sect. 152 et 154), et les prolégomènes de M.$^r$ Volf *ad Demosthen. Leptin. Orat.*

ait des tribunaux particuliers pour chacune d'elles), sont le meurtre de dessein prémédité, le meurtre involontaire, le meurtre reconnu et avoué par son auteur, mais dont il prétend avoir eu des motifs légitimes ; enfin, c'est une quatrième espèce, quand l'auteur d'un meurtre, après s'être exilé volontairement, répond aux allégations de ceux qui s'opposent à ce qu'il puisse rentrer dans sa patrie. Le tribunal qui siége dans le quartier appelé *Phreatte* à Athènes, connaît, dit-on, de ces sortes de causes. Au reste, elles sont très-rares, même dans les cités assez considerables. Quant aux procès des étrangers, il y en a de deux sortes : l'une, quand les deux contendants sont étrangers, l'autre lorsqu'il s'élève une contestation entre des étrangers et des citoyens. Outre cela, il y a encore les procès pour des sommes de peu de valeur; par exemple, pour les valeurs d'une drachme, de cinq drachmes, ou un peu plus : car il faut bien aussi que ces contestations soient jugées ; mais elles ne sont pas du ressort d'un tribunal nombreux.

3. Mais, sans nous arrêter sur les causes de meurtre, ou sur celles qui concernent des étrangers, disons quelque chose de la justice civile, qui, lorsqu'elle n'est pas bien administrée, peut donner lieu à des séditions, ou à de graves désordres dans l'état. Or, il faut nécessairement, ou que tous soient appelés à juger de tous les sujets de contestation, par sort ou par élection ; ou que tous y soient appelés par sort, pour de certains sujets, et par élection pour d'autres : ou bien que,

pour de certaines causes déterminées, les juges soient en partie élus, et en partie tirés au sort. Voilà donc quatre modes distincts. Il y en aura autant si l'on n'admet à siéger dans les tribunaux qu'une partie des citoyens : car, dans cette portion destinée à fournir des juges pour toutes les sortes de causes, ou ils seront nommés par élection, ou ils le seront par la voie du sort, ou l'on élira ceux qui devront juger de certaines causes, ou l'on tirera au sort ceux qui devront en juger d'autres, ou certains tribunaux chargés d'un même genre de causes, seront composés de juges élus, et de juges tirés au sort. Voilà donc autant de modes qui correspondent à ceux dont nous venons de parler.

4. Enfin, on peut encore combiner ces conditions deux à deux : c'est-à-dire, d'une part, la condition que tous soient appelés à juger ; de l'autre, que ce soit seulement une partie des citoyens ; et aussi l'on peut réunir les deux modes à la fois, par exemple, si les membres d'un même tribunal étaient pris, les uns dans la masse des citoyens, les autres dans une certaine classe ; et cela, ou par sort, ou par élection, ou des deux manières à la fois. Voilà, sans doute, tous les modes possibles de formation de tribunaux. Or, parmi tous ces différents modes, en premier lieu, on doit regarder comme populaires ceux où tous sont appelés à prononcer sur toutes les affaires. En second lieu, tous ceux où quelques-uns jugent toutes les causes, sont oligarchiques. En troisième lieu, tous ceux où les

juges sont pris en partie dans la totalité des citoyens, et en partie dans une certaine classe, sont plus conformes aux principes de l'aristocratie et de la république.

# LIVRE V.

### ARGUMENT.

I. En traitant du nombre et de la nature des causes qui produisent les révolutions des états, et des moyens de salut qui peuvent les en garantir, il faut d'abord rappeler le principe déja énoncé, sur les fausses notions qu'on se fait, en général, de l'égalité et de l'inégalité entre les citoyens. L'une et l'autre sont ordinairement regardées comme absolues, tandis qu'elles ne doivent être considérées que comme relatives et proportionnelles. Les séditions n'ont ordinairement pour but que de rétablir cette prétendue égalité absolue. La démocratie et l'oligarchie ont le défaut de violer les règles de l'égalité proportionnelle. Une république, administrée par des hommes de la classe moyenne, se rapproche plus de la démocratie que celle où un petit nombre d'hommes disposent de l'autorité, et c'est le gouvernement qui a le plus de stabilité. — II. La principale cause des séditions et des discordes civiles, est la fausse idée qu'on se fait communément de l'égalité politique; ceux qui sont réellement inférieurs en mérite aspirent aux honneurs et aux dignités, tandis que ceux qui croient avoir droit à des priviléges veulent tout envahir : l'outrage et l'insolence, d'un côté, la crainte et l'état d'avilissement, de l'autre, l'extrême différence des mœurs, l'intrigue et les cabales font fermenter de toutes parts les germes de division. Mais l'insolence et la cupidité des hommes en pouvoir en sont les causes les plus actives. L'excès de puissance ou de crédit de quelques particuliers a aussi cet inconvénient, et pour y remédier, on a recours, dans quelques états, à l'*Ostracisme*, mais ce moyen n'est ni sûr, ni juste. —

III. Les querelles entre les hommes puissants sont encore une occasion de troubles graves dans les états, et il faut les prévenir, autant qu'on le peut, dès l'origine. L'accroissement de puissance d'un tribunal, ou de quelque corps dans l'état, peut devenir une cause de révolution. La violence n'est pas toujours le moyen qu'emploient ceux qui altèrent la forme du gouvernement; souvent aussi ils ont recours à la ruse, au moins dans le commencement, et acquièrent ainsi une force dont ils ne tardent pas à abuser. — IV. Ces causes diverses agissent avec plus ou moins d'énergie suivant la différence des gouvernements où elles se manifestent. Dans les démocraties, l'insolente perversité des démagogues produit ordinairement des révolutions, soit que quelqu'un d'entre eux parvienne à s'emparer de la puissance absolue, surtout quand il a une autorité militaire, comme cela avait lieu dans les anciens temps chez les Grecs, soit qu'ils mettent les riches et les hommes puissants du pays dans la nécessité de conspirer contre eux, et d'abolir la constitution démocratique. — V. Les gouvernements oligarchiques sont exposés à des révolutions, 1° lorsque le peuple y est exposé à trop de vexations, car alors il adopte le premier chef qui se présente; et si ce chef est lui-même un des membres du gouvernement, l'état court de plus grands dangers; 2° lorsqu'il y a division entre les oligarques eux-mêmes: s'il y en a beaucoup qui soient exclus des fonctions importantes, ou s'il s'élève parmi eux quelque démagogue, ou chef de parti; 3° lorsque les membres de l'oligarchie ont dissipé leur fortune, par le luxe et les plaisirs; 4° lorsqu'une minorité ambitieuse, concentrant le pouvoir entre ses mains, forme comme un nouvel état dans la république; 5° lorsqu'en temps de guerre, par défiance contre le peuple, on a recours à des soldats étrangers, dont le chef se fait tyran; ou, lorsque, par le même motif, on emploie un pareil moyen, même en temps de paix; 6° enfin, les altérations qu'amène à sa suite le cours naturel des choses, dans la quotité du cens exigé pour les magistratures, produisent aussi des changements dans la constitution. — VI. Les séditions et les révolutions ont lieu, dans les aristocraties, par des causes assez semblables à celles qu'on a signalées pour les oligarchies. Ce qui les met en danger, ainsi que les républiques, c'est la violation de la justice dans le gouvernement même; c'est le défaut d'une juste proportion entre la démocratie et l'oligarchie, et d'une juste combinaison de ces deux éléments avec la vertu. Car il n'y a de durable que ce qui est fondé sur l'égalité proportionnelle, et ce qui conserve à chacun la jouissance de ce qu'il possède. Cependant, tous les gouvernements peuvent être détruits par des causes extérieures, lorsqu'il se trouve dans leur voisinage, ou même au loin, quelque état puissant, et intéressé à faire prévaloir un système opposé. — VII. Les moyens généraux de salut et de conservation, pour l'aristocratie et l'oligarchie, sont de ne commettre point d'injustices envers ceux qui ne participent point au pouvoir, d'appeler aux emplois ou aux dignités ceux que l'opinion du grand nombre y appelle, de ne point irriter le courage des hommes fiers et ambitieux, en les privant injustement de toute considération, de ne point diminuer l'aisance du peuple. Il faut aussi ne pas s'abandonner à une sécurité trompeuse, veiller à ce que les lois relatives au cens ne s'altèrent pas insensiblement, à ce qu'aucun citoyen ne puisse devenir trop puissant; et surtout à ce que la fortune publique ne soit pas dilapidée par les hommes en pouvoir. On doit exiger d'eux attachement à la constitution établie, talents pour l'administration, amour de la justice, et l'espèce de vertu qui convient au système du gouvernement. Cependant, il y a du danger à exagérer même le principe sur lequel il se fonde. Enfin, l'un des points qui importent le plus à la stabilité des états, en général, c'est que l'éducation y soit conforme à ce principe même: il importe aux gouvernements populaires, en particulier, qu'on s'y fasse des notions exactes de la liberté et de l'égalité. — VIII. La royauté et la tyrannie ayant une assez grande analogie avec l'aristocratie et avec l'extrême démocratie, les moyens de conservation des deux premières espèces de gouvernement ont aussi de l'analogie avec ceux qui sont propres à conserver ces deux dernières. Le *Roi* doit être le protecteur des citoyens, empêcher que personne ne souffre d'injustice dans sa propriété, et que le peuple n'éprouve ni vexations ni outrages. Le tyran, au contraire, n'a en vue que sa propre utilité. La tyrannie réunit à la fois les vices de l'oligarchie et ceux de la démocratie. On conspire ou contre la personne des princes, ou contre leur autorité : contre leur personne, par vengeance, quand on en a reçu quelque violent outrage ; ou par crainte, quand on se croit exposé à leur injustice ; ou par mépris, quand on se persuade qu'ils ont perdu toute affection et toute estime de la part des sujets, et que l'on peut compter sur un succès facile. On conspire contre leur autorité, par ambition, par amour de la gloire ; mais ces sortes de conspirations sont rares. La royauté est sans doute moins exposée aux révolutions que la tyrannie ; mais si le monarque devient tyran, s'il cherche à étendre son pouvoir en violant les lois, la monarchie peut être détruite. — IX. Elle peut se conserver, en général, par des procédés contraires à ceux de la tyrannie, et spécialement par tout ce qui tend à modérer le pouvoir royal. Quant à l'autorité despotique, ou tyrannique, les moyens qu'elle emploie pour se maintenir sont de deux sortes : 1° faire périr tous ceux qui ont quelques sentiments d'honneur et de vertu ; tenir les citoyens isolés et étrangers les uns aux autres, au moyen d'espions et de délateurs capables d'employer, au besoin, le mensonge et la calomnie ; surcharger le peuple de travaux et d'impôts, pour l'appauvrir, le traiter avec dureté et insolence pour l'avilir, n'admettre auprès du tyran aucun homme libre et qui ait quelque dignité, afin que le tyran ne voie autour de lui personne qui lui soit supérieur ; en un mot, arriver, par tous les moyens possibles, au dernier degré de la perversité humaine. 2° Suivre un système directement opposé, et qui se rapproche le plus possible de la véritable royauté, en sorte que le tyran ait, au moins en apparence, les vertus du monarque, que son gouvernement ne paraisse pas égoïste, mais protecteur des sujets, qu'on y observe la modération, et qu'on évite les excès ; qu'il se concilie, par l'affabilité, l'affection de la multitude. Au reste, il est à remarquer qu'entre tous les gouvernements, c'est l'oligarchie, et surtout la tyrannie, qui a le moins de stabilité, et que

les tyrannies qui ont eu le plus de durée sont celles où l'on a observé le second système de moyens, dont on vient de parler.
— X. Platon, dans sa *République*, parle aussi de ces révolutions des diverses formes de gouvernement; mais il les attribue à des causes tout-à-fait extérieures et étrangères aux considérations purement politiques. Il y a encore beaucoup d'objections à faire contre ce qu'il dit au sujet des changements naturels que subissent ces formes diverses, et de la manière dont elles se transforment quelquefois les unes dans les autres.

---

1. Nous avons traité à peu près toutes les parties du sujet que nous avons entrepris de considérer. Il nous reste maintenant à examiner quel est le nombre et la nature des causes qui produisent les révolutions des états; quelles sont les dégénérations propres à chaque forme de gouvernement; quelles modifications produit une forme donnée; enfin, quels sont, en général, les moyens de salut pour tous, et, en particulier, pour chacun d'eux.

2. Mais d'abord, on doit supposer que le plus grand nombre des sociétés ont été formées par des hommes qui tous adoptèrent les idées de justice et d'égalité proportionnelle, mais qui erraient sur ce point de la manière que nous avons dite précédemment. En effet, la démocratie est venue de ce que les hommes, parce qu'ils sont égaux, à quelques égards, croient l'être absolument en tout; car, étant tous également libres, ils s'imaginent qu'il y a entre eux égalité absolue. L'oligarchie vient de ce que les hommes, n'étant pas les égaux les uns des autres, sous quelque rapport,

supposent qu'il y a entre eux inégalité absolue ; car, étant inégaux sous le rapport de la richesse, ils s'imaginent qu'il n'existe plus aucune égalité.

3. Il suit delà que les uns, sous le prétexte qu'ils sont égaux, prétendent avoir à tout un droit égal ; et les autres, se croyant inégaux, aspirent à obtenir davantage ; car, qui dit plus, dit inégal. Il y a donc dans tous ces gouvernements un fonds de justice ; mais il y a une erreur capitale qui leur est commune : et, par cette raison, lorsque les citoyens ne participent pas à l'administration, d'après l'opinion qu'ils se sont formée de leurs droits, il s'élève parmi eux des dissensions. Ceux qui seraient le plus autorisés à exciter de pareils troubles, et qui ne le font jamais, seraient sans doute les hommes d'une vertu éminente ; car, ce sont eux surtout que la raison appelle au privilége d'une inégalité absolue. Cependant, il y a des citoyens qui, ayant sur les autres l'avantage d'une illustre naissance, ne veulent souffrir d'égalité sous aucun rapport ; car on regarde comme nobles ceux à qui leurs ancêtres ont transmis des richesses et des vertus.

4. Tels sont donc les principes et les sources des dissensions civiles : voilà pourquoi les révolutions ont lieu de deux manières. Car, quelquefois les citoyens se révoltent contre le gouvernement, afin de changer la constitution établie en une autre forme : par exemple, la démocratie en oligarchie, ou l'oligarchie en démocratie, ou celles-ci en république et en aristocratie, ou réciproquement. D'autres fois, ce n'est pas contre la forme établie

qu'on se révolte; mais, en consentant à la laisser subsister, les mécontents veulent eux-mêmes gouverner; comme il arrive dans l'oligarchie ou la monarchie.

5. Quelquefois même ce n'est que pour le plus ou le moins : ainsi, on veut que le principe de l'oligarchie soit plus concentré ou plus relâché; et il en est de même de la démocratie et des autres formes de gouvernement. Il arrive aussi que l'insurrection a lieu contre quelque partie de la constitution, comme pour établir ou abolir une magistrature. C'est ainsi, dit-on, qu'à Lacédémone, Lysandre conspira pour abolir la royauté, et le roi Pausanias pour abolir le tribunal des Éphores.

6. A Épidamnus, le gouvernement n'a été changé qu'en partie; car, à la place des *Phylarques* [espèce de tribuns du peuple], on a établi un sénat; et il faut, de plus, que ceux des magistrats qui sont employés dans le gouvernement se rendent dans le tribunal appelé *Éliée*, lorsque l'on y recueille les voix pour quelque nouvelle magistrature (1). C'était aussi une institution oligarchique que l'existence d'un Archonte, ou chef perpétuel, dans cette république; car, partout l'inégalité produit des dissensions, lorsque ceux qui ne sont point privilégiés n'obtiennent pas quelque dédommagement pro-

---

(1) Le texte est ici fort obscur, et il paraît à peu près impossible d'en tirer aucun sens satisfaisant, comme on pourra s'en convaincre en lisant la longue note de Schneider sur cet endroit.

portionnel. En effet, une royauté perpétuelle, établie sur des citoyens égaux, détruit l'égalité; et, en général, les séditions ont pour but de la rétablir.

7. Au reste, il y a deux sortes d'égalité : l'une *en nombre* et l'autre *en dignité* (1). J'appelle égalité en nombre, lorsqu'il y a identité, sous le rapport de la multitude ou de la grandeur; mais l'identité de rapport constitue l'égalité en dignité : par exemple, *trois* surpasse *deux*, et *deux* surpasse *un* d'une unité *en nombre*; mais *quatre* diffère de *deux*, et *deux* de *un* en même proportion; car, *deux* est la moitié de *quatre*, et *un* est la moitié de *deux*. Or, les citoyens, en s'accordant à regarder comme juste l'égalité absolue, ne s'accordent plus sur l'égalité en dignité, comme on l'a dit précédemment; les uns, parce que, s'ils sont égaux en quelque chose, ils s'imaginent devoir l'être en tout; les autres, parce que, s'ils ont quelque juste avantage, ils prétendent à tous les genres de priviléges.

8. Voilà pourquoi il y a essentiellement deux sortes de gouvernement, la démocratie et l'oligarchie; car, la noblesse et la vertu ne sont le partage que d'un petit nombre : les conditions contraires

---

(1) L'auteur applique encore ici les notions de rapports que l'on appelle *Arithmétique* et *Géométrique*, comme il l'a fait dans sa *Morale* (l. 5, c. 4); mais les idées qu'il exprime auraient peut-être plus de clarté, s'il ne cherchait pas autant à les préciser, par la comparaison des nombres, et l'on trouvera, en effet, ces mêmes idées mieux exprimées par Plutarque dans la Vie de Solon (c. 14), et surtout par Isocrate (*In Areopagit.* c. 8).

se trouvent dans le plus grand nombre. Nulle part on ne trouvera cent individus nobles et vertueux, mais partout une infinité d'hommes sans ressources. Il y a d'ailleurs de l'inconvénient à établir l'une ou l'autre égalité d'une manière absolue, comme on le voit par les résultats ; car, aucune de ces deux sortes de constitutions n'est durable. C'est qu'il est impossible, lorsqu'on part d'un principe erroné, qu'il n'en résulte pas à la fin quelque inconvénient grave. Voilà pourquoi il faut admettre, dans certaines choses, l'égalité en nombre, et, dans d'autres, l'égalité en proportion.

9. Toutefois la démocratie est plus stable, et moins exposée aux dissensions, que l'oligarchie ; car, dans cette forme de gouvernement, la discorde peut naître, ou des querelles des oligarques entre eux, ou de leurs querelles avec le peuple : au lieu que, dans la démocratie, il n'y a de soulèvement que contre l'oligarchie. Les divisions qui peuvent naître au sein du peuple même, n'ont presque jamais d'importance. Outre cela, une république administrée par des hommes de la classe moyenne s'approche plus de la démocratie, que celle où un petit nombre d'hommes disposent de l'autorité ; et c'est, dans ce genre de gouvernements, celui qui a le plus de stabilité.

II. Puisque nous examinons quelles sont les circonstances d'où naissent les changements et les révolutions dans les états, il faut d'abord faire entendre quels en sont les principes et les causes. Or, il y en a trois principales, dont il faut d'abord donner une idée sommaire; car, il convient d'observer quel état de choses produit les dissensions, pourquoi elles naissent, et en troisième lieu, quels sont les principes des troubles et des discordes parmi les citoyens. On peut regarder, en général, comme cause principale de la disposition à un changement, celle dont nous avons déja parlé : car, ceux qui aspirent à l'égalité se révoltent, s'ils viennent à croire que, quoiqu'ils aient des droits égaux, ils sont inférieurs aux privilégiés; et les partisans de l'inégalité et du privilége troublent la paix, s'ils supposent qu'ils n'ont, dans le pouvoir, qu'une part égale, ou moindre que celle d'hommes qui ne sont pas leurs égaux.

2. Mais de tels désirs peuvent quelquefois être légitimes, et quelquefois injustes, parce que les séditions ont lieu, de la part de ceux qui sont dans une situation inférieure, pour obtenir l'égalité; et de la part de ceux qui sont égaux, pour parvenir à la supériorité. Telle est donc la disposition des esprits qui donne lieu aux troubles. Les motifs de ces troubles sont ordinairement les avantages pécuniaires, les honneurs, ou, au contraire, la privation de ces choses; puisque c'est pour échapper eux-mêmes à l'humiliation et aux pertes d'argent, ou pour en garantir leurs amis, que les citoyens se révoltent.

3. Les causes et les principes de ces mouvements qui amènent les dispositions que nous venons de dire, peuvent se réduire au nombre de sept, et quelquefois il y en a davantage. Nous venons d'en

indiquer deux ; mais elles n'agissent pas toujours de la même manière : par exemple, les citoyens s'irritent les uns contre les autres par des motifs d'intérêt ou d'ambition, non qu'ils veuillent acquérir eux-mêmes de l'argent ou des honneurs, mais parce qu'ils les voient obtenus par d'autres, tantôt à juste titre, et tantôt sans aucun droit. Il faut y joindre l'outrage, la crainte, l'élévation du rang, le mépris, les avantages disproportionnés, et, sous d'autres rapports, la brigue, l'inattention à des choses [en apparence] très-peu importantes, et l'extrême différence des mœurs.

4. Entre ces causes, l'outrage et les gains illicites ont une influence remarquable, et il est facile de voir comment ; car, ceux qui exercent le pouvoir, se livrant à toutes sortes d'excès et satisfaisant leur cupidité, les citoyens sont divisés entre eux, et se révoltent contre les gouvernements qui autorisent une pareille licence. Au reste, la cupidité des magistrats se satisfait, tantôt aux dépens des particuliers, tantôt aux dépens du public. On voit également ce que peuvent les honneurs, et comment ils deviennent causes de mécontentements ; car, ceux qui sont privés de considération s'indignent de voir les autres élevés aux dignités ; et il y a injustice, à cet égard, toutes les fois qu'on les obtient sans y avoir droit, ou qu'on en est privé sans l'avoir mérité. L'élévation du rang produit le même effet, lorsqu'un seul ou plusieurs jouissent d'un pouvoir trop grand pour l'état, ou eu égard à la forme du gouvernement ; car, il en

résulte ordinairement, ou la monarchie, ou l'oligarchie.

5. C'est pour cela qu'on a quelquefois établi l'*Ostracisme*, comme à Argos et à Athènes : cependant, il aurait mieux valu prévenir cet inconvénient, que d'avoir à y remédier quand on l'a laissé s'établir. La crainte cause des séditions, lorsque ceux qui ont commis des injustices s'attendent à en être punis, et que ceux qui se voient exposés à en souffrir veulent prévenir le mal qu'ils redoutent. C'est ainsi qu'à Rhodes les citoyens les plus distingués se liguèrent contre le peuple, à cause des procès qu'on leur intentait continuellement.

6. Mais le mépris produit aussi des conspirations : par exemple, dans les oligarchies, lorsqu'il y a trop de gens qui ne participent point au gouvernement ; car, ils se croient les plus forts ; et dans les démocraties, lorsque les riches en sont venus à mépriser le désordre et l'anarchie qui y règnent. C'est ce qui arriva à Thèbes, où la démocratie fut abolie, après la bataille d'Œnophyte (1), à cause de la mauvaise administration du peuple ; et aussi à Mégare (2), où l'anarchie et le désordre avaient été cause d'une

---

(1) Cette bataille, où Mironides commandait l'armée des Athéniens, se donna dans la 4e année de la 80e olympiade. Voyez Diodore de Sicile (l. 11, c. 83), et la note de Wesseling sur cet endroit de l'histoire.

(2) Thucydide (l. 5, c. 31) fait entendre qu'à Mégare on préférait le gouvernement aristocratique, ou oligarchique, à la démocratie.

défaite : enfin, à Syracuse, avant la tyrannie de Gélon (1); et à Rhodes, avant la conjuration des riches (2).

7. Les révolutions ont lieu aussi, lorsque quelques personnes obtiennent des avantages qui sont hors de proportion [avec leur mérite ou leurs services]. Car, de même que le corps est composé de parties, qui doivent s'accroître dans une proportion régulière, pour que l'harmonie y subsiste; (autrement, il se dégrade, lorsque, par exemple, le pied a quatre coudées, et le reste de la taille deux spithames; et même il pourrait quelquefois prendre la forme d'un autre animal, si cet accroissement disproportionné se faisait, non-seulement sous le rapport de la quantité, mais aussi sous celui de la qualité): ainsi, un état se compose de parties, dont quelqu'une s'accroît souvent sans qu'on s'en aperçoive; par exemple, le nombre des pauvres dans les démocraties et dans les républiques.

8. Cela arrive aussi quelquefois par l'effet d'événements fortuits, comme à Tarente, peu après la guerre médique, où la république fut changée en

---

(1) Les *Géomores* (propriétaires de terres), persécutés par le peuple de Syracuse, eurent recours au crédit et à la puissance de Gélon, qu'ils se donnèrent pour chef. Voyez Hérodote (l. 7, c. 155).

(2) On ne sait pas bien à quel évènement de l'histoire des Rhodiens ceci peut se rapporter. Voyez, à ce sujet, le commentaire de Schneider (to. 2, p. 292—294), où il relève une méprise de la traduction de M*r* Champagne.

démocratie, parce qu'un grand nombre de citoyens riches et puissants avaient péri dans une bataille gagnée par les Japyges (1). A Argos, après la mort des citoyens égorgés par le Lacédémonien Cléomènes (dans la journée du sept) (2), on fut obligé d'admettre [aux droits de cité] un certain nombre de *Périœciens*, [ou serfs] : et, à Athènes, après une défaite sur terre, le nombre des citoyens notables se trouva fort diminué, parce qu'on avait fait une levée considérable dans la guerre contre Lacédémone. Cela arrive aussi dans les démocraties, mais moins; car, le nombre des pauvres s'augmentant, ou la fortune [de quelques particuliers] devenant plus considérable, le gouvernement devient oligarchique, ou tout-à-fait arbitraire.

9. La brigue, même sans dissensions, suffit quelquefois pour produire de pareils changements; comme il arriva à Hérée. Car on y rendit éligibles, par le sort, les magistrats, qui étaient nommés

---

(1) Cette bataille, qui eut lieu la 4ᵉ année de la 76ᵉ olympiade, est racontée assez au long par Diodore de Sicile (*Hist.* l. 11, c. 52), et Hérodote (l. 7, c. 170) fait également mention du désastre qu'éprouvèrent les Tarentins à cette époque.

(2) Hérodote (*Hist.* l. 6, c. 76—80) raconte en détail l'expédition de Cléomènes contre Argos. Voyez aussi Pausanias (l. 2, c. 20), et Plutarque (*De Virtut. mulier.* to. 7, p. 11, Reisk.), dont les paroles autorisent la manière dont nous traduisons l'expression d'Aristote, en cet endroit, (ἐν ἑβδόμῃ) *le septième jour du mois*. Le même écrivain s'accorde aussi avec notre auteur, en ajoutant que ce furent des *Périœciens* qui furent admis alors, à Argos, au rang des citoyens.

auparavant par la voie des suffrages ; parce qu'on élisait toujours ceux qui étaient désignés par la cabale. La négligence est aussi une cause de révolution, lorsqu'on laisse arriver aux principales magistratures, ceux qui ne sont pas dévoués à la république : comme à Orée, où l'oligarchie fut abolie, et changée en démocratie, parce que Héracléodore devint un des archontes. Il faut quelquefois peu de chose : je dis peu de chose, parce que souvent il s'introduit dans l'ordre légal une altération notable, que pourtant on ne remarque pas, lorsqu'on néglige de petites circonstances. Comme à Ambracie, où le cens exigé pour les charges était peu considérable, et où l'on finit par les obtenir sans rien payer. Comme s'il n'y avait point, ou presque point, de différence entre rien et peu de chose.

10. La différence des mœurs est aussi une cause de troubles, jusqu'à ce que l'harmonie se soit établie entre les habitants. Car, de même qu'une multitude d'hommes, pris au hasard, ne suffit pas pour composer une cité, ainsi il y faut un certain temps. Voilà pourquoi presque tous ceux qui ont admis des étrangers, comme citoyens, ou comme simples habitants, ont été exposés à des séditions. Ainsi les Achéens, réunis aux Trézéniens, fondèrent Sybaris : ensuite, les Achéens, étant devenus plus nombreux, chassèrent les Trézéniens ; et de là le désastre qui affligea les Sybarites. A Thurium, les Sybarites exercèrent la même injustice envers ceux qui les avaient admis ; car ceux-ci affectant

la supériorité, comme gens à qui le territoire appartenait, furent chassés (1). A Bysance, la conspiration de ceux qui avaient été admis comme habitants, ayant été découverte, ils furent obligés de quitter le pays, après une bataille (2).

11. Les Antisséens aussi, ayant reçu dans leur ville les exilés de Chios, furent obligés de les chasser par suite d'une guerre civile. Les Zancléens (3) furent eux-mêmes chassés par les Samiens, qui étaient venus s'établir chez eux. Les Apolloniates, sur les bords de l'Euxin, eurent de violents démêlés avec les étrangers (4) à qui ils avaient permis d'habiter parmi eux : et les Syracusains, après l'abolition de la tyrannie, ayant accordé le droit de cité aux étrangers et aux mercenaires, en vinrent avec eux à une guerre civile (5). A Amphipolis, la plupart des citoyens furent chassés par des habi-

---

(1) Voyez le récit détaillé de ces faits, concernant les Sybarites et les Thuriens, dans Diodore de Sicile (l. 12, c. 9—11).

(2) On ne sait rien d'ailleurs sur ce qui est dit ici des Byzantins et des Antisséens de l'île de Lesbos.

(3) Voyez Hérodote (l. 6, c. 23 suiv.)

(4) On ne sait rien de l'histoire des Apolloniates.

(5) Diodore de Sicile (l. 11, c. 73) parle de cette révolte des mercenaires à Syracuse, dans la 2e année de la 78e olympiade. Quant à la révolution d'Amphipolis, mentionnée immédiatement après par Aristote, on lit dans Thucydide (*Hist.* l. 4, c. 103) le récit d'une trahison des Chalcidiens envers les Amphipolitains, mais qui n'est pas sans doute le fait que notre auteur a en vue ici; et plus bas (c. 5, § 6) ce qu'il dit d'une sédition arrivée à Amphipolis, donne lieu de croire que le gouvernement de cette ville était oligarchique.

tants de Chalcis, qu'ils avaient reçus parmi eux. Dans les oligarchies, la multitude se révolte, parce qu'elle regarde comme une injustice de ne pas partager les avantages auxquels l'égalité lui donne des droits, comme il a été dit précédemment; et, dans les démocraties, ce sont les hommes distingués qui s'irritent de n'avoir aucun privilége, parmi des citoyens qui ne sont pas leurs égaux.

12. La différence des localités est quelquefois aussi une cause de troubles, lorsque le pays n'est pas bien disposé pour que la cité soit une. Ainsi, à Clazoméne, ceux qui habitaient Chytrum étaient en guerre contre les habitants de l'île (1) : il en est de même des citoyens de Colophon et des Notiens (2). Enfin, à Athènes, ceux qui habitent le Pirée, sont plus partisans de la démocratie que les habitants de la ville : car de même que, dans les guerres, les corps de troupes se trouvent rompus et séparés les uns des autres, quand ils ont traversés des canaux même assez étroits, ainsi toute différence semble propre à faire naître des dissensions. Cependant la cause la plus puissante peut-être est la différence du vice à la vertu, ensuite, celle de la pauvreté à

---

(1) *Chytrum*, ou *Chyton*, ou, suivant Strabon (l. 14, p. 645) *Chytrion*, était la partie de l'enceinte, ou le faubourg de Clazomene, situé sur le continent; tandis que la ville était dans une île. Voyez les notes de Schneider (*Ad Xenoph. Hellenic.* l. 5, c. 1, § 31).

(2) *Notium*, place plus voisine de la mer que Colophon, était dans la dépendance de cette ville. Voyez Thucydide (l. 3, c. 34).

la richesse, et ainsi des autres, entre lesquelles il faut compter celle que nous venons de dire.

III. Ainsi donc les dissensions ont lieu, non pas pour de petites choses, mais par de petites causes; leur objet a toujours de l'importance. C'est surtout lorsque des querelles, dont la cause est peu considérable, divisent des hommes puissants, qu'elles deviennent graves; comme il arriva à Syracuse, dans les anciens temps : car une dispute d'amour, entre deux jeunes gens élevés en dignité, fit une révolution dans le gouvernement (1). L'un d'eux s'étant absenté, un de ses amis trouva le moyen de séduire un jeune homme qu'il aimait; l'autre, à son retour, irrité de cette action, attira chez lui la femme de celui qui l'avait offensé, et toutes les personnes qui avaient part au gouvernement, prenant parti pour l'un ou pour l'autre, il en résulta une discorde générale.

2. Voilà pourquoi il faut bien prendre garde à ces faibles commencements, et s'appliquer à concilier les différends qui naissent entre les chefs et les puissants; car, c'est dans le principe qu'est la faute; le commencement, comme on dit, est la moitié du tout, de sorte qu'une petite erreur, qui s'y trouve, influe proportionnellement sur tout le reste. En général, les dissensions des principaux citoyens entraînent la cité tout entière : c'est ce qu'on vit à Hestiée, après la guerre médique, dans la querelle

---

(1) Voyez le même récit plus détaillé dans Plutarque (*De Præcept. ben. ger. Reip.* p. 281. Reisk.).

qu'eurent deux frères, à l'occasion de l'héritage de leur père. Car l'un, qui était pauvre, voyant que l'autre refusait de faire connaître la fortune de son père, et le trésor qu'il avait trouvé, ameuta contre lui les gens du peuple; et celui-ci, qui avait beaucoup de richesses, fut soutenu par les riches.

3. A Delphes, une querelle survenue à l'occasion d'un mariage, devint le principe des séditions qui eurent lieu dans la suite : le fiancé, ayant été frappé par hasard de quelque présage fâcheux, lorsqu'il fut dans la maison de celle qu'il devait épouser, se retira sans vouloir la prendre : et les parents, pour se venger de cet outrage, glissèrent parmi ses effets quelques vases sacrés, pendant qu'il était occupé à faire un sacrifice, et ensuite ils le firent périr comme sacrilége (1). Et à Mitylène, une sédition occasionnée pour de riches héritieres, fut la cause de beaucoup de malheurs, et même de la guerre qu'on soutint contre les Athéniens, dans laquelle Pachès s'empara de Mitylène (2). En effet, Timophanes, un des riches citoyens de ce pays, ayant laissé deux

---

(1) Plutarque (*Præcept. Politic.* p. 32) raconte le même fait avec plus de détail, et Élien (*Var. Hist.* l. 21, c. 5) d'une manière plus abrégée. Les Delphiens firent, dit-on, périr Ésope, par une perfidie semblable, comme nous l'apprend encore Plutarque, dans le traité *De ser. Num. Vindict.* (to. 8, p. 203. Reisk.)

(2) Thucydide (*Hist.* l. 3, c. 2) fait mention de la prise de Mitylène par Pachès; et Agathias, dans une de ses épigrammes, (voy. *Brunck. Analect.* to. 3, p. 64) raconte la mort de ce général athénien, que firent périr deux femmes de Mitylène qu'il avait outragées.

filles, Doxander n'ayant pu les obtenir pour ses fils, commença la sédition et aigrit [contre sa patrie] les Athéniens, dont il était le *Proxène* [consul ou chargé d'affaires].

4. De même, des querelles ayant eu lieu chez les Phocéens, pour une héritière, entre Mnaséas père de Mnéson, et Euthycrate fils d'Onomarchus, ce fut là l'origine de la guerre sacrée dont la Phocide fut le théâtre (1). Un mariage causa aussi une révolution dans le gouvernement d'Epidamnus : car un des citoyens, ayant fiancé sa fille à un jeune homme, le père de celui-ci, qui occupait une charge, condamna à une amende le père de la jeune fille, lequel, se regardant comme outragé, souleva en sa faveur tous ceux qui étaient exclus du gouvernement.

5. Lorsque quelque tribunal, ou quelque classe de citoyens, affecte l'orgueil, ou prend trop d'accroissement, le gouvernement peut se changer en oligarchie, en democratie ou en république. Ainsi le sénat de l'Aréopage, enorgueilli des succès de la guerre médique, sembla exercer l'autorité avec trop de rigueur (2); et, à leur tour, ceux qui servaient sur mer, ayant principalement contribué à la

---

(1) Voyez dans Diodore de Sicile (l. 16, c. 23) le récit du commencement de cette guerre.

(2) Cette circonstance donna au gouvernement d'Athènes une tendance aristocratique, à laquelle Périclès substitua des institutions plus conformes à la démocratic. Voyez Plutarque (*In Solon*. c. 10), et Isocrate (*Areopagit*. c. 14).

toire de Salamine, et, par elle, à la suprématie des Athéniens sur mer, fortifièrent la démocratie (1). A Argos les nobles, fiers de la victoire remportée à Mantinée sur les Lacédémoniens, entreprirent d'abolir le gouvernement populaire (2).

6. A Syracuse, le peuple, qui avait été cause des succès remportés dans la guerre contre Athènes, changea la république en démocratie (3). Le peuple de Chalcis, après avoir, de concert avec les nobles, abattu le tyran Phoxus, se trouva tout à coup maître du gouvernement (4). De même à Ambracie, le peuple, ayant contribué avec les conjurés à chasser le tyran Périander, finit par s'attribuer toute l'autorité (5).

7. Mais, en général, il ne faut pas oublier que tous ceux qui ont créé la puissance, soit simple particulier, soit magistrat, soit tribu ou toute au-

---

(1) Voyez ci-dessus (l. 2, c. 9, § 4).

(2) Voyez Thucydide (*Hist.* l. 5, c. 76); Plutarque (*In Alcibiad.* c. 15); Diodore de Sicile (*Hist.* l. 12, c. 80); Pausanias (l. 2, c. 20).

(3) Il paraît, par ce que dit à ce sujet Diodore (l. 13, c. 34), que ce changement s'opéra par une loi que fit Dioclès, le plus ardent ennemi des Athéniens, et en vertu de laquelle les magistratures, dont les citoyens pauvres étaient exclus, devaient être données, par la voie du sort, à tous les citoyens indistinctement.

(4) On ne sait de ce fait que ce qu'en dit ici Aristote.

(5) On ne sait si ce Périander, tyran d'Ambracie, est le même qui régna à Corinthe, et qui fut compté parmi les sept sages. Voyez Diogène Laërce (l. 1, § 98). Voyez ci-dessus c. 8, § 9.

tre portion quelconque d'un peuple, excitent des séditions. Car, ou ceux qui sont envieux des honneurs qu'ils obtiennent, commencent la révolte; ou eux-mêmes, fiers de leur supériorité, ne veulent plus reconnaître d'égaux. Les états sont encore troublés, lorsque les classes de citoyens qui semblent opposées, sont égales entre elles, (par exemple les riches et le peuple); tandis qu'il n'existe pas de classe intermédiaire, ou qu'elle est trop peu nombreuse. Car, si l'une quelconque des classes opposées est évidemment trop supérieure à l'autre, celle-ci n'ose rien hasarder. Voilà pourquoi les hommes supérieurs en vertu, n'excitent presque jamais de troubles : car ils sont trop peu nombreux, en comparaison de la multitude. Telles sont donc, en général, les causes des désordres et des révolutions qui arrivent dans tous les gouvernements, telle en est l'origine.

8. Il y a des révolutions qui sont produites par la force, et d'autres par la ruse. La force se montre ou dès le principe et à l'instant même, ou produit plus tard la contrainte : car il y a en ce genre deux manières de tromper. Quelquefois, après avoir commencé à séduire les citoyens, on change avec leur consentement la constitution de l'état, et ensuite on les contient malgré eux par la force. C'est ainsi que du temps des quatre cents (1), on trompa le peuple Athénien; en publiant que le roi

---

(1) Voyez le récit de ce fait dans Thucydide (*Histor.* l. 8, c. 47 et suiv.).

de Perse fournirait de l'argent pour la guerre contre les Lacédémoniens ; mais ceux qui l'avaient trompé s'efforcèrent de conserver le pouvoir. Quelquefois aussi on exerce l'autorité que l'on a obtenue par persuasion, et l'on continue à l'exercer du consentement des citoyens. Ainsi, il peut arriver des changements, dans toutes les espèces de gouvernement, par les causes que nous venons de dire.

IV. Il faut maintenant observer ce qui résulte de ces causes, appliquées à chaque espèce de gouvernement. Ce qui contribue surtout aux révolutions dans les démocraties, c'est l'insolente perversité des démagogues : car, à force de diffamer et de calomnier les riches particuliers, ils les obligent à se liguer entre eux ; la crainte unissant ceux qui d'ailleurs auraient été le plus divisés. D'une autre part, ils irritent sans cesse la multitude, ainsi qu'on peut l'observer dans beaucoup de pays.

2. Par exemple à Cos, le gouvernement démocratique fut changé, lorsque des démagogues, devenus tout-à-fait scélérats, forcèrent les riches à se coaliser (1). De même à Rhodes, où les chefs du peuple employaient les revenus publics en gratifications accordées aux plus pauvres, et empêchaient qu'on ne payât aux Triérarques ce qui leur était dû ; mais ceux-ci furent forcés, par les procès continuels qu'on leur intentait, de se révolter et d'a-

---

(1) Suivant Hérodote (*Hist.* l. 7, sect. 163, 164), le dernier tyran de Cos s'appelait Cadmus, et se démit volontairement de son autorité, par amour pour la justice.

bolir la démocratie. Elle fut aussi abolie à Héraclée, par la faute des démagogues, peu de temps après que cette colonie eut été fondée : car les citoyens les plus notables, se voyant en butte aux injustices, sortirent de la ville; mais ensuite ils y rentrèrent, et abolirent le gouvernement populaire (1).

3. Pareille chose à peu près arriva à Mégare. Les chefs populaires bannissaient un grand nombre de citoyens distingués, afin de pouvoir confisquer leurs biens; jusqu'à ce que ces exilés, qui étaient devenus très-nombreux, rentrèrent dans la ville, vainquirent le peuple dans une bataille, et établirent le gouvernement oligarchique. La même chose arriva aussi à Cume, où Thrasymaque abolit la démocratie (2). Au reste, si l'on y fait attention, on verra des changements à peu près du même genre, produits dans d'autres états par les mêmes causes. Car les chefs, pour se rendre agréables à la populace, forcent les riches à se coaliser, par mille injustices, soit en partageant les terres, soit en épuisant le trésor, par des dépenses publiques trop considé-

---

(1) C'est probablement d'Héraclée, ville du Pont, que notre auteur veut parler ici, et non de la ville du même nom, dans la Phthiotide. Si l'époque indiquée ne se refusait à l'application qui se présente ici de ce qu'en dit Justin (*Hist.* l. 16, c. 4), on serait tenté de croire, dit Schneider, qu'il s'agirait plutôt des évènements qui s'y passèrent au temps d'Épaminondas et du général athénien Timothée.

(2) On ne connaît point d'ailleurs les évènements auxquels l'auteur fait ici allusion, et on ne sait pas même laquelle des villes du nom de Cume il prétend désigner.

rables, soit en calomniant ceux qui ont quelque fortune, pour pouvoir confisquer leurs biens.

4. Mais, dans les anciens temps, où le même individu était démagogue et chef militaire, ces révolutions amenaient la tyrannie : car la plupart des anciens tyrans furent des chefs populaires. Et ce qui fait que cela avait lieu dans ces temps là, et non pas aujourd'hui, c'est qu'alors les démagogues étaient pris parmi ceux qui avaient l'autorité militaire, car on n'était pas encore fort habile dans l'art de la parole. Au contraire, aujourd'hui que l'éloquence a fait des progrès, ceux qui sont capables de parler en public obtiennent, à la vérité, un grand crédit sur le peuple; mais, n'ayant aucune expérience des choses de la guerre, ils ne conspirent pas, ou du moins on n'a vu en ce genre que des entreprises peu considérables.

5. Il y avait autrefois plus de tyrannies qu'à présent, parce qu'on confiait à quelques individus des magistratures très-importantes, comme la Prytanie (1) à Milet, où le Prytane disposait du plus grand pouvoir. D'un autre côté, comme les villes n'étaient pas fort grandes, et que le peuple, occupé aux travaux de la culture, habitait dans les champs,

---

(1) La *Prytanie* était, chez les anciens Grecs, la magistrature la plus considérable, et Pindare (*Pyth.* 2, vs. 106) donne à Hiéron le titre de Prytane. Plutarque (*Præcept. Politic.* p. 113) compare les fonctions de *Prytane*, chez les Rhodiens, à celles de *Béotarque*, chez les Thébains, et à celles de *Stratége* chez les Athéniens.

ces chefs lorsqu'ils étaient guerriers aspiraient à la tyrannie, et tous réussissaient dans leurs desseins, par la confiance que leur accordait le peuple, confiance toujours motivée sur la haine qu'ils portaient aux riches. C'est ainsi qu'à Athènes Pisistrate, en hostilité ouverte contre les habitants de la plaine (1), à Mégare, Theagène (2), ayant égorgé les troupeaux des riches, qu'il avait surpris paissant le long du fleuve; et Denis, en accusant Daphnéus (3) et les citoyens opulents de Syracuse, s'élevèrent à la tyrannie, par la confiance que leur accorda l'inimitié du peuple, qui les croyait de son parti.

6. Mais la démocratie, quand elle est établie depuis long-temps, peut s'altérer, et prendre la forme qu'on lui a vue dans ces derniers temps. Car partout où les magistratures sont électives, mais sans condition de revenu exigible pour y parvenir, et lorsque c'est le peuple qui nomme aux places, ceux qui les ambitionnent, afin d'acquérir du crédit près de la multitude, amènent les choses au point de la rendre maîtresse même des lois. Le moyen de remédier à cet inconvénient, ou au moins de le rendre moins grave, c'est de faire nommer les ma-

---

(1) Voyez Hérodote (*Hist.* l. 1, c. 59).

(2) Aristote fait aussi mention de cet usurpateur dans sa *Rhétorique* (l. 1, c. 2). L'Athénien Cylon, qui périt victime de son ambition, avait épousé la fille de ce Théagène. Voyez Thucydide (*Hist.* l. 1, c. 126), et Pausanias (l. 1, c. 28).

(3) C'était un général de l'armée de Syracuse. Voyez Diodore (l. 13, c. 91), et les notes de Wesseling.

gistrats par les tribus, et non par le peuple tout entier. Telles sont les causes qui produisent à peu près tous les changements auxquels les démocraties sont exposées.

V. Les révolutions ont lieu, dans les oligarchies, de deux manières très-remarquables : l'une, lorsque la multitude est exposée à souffrir des injustices : car alors tout citoyen peut devenir chef de parti, surtout si c'est un des membres du gouvernement : comme Lygdamis, à Naxos, qui finit par devenir tyran des Naxiens (1).

2. Au reste, les dissensions peuvent avoir des principes assez divers : tantôt la révolution se fait par quelques citoyens riches, qui sont exclus des magistratures, tandis qu'il n'y en a que très-peu qui aient part aux honneurs : comme il arriva à Marseille (2), à Istros, à Heraclée, et dans d'autres villes. Car ceux qui ne participaient point au pouvoir excitèrent des troubles, jusqu'à ce qu'ils eus-

---

(1) Athénée (l. 8, p. 348) raconte, d'après Aristote, dans son traité, ou livre de la République de Naxos, comment ce Lygdamis se mit à la tête des Naxiens, pour venger l'insulte que des jeunes gens avaient faite à un citoyen qui jouissait d'une grande popularité.

(2) Le même écrivain (l. 13, p. 576) cite aussi le traité d'Aristote sur la république de Marseille, sur laquelle on peut voir encore ce que disent Plutarque (*Vit. Solon.* c. 2), Strabon (l. 4, p. 179), Cicéron (*Pro Flacco*, c. 26). Voyez aussi le chapitre 7 du livre suivant de ce traité. Quant aux républiques d'Istros et d'Héraclée, on ne connaît rien de leur histoire ; on ne sait pas même de quelle ville l'auteur fait ici mention, parmi celles qui ont eu le nom d'Héraclée.

sent fait admettre dans les places, d'abord les aînés des familles, et ensuite les plus jeunes. Car il y a des pays où l'autorité n'est point exercée en même temps par le père et par le fils, et d'autres où elle ne l'est point par deux frères; et, dans ces pays là, l'oligarchie prit une forme plus approchante de la république; mais, à Istros, elle finit par se changer en démocratie; et à Heraclée, le nombre des membres du gouvernement, qui était moins considérable auparavant, fut porté à six cents.

3. A Cnide (1) l'oligarchie fut changée, à l'occasion d'une dissension survenue entre les citoyens les plus riches, parce que peu d'entre eux participaient au gouvernement; et, comme on vient de le dire, si le père y était admis, le fils en était exclu; et, entre plusieurs frères, il n'y avait que l'aîné qui pût exercer une charge. Le peuple les ayant attaqués, au milieu de ces dissensions, et s'étant donné un chef, pris parmi les citoyens distingués, eut l'avantage dans la lutte, et devint le maître : car, ce qui est divisé est toujours faible.

4. A Erythrée (2) où les Basilides, dans les an-

---

(1) L'histoire ne nous apprend rien de la république de Cnide. On sait seulement, d'après Diogène Laërce (l. 8, § 86), qu'Eudoxus, disciple de Platon, et qui était de Cnide, donna des lois à sa patrie, ce qui est attesté aussi par Plutarque et par Théodoret.

(2) Érythrée, ville de l'Ionie, était une colonie Athénienne. On ne sait pas bien ce que c'étaient que ces *Basilides*, dont parle ici notre auteur. Voyez, dans le commentaire de Schneider

ciens temps, composaient l'oligarchie, quoique ceux qui avaient l'autorité gouvernassent avec sagesse, cependant le peuple, indigné de se voir sous le joug d'un petit nombre d'hommes, changea la forme du gouvernement. Ces révolutions ont lieu aussi, dans les oligarchies, par l'empressement que des oligarques ambitieux mettent à obtenir la faveur populaire. Or, il y a, pour ainsi dire, deux sortes de démagogie, l'une au sein même du petit nombre des hommes qui ont le pouvoir; car il peut se trouver parmi eux quelqu'un qui ait un grand ascendant, comme Chariclès (1), qui obtint un grand crédit parmi les trente tyrans d'Athènes, et de même Phrynicus, dans le conseil des quatre cents.

5. Ou lorsque ceux qui composent l'oligarchie flattent la multitude et s'en rendent maîtres : comme à Larisse, où ceux qu'on appelait *Politophylaces* (2), [c'est-à-dire gardiens des citoyens], recherchaient la faveur du peuple, parce que c'était lui qui les nommait. Cela arrive dans toutes les oligarchies, où les dépositaires du pouvoir ne sont pas pris parmi ceux

---

(p. 508), ce que ce savant a pu recueillir d'autorités diverses sur ce sujet.

(1) Sur ce Chariclès, voyez Xénophon (*Hellenic.* l. 2, c. 3, et *Memor. Socrat.* l. 1, c. 2) : sur Phrynicus, voyez l'histoire de Thucydide (l. 8, c. 47, suiv.).

(2) Plus haut (l. 2, c. 5, § 5,); Aristote se sert encore du mot πολιτοφύλακες, qu'il joint au mot ϛρατηγοί, ce qui semble indiquer, entre ces deux mots, une analogie à peu près complète de signification, exprimant l'autorité suprême, dans ce qui est relatif à la guerre et au commandement de l'armée.

qui nomment aux places, mais où les magistratures ne peuvent être données qu'aux hommes qui possèdent une grande fortune, ou qui appartiennent à de certaines corporations, tandis que le droit d'élire appartient aux soldats ou au peuple, comme cela avait lieu à Abydos (1). Enfin, cela arrive aussi, lorsque ceux qui composent les tribunaux ne font pas partie du gouvernement; car alors, cherchant à capter la faveur populaire par leur manière de rendre la justice, ils parviennent à changer la constitution : c'est ce qui arriva à Heraclée, ville du Pont.

6. Lorsque quelques-uns cherchent à concentrer le pouvoir de l'oligarchie dans un plus petit nombre, l'état est encore troublé; car les partisans de l'égalité sont forcés de recourir à l'appui du peuple. Il arrive encore des révolutions dans l'oligarchie, lorsque quelques-uns des chefs ont dépensé leur fortune en de vaines profusions : car alors, ils désirent des changements, ou bien ils aspirent à la tyrannie, ou ils favorisent un nouveau tyran, comme fit Hipparinus (2) à l'égard de Denys à Syracuse; et, à Amphipolis, un certain Cléotimus introduisit des colons de Chalcis, et quand ils

---

(1) Abydos, colonie des Milésiens, avait un gouvernement oligarchique, et des espèces de corporations (ou *Hétéries*), dont Aristote fait encore mention un peu plus loin.

(2) Cet Hipparinus était frère d'Aristomaque, femme de Denys l'ancien, et il commanda avec lui l'armée de Syracuse. Voyez la vie de Dion, par Plutarque (to. 6, p. 134, éd. Coray). Voyez aussi Polyen (*Statagem.* p. 163, éd. Coray).

furent arrivés il les souleva contre les riches (1). A Égine, celui qui avait été l'auteur de la trahison par laquelle Charès s'en empara (2), entreprit, par un semblable motif, de changer la forme du gouvernement.

7. Quelquefois donc ils cherchent à exciter des troubles, d'autres fois ils volent le trésor public, ce qui produit des querelles parmi eux, ou la révolte de ceux qui entreprennent de s'opposer à leurs brigandages, comme il arriva à Apollonie ville du Pont. Une oligarchie où il y a accord de sentiments résiste assez par elle-même au changement; témoin la république de Pharsale (3): car, bien que les chefs y soient en petit nombre, ils y conservent une grande autorité, parce qu'ils se conduisent sagement.

---

(1) C'est probablement le même fait auquel Aristote fait allusion plus haut (c. 2, § 11).

(2) Voyez Hérodote (*Hist.* l. 6, § 88), qui nous apprend que le personnage qu'Aristote ne fait que désigner ici, s'appelait Nicodromus.

(3) L'éloge que fait ici notre philosophe de cette république, semble être confirmé par ce que dit Xénophon (*Hellenic.* l. 6, c. 1), que seule, entre les villes de la Thessalie, elle parvint à échapper à la domination de Jason, tyran de Phères. Le même auteur raconte, à cette occasion, le noble désintéressement d'un des citoyens de cette république, nommé Polydamas, que les factions qui divisaient l'état prirent, en quelque sorte, pour arbitre, et entre les mains duquel elles purent remettre la citadelle et le trésor public, sans que leur liberté courût aucun risque.

8. L'oligarchie est quelquefois détruite, lorsqu'il se forme dans son sein une autre oligarchie ; c'est-à-dire, lorsque le nombre des gouvernants étant peu considérable, tous ne sont pas admis aux grandes magistratures. C'est ce qu'on vit autrefois à Elis : car la république y étant gouvernée par peu de personnes, tout y dépendait d'un petit nombre de sénateurs, attendu que les quatre-vingt-dix membres de cette compagnie l'étaient à perpétuité, et que l'élection s'en faisait d'une manière tout-à-fait arbitraire (1), comme celle des *Gérontes* [ou sénateurs] à Lacédémone.

9. Il peut arriver des révolutions dans l'oligar-

---

(2) Il y a dans le grec δυναςευτικὴν, (voyez ci-dessus la note sur le mot δυνάςης), et cette leçon a paru suspecte à quelques éditeurs. Peut-être néanmoins rend-elle assez bien la pensée de l'auteur, qui veut dire, ce me semble, que ce mode d'élection n'avait rien de sensé, ni de réfléchi, mais n'exprimait que la faveur, souvent irréfléchie, de la multitude, et son caprice du moment. Car les sénateurs de Sparte étaient nommés par acclamation ; les candidats traversaient la place publique ; des hommes placés dans un lieu d'où ils ne pouvaient voir personne, tenaient compte du bruit qu'ils entendaient à chaque fois, et l'acclamation la plus forte, à leur jugement, décidait en faveur du candidat qui y avait donné occasion. C'est ce mode que notre auteur appelle, avec beaucoup de raison, tout-à-fait puéril. (ci-dessus, l. 2, c. 6, § 18). On ne sait, au reste, presque rien de cette république des Éléens. Thucydide n'en dit que quelques mots (*Hist.* l. 5, c. 47), et Plutarque (*Præcept. Polit.* p. 255) semble indiquer le fait auquel Aristote fait ici allusion, quand il dit qu'un certain Phormion, ayant restreint chez les Éléens le pouvoir de l'oligarchie, comme avait fait Éphialte, à Athènes, y acquit à la fois de la gloire et de la puissance.

chie, en temps de guerre comme en temps de paix. En guerre, parce que la défiance que l'on a du peuple oblige à employer des troupes mercenaires; alors celui à qui l'on en confie le commandement s'empare souvent de la tyrannie, comme fit Timophanes (1) à Corinthe; et si on le confie à plusieurs, ceux-ci se rendent maîtres du gouvernement. Quelquefois, dans la crainte de pareils événements, on donne quelque part d'autorité à la multitude, dans la nécessité où l'on est de se servir du peuple. En temps de paix, la défiance des oligarques, à l'égard les uns des autres, les détermine à donner la garde de l'état à des soldats étrangers, sous un chef qui n'est d'aucun parti, (2), et qui devient quelquefois maître des deux factions opposées : c'est ce qu'on vit à Larisse, sous le commandement de Samus de la famille des Aleuades (3); et à Abydos, au temps des *héteries* [factions] dont l'une était celle d'Iphiades (4).

10. Les dissensions ont lieu aussi à cause des of-

---

(1) Timophanes était le frère du célèbre Timoléon. Voyez le *Voyage du jeune Anacharsis*, chap. 8, to. 2, p. 179 suiv.

(2) Un *médiateur*, un *arbitre*. Aristote se sert ici de l'expression ἄρχων μεσίδιος, qu'il a employée dans sa *Morale*, (l. 5, c. 4). Voyez page 210 de la traduction française.

(3) Les *Aleuades*, l'une des plus illustres et des plus puissantes familles de la Thessalie, étaient *Héraclides*, ou de la race d'Hercule. Voyez, sur cela, une longue note de Schneider (*In Addend*. p. 294—299).

(4) C'est à ce fait que se rapporte un stratagème de cet Iphiades, rapporté par Æneas (*Tactic.* c. 25).

fenses réciproques que se font ceux qui sont à la tête de l'oligarchie, soit par des procès, soit à l'occasion des mariages. Nous avons donné précédemment des exemples de ce dernier genre, on peut y joindre celui de la république d'Erétrie, où l'autorité oligarchique des chevaliers fut détruite par Diagoras, qui avait été offensé au sujet d'un mariage. Il s'éleva une sédition à Héraclée, à l'occasion d'une sentence prononcée par le tribunal; et à Thèbes, pour une cause d'adultère; la punition était juste, mais la sentence avait été rendue par esprit de parti, à Héraclée contre Erytion, et à Thèbes contre Archias. En effet, leurs ennemis portèrent la fureur au point de les faire condamner à être attachés à un pieu, au milieu de la place publique (1).

11. Plusieurs gouvernements ont été détruits par quelques-uns de ceux que l'excès du despotisme oligarchique avait irrités, comme à Cnide et à Chios. Quelquefois aussi les révolutions, dans la république proprement dite, et dans l'oligarchie, sont l'effet de circonstances imprévues, lorsqu'on y est admis à exercer les fonctions de sénateur, de juge et

---

(1) On n'a presque point d'autres documents sur les divers évènements qu'Aristote ne fait qu'indiquer, dans tout ce § 10, à moins qu'on ne suppose avec l'un des commentateurs que le dernier fait, concernant Archias de Thèbes, ne soit celui que mentionne Élien (*Var. Hist.* l. 11, c. 6), et que ce ne soit le même personnage qui livra la citadelle de Thèbes aux Lacédémoniens. Voy. Plutarque (*Vit. Agesil.* c. 23. *De Genio Socrat.* ec.)

les autres magistratures, d'après un cens déterminé: car, comme la quotité de revenu exigée d'abord, eu égard au temps présent, avait été calculée de manière que, dans l'oligarchie, peu de gens eussent part à l'autorité, et dans la république seulement les citoyens du moyen ordre, il arrive souvent que, par suite de l'abondance produite par un long état de paix, ou par d'autres circonstances favorables, les mêmes propriétés ont acquis une valeur plusieurs fois plus considérable (1); en sorte que tous ont part à tout, le changement s'étant opéré quelquefois par un progrès insensible, et d'autres fois d'une manière plus rapide.

12. Telles sont donc les causes des révolutions dans les oligarchies, en général, ainsi que dans les démocraties; elles ne se changent pas toujours en gouvernements d'une forme opposée, mais quelquefois en d'autres espèces du même genre: par exemple, lorsqu'une démocratie ou une aristocratie, fondées sur les lois, se changent en une domination plus arbitraire, ou réciproquement.

VI. Il s'élève des séditions dans les aristocraties, ou parce que trop peu de gens participent aux honneurs, ce qu'on a dit être aussi une occasion de troubles dans les oligarchies, attendu que l'aristocratie est à quelques égards une oligarchie : car le pouvoir, dans l'une et dans l'autre, est entre les

---

(1) Aristote revient encore ailleurs sur ce sujet. Voyez ci-dessous, c. 7, § 6.

mains de peu de personnes (non pas pourtant par les mêmes motifs, quoique l'aristocratie semble être pour cette raison une oligarchie). Mais cela arrive nécessairement lorsqu'il y a une assez grande quantité de citoyens qui peuvent avoir des prétentions égales, sous le rapport de la vertu, comme à Lacédémone, ceux qu'on appelait *Parthéniens* (1), car ils avaient une naissance égale aux autres citoyens, mais ayant été surpris dans une conspiration, ils furent envoyés comme colonie à Tarente.

2. Ou bien lorsque quelques citoyens puissants, et qui ne reconnaissent aucun supérieur en mérite, sont privés de leurs honneurs par ceux qui sont plus élevés en dignité, comme Lysandre le fut par les rois de Sparte (2); ou lorsqu'un homme de courage est exclu des honneurs, comme Cinadon qui, sous le règne d'Agésilaüs, trama un complot contre les Spartiates (3) : et aussi lorsque les uns sont dans une excessive opulence, et les autres dans la pau-

---

(1) Les enfants nés à Sparte pendant l'absence de leurs pères, tout le temps que dura la première guerre de Messénie, furent ainsi appelés, pour indiquer leur naissance illégitime, et cette flétrissure leur ayant inspiré un vif ressentiment, les excita à conspirer, comme on le voit dans Strabon (l. 6, p. 278); leur complot ayant été découvert, ils allèrent s'établir en Italie, où ils fondèrent la ville de Tarente. Justin (l. 3, c. 4), en parlant de ce dernier fait, ne dit rien de la conspiration qui leur est imputée ici.

(2) Voyez la vie de Lysandre, dans Plutarque, ou dans Cornelius Nepos.

(3) Voyez Xénophon (*Hellenic.* l. 3, c. 3).

vreté, ce qui arrive surtout dans les temps de guerre, comme on le vit à Lacédémone à l'époque de la guerre de Messénie. C'est ce que prouve encore le poème de Tyrtée, intitulé *Eunomia* (1) : car plusieurs de ceux qui avaient souffert de la guerre demandaient un partage des terres. Enfin, lorsqu'un citoyen est devenu puissant, et peut le devenir davantage, au point de se rendre maître absolu, comme il paraît que l'était à Lacédémone Pausanias, qui avait commandé l'armée dans la guerre Médique, et Hannon à Carthage (2).

3. Ce qui détruit surtout les républiques et les aristocraties, c'est la violation de la justice, dans le gouvernement même. Cela vient de ce qu'il ne se trouve pas, dans la République, un mélange convenable de démocratie et d'oligarchie, et de ce que, dans l'aristocratie, ces éléments ne sont pas combinés avec la vertu, surtout les deux premiers. Car c'est à cette combinaison que s'attachent prin-

---

(1) Le fait qu'Aristote a en vue est rapporté, avec assez de détail, par Pausanias (l. 4, c. 18), qui dit que Tyrtée parvint à rétablir la concorde parmi les Lacédémoniens. Quant à son poème intitulé *Eunomia*, il ne nous en reste absolument rien, car la conjecture du traducteur allemand Schlosser, que les vers cités par Plutarque (*In Lycurg.* c. 6), sont peut-être un fragment de ce poème, paraît peu fondée.

(2) L'histoire de Pausanias est bien connue; voyez sa vie dans Cornélius Népos. Quant à Hannon, il faut se contenter de ce qu'en disent Justin (l. 21, c. 4), et Plutarque (*Præcept. Politic.* p. 14, éd. Hutt.).

cipalement les républiques, et la plupart des gouvernements aristocratiques.

4. En effet, c'est en cela que les aristocraties diffèrent des républiques proprement dites; et c'est par là que les unes sont plus durables, et les autres moins : car on appelle aristocraties, celles qui ont plus de tendance vers l'oligarchie ; et républiques, celles qui penchent plus vers le gouvernement populaire. Voilà pourquoi celles-ci sont plus stables que les autres : car il y a plus de force dans le plus grand nombre, et on s'y contente mieux de l'égalité; mais ceux qui jouissent d'une grande opulence, si la constitution leur accorde quelques priviléges, deviennent insolents et avides.

5. En général, quelle que soit la tendance du gouvernement, elle détermine les changements qui s'y font; chacune des parties s'appliquant à accroître ses avantages. Ainsi la république dégénère en démocratie, et l'aristocratie en oligarchie ; ou bien le changement se fait en sens opposé : par exemple, de l'aristocratie en démocratie, car les plus pauvres citoyens, comme étant victimes de l'injustice, entraînent l'état en sens contraire. Mais la république se change en oligarchie : car il n'y a de durable que ce qui est fondé sur l'égalité proportionnelle, et qui conserve à chacun la jouissance de ce qui lui appartient.

6. Ce qu'on vient de dire arriva chez les Thuriens : car, comme on y exigeait un cens considérable pour les magistratures, on le réduisit et on multiplia le nombre des charges ; et comme les no-

bles se trouvaient maîtres de tout le territoire, contre le vœu des lois, (car le gouvernement républicain y était devenu trop oligarchique, en sorte qu'ils avaient eu beaucoup de moyens de s'enrichir), le peuple s'étant aguerri dans les combats, remporta la victoire sur les gardes, de sorte que ceux qui avaient le plus de biens furent obligés d'abandonner leurs terres (1).

7. De plus, comme tous les gouvernements aristocratiques sont aussi oligarchiques, les riches y accroissent davantage leur fortune. C'est ainsi qu'à Lacédémone les propriétés tombent en un petit nombre de mains, les riches y peuvent faire tout ce qui leur plaît et contracter des alliances avec qui ils veulent. Ainsi encore le mariage de Denys causa la ruine de la république des Locriens (2), ce qui ne fût pas arrivé dans une démocratie, ni même

---

(1) Ce récit est tellement succinct, qu'on ne peut guère se faire d'idées claires, ni du mode de gouvernement des Thuriens, ni des évènements qui donnèrent lieu à la révolution dont parle ici Aristote. Le texte même n'a pas, en cet endroit, la clarté désirable, et semble avoir été tronqué ou altéré. Voyez les remarques de Schneider, p. 317—321.

(2) Diodore de Sicile (l. 14, c. 44) raconte le double mariage contracté par Denys l'ancien, dans le même jour, avec Doris, d'une des plus puissantes familles de Locres, et avec Aristomaque, Syracusaine, sœur de Dion. Mais on ne sait pas précisément comment ce mariage fut cause de la ruine de l'état des Locriens. Seulement, on voit dans Strabon (l. 6, p. 259), et dans Athénée (l. 12, p. 541), que Denys le jeune exerça chez eux une tyrannie révoltante, dont ils tirèrent, dans la suite, la plus cruelle vengeance.

dans une aristocratie sagement combinée. Ce sont surtout les aristocraties, qui, par des altérations insensibles, éprouvent de grands changements : parce que (comme on l'a dit précédemment), en général, dans toutes les républiques, la cause des révolutions agit quelquefois insensiblement. Car, lorsqu'on a négligé quelqu'une des choses qui influent sur le gouvernement, il est ensuite plus facile qu'il s'opère de nouveaux changements plus importants, jusqu'à ce qu'enfin tout l'édifice soit ébranlé.

8. C'est ce qui arriva encore dans la république de Thurium : car, comme il y avait une loi qui ne permettait de commander l'armée qu'après un intervalle de cinq ans, quelques jeunes gens, qui étaient devenus habiles dans l'art militaire, et qui avaient acquis du crédit sur les soldats, méprisant ceux qui avaient la conduite des affaires, et s'imaginant qu'ils viendraient facilement à bout de leur dessein, entreprirent d'abolir cette loi (en sorte qu'ils pussent conserver le commandement sans interruption), surtout lorsqu'ils virent le peuple disposé à leur donner ses suffrages. Cependant ceux des magistrats qui sous le nom de *Conseillers* (1) devaient surveiller cette partie, et qui d'abord avaient résolu de s'opposer au changement, consentirent à céder, dans la persuasion que ceux qui voulaient

---

(1) Ou *membres du conseil* (σύμβουλοι). Heyne (*Opuscul. Academ.* t. 2, p. 151) suppose que c'étaient des magistrats chargés de veiller au maintien des lois, ou *Gardiens des lois* (νομοφύλακες). dont parle Cicéron (*De Legib.* l. 3, c. 20).

abolir la loi ne changeraient rien d'ailleurs au gouvernement. Mais lorsque, dans la suite, ils voulurent s'opposer à de nouvelles propositions, ils se trouvèrent sans aucune force, et la république fut ainsi transformée en un gouvernement arbitraire, dans les mains de ceux qui avaient introduit ces nouveautés.

9. Au reste, toutes les républiques peuvent être renversées, soit par des causes intérieures, soit par des causes extérieures, lorsqu'il se trouve dans leur voisinage, ou même au loin, quelque gouvernement opposé, qui dispose de la force. C'est ainsi que les Athéniens, par exemple, abolissaient partout l'oligarchie, et les Lacédémoniens la démocratie. Nous avons donc dit quelles sont à peu près les causes des changements et des séditions qui arrivent dans les gouvernements.

VII. Il convient à présent de parler des moyens de salut, tant généraux que particuliers, pour chaque forme de gouvernement. Et d'abord, il est clair que si nous connaissons les causes de leur dépérissement, nous connaissons aussi les moyens de leur conservation; car les effets contraires sont le produit de causes contraires : or, le dépérissement est le contraire de la conservation. Dans les républiques sagement tempérées, ce qu'il faut surtout observer, c'est de prévenir les plus petites atteintes qui pourraient être portées aux lois.

2. Car l'illégalité s'introduit quelquefois sans qu'on s'en aperçoive, comme les petites dépenses souvent répétées dérangent les fortunes. La dévia-

tion est presque insensible, parce que tout ne se fait pas à la fois : car l'esprit se fait illusion en pareil cas; c'est le sophisme connu, si chaque partie est petite, le tout doit l'être aussi : mais cela est vrai quelquefois, et quelquefois non; puisque le tout ou l'ensemble n'est pas toujours une petite chose, quoiqu'il soit composé de petites choses. Il faut donc se précautionner contre ces commencements, ensuite se défier des sophismes habilement présentés pour tromper la multitude, car ils se réfutent d'eux-mêmes par les faits. Au reste, nous avons dit précédemment quels sont ces sophismes des gouvernements (1).

3. Il faut de plus considérer que non seulement des aristocraties, mais aussi des oligarchies se conservent, non pas pour être des gouvernements stables en eux-mêmes, mais par le bon emploi que ceux qui sont dans les charges font des ressources de la république, tant au dedans qu'au dehors, en ne commettant pas d'injustices envers ceux qui ne participent point au pouvoir; en appelant aux charges, ou aux dignités, ceux qui ont le plus de talent pour gouverner ; en ne privant pas injustement les ambitieux de toute considération, et les gens du peuple de tout profit ; enfin en mettant une sorte d'affabilité et de popularité dans leurs procédés les uns à l'égard des autres. Car cette égalité que les partisans du régime populaire exigent en faveur de

---

(1) Voyez ci-dessus l. 4, c. 10, § 6.

la multitude, est non-seulement juste, mais utile, parmi les hommes du même rang.

4. Voilà pourquoi, si ceux qui administrent les affaires sont nombreux, beaucoup de réglements populaires peuvent leur être utiles, comme de borner à six mois l'exercice des charges, afin que tous ceux qui sont de même condition puissent y participer, car ils forment alors comme un peuple. Aussi s'élève-t-il souvent des démagogues parmi eux, comme on l'a déjà dit. D'ailleurs, l'oligarchie et l'aristocratie sont moins sujettes à tomber dans l'arbitraire ; car il n'est pas aussi facile d'intriguer, quand on n'a l'autorité que pour peu de temps, que lorsqu'on la possède long-temps. C'est ce qui fait que, dans les oligarchies et dans les aristocraties, il s'élève souvent des tyrans : car, ou les plus grands aspirent, dans les unes et dans les autres, au pouvoir absolu (ici, les démagogues, là, les hommes puissants), ou ce sont ceux qui possèdent les plus grandes magistratures, lorsqu'ils les exercent trop long-temps.

5. Les états se conservent quelquefois, non-seulement par l'éloignement des causes qui pourraient les renverser, mais aussi par leur proximité. Car la crainte fait qu'on surveille plus attentivement l'administration ; en sorte qu'il faut que ceux qui ont à cœur le salut de l'état, ménagent pour ainsi dire quelques sujets d'alarmes, afin qu'on se tienne sur ses gardes, qu'on ne tente rien contre la sûreté publique, et qu'à l'exemple d'une sentinelle de nuit on tienne compte du danger éloigné, comme s'il

était près. Il faut aussi s'appliquer à prévenir, par de sages lois, les rivalités des hommes puissants, les séditions, et empêcher à temps que ceux qui n'y sont pas encore engagés soient tentés d'y prendre part. Car, juger dès le principe le vice qui existe, n'est pas le fait d'un homme ordinaire, mais de celui qui est habile dans la politique.

6. Quant au changement de l'oligarchie en république, produit par la quotité des revenus, lorsqu'il arrive que, le cens restant le même, la richesse en numéraire s'est accrue, il est utile de comparer l'état présent des fortunes à l'état passé, chaque année, par exemple, si c'est l'époque prescrite par la loi pour le recensement; et, tous les trois ans, ou tous les cinq ans (1), dans les états plus considérables. Alors, suivant que l'on trouve une somme plusieurs fois moindre ou plus considérable qu'auparavant, relativement au cens établi pour les magistratures, il faut ou le diminuer ou l'augmenter par une loi : le diminuer, si le résultat est moindre; et l'augmenter proportionnellement à l'accroissement de la richesse, si le résultat est plus considérable.

7. Car, dans les oligarchies et dans les républiques où l'on n'en agit pas ainsi, il arrive que celles-ci se changent en oligarchies, et que le pouvoir

---

(1) On voit dans Xénophon (*De Republ. Atheniens.* c. 3, § 5) que le rôle et la répartition des impôts, surtout de ceux que les Athéniens exigeaient des habitants des îles, qu'ils appelaient leurs *alliés*, se faisait tous les cinq ans.

arbitraire s'établit dans celles-là; et, dans le cas ou le cens exigé est trop faible, la république se change en démocratie, et l'oligarchie devient, ou république, ou état populaire. Une règle générale, dans la démocratie, dans l'oligarchie, dans la monarchie, et en toute forme de gouvernement, c'est que personne ne puisse s'agrandir outre mesure; c'est de s'appliquer plutôt à n'établir que des magistratures peu considérables, lorsqu'elles doivent durer longtemps, ou de peu de durée, quand elles sont considérables; car elles se corrompent promptement, et il y a bien peu d'hommes capables de supporter la prospérité. Autrement, il faut observer de ne pas donner beaucoup de pouvoir à la fois, et aussi de ne pas l'ôter tout d'un coup, mais par degrés.

8. Il faut surtout s'attacher à ce que, par l'effet des lois, personne ne puisse acquérir ni une grande puissance, ni un grand crédit, par sa fortune ou par ses amis, ou bien mettre de tels citoyens dans la nécessité de s'absenter. Mais, comme ceux qui mènent une vie privée peuvent aussi tenter des innovations, il est bon qu'il y ait quelque magistrature chargée de surveiller les simples citoyens dont le genre de vie n'est pas conforme au système du gouvernement, c'est-à-dire, à la démocratie dans le gouvernement populaire, à l'oligarchie dans un état oligarchique, et ainsi de chacun des autres. Il est bon aussi d'empêcher, pour les mêmes causes, que quelque partie de l'état n'acquière une prépondérance trop grande; le remède à cela est de remettre l'action du gouvernement et les magistratures aux mains

des partis naturellement opposés. J'entends par partis opposés, les hommes distingués, par rapport à la multitude, et les pauvres à l'égard des riches. Il faut aussi s'appliquer à mêler, en quelque sorte, la multitude des pauvres avec la classe des riches, ou augmenter la classe moyenne. Car c'est elle qui peut concilier les dissentiments qui naissent de l'inégalité.

9. Mais ce qu'il y a de plus important, dans tout gouvernement, c'est que tout soit réglé par les lois et par l'ensemble des institutions, de manière qu'il ne soit pas possible aux magistrats de faire des profits. C'est ce qu'il faut surtout observer dans les gouvernements oligarchiques; car, par là, les citoyens, loin de s'indigner de se voir éloignés des charges, sont bien aises de pouvoir vaquer à leurs affaires particulières; ce qui n'arrive pas, lorsqu'on s'imagine que les magistrats dilapident la fortune publique; car alors, on éprouve le double chagrin de se voir frustré des profits et des honneurs.

10. Cependant, il y aurait une manière d'unir ensemble la démocratie et l'aristocratie, ce serait de faire en sorte que les puissants et le peuple eussent, chacun de son côté, ce qu'il peut désirer. En effet, le droit de parvenir aux charges, accordé à tous, est une institution démocratique; et n'admettre aux dignités que les citoyens d'un rang élevé, est le caractère de l'aristocratie. Or cela aura lieu, lorsqu'il n'y aura pas occasion de s'enrichir dans les emplois. Car les pauvres ne voudront pas les occuper, puisqu'il n'y aura aucun profit, mais ils préfére-

ront de veiller à leurs propres intérêts; et les riches le pourront, n'ayant aucun besoin de s'enrichir aux dépens du public. De cette manière, les pauvres, en vaquant à leurs travaux, s'enrichiront; et les citoyens distingués ne seront pas soumis à l'autorité d'hommes sans talents et sans éducation.

11. Pour que le trésor public ne soit pas dilapidé, il faut que le dépôt en soit fait, en présence de tous les citoyens ; que des états en soient remis entre les mains des communautés, des centuries et des tribus; et que la loi décerne des honneurs à ceux qui auront exercé leurs charges avec désintéressement. Mais, dans les démocraties, il faut ménager les riches, et non-seulement ne point avoir recours aux partages des terres, mais pas même à celui des produits, ce qui se pratique, sans qu'on s'en aperçoive, dans quelques états. Il vaut même mieux interdire les dépenses publiques et considérables, mais qui ne seraient pas utiles, lorsque les riches veulent s'en charger; comme celles que l'on fait pour les spectacles, pour les courses avec des flambeaux, et autres solennités de ce genre (1).

12. Mais, dans l'oligarchie, il faut avoir beaucoup d'égards à la classe pauvre, et lui laisser la jouissance de tous les emplois lucratifs. Et, si quelqu'un

---

(1) C'est probablement cet endroit de la *Politique* d'Aristote que Cicéron a eu en vue (*De Offic.* l. 2, c. 16), lorsqu'après avoir censuré l'opinion de Théophraste, grand admirateur de ces sortes de profusions, il lui oppose le jugement qu'en porte notre philosophe.

des riches les traite avec insolence, il faut le punir avec plus de sévérité que s'il avait insulté ses égaux. Il faut que les héritages ne puissent point être donnés à d'autres qu'aux personnes de la famille; et que le même individu ne puisse pas hériter de plusieurs personnes. Car, de cette manière, il y aura plus d'égalité dans les fortunes, et plus de pauvres qui parviendront à une sorte d'aisance.

13. Il est utile aussi, dans la démocratie et dans l'oligarchie, d'accorder l'égalité, et même la préférence, à ceux qui participent moins au gouvernement; aux riches dans la démocratie, et aux pauvres dans l'oligarchie, excepté pour les principales magistratures : celles-là ne doivent être confiées qu'aux seules personnes qui composent le gouvernement, ou du moins au plus grand nombre d'entre elles.

14. Mais on doit exiger trois conditions chez ceux qui sont destinés à remplir les places les plus importantes : premièrement, l'attachement au gouvernement établi; ensuite, les talents les plus distingués pour l'administration; en troisième lieu, l'amour de la justice, et l'espèce de vertu la plus convenable à la forme du gouvernement. Car, si le droit n'est pas le même dans toutes, il faut nécessairement que les notions de justice y soient différentes. Mais, dira-t-on peut-être, lorsque toutes ces conditions ne se trouveront pas réunies, on sera fort embarrassé de savoir comment choisir. Par exemple, si un citoyen a des talents pour la guerre, et qu'il soit en même temps vicieux et

peu affectionné au gouvernement ; ou si celui qui est juste et dévoué, n'a aucun talent pour la guerre, comment se décidera-t-on dans le choix ?

15. Il convient donc de considérer à quoi tous les hommes sont plus généralement propres, et à quoi ils le sont moins. Voilà pourquoi, dans le commandement des armées, il faut avoir plus d'égards à l'expérience qu'à la vertu ; car il est plus rare de trouver de bons généraux, que des hommes probes. Mais, pour la surveillance et la garde du trésor public, c'est tout le contraire ; car il y faut plus de vertu que n'en a le commun des hommes, au lieu que tout le monde peut en avoir la science. On pourrait demander quel besoin on a de la vertu, lorsque le talent de l'administration se trouve réuni à l'affection pour le gouvernement, car ces deux qualités suffiront pour que l'on soit utile. Ou bien serait-ce qu'il est possible que ceux qui possèdent ces deux qualités ne soient pas des hommes d'un caractère sûr : tellement que, de même qu'ils ne soignent pas leurs propres intérêts, bien qu'ayant la science nécessaire et l'amour d'eux-mêmes, ainsi rien n'empêche qu'ils ne sacrifient aussi l'intérêt public ?

16. En général, tout ce que nous déclarons être utile aux gouvernements, dans les lois établies, tend à leur conservation ; et la condition principale, dont on a déjà parlé bien des fois, est d'observer que le nombre de ceux qui veulent que l'état subsiste, l'emporte sur celui des personnes qui ne le veulent pas. Mais, outre cela, il ne faut point perdre de vue

ce juste milieu, méconnu aujourd'hui des républiques qui s'écartent des véritables principes. Car, bien des choses favorables, en apparence, au gouvernement populaire, ou au gouvernement oligarchique, contribuent à la ruine des démocraties et des oligarchies.

17. Mais ceux qui s'imaginent que c'est là l'unique mérite, tombent dans l'excès : ils ne songent point que, de même qu'un nez qui s'écarte de la ligne la plus favorable à la beauté, de manière à paraître ou aquilin ou camus, peut cependant donner quelque agrément à la physionomie : cependant, si l'on exagère à l'excès ce défaut, d'abord il perdra la dimension propre à cette partie, et enfin on fera si bien que, par l'excès ou le défaut de proportion, il n'y aura plus de nez du tout (1); il en sera ainsi des autres parties. Or, la même chose peut arriver à l'égard des états.

18. Car il est possible qu'une oligarchie, ou une démocratie, bien qu'elles n'aient pas la constitution la plus parfaite, aient un degré de bonté suffisant; mais, si on exagère le principe de l'une ou de l'autre, d'abord on rendra le gouvernement plus mauvais, et enfin il n'y aura plus de république. Il faut donc que le législateur et l'homme d'état sachent quelles sont les institutions populaires qui peuvent être nuisibles à la démocratie, et quelles institutions oligarchiques sont nuisibles à l'oligarchie. Car

---

(1) Aristote se sert encore de cette comparaison dans sa *Rhétorique* (l. 1, c. 4).

ni l'un ni l'autre de ces gouvernements ne peut subsister qu'avec des riches et une masse populaire : mais, quand l'égalité dans les fortunes s'est établie, il faut nécessairement que la forme du gouvernement change. De sorte que ceux qui altèrent les lois relatives à la prééminence des classes, les unes à l'égard des autres, altèrent aussi la forme du gouvernement (1).

19. Il se commet encore des fautes dans les démocraties et dans les oligarchies. Dans les unes, par les démagogues, lorsque la multitude est maîtresse des lois. Car, en s'élevant contre les riches ils divisent sans cesse la société en deux partis opposés, tandis qu'il faudrait au contraire avoir l'air de parler pour les riches; et que les chefs de l'oligarchie parussent toujours défendre les intérêts du peuple. En un mot, il faudrait que les oligarques fissent un serment tout contraire à celui qu'ils prêtent aujourd'hui dans quelques républiques, car telle est la formule de ce serment : *je serai toujours ennemi du peuple, et je conseillerai ce que je saurai lui être nuisible*. Mais il faudrait penser et feindre tout le contraire, et dire, en prêtant serment : *je ne ferai aucun tort au peuple* (2).

---

(1) Le texte n'est pas ici assez clair, pour qu'on soit sûr d'avoir saisi la véritable pensée de l'auteur; on a donc cru devoir suivre plutôt la liaison des idées.

(2) Opposons à l'absurde serment des oligarques, dont parle ici Aristote, celui que prêtaient tous les jeunes Athéniens, dans la chapelle d'Aglaure [ou Agraule], lorsque, parvenus à leur

20. Au reste, dans tout ce que nous avons dit, le point le plus important pour la stabilité des états, et que tous négligent aujourd'hui, c'est que l'éducation soit appropriée à la forme du gouvernement : car les lois les plus utiles, et qui réunissent le plus l'assentiment de tous les citoyens, ne serviront de rien, si l'on n'a pas pris des habitudes et reçu une éducation analogues à la constitution; c'est-à-dire, populaires, si les lois sont populaires, et oligarchiques, si elles sont oligarchiques; car si l'intempérance est un vice des individus, elle est aussi un vice des états.

21. Mais avoir reçu une éducation analogue à la forme du gouvernement, ce n'est pas faire ce qui plaît aux chefs de l'oligarchie, ou aux partisans de la démocratie; c'est faire ce qui contribuera à assurer aux uns la durée de l'oligarchie, et pour les autres celle de la démocratie. De nos jours, les enfants de ceux qui sont à la tête des gouvernements

---

vingtième année, ils étaient enrôlés parmi les défenseurs de l'état : « Je ne déshonorerai point mes armes : je n'abandonne-
« rai point le compagnon, quel qu'il soit, près de qui je me
« trouverai placé dans les rangs : je défendrai les temples, les
« choses saintes, soit seul, soit avec un grand nombre d'autres;
« je ne trahirai point ma patrie, et je travaillerai à la rendre
« plus grande et plus glorieuse : je me conformerai aux sentences
« des juges, j'obéirai aux lois établies, et à celles que le peuple
« aura sanctionnées dans sa sagesse; et si quelqu'un ose y déso-
« béir ou les enfreindre, je ne le souffrirai pas; mais je les dé-
« fendrai, soit seul, soit de concert avec tous. » Voyez Pollux,
l. 8, § 105; Stobée, *Serm.* 41, p. 243.

oligarchiques, vivent dans la mollesse et dans les délices; tandis que les enfants des pauvres s'exercent aux travaux et s'endurcissent à la fatigue : il arrive de là que ceux-ci sont plus enclins à tenter des nouveautés, et plus capables d'y réussir.

22. D'un autre côté, dans les démocraties qui passent pour être le plus populaires, il existe un état de choses tout opposé à ce qui serait avantageux. Cela vient de ce qu'on définit mal la liberté: car il y a, ce semble, deux conditions pour que la démocratie existe; l'une, que la multitude ait l'autorité, l'autre que l'on jouisse de la liberté. En effet, on regarde l'égalité comme le fondement de la justice, et l'on prétend que ce qui est déclaré égal, suivant l'opinion de la multitude, ait force de loi; que la liberté et l'égalité consistent à faire ce qu'on veut : en sorte que, dans de pareilles démocraties, chacun vit à sa fantaisie, et au gré de son caprice, comme dit Euripide (1), mais c'est un inconvénient. Car il ne faut pas croire que vivre pour l'état soit une servitude (2), c'est plutôt un moyen de salut.

---

(1) Il semble que ce soit plutôt une manière de s'exprimer, qu'une pensée d'Euripide que l'auteur a eue ici en vue. Voyez, sur cet endroit du texte, les remarques de M$^r$ Coray, p. 301.

(2) Un des commentateurs rappelle, à cette occasion, cette belle pensée de Cicéron (*Pro Cluent.* c. 53): *Legum ministri magistratus, legum interpretes judices, legum denique idcirco omnes servi sumus, ut liberi esse possimus.* « Les magistrats sont « les ministres des lois, les juges sont les interprètes des lois; « en un mot, nous sommes tous esclaves des lois, afin de pou- « voir vivre libres. »

*Tome II.*

Telles sont donc, pour le dire en peu de mots, les conditions et les circonstances qui contribuent aux changements et à la corruption des républiques, et tels sont les moyens qui peuvent les conserver et les affermir.

VIII. Il nous reste à parler aussi de la monarchie, et de ce qui peut le plus ordinairement contribuer à sa ruine, ou à sa conservation ; au reste, les circonstances relatives à la royauté et à la tyrannie, sont à peu près les mêmes que celles dont nous avons parlé en traitant des républiques. Car, la royauté a quelque analogie avec l'aristocratie, et la tyrannie est un résultat de la démocratie et de l'oligarchie, portées au dernier degré. Voilà pourquoi elle est ce qu'il y a de plus dommageable aux sujets, comme étant composée de deux maux, et réunissant les inconvénients et les vices qui se trouvent dans ces deux sortes de gouvernement.

2. Des causes contraires donnent immédiatement naissance à deux espèces de monarchies : car la royauté fut établie pour protéger la classe supérieure contre la violence du peuple ; et l'on choisit pour roi quelqu'un des citoyens distingués par leurs vertus, ou par des actions qui viennent de la vertu, ou à raison d'une naissance qui suppose ce genre de prééminence. Au lieu qu'un tyran est pris dans le sein du peuple et de la multitude, pour l'opposer aux hommes puissants, et afin que le peuple ne souffre aucune injustice de leur part ; c'est ce que les faits prouvent avec évidence.

3. En effet, la plupart des tyrans sont, pour

ainsi dire, sortis de la classe des démagogues qui s'étaient attiré la confiance du peuple, à force de calomnier les hommes puissants : et quelques-unes de ces tyrannies se sont établies ainsi dans des états déjà parvenus à un certain degré d'accroissement : d'autres, avant celles-là, l'ont été par des rois violateurs des lois de leur patrie, et avides d'une autorité despotique ; d'autres, par ceux qui avaient été élevés par le choix des citoyens aux principales magistratures. Car anciennement les peuples confiaient [à leurs chefs] l'autorité publique et les plus hautes dignités, pour un temps considérable : d'autres enfin se sont établies dans des oligarchies, où l'on choisissait quelque citoyen qui disposait en maître de la plus grande autorité.

4. Car tous ont pu facilement venir à bout de leurs desseins, par ces divers moyens, s'ils le voulaient, puisqu'ils avaient, les uns, le pouvoir attaché à la dignité de roi, et les autres la considération qui tenait à leur magistrature. C'est ainsi que Phidon à Argos, et d'autres ailleurs, établirent leur tyrannie sur une royauté déjà existante : et Phalaris, comme les tyrans de l'Ionie, profita des honneurs qu'on lui accordait pour établir la sienne. Panætius chez les Léontins, Cypsélus à Corinthe, Pisistrate à Athènes, et Denys à Syracuse, profitèrent de leur ascendant sur le peuple pour arriver au même but (1).

---

(1) Phidon d'Argos, de la race d'Hercule, et inventeur des mesures Phidoniennes, ou vases Phidoniens, n'est pas le même

5. La royauté a donc, comme nous l'avons dit, quelque analogie avec l'aristocratie : car elle se fonde sur le mérite, sur la vertu, sur la naissance, ou sur les bienfaits, ou sur la puissance réunie à ces divers avantages; en effet, tous ceux qui ont été, ou qui ont pu être les bienfaiteurs des villes ou des nations, ont obtenu ce genre d'honneur. Les uns, par leurs vertus guerrières, en préservant le peuple de la servitude, comme Codrus; les autres, en l'affranchissant, comme Cyrus; d'autres en devenant les fondateurs d'un état, ou en l'aggrandissant par des conquêtes, comme les rois des Lacédémoniens, des Macédoniens et des Molosses.

6. Le roi doit être le protecteur des citoyens, il empêche que personne ne souffre d'injustice dans sa propriété, et que le peuple ne soit exposé à au-

---

que celui dont il a été parlé ci-dessus (l. 2, c. 6). Il se conduisit, suivant Hérodote (l. 6, c. 127), de la manière la plus insolente envers les Éléens. Voyez aussi Strabon (l. 8, p. 358); Pausanias (l. 6, c. 22), et Plutarque (*Narrat. Amator.* p. 93, Reisk.) Sur les tyrans de l'Ionie, au temps de Darius, voyez Hérodote (l. 4, c. 134). Sur Phalaris, tyran d'Agrigente, voyez Polyen (*Stratagem.* l. 5, c. 1, éd. Coray); il paraît qu'il voulut aussi asservir la ville d'Himère, et, pour engager les citoyens à se défier de lui, Stésichore imagina l'apologue du cheval dompté par l'homme, comme nous l'apprend Aristote lui-même dans sa *Rhétorique* (l. 2, c. 20). On ne sait rien de Panætius, tyran des Léontins, et peu de choses de Cypsélus; mais Pisistrate et Denys sont trop connus pour qu'il soit nécessaire d'indiquer ici les auteurs qui en ont parlé.

cun outrage. Mais la tyrannie, comme on l'a dit plusieurs fois, n'a jamais en vue le bien général, si ce n'est pour sa propre utilité. Le but que se propose le tyran, c'est le plaisir ou l'agrément; le roi n'a en vue que l'honneur. Voilà pourquoi l'un aspire plus à accroître ses richesses, et l'autre sa gloire; la garde d'un roi est composée de citoyens, mais celle d'un tyran, l'est d'étrangers.

7. Au reste, il est évident que la tyrannie réunit à la fois les vices de la démocratie et ceux de l'oligarchie. Elle tient de l'oligarchie son but principal, qui est la richesse; car c'est nécessairement le seul moyen que le tyran ait de pourvoir à sa sûreté et à ses plaisirs. Elle en tient aussi la défiance à l'égard du peuple, et c'est pour cela que l'on a soin de désarmer les citoyens. Molester la multitude, exiler et bannir les citoyens de la ville, est le procédé commun à l'oligarchie et à la tyrannie. D'un autre côté, elle a de commun avec la démocratie, de faire une guerre continuelle aux riches, de leur nuire par toutes sortes de moyens, secrets ou déclarés, de les condamner à l'exil comme des rivaux, et de les écarter comme des obstacles au pouvoir. Ce sont eux en effet qui trament incessamment des complots; les uns voulant exercer eux-mêmes l'autorité, et les autres ne voulant pas être asservis; de là le conseil donné à Thrasybule par Périandre, coupant les têtes des épis qui s'élevaient au-dessus des autres, pour lui faire entendre qu'il devait faire périr tous les citoyens qui

auraient acquis quelque crédit, ou quelque prééminence.

8. On doit donc reconnaître que le principe et les causes des changements qui arrivent dans les républiques et dans les monarchies, sont, comme nous l'avons dit, à peu près les mêmes. Car la crainte, les injustices et le mépris déterminent la plupart du temps les sujets à conspirer contre les monarchies : et, en fait d'injustices, c'est surtout l'outrage et quelquefois la privation des biens. D'ailleurs, le but est le même, et dans la tyrannie et dans la monarchie; car la grandeur des richesses et des honneurs dont jouissent les monarques est l'objet de l'ambition de tous.

9. On conspire quelquefois contre la personne des princes, et quelquefois contre leur autorité : les conspirations contre la personne ont pour causes les outrages; et comme il y en a de plusieurs espèces, chacune d'elles devient une cause de ressentiment; mais la plupart de ceux qui l'éprouvent, conspirent pour se venger et non pour s'emparer du pouvoir. Ainsi la ruine des fils de Pisistrate, vint d'un outrage fait à la sœur d'Harmodius, et de l'injure faite à Harmodius lui-même : car celui-ci conspira pour venger sa sœur, et Aristogiton pour venger Harmodius (1). Periander, tyran d'Ambracie, fut victime d'une conjuration, parce qu'en sou-

---

(1) Voyez le détail de cet évènement dans l'*Histoire* de Thucydide (l. 5, c. 54—60), et dans le dialogue de Platon, intitulé *Hipparchus*, p. 229.

paut avec un jeune homme qu'il aimait, il lui avait demandé s'il n'était pas enceint de lui (1).

10. La conspiration de Pausanias contre Philippe vint de ce que ce prince l'avait laissé outrager par Attalus (2). Derdas conspira contre Amyntas surnommé *le Petit*, parce qu'il s'était vanté d'avoir abusé de sa jeunesse; et Eunuchus conspira contre Evagoras, roi de Cypre, parce que le fils de ce prince, lui ayant enlevé sa femme, Eunuchus tua Evagoras pour se venger (3). Enfin, beaucoup de conspirations ont eu lieu contre des monarques, par vengeance des mauvais traitements qu'on avait reçus d'eux.

11. Telle fut celle de Cratæus contre Archelaüs, dont la familiarité lui était devenue insupportable, en sorte que ce prétexte, et même une circonstance encore moins importante, suffit pour le décider, parce que, malgré la promesse que ce prince lui avait faite, il ne lui avait donné aucune de ses deux filles. Mais, se trouvant arrêté par la guerre contre Sirrha et Arabacus, il maria l'aînée au roi d'Elimée, et la cadette au fils d'Amyntas, espérant, par ce moyen, prévenir tout différent entre lui et le fils de Cléopatre. Quoi qu'il en soit, le principe de

---

(1) Voyez ci-dessus, c. 3, § 6.
(2) Voyez le récit de cette conjuration, et de la mort de Philippe, dans Diodore de Sicile (l. 16, c. 93, 94); dans Plutarque (*Vit. Alexand.* c. 10), et dans Justin (*Hist.* l. 9, c. 6).
(3) Voyez Diodore de Sicile (l. 15, c. 47, éd. de Wesseling).

leur querelle fut que Cratæus était importuné à l'excès de son commerce avec Archelaüs (1).

12. Hellanocrates de Larisse conspira aussi avec lui pour la même cause : car, comme Archelaüs n'exécutait pas la promesse qu'il lui avait faite de le rétablir dans sa patrie, il s'imagina que, sans avoir pour lui un véritable attachement, Archelaüs n'avait voulu que l'outrager. Paron et Héraclide, d'Ænos, tuèrent Cotys, pour venger la mort de leur père (2); et Adamas abandonna le parti de ce même Cotys, par ressentiment de l'outrage qu'il lui avait fait, en le faisant mutiler dans son enfance.

13. Beaucoup de gens aussi, pour avoir reçu des traitements humiliants, ou des coups, ont entrepris de renverser l'autorité des chefs des états, ou des monarques, et plusieurs y ont réussi. Ainsi, à Mity-

---

(1) Tout cet endroit est extrêmement obscur, ne contenant presque que des allusions à une partie de l'histoire de la Macédoine, sur laquelle nous n'avons d'ailleurs que des documents fort imparfaits; et les recherches des plus savants commentateurs d'Aristote, sur ce point, ne nous rendent pas son texte plus intelligible. On s'en convaincra si l'on prend la peine de lire les remarques de Schneider, p. 338—340, et p. 500 et 501.

(2) *Ænos*, ville de Thrace, à l'embouchure de l'Hèbre. *Cotys*, roi de ce pays, fut tué par *Paron*, ou plutôt *Python*, suivant Diogène Laërce (l. 3, § 46). Plutarque (*Adv. Colot.* to. 10, p. 629, éd. Reisk., et *De sui Laude*, t. 8, p. 146), ajoute qu'après la mort de Cotys, Python se réfugia à Athènes, et que, comme on lui prodiguait les louanges, et les applaudissements, il dit simplement : « Athéniens, je ne suis que le bras dont les « dieux se sont servi pour punir un tyran. »

lène, Mégaclès, conjurant avec ses amis, fit périr les *Penthilides* (1) qui parcouraient les rues en frappant les citoyens à coups de massue; et depuis, Smerdis tua Penthilus, qui l'avait battu et fait traîner par sa femme. Et Décamnichus devint le chef de la conjuration contre Archelaüs, étant le premier à exciter les conjurés, parce que ce prince l'avait livré au poète Euripide pour être battu de verges; et Euripide était irrité contre lui, pour une plaisanterie qu'il avait faite sur ce que ce poète sentait mauvais de la bouche.

14. Un grand nombre d'autres ont été ou assassinés, ou exposés à des conjurations, pour de semblables causes. Mais la crainte produit aussi de pareils effets: car nous avons vu que c'est encore une des causes de désordres et de troubles dans les républiques, aussi-bien que dans les monarchies. Ainsi Artaban fit périr Xerxès, dans la crainte qu'il eut de se voir accuser, au sujet de Darius, pour l'avoir fait étrangler sans l'ordre du roi, mais espérant qu'on lui pardonnerait, comme ayant perdu la

---

(2) On appela ainsi les descendants de Penthilus, fils d'Oreste. Voyez les commentaires de Bachet de Méziriac sur les *Héroïdes* d'Ovide (to. 2, p. 370 suiv.), et l'*Histoire des premiers temps de la Grèce*, de feu M.$^r$ Clavier (to. 2, p. 45 suiv.) Quant à Mégaclès, dont il est question ici, on ne sait d'ailleurs rien de ce personnage, non plus que de Smerdis; le fait de Décamnichus et du poète Euripide est aussi raconté par Suidas, et par les auteurs de la vie d'Euripide, mais d'une manière fort confuse, comme le remarque Schneider (to. 2, p. 341).

mémoire de ce qui s'était dit dans un festin (1). D'autres conspirations ont été produites par le mépris, comme celle qui coûta la vie à Sardanapale, qu'un de ses officiers avait vu filant la laine au milieu des femmes (2), si ceux qui font ce récit disent la vérité : mais si cela n'est pas vrai de ce prince, cela pourrait bien l'être de quelqu'autre. Dion aussi conspira contre le second Denys, par mépris pour sa personne, voyant que tous les citoyens avaient le même sentiment pour lui, et qu'il était dans un état de continuelle ivresse.

15. Le mépris porte même quelquefois des amis à conspirer, parce qu'ils s'imaginent que la confiance dont ils jouissent fermera les yeux sur leurs intrigues. Ceux aussi qui croient pouvoir s'emparer de l'autorité, conspirent en quelque sorte par mépris, car, dédaignant le danger, et se fiant sur leur puissance, ils tentent facilement des entreprises. Tels sont ceux qui commandent les armées des

---

(1) Ce fait est rapporté tout autrement par Ctésias (*Persic.* c. 29), par Diodore de Sicile (l. 11, c. 69), et par Justin (l. 3, c. 1); mais une foule de témoignages des historiens anciens et modernes confirment la vérité de l'observation que fait ici notre philosophe, à quoi se rapportent aussi les paroles de Cicéron, à l'occasion du meurtre de César : *Omnium autem rerum nec aptius est quidquam ad opes tuendas ac tenendas, quam diligi, nec alienius quam timeri. Præclare Ennius :*

Quem metuunt odere : quem quisque odit periisse expetit.

*Multorum autem odiis nullas opes posse resistere, si antea fuit ignotum, nuper est cognitum*, etc.

(2) Voyez la *Morale*, p. 13, de la trad. française.

monarques : par exemple, Cyrus à l'égard d'Astyage (1), dont il méprisait la manière de vivre et l'autorité, parce que l'une était pleine de mollesse, et l'autre sans énergie; et le Thrace Seuthès (2) à l'égard d'Aamadocus dont il était le général. D'autres conspirent par plus d'une cause, par exemple, par mépris et par cupidité, comme Mithridates contre Ariobarzanes (3). Mais c'est surtout le mépris qui inspire de pareils projets aux hommes naturellement audacieux, qui obtiennent les honneurs militaires près des monarques. Car le courage joint à l'autorité devient audace, et voilà ce qui fait naître les projets de conspiration, c'est l'espoir d'un succès facile.

16. Quant à ceux que l'ambition engage dans de telles entreprises, ils s'y déterminent par d'autres motifs que ceux que nous venons de dire. Car nul d'entre eux n'entreprend rien contre les tyrans, par jalousie des grandes richesses et des grands honneurs qu'ils possèdent, et ne consent à courir des dangers par ce motif; mais ils attentent à l'autorité des monarques, par le même motif qui leur ferait tenter toute autre entreprise propre à les illustrer. Ce n'est pas à la monarchie, c'est à la gloire qu'ils aspirent.

17. Toutefois, il n'y a qu'un très-petit nombre

---

(1) Voyez Hérodote (*Hist.* c. 123 et suiv.)

(2) Voyez Xénophon (*Anab.* l. 7, c. 2; et *Hellenic.* l. 4, c. 8.)

(3) Voyez Xénophon (*Cyroped.* l. 8, c. 8). Si c'est à cet endroit de la *Cyropédie* qu'Aristote fait allusion, il est surprenant qu'il n'ait pas ajouté que Mithridates était fils d'Ariobarzanes.

d'hommes qui soient susceptibles d'être entraînés par un tel motif; car il faut supposer que le soin de leur propre conservation disparaît entièrement devant le désir d'accomplir leur dessein : il faut qu'ils soient tout-à-fait du sentiment de Dion, mais il est difficile que beaucoup de gens en soient capables. En effet, ce héros se mit à la tête de quelques soldats contre Denys, déclarant qu'à quelque degré qu'il pût conduire son entreprise, il s'en contenterait; que dût-il même périr, après avoir seulement touché la terre, et débarqué ses troupes, une telle mort lui paraîtrait honorable.

18. Il n'y a qu'une manière dont la tyrannie puisse être renversée, ainsi que tout autre gouvernement, par une cause extérieure : c'est lorsqu'il se trouve un gouvernement contraire, qui est plus fort, car il est clair que la volonté se joindra à l'opposition des principes. Or, on fait toujours ce qu'on veut, quand on le peut. J'appelle gouvernements contraires, la démocratie, à l'égard de la tyrannie, de même que le potier à l'égard du potier, comme dit Hésiode. En effet, le dernier degré de la démocratie c'est la tyrannie. La royauté et l'aristocratie ont aussi des principes de gouvernement opposés : c'est pour cela que les Lacédémoniens abolirent un grand nombre de tyrannies, ce que firent aussi les Syracusains dans le temps qu'ils avaient un bon gouvernement (1).

---

(1) Probablement lorsqu'ils eurent chassé le tyran Thrasybule, comme le dit Diodore de Sicile (*Hist.* l. 11, c. 68).

19. La tyrannie se détruit quelquefois elle-même, lorsque ceux qui ont part au pouvoir sont désunis. C'est ce qui arriva autrefois à celle de Gélon, et qui arrive aujourd'hui à celle de Denys. Thrasybule, frère d'Hiéron, s'était fait le flatteur du fils de Gélon, et le jetait dans une vie voluptueuse, afin d'exercer seul l'autorité, tandis que ses proches complotaient, non pas pour abolir la tyrannie, mais seulement l'autorité de Thrasybule. Mais les citoyens, profitant de l'occasion, les chassèrent tous, dans une révolte générale (1). Quant à Dion, qui fit la guerre à Denys son parent, en se servant de l'appui du peuple, il périt lui-même, après avoir chassé le tyran.

20. Entre les deux causes principales des conspirations qui se font contre la tyrannie, je veux dire la haine et le mépris, il faut toujours qu'il y en ait une qui s'attache aux tyrans, c'est la haine. Cependant beaucoup de ces gouvernements ont été abolis pour avoir excité le mépris. Ce qui le prouve, c'est que la plupart de ceux qui se sont arrogé l'autorité suprême, l'ont conservée pendant un certain temps; mais presque tous leurs successeurs ont péri. Car, vivant au milieu des délices, ils deviennent bientôt méprisables, et donnent de fréquentes occasions de conspirer contre eux.

21. Au reste, on doit regarder la colère comme

---

(1) On n'a d'ailleurs aucun autre renseignement sur ce fils de Gélon, dont parle ici Aristote, ni sur ce complot des parents de Thrasybule contre lui.

une partie de la haine, car elle produit jusqu'à un certain point des actions du même genre. Souvent même elle est plus active que la haine; car on conspire alors avec plus d'opiniâtreté, entraîné par une passion qui ne permet pas de faire usage de la raison, et c'est surtout l'outrage qui donne naissance à la colère. Telle fut, par exemple, la cause qui fit abolir la tyrannie des Pisistratides et bien d'autres tyrannies. Mais la haine y contribue encore davantage; car la colère est toujours accompagnée d'un sentiment de peine, en sorte qu'on ne peut guère réfléchir, au lieu que la haine n'est pas toujours pénible. Pour résumer ce que nous venons de dire, il faut compter parmi les causes de la tyrannie toutes celles que nous avons montrées, comme propres à produire le dernier degré de l'oligarchie et de la démocratie, car ce ne sont que des espèces diverses de la tyrannie.

22. La royauté est beaucoup moins exposée à être détruite par des causes extérieures : aussi est-elle assez durable, mais elle porte en elle-même plusieurs causes d'altération. Elle peut périr de deux manières : l'une, lorsque ceux qui partagent l'autorité royale sont divisés; l'autre, lorsqu'ils veulent gouverner d'une manière trop tyrannique, et étendre leur pouvoir en violant les lois. Il n'y a plus maintenant de royautés : ou s'il s'en trouve, ce sont plutôt des monarchies et des tyrannies. Parce que la royauté est une autorité fondée sur l'assentiment des sujets, mais qui s'étend sur un grand nombre de choses, beaucoup de citoyens peuvent

être jusqu'à un certain point, les égaux du roi, sans que pourtant aucun d'eux ait assez de prééminence pour rivaliser avec la grandeur et l'importance de la dignité royale; de sorte que ce n'est pas volontairement peut-être qu'on se soumet à ce pouvoir; mais, quand il a été usurpé par la ruse ou par la force, dès lors on le regarde comme tout-à-fait tyrannique.

23. Lorsque la royauté est fondée sur la naissance, on doit compter parmi les causes qui peuvent entraîner sa ruine, outre celles que nous avons déja dites, le mépris où tombent la plupart des rois, et l'abus insolent qu'ils font d'une puissance qui n'est pas la tyrannie, mais la dignité royale. Car, la ruine d'un pareil gouvernement est facile, puisque le roi cessera de régner, aussitôt qu'on le voudra; mais le tyran continue de l'être, même quand on ne le veut plus. Telles sont donc les causes de la ruine des monarchies.

IX. Elles se conservent, en général, par des procédés contraires, et spécialement par tout ce qui tend à modérer le pouvoir royal. Car nécessairement l'autorité, quelle qu'elle soit, est d'autant plus durable qu'elle s'étend à moins de choses. Les monarques eux-mêmes deviennent moins despotes, se rapprochent plus, par leurs mœurs, de l'égalité, et sont moins exposés à l'envie de leurs sujets. C'est par là que la royauté subsista long-temps chez les Molosses (1), et à Lacédémone: parce que, dès l'o-

---

(1) Leurs premiers rois descendaient, dit-on, de Pyrrhus,

rigine, elle fut partagée entre deux familles, et qu'ensuite Théopompe modéra le pouvoir, par diverses institutions, et notamment par l'établissement du tribunal des Ephores. Car, en diminuant la puissance royale, il en augmenta la durée, en sorte qu'à quelques égards il ne la rendit pas moindre, mais au contraire plus grande. C'est aussi, dit-on, ce qu'il répondit à sa femme, qui lui demandait s'il n'avait pas honte de ne laisser à ses fils qu'une puissance moindre que celle qu'il avait reçue de son père: « non certes, dit-il, car je la leur transmettrai « plus durable » (1).

2. Quant aux tyrannies, elles se maintiennent par deux moyens contraires: dont l'un, suivi par la plupart des tyrans dans leur administration, s'est transmis par une sorte de tradition. On prétend que ce fut Périandre, de Corinthe, qui imagina un grand nombre de ces secrets; on en trouve aussi beaucoup de tels dans le gouvernement des Perses. C'est, comme on l'a déja dit, (pour affermir autant qu'il est possible la tyrannie) d'abaisser ceux qui ont quelque supériorité, de faire périr les hommes qui ont des sentiments généreux, de ne permettre ni

---

fils d'Achille. Voyez Justin (l. 17, c. 3). Plutarque (*Vit. Pyrrh.* l. 5) nous apprend que, chaque année, il y avait une assemblée générale, où le roi et le peuple s'engageaient, par des serments réciproques, à se conformer aux lois.

(1) Voyez aussi Plutarque (*In Lycurg.* c. 7). Lampridius, dans la vie d'Alexandre Sévère, rapporte que ce prince fit une semblable réponse à sa mère.

les repas en commun ni les associations d'amis, ni l'instruction, ni rien enfin de pareil; mais de se garder de toutes ces choses, propres ordinairement à faire naître la fierté et la confiance; en un mot, de ne souffrir ni assemblées, ni aucunes des réunions où les hommes occupent leurs loisirs, et de tout faire, au contraire, pour que les citoyens soient le plus qu'il est possible inconnus les uns aux autres: car c'est la fréquentation habituelle qui produit le plus de confiance réciproque.

3. Il faut aussi veiller à ce que les voyageurs qui se succèdent, se montrent souvent et fréquentent le palais du monarque, car de cette manière on ne pourra ignorer ce qu'ils font, et cet asservissement continuel les habitue à ne pas prendre des sentiments de fierté. Ces moyens et autres semblables usités chez les Perses et chez les barbares, sont propres à la tyrannie, car tous peuvent produire le même effet. Il faut aussi s'appliquer à ne rien ignorer de ce que dit ou fait chaque citoyen, mais avoir des espions, comme étaient à Syracuse ceux qu'on appelait *Potagogides*, et ces *Écouteurs* (1) qu'Hiéron envoyait partout où il y avait une réunion ou une

---

(1) Ποταγωγίδας καὶ Ὠτακουςάς. La forme ποταγωγίδας est du dialecte dorien, au lieu de προσαγωγέας, dont Plutarque se sert (*In Dion.* c. 28, et *De Curiosit.* to 8, p. 74. Reisk.) Littéralement ce mot signifie *entremetteurs*, *délateurs*, c'est-à-dire, ici des hommes à qui le palais du tyran était toujours ouvert, et qui y amenaient sans cesse, pour les livrer comme des victimes, ceux qu'ils dénonçaient, pour des propos, ou des complots, vrais ou supposés.

assemblée; car on parle avec moins de liberté, lorsqu'on craint d'être entendu par de pareils gens, et si l'on se permet de parler, le tyran peut moins l'ignorer.

4. Il faut encore exciter par des calomnies et diviser entre eux les amis, le peuple et les hommes puissants, animer les riches les uns contre les autres. Appauvrir les sujets est aussi une ressource de la tyrannie, afin de pourvoir à l'entretien de la garde, et afin que les citoyens occupés à vivre au jour le jour n'aient pas le loisir de conspirer. On en voit un exemple dans les pyramides de l'Egypte, dans les offrandes consacrées à Delphes par les Cypsélides, dans la construction du temple de Jupiter Olympien par les Pisistratides, et dans les immenses travaux que fit exécuter Polycrates à Samos; car tout cela a le même but et le même résultat, d'appauvrir les sujets en les occupant (1).

5. Les contributions sont encore un moyen, comme on le vit à Syracuse sous le règne de Denys, où dans l'espace de cinq ans toute la fortune

---

(1) Hérodote (l. 2, c. 124) semble porter sur les pyramides d'Égypte le même jugement qu'Aristote. Quant aux offrandes des Cypsélides, et à la statue colossale d'or massif qu'ils avaient promis de consacrer à Jupiter s'ils recouvraient leur autorité, et qu'ils lui consacrèrent en effet, on peut voir Suidas, au mot Κυψελιδῶν ἀνάθημα, et les scholies sur Platon (*ad Phædr.* p. 235 a). Vitruve, dans la préface de son *Traité d'Architecture*, parle du temple de Jupiter Olympien, bâti par les Pisistratides, et Hérodote (l. 3, c. 60) des monuments construits à Samos, sans les attribuer expressément à Polycrates.

publique entra dans le trésor (1). Le tyran est aussi disposé à faire la guerre, afin que les sujets n'aient point de loisir, et sentent incessamment le besoin qu'ils ont d'un chef militaire. Le monarque peut se maintenir par l'affection de ses amis, mais le propre de la tyrannie est de se défier de l'amitié; car le tyran sait que tout le monde veut sa ruine, mais que ses amis surtout peuvent la consommer.

6. Ce qui se passe dans la démocratie, portée au dernier degré, a tous les caractères de la tyrannie : la domination des femmes dans l'intérieur des familles (2), afin qu'on sache par elles ce que font leurs maris; la licence des esclaves, tolérée par le même motif; car ni les esclaves, ni les femmes, ne conspirent contre les tyrans, et il est naturel que jouissant d'une sorte de bonheur, ils aient pour la tyrannie et pour la démocratie des sentiments de bienveillance. En effet, le peuple est ordinairement un monarque absolu (3), et c'est pour cela que les flatteurs sont en honneur près de l'un et de l'au-

---

(1) L'auteur du petit traité intitulé *OEconomicus*, qui se trouve parmi les œuvres d'Aristote, a recueilli plusieurs traits de ce genre d'exactions et de spoliations les plus odieuses, pratiquées par des princes et par des gouvernements.

(2) Voyez encore ci-dessous (l. 6, c. 4). Platon caractérise à peu près de la même manière les excès de la démocratie et de la monarchie, dans le huitième livre de sa *République*. Il y parle aussi de la licence des esclaves. Xénophon (*De Rep. Athen.* l. 1, § 10), et Démosthène (*Philippic.* 3, p. 111), signalent cet inconvénient comme devenu très-grave chez les Athéniens.

(3) Voyez Aristophane (*Equit.* vs. 1111).

tre, près du peuple le démagogue (car le démagogue est le flatteur du peuple), près des tyrans ceux qui leur font bassement la cour, ce qui est l'œuvre de flatterie. Voilà pourquoi la tyrannie est amie du vice, car les tyrans aiment qu'on les flatte; or aucun homme ayant quelque sentiment de liberté ne descend à ce rôle. Les gens de bien aiment, ou du moins ne flattent point, mais on se sert des méchants pour faire le mal. Car un clou en pousse un autre, comme dit le proverbe.

7. C'est encore un caractère de la tyrannie de ne se plaire au commerce d'aucun homme libre et qui ait de la dignité, car le tyran croit devoir seul posséder ces avantages : tandis que celui qui affecte de montrer quelque sentiment de dignité et de liberté, lui ôte pour ainsi dire sa supériorité. De tels gens lui sont donc odieux, comme le dépouillant en quelque sorte de son autorité; il admet à ses festins et dans son intimité des étrangers, plutôt que des citoyens, parce que les uns sont ses ennemis, et les autres n'ont point de prétentions à son pouvoir. Ces moyens, et autres du même genre, appartiennent à la tyrannie dont ils maintiennent l'autorité; mais il n'y manque aucun degré de perversité (1).

(1) On voit assez quel est le sentiment de notre philosophe sur ces épouvantables moyens auxquels les tyrans de tous les pays et de tous les temps ont été obligés de recourir, et qui leur ont la plupart du temps si mal réussi. Les réflexions de l'ancien traducteur français (L. Leroi), sur cette partie de la

8. Ils peuvent tous être compris, en quelque manière, sous trois espèces, car il y a trois choses que se propose la tyrannie : l'une, de dégrader les ames des sujets ; celui qui a une ame basse et lâche ne sera jamais tenté de conspirer. La seconde, de semer la défiance parmi eux, car la tyrannie ne peut pas être renversée, tant qu'il ne se trouve pas des hommes qui puissent avoir confiance les uns aux autres. Voilà pourquoi les tyrans sont en guerre contre les gens d'honneur, comme pouvant nuire à leur autorité, non-seulement pour ne vouloir pas être gouvernés despotiquement, mais à cause de la confiance qu'ils ont en eux-mêmes, ou qu'ils inspirent à d'autres, et parce qu'ils sont incapables de se découvrir eux-mêmes et d'accuser les autres. La troisième, c'est l'impossibilité d'agir ; car personne n'entreprend ce qui est impossible ; et, par conséquent, on n'entreprend pas même d'abolir la tyrannie, quand on n'en a pas le pouvoir.

---

*Politique*, me semblent pourtant mériter d'être mises sous les yeux du lecteur. « Aristote ( dit-il ) semble avoir esté trop cu-
« rieux en la déduction des moyens tyranniques, pour tant que
« les mauvais princes sont assez enclins d'eulx-mêmes à inventer
« ce qui sert à leur grandeur et seureté, sans qu'il soit besoing
« les instruire par livres. Machiavel, formant son prince, a tiré
« d'ici les principaux fondements de telle institution, qui doibt
« estre leuë avec grande discretion, pour estre escritte par un
« autheur sans conscience et sans religion. Mais nous, qui avons
« proposé de ne rien mettre en avant, que n'estimions servir à
« l'honneur de Dieu, et au bien de la société humaine, passe-
« rons ce discours..... etc. »

9. Ce sont là les trois buts où visent les desseins des tyrans. Car on peut ramener à ces trois objets les procédés de la tyrannie ; d'une part que les citoyens ne se fient pas les uns aux autres ; ensuite qu'ils soient dans l'impuissance de conspirer ; enfin qu'ils n'aient aucune élévation dans les sentiments (1). Tel est donc un des moyens de conserver l'autorité tyrannique.

10. L'autre système emploie des procédés presque tout contraires à ceux qu'on vient de décrire (2). Il faut le prendre dans ce qui est une sorte de corruption de la royauté ; car, comme le moyen de la détruire c'est de rendre l'autorité plus tyrannique, ainsi le moyen de conserver la tyrannie, c'est de la rendre plus royale ; en observant de garder la puissance, afin de commander aux citoyens, non-seulement s'ils y consentent, mais même malgré eux : car, abandonner ce point, c'est renoncer à la tyrannie ; or, il faut qu'il subsiste comme étant la base [de l'existence du tyran]. Quant au reste, il doit pratiquer de certaines choses, et

---

(1) Schneider soupçonne que cette nouvelle récapitulation, ou cette répétition presque littérale de ce qui a été dit un peu plus haut, n'est peut-être qu'une glose marginale, insérée mal à propos dans le texte ; mais peut-être Aristote pensait-il qu'il y a des vérités qu'on ne saurait trop croire.

(2) Ceci répond à ce qui a été dit précédemment (§ 2). Au reste, les mêmes vues que présente ici Aristote, et à peu près le même système d'idées sont indiqués dans la *Lettre* de Platon aux parents de Dion (*Epist.* 8, p. 157. Bipont.).

paraître vouloir en exécuter d'autres, imitant le mieux possible le gouvernement royal.

11. Premièrement, il doit paraître s'intéresser au bien public, et ne point faire de ces dons et de ces dépenses qui irritent la multitude, lorsqu'elle voit que l'on s'empare violemment du fruit de sa peine et de ses travaux, et qu'on le prodigue à des courtisanes, à des étrangers et à des artistes. Il faut rendre compte de ce qu'on reçoit et de ce qu'on dépense, comme ont fait déjà plusieurs tyrans; car, en administrant ainsi, on paraîtra plutôt être l'économe que le tyran du peuple; mais il ne faut pas craindre de jamais manquer d'argent, puisqu'on est maître de l'état.

12. D'ailleurs, il est plus avantageux aux tyrans, quand ils font quelque expédition au dehors, d'en agir ainsi, que de laisser des trésors considérables (1); parce que ceux qui en ont la garde sont moins tentés de conspirer; et, quand le tyran s'absente, ces gens-là sont plus à craindre pour lui, que les citoyens; car ceux-ci l'accompagnent, et les autres restent dans la ville. Il faut de plus que les contributions et les subventions paraissent exigées par des motifs d'économie, et qu'en cas de besoin on en consacre le produit aux expéditions militaires. En un mot, le tyran doit se montrer comme le

---

(1) Voyez le traité de Xénophon, intitulé *Hieron, ou de la Tyrannie* (c. 6, § 11), dont le sujet est presque entièrement le même que celui auquel Aristote a consacré ce chapitre et le précédent.

gardien et le trésorier d'une richesse qui appartient au public plutôt qu'à lui-même.

13. Il doit affecter en public un air plutôt grave, que sévère, propre, non pas à inspirer de la terreur à ceux qui sont admis devant lui, mais plutôt à leur imprimer le respect : ce qui, à vrai dire, n'est pas facile, quand on se rend méprisable. Voilà pourquoi il faut, quand même on négligerait les autres vertus, s'appliquer du moins à la science du gouvernement, et à donner de soi l'opinion qu'on y est habile. Il faut encore, non-seulement que le tyran ne se permette aucun outrage envers les sujets, qu'il ménage la pudeur des personnes de l'un et de l'autre sexe, et n'offense aucun de ceux qui l'environnent ; mais il doit empêcher aussi que les femmes qui lui appartiennent n'en outragent d'autres ; car un grand nombre de tyrannies ont été renversées pour des outrages faits à des femmes.

14. En fait de plaisirs et de jouissances des sens, il faut faire tout le contraire de ce que font aujourd'hui plusieurs tyrans. Car, non-seulement ils s'y livrent dès l'aurore, et plusieurs jours de suite, mais ils sont bien aises que les autres les voient agir ainsi, afin d'exciter l'admiration et l'envie de leur bonheur. On doit, au contraire, se modérer beaucoup sur ce point, ou au moins se donner l'apparence de fuir de tels plaisirs. Car, ce n'est pas l'homme sobre contre qui l'on conspire, ou qu'on méprise facilement, mais c'est celui qui s'enivre ; ce n'est pas celui qui veille, mais celui qui dort.

15. Il faut enfin faire presque tout le contraire de ce que nous avons dit précédemment; car on doit s'appliquer à orner et à embellir la ville, comme en étant le protecteur et non pas le tyran. Il faut aussi se montrer sans cesse pénétré de respect pour les dieux : car les citoyens craignent moins d'éprouver quelque injustice de la part des hommes de ce caractère, lorsqu'ils pensent que celui qui a autorité sur eux respecte la religion et craint les dieux. Ils sont moins portés à conspirer contre lui, en voyant qu'il a les dieux pour alliés, mais il doit paraître pieux, sans superstition. On doit aussi honorer ceux qui ont acquis de la réputation, dans quelque genre que ce soit, de manière qu'ils ne croient pas qu'ils fussent mieux récompensés par les citoyens, s'ils étaient indépendants; et il faut que le tyran lui-même donne de telles récompenses, tandis que les châtiments seront infligés par d'autres magistrats, et par les tribunaux (1).

16. Une précaution utile à la conservation de toute monarchie, c'est de n'agrandir jamais un citoyen tout seul, mais d'en élever plusieurs à la fois, car ils s'observeront les uns les autres. Et, dans le cas où on voudrait en rendre un puissant, que ce ne soit pas un de ces hommes d'un caractère audacieux, toujours prêts à tout entreprendre. Enfin, si l'on croit devoir dépouiller quelqu'un de ses pri-

---

(1) Voyez Xénophon (*Hier.* c. 9, § 3; et *Cyroped.* l. 8, c. 1, § 18; et c. 2, § 27).

viléges, il faut le faire par degrés, et non pas lui enlever tout d'un coup ce qu'il possède.

17. Il faut encore s'abstenir de toute espèce d'outrages, mais surtout de deux, des châtiments corporels et des offenses à la pudeur de la jeunesse ; s'en abstenir surtout à l'égard de ceux qui ont de l'ambition et de l'élévation d'ame, car les hommes avides d'argent supportent avec peine les torts faits à leur fortune, mais les ambitieux et les gens d'honneur s'indignent de tout ce qui blesse leur dignité. C'est pourquoi on ne doit point employer de pareils châtiments, ou au moins leur donner l'apparence d'une correction paternelle, et non celle du mépris. Quant au commerce avec la jeunesse, il faut qu'il ait du moins l'amour pour excuse, et qu'on n'y voie pas l'abus de la puissance ; et, en général, dédommager par de plus grands honneurs ceux qui se croiraient humiliés.

18. Mais, entre ceux qui peuvent entreprendre contre la vie du tyran, les plus redoutables, et contre lesquels il est le plus nécessaire de se garantir, sont ceux qui ne craignent point de sacrifier leur propre vie. Voilà pourquoi il convient de les ménager beaucoup, lorsqu'ils croient avoir été insultés, eux ou leurs parents ; car, emportés par la colère, ils bravent toute espèce de dangers, comme l'a observé Héraclite (1), lorsqu'il dit qu'il est diffi-

---

(1) Voyez la *Morale* (l. 2, c. 3), p. 61, de la trad. franç. Cette pensée d'Héraclite a souvent été citée par les anciens, notamment par Plutarque (*Vit. Coriolan.* c. 22, p. 62, et 381 éd. Coray).

cile de combattre la colère : car on lui sacrifie sa propre vie.

19. Mais, comme les cités ou les états se composent de deux classes, celle des pauvres et celle des riches, il faut qu'elles croient que le gouvernement veille à leur conservation, et empêche que l'une n'éprouve des injustices de la part de l'autre; et, quelle que soit celle des deux qui a le plus de puissance, faire en sorte qu'elle soit dévouée au gouvernement, afin que le tyran se trouve dans une situation telle qu'il ne soit obligé, ni de donner la liberté aux esclaves, ni de désarmer les citoyens; car l'un des deux partis, en se joignant à celui qui dispose de l'autorité, suffit pour contenir ceux qui entreprendraient contre elle.

20. Il est inutile de parler en particulier de chacune de ces circonstances, car le but est évident, c'est qu'il ne faut pas que le gouvernement soit tyrannique, mais royal, et, pour ainsi dire, économique; qu'il ne paraisse pas usurpateur, mais protecteur des droits des sujets; qu'on y observe la modération, et qu'on y évite les excès; il doit de plus se concilier, par l'affabilité, l'amour des riches, et gagner par la popularité l'affection de la multitude. Car l'autorité exercée sur des hommes d'un caractère plus généreux, en sera nécessairement plus honorable, et accompagnée de plus de bonheur: inspirant moins de crainte, elle sera aussi moins exposée à la haine, et par conséquent plus durable. En un mot, il sera utile au tyran d'avoir de bonnes mœurs et des vertus, ou d'être à moitié vertueux; de n'être

pas tout-à-fait méchant, mais [s'il le faut ainsi dire] à moitié méchant.

21. Au reste, entre tous les gouvernements, l'oligarchie et la tyrannie sont les moins durables; car la tyrannie d'Orthagoras et de ses enfants, à Sicyone (1), est celle qui a subsisté le plus long-temps; elle dura un siècle entier. Et ce qui en fut cause, c'est qu'ils usaient de beaucoup de modération à l'égard des sujets, et qu'ils transgressaient rarement les lois; et, comme Clisthène avait des talents militaires, il fut respecté. D'ailleurs, ils se conciliaient l'attachement du peuple, en s'occupant beaucoup de ses intérêts. Aussi, dit-on que Clisthène fit présent d'une couronne à celui qui lui refusait le prix de la victoire; et quelques-uns racontent qu'il fit élever une statue dans la place publique à celui qui avait prononcé ce jugement. On dit aussi que Pisistrate consentit une fois à se défendre devant l'aréopage (2), à l'occasion d'un procès qui lui était intenté.

22. Vient ensuite la tyrannie des Cypsélides à Corinthe : car elle dura soixante-treize ans et six mois. En effet, Cypsélus régna trente ans (3), Périandre

---

(1) Les auteurs où l'on peut trouver quelques renseignements sur cette histoire des tyrans de Sicyone, d'ailleurs assez peu connue, sont Plutarque (*Vit. Arat.* c. 2 et 13); Hérodote (l. 5, c. 67, et l. 6, c. 126); Pausanias (l. 2, c. 8, et l. 10, c. 39). Voyez aussi Plutarque (*De Ser. Num. Vind.*, éd. Wyttenbach, p. 28 et 44).

(2) Voyez Plutarque (*Vit. Solon.* c. 31).

(3) Voyez Hérodote (l. 5, c. 80).

quarante (1), et Psammetichus, fils de Gordius, trois ans (2). Mais ce fut à peu près par les mêmes causes; car Cypsélus était un démagogue, et n'eut jamais de gardes tout le temps qu'il exerça son pouvoir. Périandre eut un caractère tyrannique, mais il était guerrier.

23. La troisième est celle des Pisistratides à Athènes; mais elle ne fut pas continue : car Pisistrate fut obligé de s'exiler deux fois, pendant la durée de son règne. En sorte que, dans l'espace de trente-trois ans, il n'en régna que dix-sept; ses enfants gouvernèrent pendant dix-huit ans, de manière que cette tyrannie ne dura en tout que trente cinq ans (3). Quant aux autres, celle d'Hiéron et de Gélon à Syracuse ne subsista pas long-temps, elle ne dura guère que dix-huit ans; car Gélon, après avoir régné sept ans, périt dans la huitième année, Hiéron en régna dix, et Thrasybule périt au bout de onze mois. En général, la plupart des tyrannies ont duré très-peu de temps. (4) Nous avons dit à peu près toutes les causes de destruction, et aussi tous les moyens de conservation propres aux républiques et aux monarchies.

X. Dans la république de Platon, Socrate parle

---

(1) Voyez Diogène Laërce (l. ·, § 98).

(2) Voyez les notes de Walckenaër sur Hérodote (p. 222, Wessel.).

(3) Hérodote (l. 5, c. 75) dit qu'elle dura trente-six ans.

(4) Voyez Élien (*Var. Hist.* l. 6, c. 13), avec les remarques de Périzonius.

aussi de ces révolutions, mais il n'en parle pas bien ; car il ne fait pas connaître proprement le changement qui peut arriver dans la première et meilleure forme de gouvernement. Il prétend, en effet, que rien ne peut se maintenir, parce qu'il doit toujours survenir des changements dans une période donnée (2), et que cela arrive, lorsque les nombres dont la racine cubique est ajoutée à un multiple de cinq font deux harmonies, c'est-à-dire, lorsque le nombre de cette figure devient solide : attendu qu'alors la nature produit des êtres dépravés et qui résistent à toute éducation. Peut-être cela n'est-il pas sans quelque vérité ; car il est possible qu'il se trouve des individus qui ne peuvent jamais devenir vertueux ; mais en quoi le changement ainsi produit serait-il plus propre à la meilleure forme de gouvernement qu'à toutes les autres ?

2. D'ailleurs, dans l'intervalle de temps où il

---

(2) Voyez Platon (*De Republ.*, l. 8). La plupart des commentateurs se sont donné beaucoup de peines, pour comprendre et pour expliquer ce point de doctrine platonicienne, sans pouvoir y réussir. Schneider, dans son commentaire (p. 358—361), a recueilli un assez grand nombre de passages et d'opinions diverses, relatives à cet endroit de la politique, sans pouvoir arriver à un résultat qui offre quelque chose d'intelligible. Au reste, Polybe dans le 6ᵉ livre de son histoire, Cicéron (*De Divinat.* l. 2, init.), et Tacite (*Annal.* l. 3, c. 55), ont fait allusion à cette doctrine des révolutions, que Platon paraît avoir puisée dans les rêveries mystiques de Pythagore et de ses disciples sur les nombres.

prétend que tout change, ce qui n'a pas commencé à exister en même temps change néanmoins dans ce moment là. Par exemple, si des choses ont commencé à exister la veille de cette révolution, elles ne la subissent pas moins. Outre cela, quelle raison y aurait-il pour que telle forme de république se changeât en celle de Lacédémone? Car il arrive souvent que les gouvernements prennent une forme tout-à-fait contraire à celle qu'ils avaient, plutôt qu'une forme voisine. Le même raisonnement s'applique aux autres révolutions : car il prétend qu'une république comme celle de Lacédémone se change en oligarchie, puis en démocratie, et enfin en tyrannie. Cependant les révolutions se font aussi en sens inverse, comme de la démocratie en oligarchie et plus encore en monarchie.

3. Enfin il ne dit ni si la tyrannie doit subir quelque révolution, ni en quelle forme elle se changera, ni, en cas qu'elle n'en doive point subir, pourquoi cela; c'est qu'il ne lui aurait pas été facile d'en dire la cause, car il n'y a rien là de déterminé. Puisque, suivant lui, ce changement devrait ramener à la première forme et à la plus excellente, alors ce serait un cercle sans interruption, cependant la tyrannie se change aussi en tyrannie, comme à Sicyone où l'autorité de Myron passa aux mains de Clisthène. Elle se change aussi en oligarchie, comme la tyrannie d'Antiléon à Chalcis; et aussi en démocratie, comme la domination de Gélon à Syracuse; enfin, en aristocratie, comme il

arriva à Lacédémone, sous le règne de Charilaus (1), et à Carthage.

4. L'oligarchie se change aussi en tyrannie, comme on le vit autrefois dans la plupart des républiques de la Sicile, dans celle des Léontins, où l'autorité fut usurpée par Panætius (2), et à Géla par Cléander, et à Rhegium par Anaxilaüs (3), et de même dans un grand nombre d'autres villes. Au reste, il est absurde de penser qu'une oligarchie s'établisse parce que ceux qui sont dans les charges sont avides de richesses et en acquièrent d'immenses, et non pas parce que ceux qui ont une grande supériorité de fortune, s'imaginent qu'il n'est pas juste que les pauvres aient des droits égaux à ceux des riches. Dans beaucoup de gouvernements oligarchiques, il n'est pas permis de s'enrichir, mais il y a des lois qui le défendent; cependant à Carthage où le gouvernement est démocratique, on s'enrichit; et il ne s'y est point encore opéré de révolution (4).

---

(1) Voyez Plutarque (*In Lycurg.* c. 5). Quant à la révolution arrivée à Carthage, on n'en sait absolument rien, et l'on ignore même à quelle époque de l'existence de cette république il faut la rapporter.

(2) Il a été fait mention ci-dessus (c. 8, § 4) de ce Panétius. Sur Cléander, voyez Hérodote (l. 7, c. 154).

(3) Anaxilaüs ou Anaxilas, était Messénien d'origine. Voyez Strabon (l. 4, p. 253), et Pausanias (l. 4, c. 23, et l. 5, c. 26). Voyez aussi Diodore de Sicile (l. 11, c. 48 et 76).

(4) Ceci semblerait en contradiction avec ce que l'auteur a

5. Il est étrange aussi de prétendre que dans un gouvernement oligarchique il y a comme deux cités, celle des riches et celles des pauvres; car quelle différence y a-t-il entre un tel gouvernement et celui de Lacédémone, ou tout autre, dans lequel tous ne possèdent pas des fortunes égales, où tous ne sont pas pareillement vertueux et braves? en supposant qu'aucun citoyen ne soit devenu plus pauvre qu'auparavant, l'oligarchie ne s'en change pas moins en démocratie, si les pauvres deviennent plus nombreux; et la démocratie en oligarchie, si la classe riche devient plus puissante que le peuple; et que les uns négligent leurs intérêts, tandis que les autres s'appliqueront à accroître leur puissance. Parmi un grand nombre de causes propres à amener des révolutions, Socrate n'en énonce qu'une : c'est que les citoyens, par l'effet de la prodigalité et de l'usure, deviennent pauvres; comme si, dès le principe, tous, ou au moins le plus grand nombre, avaient été riches.

6. Mais cela n'est pas vrai. Cependant, lorsque quelques-uns des principaux citoyens ont perdu leur fortune, ils cherchent à changer l'ordre de choses qui existe : lorsque ce sont les autres, il n'en résulte rien de grave, et alors le gouvernement ne se change pas en démocratie plutôt qu'en toute autre forme. Mais s'ils ne sont pas

---

dit plus haut (§ 3), à moins qu'on ne suppose qu'il l'entend depuis l'époque où le gouvernement aristocratique fut établi à Carthage.

admis aux honneurs, s'ils sont exposés à l'injustice ou aux outrages, ils excitent des séditions et changent le gouvernement, quand même ils n'auraient point perdu leur fortune (1)..... parce qu'ils sont en état de faire tout ce qu'ils veulent; c'est cet état de choses que Socrate regarde comme l'effet d'une trop grande liberté. Entre les formes diverses d'oligarchie et de démocratie qui existent, Socrate parle de toutes les révolutions qu'elles peuvent subir, comme s'il n'y en avait qu'une seule......

---

(1) Il y a évidemment ici une lacune dont il est assez difficile d'apprécier l'étendue; mais on est autorisé à penser que l'auteur, après avoir achevé de développer ses idées sur les causes des révolutions qui peuvent avoir lieu dans les gouvernements oligarchiques, et les changer en démocratie, ajoutait quelques réflexions sur les changements que peut subir cette dernière forme, à laquelle semble se rapporter la phrase incomplète qui suit immédiatement. Il paraît même que ce livre n'a pas été entièrement conservé, et qu'il y manque encore la réfutation de l'opinion de Socrate, ou de Platon, énoncée dans la dernière phrase.

# LIVRE VI.

### ARGUMENT.

I. Il ne suffit pas de considérer les causes qui contribuent à la ruine ou à la conservation des états; il faut aussi savoir quels seront les résultats de la combinaison des différents principes (monarchique, oligarchique et démocratique) qui caractérisent les formes essentielles du gouvernement, suivant que l'un ou l'autre se trouvera avoir plus ou moins d'intensité dans chaque état en particulier. Il faut même avoir au moins quelque idée de ce qui constitue la perfection en ce genre; et, pour cela, il convient d'approfondir davantage les notions que l'on s'est faites jusqu'à présent, et d'abord, de considérer tout ce qui caractérise la pure démocratie, fondée essentiellement sur la liberté et sur l'égalité. Ensuite il faut examiner par quels moyens on peut parvenir à établir cette égalité. — II. La meilleure et la plus parfaite des démocraties est aussi celle qui s'est établie dès les plus anciens temps. Elle peut exister surtout chez les peuples agriculteurs, c'est-à-dire chez lesquels la culture des terres est l'occupation de la classe la plus nombreuse. Livrés à des travaux assidus, ils n'ont pas le loisir de s'occuper des affaires publiques; et pourvu que leurs droits soient respectés, et que les lois soient observées, ils vivent en repos. Les peuples pasteurs sont, après ceux-ci, les plus propres à vivre sous un gouvernement démocratique; mais chez les nations où les classes des trafiquants, des ouvriers de tout genre, ou des mercenaires, composent le plus grand nombre, on voit plus communément s'établir l'extrême démocratie, ou des gouvernements qui s'en rapprochent plus ou moins. Au reste, les institutions propres à la tyrannie, le sont aussi presque toutes à la démocratie ainsi dégradée ; car la corruption des mœurs et l'absence des sentiments généreux sont à peu près égales dans ces deux sortes de gouvernement. — III. Il n'est pas toujours fort difficile d'établir une démocratie, ou toute autre forme d'administration ; mais il l'est de lui donner de la stabilité. Les moyens d'assurer celle du gouvernement populaire, consistent à restreindre plutôt qu'à augmenter le pouvoir de la multitude ; à soumettre à de graves peines ceux qui intentent des accusations mal fondées, afin de mettre un frein à la témérité des délateurs ; à empêcher que la dernière classe du peuple ne tombe dans une indigence trop excessive, etc. — IV. Les institutions qui conviennent à chaque espèce d'oligarchie correspondante aux diverses sortes de démocratie, doivent naturellement avoir une tendance tout opposée à celles qui sont établies dans celles-ci. Quant à la dernière espèce en ce genre, c'est-à-dire celle qui correspond à l'extrême démocratie, qui est le plus arbitraire et le plus tyrannique des gouvernements oligarchiques, elle ne peut, comme tous les mauvais gouvernements, subsister que par un art et des précautions infinies. Il convient toujours, même au système oligarchique, d'accorder à la multitude quelque part dans le gouvernement. Il faut aussi imposer à ceux qui exercent les plus hautes magistratures, l'obligation de faire certaines dépenses publiques considérables ; afin que les gens d'une condition inférieure n'y puissent pas prétendre, et que la condition des riches excite moins l'envie des pauvres. Au contraire, dans la plupart des oligarchies, les magistrats se montrent généralement trop avides d'honneurs et de gains illicites. — V. Relativement aux diverses espèces de magistratures, il faut observer qu'il y en a qui sont d'une nécessité indispensable, et sans lesquelles un état ne saurait subsister ; tandis que d'autres, servant seulement à la dignité et au bon ordre de la société, sont nécessaires pour compléter un bon système d'administration. Dans la première classe, on peut ranger les magistrats chargés de la police des marchés, de l'entretien et de la réparation des édifices publics, ceux qui exercent une surveillance pareille sur la campagne,

ceux qui font exécuter les jugements rendus par les tribunaux, et plusieurs autres encore. Il est convenable que ces fonctions soient attribuées à des magistratures diverses ; il faut aussi qu'il y ait une magistrature chargée d'examiner et de recevoir les comptes de tous ceux qui ont le maniement des deniers publics. Enfin, on doit aussi savoir, à ce sujet, quelles sont les différentes sortes de magistratures qui conviennent plus spécialement à chacune des diverses formes de gouvernement..........
[ *Le reste de ce Chapitre et de ce Livre a été perdu.* ]

1. Nous avons parlé précédemment des différences qui se trouvent entre la partie délibérative et le souverain d'un état ; nous avons dit combien il y a de ces différences, et quelles elles sont ; nous avons traité des principes de l'organisation, et des tribunaux qui conviennent à chaque forme de gouvernement, des causes qui contribuent à leur ruine ou à leur salut, et de leur mode d'action. Or, comme il y a plusieurs espèces de démocratie, et ainsi des autres formes de gouvernement, il ne sera pas hors de propos d'examiner s'il n'y a pas encore quelque chose à dire sur ce sujet, et de faire connaître quel est le mode d'organisation le plus approprié et le plus avantageux à chaque forme.

2. Il faut aussi considérer les combinaisons de tous les divers modes dont nous avons parlé : car, en les combinant deux à deux, il en résulte des changements de forme, qui font de l'aristocratie une oligarchie, ou qui, dans les républiques, renforcent le principe démocratique. J'entends par combinai-

sons deux à deux, qu'il convient d'examiner, et auxquelles on n'a pas jusqu'ici fait assez d'attention, les cas, par exemple, où le corps délibérant et le système des élections sont organisés dans le sens de l'oligarchie, tandis que celui des tribunaux l'est dans le sens de l'aristocratie; ou bien, lorsque ceux-ci et le corps délibérant ont une tendance oligarchique, tandis que celle du système des élections est aristocratique; ou de quelque manière qu'il arrive que toutes les parties du gouvernement ne soient pas organisées dans un même sens.

3. On a dit précédemment quelle sorte de démocratie convient à telle ou telle sorte de peuple; et de même pour les diverses espèces d'oligarchies, et les autres formes de gouvernement, à quels hommes chacune d'elles est plus convenable. Mais, comme il faut que l'on puisse reconnaître clairement, non-seulement quelle est, entre toutes ces formes, celle qui est, en général, la plus parfaite, ou la meilleure, mais aussi de quelle manière il est possible d'établir celle-là, ou toute autre, examinons rapidement cette question. Et d'abord, parlons de la démocratie; car ce sera le moyen d'éclaircir en même temps ce qui regarde la forme de gouvernement opposée, c'est-à-dire celle, que quelques-uns nomment oligarchie.

4. Or, il faut faire entrer dans cette recherche tout ce qui est essentiellement populaire, et tout ce qui est un résultat ou une conséquence de l'état démocratique. Car de la combinaison de toutes ces choses doivent nécessairement sortir les diverses

espèces de démocratie, et la preuve qu'il y en a plus d'une sorte, fort différentes entre elles. Il y a deux causes de cela : la première, dont on a déja parlé, c'est qu'un peuple se compose ordinairement de plusieurs classes diverses ; les agriculteurs, les hommes industrieux ou exerçant les arts mécaniques, et ceux qui sont livrés à des travaux mercenaires. Or, si l'on combine le premier de ces deux modes d'existence avec le second, et le troisième avec les deux autres, il en résultera des systèmes de démocratie non-seulement plus ou moins imparfaits, mais aussi entre lesquels il se trouvera des différences essentielles.

5. La seconde cause, dont nous voulons parler à présent, c'est que les résultats ou les accessoires naturels de la démocratie, et qui paraissent appartenir proprement à cette forme de gouvernement, déterminent, suivant la manière dont ils sont combinés, des espèces diverses de démocratie. Car l'une réunira un moindre nombre de ces conséquences, une autre un plus grand, et telle autre les réunira toutes. Or, il est utile de connaître chacune de ces conditions, soit que l'on songe à établir quelqu'une de ces formes en particulier, soit qu'il s'agisse de remédier aux inconvénients de celle qui existe. Car ceux qui établissent des gouvernements cherchent à réunir tout ce qu'il y a de propre ou de particulier au système qu'ils adoptent : mais ils s'égarent en agissant de cette manière, ainsi qu'on l'a déja remarqué précédemment, en traitant des causes de la ruine des états, et des moyens de les conserver.

Exposons-en donc maintenant les prétentions, les mœurs et le but.

6. Le principe fondamental du gouvernement démocratique est la liberté ; parce qu'on dit ordinairement que c'est la seule espèce de gouvernement où les citoyens participent à cet avantage, et que la liberté est le but où aspire toute démocratie. Or, un des caractères essentiels de la liberté, c'est que les citoyens soient dans le cas de commander alternativement et d'obéir. Car le droit ou la justice, dans un état populaire, consiste à observer l'égalité en nombre, et non pas celle qui se règle sur le mérite ou la dignité. D'après cette idée du juste, il faut nécessairement que la souveraineté réside dans la masse du peuple ; et que ce qu'il a décrété soit regardé comme définitivement arrêté, comme le droit ou le juste par excellence, puisqu'on prétend que tous les citoyens ont des droits égaux. Il arrive de là que, dans les démocraties, les pauvres ont plus d'autorité que les riches, puisqu'ils sont en plus grand nombre, et que ce qu'ils décrètent a force de loi. Voilà donc un signe caractéristique de la liberté ; telle est la définition que tous les partisans de l'état populaire donnent du gouvernement du peuple, ou de la république.

7. Un autre caractère, c'est de vivre comme on veut : car c'est, dit-on, le résultat de la liberté, s'il est vrai que quiconque est esclave ne saurait vivre comme bon lui semble. Voilà donc une seconde condition de la démocratie. De là vient qu'on n'y consent jamais à obéir, surtout à aucun individu,

autrement que par tour, et c'est ce qui contribue à établir la liberté fondée sur l'égalité.

8. Ceci étant supposé, et l'autorité étant telle que nous venons de le dire, voici quelles sont les institutions populaires : c'est que toutes les magistratures soient électives par tous, et parmi tous les citoyens; que tous aient autorité sur chacun, et chacun, à son tour, sur tous; que les magistratures soient données par la voie du sort (au moins toutes celles qui n'exigent ni expérience, ni une certaine habileté dans quelque art); que les dignités ou les emplois ne soient point adjugés d'après une quotité de cens ou de revenu, ou au moins d'après la plus petite quotité possible; que la même personne ne puisse exercer deux fois aucune magistrature, ou qu'il n'y en ait que très-peu qui soient dans ce cas, et qu'elles ne puissent être possédées qu'un très-petit nombre de fois par un même homme, à l'exception des emplois militaires; que toutes les fonctions, ou le plus grand nombre possible, ne soient jamais de longue durée; que tous les citoyens soient appelés à juger dans les tribunaux; que les juges soient pris dans toutes les classes, et prononcent sur toutes les sortes d'affaires, ou sur le plus grand nombre, sur les plus graves et les plus importantes, comme sont les redditions de comptes des magistrats, les affaires générales de l'état, et les transactions par contrat entre particuliers ; enfin que la décision de toutes choses, ou au moins des principales, dépende entièrement de l'assemblée générale des citoyens, et non d'aucune

magistrature, ou au moins dans un très-petit nombre de cas.

9. La plus populaire des magistratures, c'est un sénat, ou conseil général (1), partout où l'on n'a pas le moyen de salarier tout le monde : car, dans ces cas-là, on anéantit jusqu'au pouvoir de cette magistrature; et le peuple, séduit par l'abondance des salaires, attire à lui les jugements de toute espèce, comme on l'a dit dans le livre précédent. Une autre institution très-populaire, c'est d'accorder des salaires à toutes les fonctions, aux membres de l'assemblée générale, aux tribunaux, aux charges de toute espèce, ou du moins aux magistratures, aux tribunaux, au sénat, et aux assemblées ordinaires qui décident en dernier ressort des affaires, ou à ceux des fonctionnaires qui sont obligés de prendre leurs repas en commun (2). Enfin,

---

(1) Il y avait à Athènes deux conseils (Βουλαί), l'un dont les membres, en nombre indéterminé, étaient nommés à vie par les autres magistrats, et tenaient leurs assises sur la colline de Mars. On l'appelait pour cette raison *Conseil supérieur* (ἡ ἄνω Βουλή); il jugeait les causes de meurtre, et avait la surveillance générale de l'état. L'autre, composé de cinq cents sénateurs, dont les fonctions étaient seulement annuelles, et qui décidait de toutes les affaires du gouvernement. Mais, c'est sans doute de ce dernier conseil, dit Schneider, qu'Aristote parle ici, comme d'une institution essentiellement démocratique.

(2) A Athènes, la tribu qui avait la présidence du conseil (ἡ πρυτανεύουσα φυλή), était nourrie dans le Prytanée, aux dépens du public. Le lieu où se prenaient les repas était appelé Θόλος.

comme l'oligarchie a pour caractère les priviléges accordés à la naissance, à la richesse, à l'éducation : le caractère du gouvernement populaire doit, au contraire, consister dans la préférence que l'on y donne à l'obscurité de la naissance, à la pauvreté, aux professions mécaniques.

10. Il faut encore qu'aucune magistrature n'y soit perpétuelle, et dans le cas où l'on laisserait subsister quelqu'une de celles qui existaient autrefois [avant la révolution qui a établi la démocratie], il faut en diminuer incessamment la puissance, et rendre disponibles par le sort celles qui étaient électives. Tels sont les traits communs à toutes les démocraties. Mais la constitution la plus essentiellement démocratique ou populaire, résulte de l'espèce de droit ou de justice à laquelle on donne communément le nom de démocratique, qui consiste dans l'égalité absolue entre tous. Car c'est en vertu de cette égalité que les riches ne peuvent avoir aucune autorité qui ne puisse aussi-bien être entre les mains des pauvres, et ne peuvent jamais être seuls dépositaires de la suprême puissance ; mais elle appartient à tous, suivant l'égalité en nombre ; car c'est à cette condition qu'on peut croire que l'on jouit de l'égalité politique et de la liberté.

11. Mais, après cela, la difficulté est de savoir comment on parviendra à établir cette égalité : faut-il répartir entre mille citoyens la quotité du cens ou de l'impôt exigée de cinq-cents, et que les mille aient un pouvoir égal à celui des cinq-

cents? Ou bien dira-t-on que ce n'est pas ainsi qu'il faut envisager l'égalité, sous ce rapport; mais que l'on doit commencer par établir cette division, et, après avoir pris un nombre égal d'individus entre les mille et entre les cinq cents, confier à ces élus la suprême direction de toutes les autres élections et des tribunaux? Est-ce cette forme de gouvernement qui est la plus juste, la plus conforme au droit populaire, ou est-ce plutôt celle où l'on considère essentiellement la multitude? Car, ce que les partisans de la démocratie appellent juste ou légitime, c'est ce qui a été résolu par le plus grand nombre. Au lieu que les partisans de l'oligarchie ne trouvent juste que ce qui est conforme à l'opinion des hommes qui ont le plus de richesses, parce qu'ils prétendent que c'est la quotité des richesses qui doit donner le droit de décider des affaires publiques.

12. Cependant, l'inégalité et l'injustice se trouvent dans l'un et l'autre système : car, si c'est la volonté du petit nombre qui décide, il y aura tyrannie; puisque, en supposant qu'il se trouve un seul individu qui possède plus de biens que tous les autres riches, il aura seul le droit de commander, d'après le système oligarchique. Mais si c'est la volonté du plus grand nombre, pris arithmétiquement, qui fait loi, ils ne manqueront pas de s'approprier, par des confiscations injustes, les biens des riches et des plus faibles, comme on l'a dit précédemment. Il faut donc examiner, suivant la définition que les uns et les autres donnent

du droit ou de la justice, ce que c'est que cette égalité sur laquelle ils pourront être d'accord, puisqu'ils prétendent que la volonté du plus grand nombre des citoyens doit avoir force de loi.

13. Admettons ce principe, mais que ce ne soit pas pourtant sans aucune restriction. Or, puisque la cité se compose de deux ordres de citoyens, les riches et les pauvres : donnons force de loi à ce qui aura été résolu par le plus grand nombre, dans l'un et l'autre ordres ; mais, s'ils prennent des résolutions contraires, que ce soit la volonté du plus grand nombre, et de ceux qui ont le revenu le plus considérable, qui l'emporte. Par exemple : supposons dix individus d'un côté, et vingt de l'autre, et qu'une résolution soit adoptée par six d'entre les riches, et une résolution contraire, par quinze d'entre les pauvres ; que quatre des riches se joignent ainsi à l'avis des pauvres, et cinq des pauvres à celui des riches, alors il faudra que la volonté de celui de ces deux partis dont le revenu l'emportera, en joignant à chacun des deux celui des citoyens de l'autre parti qui ont adopté la même résolution, obtienne force de loi.

14. Mais, s'ils se trouvent égaux, c'est un cas qu'il faut considérer comme rentrant dans la classe des questions ordinaires de ce genre, comme lorsqu'il y a partage entre les membres d'une assemblée, ou entre ceux d'un tribunal ; car alors on est forcé de recourir à la voie du sort, ou à quelque autre procédé semblable. Au reste, quelque difficile qu'il soit de trouver la vérité sur ces questions

de l'égalité et du droit (1), il est pourtant plus facile de les résoudre que d'accorder ceux qui ont les moyens d'accroître leur puissance ou leurs richesses, car les hommes qui sont dans une condition inférieure aspirent incessamment à l'égalité et cherchent la justice, tandis que ceux qui ont le pouvoir ou la force ne s'en inquiètent nullement.

II. La meilleure ou la plus parfaite des quatre sortes de démocraties, est la première dans l'ordre que nous avons marqué, en les décrivant dans les livres précédents; elle est même la plus ancienne de toutes. On l'appelle la première, selon la division que l'on peut faire des peuples; car le peuple le plus vertueux est celui qui s'applique à l'agriculture, en sorte qu'il est possible d'établir une démocratie partout où le peuple subsiste de la culture des terres, ou du soin des troupeaux. C'est que, ne possédant que peu de richesses, il a peu de loisir, et ne saurait par conséquent se réunir souvent en assemblée pour délibérer; et, comme il manque de beaucoup de choses nécessaires, chacun vaque à ses travaux, sans désirer ce qui appartient à autrui, et trouve plus de plaisir à cultiver sa terre qu'à s'occuper du gouvernement, ou à exercer l'autorité; surtout lorsque les magistratures ne sont pas une source de profits consi-

---

(1) On croit que l'auteur a voulu faire allusion à un passage du 6ᵉ livre des *Lois* de Platon (p. 757, b.), où il est dit que c'est à Jupiter même qu'il appartient de décider cette question.

dérables : car la plupart des hommes sont plus avides de gain que d'honneurs.

2. La preuve de cela, c'est que, dans les anciens temps, on supporta souvent la tyrannie, et qu'on supporte encore l'oligarchie, toutes les fois qu'elle n'empêche pas les citoyens de se livrer à leurs travaux, et que personne ne leur en enlève les fruits ; car alors, les uns parviennent promptement à s'enrichir, et les autres à sortir de la pauvreté. D'ailleurs, le droit de choisir les magistrats et de leur faire rendre compte de leur conduite, suffit pour satisfaire l'ambition de ceux qui en ont. Et même, en supposant qu'ils ne participent point aux élections, mais que le droit d'élire appartienne à quelques hommes pris tour-à-tour dans toutes les classes du peuple, pourvu qu'il soit appelé à délibérer dans les occasions importantes, comme à Mantinée, il s'en contente ordinairement. C'est là, en effet, ce qu'on doit regarder comme une sorte de démocratie, ainsi qu'elle exista jadis chez les Mantinéens (1).

---

(1) Le peu de mots que dit ici Aristote de la république des Mantinéens, nous fait voir que le gouvernement *représentatif* ne fut pas tout-à-fait inconnu des Grecs, et n'est pas, comme l'ont cru quelques écrivains de notre temps, une invention exclusivement propre aux peuples modernes. On voit ici deux degrés d'élection bien constatés, et, dans les hommes appelés à diriger les affaires des Mantinéens, des délégués de délégués. Quant à l'époque de l'histoire à laquelle Aristote fait allusion en cet endroit, M$^r$ de Sainte-Croix, dans son traité *des Anciens Gouvernements fédératifs*, semble porté à croire qu'il faut la

3. Voilà pourquoi il est avantageux, dans l'espèce de démocratie dont on a parlé d'abord, et il est même assez ordinaire, que tous les citoyens concourent à l'élection des magistrats, à l'administration de la justice, et au jugement de ceux qui sont responsables ; mais que ce soient des hommes choisis qui exercent les emplois les plus importants, et qui y soient appelés en vertu d'une certaine quotité de revenu ; les plus grands étant donnés à ceux dont la fortune est le plus considérable. Ou plutôt, sans compter pour rien la richesse, il faut les donner à ceux qui sont capables de les remplir. Une telle forme de gouvernement ne saurait manquer d'être bonne ; car les fonctions publiques y seront toujours remplies par les hommes les plus distingués et les plus capables, avec le consentement du peuple, qui dès-lors, ne sera nullement jaloux des gens de mérite. Nécessairement aussi un pareil arrangement satisfera les gens distingués et intelligents, car ils ne seront point obligés d'obéir à des hommes d'un mérite inférieur. Dans l'exercice du pouvoir, on observera la justice, parce que ceux qui seront responsables, seront

---

placer vers la 2ᵉ année de la 102ᵉ olympiade, après la bataille de Leuctres ; mais Schneider suppose, d'après les expressions même d'Aristote, que ce mode de gouvernement aurait été en vigueur chez les Mantinéens même avant la 98ᵉ olympiade, où leur ville ayant été détruite par Agésilaüs, roi de Sparte, ils furent obligés d'habiter dans les bourgs ou villages qui formaient leur territoire.

juges par ceux qui n'ont d'ailleurs aucune autorité.

4. Car il est important de rendre le pouvoir dépendant, et de ne pas souffrir que ceux qui en disposent agissent au gré de leur caprice, attendu que la possibilité de faire tout ce qu'on veut, empêche qu'on ne résiste aux mauvais penchants de la nature humaine. On obtient nécessairement ainsi l'un des résultats les plus précieux dans les républiques; c'est que le pouvoir se trouve entre les mains d'hommes éclairés, et qui ne peuvent pas faillir impunément, sans que pourtant la masse du peuple souffre pour cela aucun dommage. Il est donc évident que telle est la plus excellente forme de gouvernement, et que la cause de cette supériorité est dans la manière d'être et dans le caractère particulier du peuple.

5. Mais, pour rendre un peuple agriculteur, il y a, parmi les lois qui ont été anciennement données à quelques cités, des dispositions fort utiles; comme d'interdire à tous les citoyens de posséder une quantité de terre qui excède une certaine mesure (1), ou d'en posséder qui soit à une distance déterminée de la ville ou de la citadelle. C'était encore une disposition fondamentale des lois, dans les anciens temps, de ne permettre à personne d'aliéner l'héritage qu'on aurait reçu de ses pères.

---

(1) La loi *Licinia* défendait à tout citoyen romain de posséder plus de 500 arpents (*jugera*) de terre. Voyez Varron (*De R. R.* l. 1, c. 2, § 9), et Columelle (l. 1, c. 3, § 11).

La loi dite d'Oxylus (1), qui défend à chaque citoyen d'emprunter sur la terre qu'il possède, peut avoir quelque influence du même genre.

6. Au lieu qu'il faut aujourd'hui modifier les gouvernements, sous ce rapport, par la loi des Aphytéens (2); car elle peut être fort utile pour le but dont nous parlons. Chez ce peuple, en effet, quoiqu'il soit très-nombreux, et qu'il ne possède qu'un territoire fort borné, tout le monde travaille cependant à la culture des terres. Car on n'y soumet pas au cens la totalité des possessions, mais on les divise en un assez grand nombre de parts, pour que les pauvres même puissent avoir la supériorité par le cens, tel qu'il est établi sur cette base.

7. Après les peuples agriculteurs, ceux qui sont le plus dignes d'estime sont les peuples pasteurs, ou vivant du produit de leurs bestiaux; car leur manière de vivre a beaucoup d'analogie avec celle des laboureurs. Ils ont beaucoup d'habitudes qui les rendent propres aux opérations militaires; leurs corps sont endurcis à la fatigue, et ils savent

---

(1) Aucun autre écrivain ne fait mention de cette *loi d'Oxylus*; Pausanias seul (1. 5, c. 3 et 4) entre dans quelques détails sur ce personnage qui avait anciennement régné sur les Éléens.

(2) Xénophon (*Hellenic.* 1. 5, c. 3, § 19) fait mention d'une ville de Thrace habitée par les Grecs, sous le nom d'*Aphytis*, et Héraclide de Pont (*in Polit.* 38) parle des Aphytéens comme d'un peuple recommandable par ses habitudes de justice et de modération.

supporter la vie errante et active. Mais presque tous les autres peuples chez lesquels il s'est établi des gouvernements démocratiques, sont de beaucoup inférieurs à ceux-ci; car leur manière de vivre est misérable et vile. Aucun des travaux, qui exigent de la force et de l'énergie, n'est exécuté par un peuple, qui ne se compose que d'artisans, ou d'hommes exerçant un trafic quelconque, ou de mercenaires. D'ailleurs, l'habitude de vivre sans cesse au milieu de la place publique, dispose toutes ces classes d'hommes à se réunir facilement en assemblées générales; tandis que ceux qui se livrent à l'agriculture, vivant dispersés dans la campagne, ne se rencontrent pas aussi fréquemment, et n'éprouvent pas aussi ordinairement le besoin de se réunir ainsi.

8. Il est encore facile d'établir un bon gouvernement démocratique, partout où le territoire [labourable] est à une assez grande distance de la ville; car alors la plupart des citoyens sont forcés d'avoir des habitations à la campagne. De sorte que le menu peuple même, quoique livré aux opérations du négoce ou du trafic, ne saurait s'empêcher, dans les démocraties ainsi composées, d'appeler les habitants de la campagne aux assemblées générales. Nous venons donc de faire voir comment il faut s'y prendre pour établir la démocratie la meilleure et la plus parfaite; et l'on voit facilement, d'après cela, comment il faut organiser les autres espèces de gouvernements de ce genre; car elles doivent suivre une sorte d'analogie dans

la manière dont elles s'écartent de ce type primitif, et il faut sans cesse y classer à part la portion du peuple qui a de moins bonnes habitudes.

9. Au reste, toute cité ne peut pas supporter le dernier degré de la démocratie, où tous ont part à tous les pouvoirs, et il est difficile qu'elle subsiste long-temps, quand elle n'est pas fondée sur un système de lois ou de mœurs bien réglées. D'ailleurs, nous avons indiqué précédemment à peu près toutes les causes qui contribuent ordinairement à la corruption de cette espèce de gouvernement et des autres formes. Cependant, pour établir une pareille démocratie, ceux qui y ont la principale autorité s'appliquent ordinairement à rendre le peuple tout puissant, en accordant le droit de cité, non-seulement aux enfants légitimes, mais aussi aux bâtards, et à ceux qui sont nés soit d'un citoyen, soit d'une citoyenne, c'est-à-dire, dont le père ou la mère étaient citoyens, car ce genre d'institutions est essentiellement propre à une telle démocratie.

10. C'est en effet ainsi que les démagogues s'appliquent à établir ce système de gouvernement; toutefois, il est bon de n'admettre des citoyens qu'autant que cela est nécessaire pour que la classe des hommes distingués, et de ceux qui forment le moyen ordre, ne dépasse pas celle du peuple. Mais il ne faut pas excéder ce terme; autrement, on ne manque guère d'introduire des désordres dans l'état, et c'est le moyen d'exciter les citoyens

qui jouissent de quelque considération à se soulever ou à se liguer contre la démocratie. C'est ce qui fut cause de la sédition que l'on vit à Cyrène (1); en effet, on n'aperçoit pas d'abord un inconvénient peu considérable; mais quand il s'est accru, il frappe sans cesse tous les yeux.

11. On peut regarder encore comme très-favorables à un pareil système de gouvernement les institutions auxquelles Clisthène (2) eut recours à Athènes, lorsqu'il voulut réformer la démocratie, et auxquelles eurent recours ceux qui fondèrent le pouvoir populaire à Cyrène. Ainsi, il faut multiplier le nombre des tribus et des *Phratries*, et réduire les sacrifices particuliers ou les actes privés de religion que font les citoyens, à un petit nombre de solennités, où ils les pratiquent en commun; en un mot, imaginer et employer toutes sortes de moyens pour qu'ils se mêlent, et se confondent les uns avec les autres, et pour dissoudre les liaisons qu'ils avaient contractées auparavant.

12. Les institutions propres à la tyrannie, le sont

---

(1) Hérodote (l. 4, c. 162 et suiv.) entre dans quelques détails sur l'histoire de cet état, qui fut d'abord gouverné par des rois. Schneider suppose que l'évènement auquel notre philosophe fait allusion, serait postérieur à l'expulsion du dernier roi de Cyrène. Voyez Héraclide (*in Polit.* 4, 208, à la suite de l'édition d'Élien, donnée par M<sup>r</sup> Coray).

(2) Il en a été fait mention ci-dessus (l. 3, c. 1, p. 156). Voyez aussi l'*Introduction* du *Voyage du jeune Anacharsis*, 2<sup>e</sup> part. sect. 1<sup>re</sup>.

aussi presque toutes à la démocratie; telles sont, par exemple, la licence ou le défaut de subordination des esclaves (car elle est avantageuse jusqu'à un certain point), celle des femmes, des enfants (1), et la tolérance qui autorise chacun à vivre comme bon lui semble; car ce sont des circonstances qui sont d'un grand secours pour un tel gouvernement, attendu que la plupart des hommes trouvent plus doux de vivre sans règle, sans contrainte, que d'avoir une conduite sage et réservée.

III. Mais, pour le législateur, et, en général, pour ceux qui veulent qu'un tel gouvernement subsiste, la tâche la plus laborieuse n'est pas de l'établir, et ce n'est pas la seule; il s'agit surtout de pourvoir à sa conservation. Car il n'est pas bien difficile de maintenir deux ou trois jours une forme de gouvernement, quelle qu'elle soit. Voilà pourquoi il faut s'attacher à combiner tous les moyens propres à en garantir la stabilité, d'après les considérations que nous avons présentées précédemment sur les causes qui contribuent à la ruine ou à la conservation des états; prendre des précautions contre celles qui les affaiblissent, et adopter toutes les lois, soit écrites, soit non écrites, qui peuvent le plus concourir à leur affermissement; et ne pas s'imaginer que ce qui donne à une république un caractère plus prononcé dans le sens de la démocratie, ou dans celui de l'oligarchie, est en effet le principe essentiellement

---

(1) Voyez ci-dessus, l. 5, c. 9, § 6.

populaire ou oligarchique, mais que c'est ce qui lui assure la plus longue durée.

2. Cependant les démagogues de nos jours, pour capter la faveur populaire, font ordonner d'énormes confiscations par les tribunaux; et c'est pour cela que ceux qui sont véritablement attachés à ce système de gouvernement, doivent s'opposer à cet abus, en faisant décréter que le produit des condamnations ne sera point appliqué au trésor public, mais sera consacré à la religion. Car, par ce moyen, les coupables ne seront pas moins obligés de se tenir sur leurs gardes, puisqu'ils seront également punis; mais la multitude sera moins empressée à condamner ceux qu'elle sera appelée à juger, quand elle n'aura aucun profit à attendre de leur condamnation. Il faut encore s'attacher à rendre les procès publics le plus rares qu'on le peut, et mettre un frein à la témérité des délateurs, en soumettant à des peines graves ceux qui intentent des accusations mal fondées. Car ce n'est pas contre les gens du peuple qu'elles sont communément dirigées, mais contre les citoyens les plus distingués. Or, il faut que tous soient bien affectionnés pour le gouvernement, ou au moins qu'on n'ait pas occasion de regarder comme ennemis ceux qui y ont le plus de crédit.

3. D'un autre côté, comme le peuple est très-nombreux dans les démocraties de la dernière espèce, et qu'il est difficile d'y réunir les citoyens en assemblée, s'ils ne sont pas payés; c'est une chose fort contraire aux intérêts des riches, quand

l'état ne possède aucun revenu. Car il faut nécessairement que l'on y supplée par des contributions forcées, par des confiscations, et par la corruption des tribunaux; ce qui a déja bouleversé bien des gouvernements démocratiques. Lors donc que l'état n'a point un trésor particulier, il faut que les assemblées du peuple y soient rares; que les tribunaux y soient nombreux, mais que leurs assises n'y durent que peu de jours. Car cela empêche que les riches ne craignent de se voir trop chargés de contributions, en considérant que, dans les tribunaux, les citoyens aisés ne reçoivent aucun salaire pour exercer les fonctions de juges, tandis que les pauvres en reçoivent. Cela contribue aussi à rendre les jugements plus conformes à la justice; attendu que les gens aisés ne se soucieront pas d'être détournés pendant un long temps du soin de leurs affaires particulières, au lieu qu'ils consentiront volontiers à consacrer un temps plus court aux fonctions de juges.

4. Dans une république qui a des revenus, il ne faut pas faire ce que font aujourd'hui les démagogues : car ils distribuent aux citoyens pauvres ce qui se trouve de reste [les dépenses prélevées], mais ceux-ci l'ont à peine reçu, qu'ils retombent dans la détresse. C'est réellement un tonneau percé qu'une pareille ressource pour les indigents. L'administrateur vraiment dévoué au peuple, doit, au contraire, pourvoir à ce que la multitude ne soit pas dans une indigence trop excessive; car c'est là une cause qui détériore grandement le gouvernement démo-

cratique. Il faut donc imaginer des moyens d'assurer au peuple une aisance durable. Mais, comme cela est aussi dans l'intérêt des citoyens aisés, il faut faire une masse générale de ce qui se trouve d'excédant dans les revenus de l'état, et le partager entre les pauvres, surtout si la part qui leur revient peut servir à l'acquisition de quelque petite portion de terre, ou du moins peut former un capital propre à améliorer leurs entreprises, soit commerciales, soit agricoles. Enfin, si l'on ne peut pas donner ainsi à chaque individu, il faut que la distribution se fasse par tribus, ou à toute autre partie du peuple, par tour. Mais en ceci, les citoyens aisés doivent contribuer aux frais des réunions nécessaires, se trouvant affranchis des dépenses superflues.

5. C'est par un procédé à peu près semblable que le gouvernement de Carthage est parvenu à s'attirer l'affection du peuple; car, en envoyant successivement des hommes de cette classe, pour administrer les villes dépendantes du territoire de la république, il les enrichit (1). Il est encore fort convenable que les citoyens distingués qui ont de la prudence et de l'instruction, prennent sous leur protection quelques citoyens pauvres, et les aident à se livrer à quelque industrie, en leur fournissant des capitaux (2). Enfin, l'on fera fort bien d'imiter

---

(1) Voyez ci-dessus, l. 2, c. 8, § 9.
(2) Isocrate, décrivant les mœurs des Athéniens, à l'époque où la constitution donnée par Solon, et modifiée par les sages

la coutume des Tarentins (1), qui, en consentant à ce que les propriétés soient regardées comme communes avec les pauvres, pour l'usage de ceux-ci, ont ainsi rendu la multitude fort affectionnée au gouvernement. De plus, les magistratures y sont de deux sortes : les unes pouvant être données par voie d'élection, et les autres par la voie du sort; celles-ci, auxquelles le peuple peut aspirer, et celles-là dans la vue de rendre l'administration meilleure. Mais on peut arriver au même résultat en divisant une même magistrature entre deux personnes, l'une nommée par les suffrages, et l'autre désignée par le sort. Telles sont les institutions qu'il convient d'adopter dans les démocraties.

IV. Il est facile de voir, d'après tout ceci, quelles sont celles qui conviennent aux oligarchies : car il faut établir pour chaque espèce, dans ce dernier genre, des institutions contraires à celles que l'on

---

réglements de Clisthène, était le plus florissante, cite cette attention des riches à secourir et à protéger la classe pauvre, comme un des traits caractéristiques de l'ancienne république : « Ils les « secouraient dans leurs besoins, dit-il, en donnant aux uns « leurs terres à cultiver, pour une modique redevance, en con- « fiant à d'autres le soin de leurs affaires de commerce au-de- « hors, en faisant des avances, ou fournissant des capitaux « à d'autres, pour les aider dans leurs entreprises. » (*Isocrat. Areopagit.* c. 12, p. 144, édit. Coray.)

(1) Heyne, dans ses *Opuscula Academica* (to. 2, p. 217 et suiv.) a recueilli avec soin tous les témoignages des anciens écrivains sur le gouvernement de Tarente.

adopte dans chaque espèce de démocratie correspondante; opposant celle des aristocraties qui est la première et la mieux organisée, à la première espèce de démocratie, c'est-à-dire, à celle qui se rapproche le plus de la forme de gouvernement appelée *République*. Il faut y établir deux sortes de cens exigibles; l'une plus considérable, et l'autre moins. La moins considérable sera pour ceux qui pourront être appelés aux fonctions ou magistratures d'une nécessité indispensable; le cens le plus élevé sera celui des citoyens qui rempliront les charges les plus importantes. Celui qui possédera la quotité de bien exigée par ce cens, devra être considéré comme ayant le droit de cité, et il faudra que cette quotité soit calculée de manière à introduire dans cette classe un assez grand nombre d'individus pris dans la masse du peuple, pour qu'ils aient plus d'influence que ceux qui ne participent pas à ce droit, en observant d'associer au gouvernement tout ce qu'il y a de plus estimable dans la classe populaire.

2. Pour établir la forme qui se rapproche le plus de celle-ci, il ne faut que renforcer un peu le principe de l'oligarchie. Quant à celle qui correspond à la dernière sorte de démocratie, et qui est le plus arbitraire et le plus tyrannique des gouvernements oligarchiques, il y faut d'autant plus de précautions qu'il est plus mauvais. Car, de même que les corps bien constitués pour la santé, ou les navires bien construits pour la navigation, et montés par d'habiles pilotes, peuvent supporter plu-

sieurs inconvénients, sans que pour cela il y ait à craindre qu'ils ne périssent; tandis que les constitutions maladives, et les vaisseaux déja avariés, et montés par des pilotes sans expérience, ne peuvent supporter même les moindres accidents; ainsi, les plus mauvais gouvernements sont ceux qui ont le plus besoin de surveillance et de soins.

3. Au reste, une population nombreuse fait, en général, le salut des démocraties; car cette circonstance est une sorte de compensation à l'absence du juste, ou du droit proportionnel au mérite. Mais il est évident qu'une oligarchie, au contraire, ne peut subsister que par l'effet d'un ordre constant et régulier. Or, comme il y a quatre sortes de population, celle qui se livre à l'agriculture, celle qui pratique les arts mécaniques, celle des citoyens qui font le négoce, et celle des mercenaires; et comme il y a aussi quatre classes d'hommes utiles aux choses de la guerre, les cavaliers, les soldats pesamment armés, ceux qui le sont à la légère, et les marins ou matelots; c'est dans les contrées propres à la nourriture des chevaux qu'il convient le mieux d'établir une oligarchie fortement constituée : car la sûreté des habitants y dépend essentiellement de ce genre de puissance militaire, et il n'y a que ceux qui ont des propriétés fort étendues qui puissent élever des chevaux avec succès. L'oligarchie du second degré convient mieux aux pays où l'on peut avoir des soldats pesamment armés, parce que ce genre de service est plutôt propre aux citoyens aisés qu'à la

multitude indigente. Enfin, la démocratie convient exclusivement à un peuple qui ne peut fournir que des soldats armés à la légère, ou des matelots.

4. En pareil cas, dans les lieux où cette espèce de population est très-nombreuse, il arrive souvent, lorsqu'il s'élève quelque dissentiment, qu'ils montrent peu d'ardeur dans le combat. Mais, pour obvier à cet inconvénient, il faut y appliquer le remède qu'emploient les généraux expérimentés, qui joignent quelquefois à la cavalerie, et aux corps pesamment armés, un nombre proportionné de soldats armés à la légère (1). C'est là ce qui, dans les séditions, donne souvent l'avantage au peuple sur les riches; car l'infanterie légère, qui fait sa principale force, se bat fort bien contre la cavalerie et contre les soldats pesamment armés.

5. Ainsi donc, composer la force militaire de cette seule espèce de soldats, c'est l'organiser contre soi-même. Mais il faut les diviser à raison des âges, et en composer deux classes, l'une des hommes avancés en âge, et l'autre des jeunes gens, et que les premiers fassent instruire leurs fils dans toutes les manœuvres de l'infanterie, soit légère, soit pesamment armée, de manière que, formés à ces exercices dès leur enfance, ils deviennent des athlètes consommés dans ce genre d'escrime. Surtout,

---

(1) Ces soldats qui, au besoin, savaient suivre le cheval à la course, étaient appelés ἄμιππα. Voyez Xénophon (*Hellenic.* l. 7, c. 5, § 23), et César (*De Bello Gall.* l. 1, c. 48).

il faut accorder à la multitude quelque part dans le gouvernement, soit, comme on l'a déja dit, à raison du cens ou du revenu; ou bien, comme cela se pratique à Thèbes, en accordant ce privilège à ceux qui ont cessé depuis un certain temps d'exercer aucune profession mécanique (1); ou enfin, comme à Marseille, en ne distinguant que par le mérite ceux qu'on admet dans le gouvernement, et ceux qui en sont exclus.

6. Il faut encore, à la possession des magistratures les plus éminentes, qui sont entre les mains des hommes qui gouvernent, ajouter l'obligation de faire de certaines dépenses, afin que le peuple n'y puisse pas prétendre, et qu'il pardonne à ceux qui ont l'autorité, puisqu'ils paient, en quelque sorte, ce privilége. Il convient aussi qu'en entrant en charge, les magistrats fassent des sacrifices solennels, où éclate leur magnificence, et qu'ils contribuent aux frais des établissements publics, afin que le peuple, qui a part aux repas [des sacrifices] voyant la ville embellie et ornée de riches dons, ou d'édifices somptueux, aime à voir aussi le gouvernement s'affermir. Les citoyens les plus illustres trouveront d'ailleurs à cela l'avantage de voir leur munificence consacrée par des monuments. Cependant ce n'est pas là ce qui se pratique de nos jours dans les gouvernements oligarchiques : au contraire, les magistrats s'y montrent plus avides de gains illicites, que d'honneur; aussi peut-on avec raison

---

(1) Voyez ci-dessus l. 3, c. 3, § 4.

appeler ces états de petites démocraties. Telle est donc la manière dont il faut établir les gouvernements soit oligarchiques, soit démocratiques.

V. Nous devons ajouter encore ici des distinctions justes et précises entre les diverses magistratures, faire connaître quelles elles sont, combien il doit y en avoir, quelles doivent en être les fonctions, comme nous l'avons déja dit. Car il y en a qui sont d'une nécessité indispensable, et sans lesquelles un état ne saurait subsister; il y en a qui servent au bon ordre et à la majesté, ou à la dignité, sans lesquelles l'état ne saurait être bien administré. Outre cela, elles doivent être en moins grand nombre dans les petits états, et plus nombreuses dans les grands, comme on l'a encore fait remarquer. Enfin, il faut aussi que l'on sache quelles sont les fonctions qu'il est à propos de réunir dans une même personne, et celles qui doivent être exercées séparément.

2. Or, un des premiers soins, et des plus indispensables, est celui qui regarde la police des marchés; il faut qu'il y ait une magistrature chargée d'y veiller, de connaître des transactions entre citoyens, et aussi de faire observer la décence et le bon ordre. Car il faut nécessairement qu'il y ait, dans toutes les villes, des ventes et des achats, pour subvenir aux besoins réciproques des citoyens; c'est là le moyen le plus immédiat qu'un état puisse avoir de se suffire à lui-même, et la cause qui a déterminé les hommes à se réunir en société.

3. Une autre fonction, qui tient de très-près à celle

dont on vient de parler, c'est la surveillance des objets, soit particuliers, soit publics, qui concernent la ville, et le soin d'y maintenir également le bon ordre; la sûreté et les réparations des édifices qui menacent ruine, celle des voies publiques, des limites qui servent à distinguer les unes des autres les propriétés des citoyens, afin de prévenir tous les sujets de plaintes, et tous les autres objets de cette espèce. C'est cette sorte de magistrature qu'on appelle le plus communément *Astynomie* [police de la ville]: mais elle comprend plusieurs parties distinctes, que, dans les villes les plus populeuses, on confie à des officiers particuliers, comme inspecteurs des murailles, des fontaines et des aqueducs, intendants ou surveillants des ports.

4. Il y a encore une autre surveillance nécessaire et du même genre, puisqu'elle porte sur les mêmes objets; mais elle s'étend sur tout le pays environnant et hors la ville. Les uns donnent à ces sortes de magistrats le nom d'*Agronomes* [inspecteurs de la campagne], les autres, celui d'*Hylores*, [gardes ou conservateurs des forêts]. Ces magistratures sont, comme on voit, au nombre de trois. D'autres fonctionnaires sont ceux à qui l'on apporte le produit des revenus publics, qui en ont la garde, et sont chargés d'en répartir les fonds entre chaque département ou administration; on les appelle receveurs, et trésoriers [intendants des finances]. D'autres officiers reçoivent le dépôt des contrats entre particuliers, et des jugements rendus par les tribunaux, et c'est encore chez eux qu'il faut déposer les plain-

tes ou les actions juridiques que l'on veut intenter. Il y a même des pays où ces fonctions sont partagées entre plusieurs espèces de magistratures, entre lesquelles il y en a une qui a la suprême autorité sur toutes les autres. On appelle ces fonctionnaires *Hiéromnémons*, *Épistates*, *Mnémons* [gardes des archives sacrées, présidents, archivistes], ou on les désigne par d'autres dénominations analogues à celles-là.

5. Après cela vient la fonction la plus indispensable et presque la plus pénible, celle qui regarde l'exécution des jugements rendus, et des condamnations à une amende soit privée, soit publique, inscrite sur les registres de l'état, et la garde des personnes dont on veut s'assurer. Elle est pénible à cause de l'extrême aversion qu'inspirent ceux qui en sont chargés : aussi lorsqu'il n'y a pas de grands profits à faire, trouve-t-on difficilement des gens qui consentent à l'accepter; et ceux qui y consentent ont bien de la peine à se conformer exactement aux lois. Elle est nécessaire, parce qu'il ne sert à rien de prononcer des jugements sur les droits, s'ils ne sortent leur plein et entier effet. Et s'il est impossible que la société civile existe sans tribunaux et sans jugements, elle ne saurait non plus exister, si les amendes ou les condamnations restent sans exécution.

6. Aussi vaut-il mieux que ces fonctions ne soient pas attribuées à une magistrature unique, mais qu'elles soient remplies par divers magistrats pour les différents tribunaux, et qu'on les divise pareil-

lement, eu égard aux divers genres de condamnations affichées ou enregistrées. Enfin, il faut que les différentes sortes d'amendes soient exigées ou recueillies par divers magistrats, les plus récentes, par exemple, par ceux qui sont plus récemment entrés en charge (1); et que lorsqu'une des magistratures établies [anciennement] a prononcé une sentence, ce soit une autre qui l'exécute; par exemple, que les inspecteurs de la ville récueillent les amendes prononcées par les inspecteurs du marché, et d'autres, celles qui auront été prononcées par ceux-ci. Car, moins les exécuteurs de ces jugements inspireront d'aversion, plus l'exécution en sera prompte. Mais que les mêmes magistrats jugent, et exécutent le jugement, c'est une chose doublement odieuse; et charger les mêmes personnes de ce ministère pour toutes les sortes d'affaires, c'est les rendre l'objet de la haine universelle.

7. Dans plusieurs pays on sépare la fonction de garder les prisonniers, de l'exécution des jugements, comme à Athènes où la prison est sous l'autorité de ceux qu'on appelle *les Onze*. Voilà pourquoi il est bon que ces deux sortes de fonctions soient séparées, et il faut imaginer quelque expédient pour cela; car l'une n'est pas moins

---

(1) « Ou par les magistratures dont l'établissement est le plus « récent. » L. Leroi traduit : « Que les jeunes exécutent plus tost « les causes des jeunes. » Le texte, en cet endroit, n'offre pas un sens très-clair.

nécessaire que l'autre. Mais il en résulte que les gens comme il faut évitent surtout de se charger de cette fonction, et pourtant il y a quelque danger à la confier à des hommes sans honneur, car ils ont plutôt besoin d'être surveillés eux-mêmes, qu'ils ne sont capables de surveiller les autres. Il ne faut donc pas attribuer cet emploi à une magistrature unique, ni que ce soit toujours la même; mais lorsqu'il y a une classe des jeunes gens, ou des gardes, il faut y prendre ceux qu'on en charge, et même y faire concourir successivement les autres magistratures.

8. On doit placer au premier rang les emplois dont nous venons de parler, comme étant les plus nécessaires dans un état; mais il y en a d'autres qu'on regarde comme d'une plus haute importance, et qui ne sont pas moins utiles, parce qu'ils exigent plus d'expérience et de probité. Ce sont, par exemple, ceux qui sont relatifs à la sûreté de la ville, et en général, tous ceux qui se rapportent au service militaire. Car, en paix aussi bien qu'en guerre, il faut qu'il y ait des inspecteurs préposés à la garde des portes et des murailles, au recensement et au classement des citoyens.

9. Il y a des pays où des officiers en assez grand nombre sont chargés de ces fonctions diverses; il y en a d'autres où ils sont moins nombreux; par exemple, dans les petits états, un seul magistrat les remplit toutes. Ces officiers sont appelés *Stratèges* ou *Polémarques* [ généraux, chefs de la guerre ou de la milice]. D'ailleurs, s'il y a de la cava-

lerie, ou de l'infanterie légère, ou des archers, ou des matelots, on donne quelquefois à chacun de ces corps des chefs particuliers, qui prennent les noms de *Navarques* [amiraux], d'*Hipparques* [généraux de la cavalerie] et de *Taxiarques* [colonels ou capitaines], et les subdivisions de ces corps sont appelées *Triérarchies*, *Lochagies* et *Phylarchies*, et ainsi de toutes les parties de ces divers ordres de fonctions. Mais la totalité de ces emplois est comprise sous une seule espèce, qui est l'inspection ou l'intendance des travaux militaires.

10. Telle est donc l'organisation de cet ordre de fonctions. Mais comme beaucoup de magistratures, pour ne pas dire toutes, ont, dans bien des cas, le maniement des deniers publics, il faut nécessairement qu'il y ait une autre autorité chargée de recevoir et d'appurer les comptes de celles là, et qui n'ait elle-même la disposition d'aucuns fonds. Telles sont les fonctions de ceux que quelques-uns appellent commissaires, d'autres receveurs, ou examinateurs des comptes, et d'autres procurateurs ou inspecteurs généraux (1). Outre toutes ces magistratures, il y en a encore une qui a la prééminence

---

(1) Comme on n'a pas des idées bien précises sur la nature et l'espèce des fonctions désignées par les termes dont se sert ici l'auteur grec, on ne peut employer également les mots français que l'on y substitue, que dans un sens assez vague et indéterminé. Schneider, dans son commentaire (p. 390 et suiv., et p. 502—504), a recueilli plusieurs témoignages des anciens auteurs qui lui ont semblé propres à jeter quelque lumière sur ce sujet.

et l'autorité suprême ; car ordinairement la proposition et la confirmation des lois dépend de ceux qui président aux assemblées du peuple, dans les états où la souveraineté est entre ses mains, puisqu'il faut bien qu'il y ait une autorité chargée de réunir les membres du souverain ; ces magistrats sont appelés quelquefois *Préconsulteurs*, parce qu'ils préparent les sujets des délibérations ; mais lorsque c'est la multitude qui décide, on donne à sa réunion le nom de *Conseil* ou *Sénat*. Voilà à peu près quelles sont toutes les fonctions ou magistratures politiques.

11. Un autre genre de surveillance est celui qui regarde le culte des dieux, et qui appartient aux prêtres et aux inspecteurs des temples, chargés d'entretenir ces édifices sacrés en bon état, ou de les faire réparer s'ils tombent en ruines, et, en général, de prendre soin de tout ce qui tient à la religion. Cette fonction est quelquefois unique et confiée à une seule personne, comme dans les petits états ; quelquefois elle se partage en plusieurs attributions, distinctes du sacerdoce, comme celles d'architectes ou de gardiens des temples, de trésoriers des revenus sacrés. Mais une charge qui tient de trés-près à celles-ci, c'est celle qui a dans ses attributions le soin de tous les sacrifices publics dont la loi ne charge pas les prêtres, mais ceux dont l'autorité ou le privilége ressort, en quelque manière, du *Foyer commun*, [ou des dieux domestiques et protecteurs de l'état]. Ces magistrats sont appelés par les uns *Archontes*, par d'autres *Rois*, et quelquefois *Prytanes*.

12. Ainsi les divers ordres de fonctions qu'exigent tous ces objets, pour en faire, en quelque sorte, la récapitulation, se rapportent à la religion, à la guerre, aux revenus et aux dépenses de l'état; à la police des marchés, de la ville, des ports et de la campagne; ajoutons y ce qui concerne les tribunaux, l'enregistrement des contrats ou transactions entre particuliers, l'exécution des jugements, la garde des prisons, la reddition des comptes, les recrutements, l'examen de la conduite des magistrats, et enfin la présidence du corps chargé de délibérer sur les affaires publiques.

13. Dans les états où l'on a plus de loisir, où règne plus d'aisance, et où l'on attache de l'importance au bon ordre et à la décence, la surveillance de la conduite des femmes, de l'observation des lois, de l'éducation des enfants, des gymnases ou lieux d'exercices de la jeunesse, l'intendance des jeux et des spectacles, et autres fonctions particulières de ce genre, sont encore des institutions que l'on ne manque guère d'établir. Mais il est facile de voir que plusieurs d'entre elles ne sont nullement propre aux états démocratiques, comme celles de censeurs de la conduite des femmes, ou d'inspecteurs de l'éducation des jeunes gens. Car les hommes de basse condition et sans fortune, ne pouvant avoir d'esclaves, sont bien obligés de se faire servir par leurs femmes et par leurs enfants. Au reste, entre les trois magistratures suprêmes, qui sont créées par élection chez quelques peuples, je veux dire les conservateurs des lois, les consul-

teurs (ou préconsulteurs), et le sénat, la première convient à l'aristocratie, la seconde à l'oligarchie, et la troisième à la démocratie. Ainsi, nous avons traité sommairement et en général, de presque tous les ordres de fonctions publiques (1)..........
......................[*Le reste manque.*]

---

(1) Il est probable que, dans la partie de ce sixième livre que nous n'avons plus, Aristote parlait encore des tribunaux, des jugements, et de quelques autres sortes de magistratures propres aux formes de gouvernements mixtes, comme l'ont pensé quelques-uns des commentateurs.

# LIVRE VII.

## ARGUMENT.

I. Pour arriver à se faire une idée du gouvernement le plus parfait, il faut connaître d'abord quel genre de vie est préférable à tous les autres. Les biens extérieurs ne contribuent en aucune manière à rendre l'homme vertueux, au lieu que la vertu lui assure la jouissance et la possession de ces biens. D'ailleurs, ils ont des bornes, comme tout ce qui est instrument et moyen; leur acquisition au-delà de certaines limites, est inutile, ou dangereuse, tandis que, plus on possède des biens de l'ame, plus on en retire d'utilité : il est donc incontestable qu'il n'y a de bonheur pour l'homme, qu'autant que la raison et la vertu règlent sa conduite. Or, ce qui est vrai, à cet égard, pour les individus, l'est également pour les sociétés et pour les gouvernements. — II. La vertu est donc la même, dans les sociétés tout entières, et dans chaque citoyen en particulier. Mais la vie active ou politique est-elle préférable à la vie contemplative ou philosophique? Beaucoup de gens, qui préfèrent le premier de ces deux genres de vie, s'imaginent que la prospérité d'un état consiste à ranger les peuples voisins sous sa domination, ne voyant pas que, dans ce cas, l'on n'a pour soi que la force, et non le droit; et ce qui ne leur paraîtrait ni juste, ni utile, si on le pratiquait à leur égard, ils ne rougissent pas de le pratiquer envers les autres. Mais cela est tout-à-fait déraisonnable. Il est donc évident que les institutions relatives à la guerre ne doivent être regardées que comme des moyens d'atteindre au but que doit se proposer toute société civile, et qu'elles ne sont pas ce but lui-même. — III. Mais la vie d'un homme entièrement affranchi de tout soin, est-elle plus heureuse que celle d'un homme qui est élevé aux dignités et qui a des fonctions publiques à remplir ? Qu'une vie tout-à-fait indépendante soit préférable à l'exercice d'une autorité de maître, ou purement despotique, cela est incontestable. Mais c'est une erreur de croire que toute magistrature soit une sorte de maîtrise. Ceux qui s'imaginent que c'est un très-grand bonheur que de jouir d'un pouvoir absolu, parce qu'alors on peut accomplir les actions les plus grandes et les plus généreuses, auraient raison peut-être, si ce qu'il y a de plus parfait pouvait être le résultat de la violence; mais il n'est guère possible que cela soit, à moins qu'on n'eût sur les autres hommes une supériorité qui ne peut appartenir qu'à une nature supérieure à l'humanité. Au reste, de même que l'activité de la pensée peut s'exercer, en quelque sorte, sur elle-même, ainsi l'activité d'une société peut s'exercer dans les rapports qu'ont entre eux les membres dont elle se compose. D'où il suit que la manière d'exister la plus parfaite est la même pour les sociétés politiques, prises en masse, et pour chaque homme, considéré individuellement. — IV. Si l'on essaie d'établir les bases d'une république qui serait constituée, pour ainsi dire, à souhait, on reconnaît d'abord qu'il faut que le nombre des citoyens y soit assez grand, pour qu'elle puisse pourvoir abondamment à tous ses besoins; mais il ne faut pas que les domiciliés et les étrangers y soient trop nombreux, parce qu'il leur serait facile, dans ce cas, de parvenir à s'immiscer dans le gouvernement, et d'échapper à la surveillance des magistrats. — V. Il y aura des observations à peu près du même genre à faire, par rapport au territoire; il faudra qu'il soit fertile en toutes sortes de productions, qu'il soit facile à défendre en cas de guerre, que la ville soit située favorablement pour le commerce maritime, et pour toutes les communications qu'elle doit entretenir avec le reste de la contrée. Mais il y aurait de l'inconvénient à en faire un vaste marché, où les étrangers afflueraient sans cesse, parce que l'avidité du gain, l'amour du luxe et des superfluités, la connaissance ou la familiarité avec une foule d'hommes, ayant des mœurs ou des coutumes différentes, ne pourraient qu'avoir une funeste influence sur la constitution politique de l'état. — VI. On peut remarquer qu'entre les divers peuples de la terre, ceux qui habitent les régions froides du nord de l'Europe sont généralement braves, mais peu intelligents et peu avancés dans les arts; ils conservent leur liberté, mais sont incapables de gouvernement : les habitants de l'Asie, au contraire, sont ingénieux et industrieux, mais sans énergie, et vivent presque tous dans un honteux esclavage. Les Grecs, qui occupent une contrée intermédiaire, participent à ces deux caractères; ils sont ingénieux, braves, et capables de vivre sous la forme de gouvernement la plus parfaite. Le courage et l'intelligence sont donc les qualités qu'on doit désirer dans les hommes, pour qu'ils puissent avoir de bonnes lois. — VII. Une cité ne se compose pas, comme on l'a fait voir, d'une multitude d'hommes rassemblés au hasard, mais elle a pour but de se procurer tout ce qui est nécessaire a une existence heureuse et indépendante. Chaque peuple cherche à atteindre ce but par des moyens différents; et de là les diverses manières de vivre des différents peuples, et la variété de leurs systèmes politiques. Mais pour qu'un état réunisse tous les moyens de satisfaire aux besoins essentiels de toute société civile, il faut que les citoyens y soient voués à diverses fonctions, qu'il y ait, par exemple, des laboureurs, des artisans, des guerriers, des hommes riches ou aisés, des prêtres et des juges. — VIII. Entre ces divers ordres de fonctions, celle de délibérer sur les intérêts généraux de l'état, et celle de rendre la justice sont essentielles à l'existence de la société : devront-elles être confiées aux mêmes personnes, ou à des classes distinctes de citoyens? Elles conviendront aux mêmes personnes, mais à différentes époques de leur vie : la défense de l'état aussi leur sera confiée dans leur jeunesse; le droit de délibérer et de juger, dans l'âge mûr; et les fonctions du sacerdoce, dans l'âge avancé. D'ailleurs, il convient aussi qu'il n'y ait que des citoyens qui possèdent des propriétés immobilières; quant aux artisans et aux mercenaires, ils doivent être exclus du droit de cité. — IX. La division des habitants d'un pays en classes distinctes est une invention des Égyptiens. L'institution des repas communs, date du règne de Minos en Crète, et exista plus anciennement encore en Italie. En général, plusieurs inventions ont pu se renouveler bien des fois, dans le cours des siècles. Les repas communs sont un moyen de faire participer tous les citoyens à l'abondance générale, et ont d'ailleurs de grands avantages. Les frais du culte doivent aussi être une dépense commune; et pour cet objet, il convient de faire deux parts du territoire; l'une appartenant au public, et l'autre partagée entre les particuliers. Il faut que chaque citoyen ait deux habitations : l'une rapprochée de la ville, et l'autre située dans le voisinage des frontières ; que les terres soient cultivées par des esclaves, ou serfs; celles des citoyens par les esclaves qui leur appartiennent; celles de l'état par des serfs appartenant à la république. Il y aura de l'avantage à proposer aux uns et aux autres l'affranchissement pour prix de leurs travaux. — X. Quant à l'assiette de la ville ou de la cité, il faut y observer quatre conditions essentielles : salubrité, sûreté, en cas de guerre, distribution des rues et des places, enceinte de murailles, garnie de forts par intervalles. — XI. Il y a aussi des convenances à observer relativement à l'emplacement et à la distribution des édifices consacrés au culte des dieux, aux réunions des divers conseils de magistrats, aux repas publics, etc. Mais, en ce genre, ce n'est pas dans l'invention des plans ou des idées que consiste la difficulté, c'est dans leur exécution. — XII. Quelles sont les qualités nécessaires à ceux qui gouvernent, pour que la société jouisse de tout le bonheur que comporte un bon système de lois? La solution de ce problème suppose celle d'une autre question, déjà traitée dans la *Morale* : Qu'est-ce que le bonheur? Au reste, il y a, dans la destinée des sociétés, certaines choses qui dépendent, en quelque sorte, de la fortune ou des circonstances : il y en a d'autres qui sont l'œuvre du législateur. Il est certain qu'une république n'aura des vertus, qu'autant que ceux qui ont part au gouvernement seront eux-mêmes vertueux : or, trois choses contribuent à rendre les hommes vertueux : la nature, la coutume et la raison. Il faut donc, pour que la cité soit vertueuse, et par conséquent heureuse, qu'il y ait une constante harmonie entre ces trois conditions qui constituent la vertu. La nature donnera certaines qualités, l'éducation en développera d'autres, la tradition ou l'expérience fournira les moyens d'apprécier et de choisir celles qui peuvent le plus contribuer au bien des individus et de la société. — XIII. Est-il utile au bien de l'état que le pouvoir soit constamment dans les mains des mêmes personnes ? Non, sans doute, puisqu'il est impossible qu'une classe d'hommes ait, par rapport à une autre, un degré de supériorité assez marqué pour justifier un tel privilége. Cependant, il est nécessaire que les dépositaires de l'autorité ayent quelque supériorité sur ceux à qui ils commandent. Le moyen de satisfaire à cette nécessité, c'est d'abord d'avoir égard aux différences d'âge, qui constituent entre les individus une distinction naturelle, et qui n'a rien d'offensant pour les personnes. Ensuite, il faut que le système des lois et de l'éducation générale soit tel, qu'il embrasse dans ses vues le perfectionnement moral des différents âges et des divers genres de vie. La législation, chez les Grecs, semble n'avoir été dirigée que vers le développement de la puissance militaire, mais il est plus important encore de faire acquérir à un peuple les vertus nécessaires à un état de paix, puisque la guerre ne peut raisonnablement être envisagée que comme un moyen dont cet état est la fin, ou le but. On parviendra à ce résultat, en cultivant soigneusement la raison et l'intelligence des citoyens, et en surveillant, sous ce double rapport, les conditions de leur naissance, et la formation de leurs habitudes. — XIV. Dans les institutions relatives au mariage, il faut avoir égard à l'âge, de manière qu'il n'y ait pas une trop grande disproportion, sous ce rapport, entre les époux : dix-huit ans pour la femme, et environ trente sept ans pour l'homme, sont les termes les plus convenables. La saison de l'hiver semble plus généralement aussi convenir pour cette union. La loi doit assigner des limites à la population, et pourvoir aux moyens de la restreindre dans ces limites. Comme les enfants nés de parents débiles et infirmes sont rarement sains et vigoureux, il y a un âge où l'homme doit s'abstenir d'en avoir ; c'est vers la cinquantième année. Enfin l'adultère est un crime que la loi doit punir sévèrement. — XV. Le soin de l'éducation des enfants mérite aussi toute l'attention du législateur ; il doit surveiller, en quelque sorte, leur développement ; à partir des premières années de leur existence, leur nourriture, leurs jeux, le besoin de mouvement si naturel à cet âge, doivent recevoir de lui une direction utile, et qui soit en harmonie avec les fonctions qu'ils auront à remplir plus tard. Il faut qu'ils évitent la conversation des esclaves, les discours obscènes ou grossiers ; que les peintures ou les récits, ou les spectacles nuisibles à la pureté des mœurs, et à l'acquisition des bonnes habitudes, ne frappent jamais leurs yeux ou leurs oreilles, au moins avant l'âge où ils seront admis dans les repas publics. Car il ne faut jamais oublier que les impressions dont l'influence se fait le plus sentir dans tout le cours de la vie, sont celles qu'on a reçues dans l'enfance, et dans la jeunesse.

---

I. Celui qui se propose de donner à ses recherches sur la meilleure forme possible de gouvernement le degré d'utilité et de perfection convenable, doit nécessairement commencer par déterminer quel est le genre de vie qu'on doit préférer à tous les autres. Car, tant que ce point n'est pas éclairci, on ne peut nullement parvenir à connaître quel est le mode de gouvernement le plus parfait ; puisque des citoyens dont les ressources, quelles qu'elles soient, sont bien administrées, doivent naturellement vivre heureux, à moins de quelques circonstances imprévues et extraordinaires. Il faut donc d'abord que l'on soit d'accord sur le genre de vie que tous les hommes, pour ainsi dire, doivent préférer, et ensuite que l'on décide si ce genre de vie est le même, considéré par rapport aux individus pris à part, et par rapport à la société tout entière.

2. Or, comme nous croyons avoir traité ce sujet avec assez d'étendue, dans nos livres exotériques(1) touchant le genre de vie le plus parfait, il ne reste plus qu'à appliquer ce que nous en avons dit. Car, puisqu'il y a trois sortes de biens : ceux qui sont tout-à-fait extérieurs, les biens du corps, et ceux de l'ame, et que sans doute on ne niera pas que cette division ne soit exacte; on ne contestera pas davantage qu'ils doivent être le partage des hommes parfaitement heureux. Qui oserait, en effet, regarder comme tel celui qui n'aurait pas le moindre degré de courage, de tempérance, de justice et de bon sens; mais qui s'effrayerait du vol d'une mouche, qui ne saurait pas s'abstenir des plus vils aliments, pour peu qu'il eût faim ou soif, qui serait prêt à sacrifier ses plus chers amis au plus mince profit (2), et qui, dans tout ce qui exige de l'intelligence et de la réflexion, serait aussi dépourvu de jugement, et imbu d'autant d'erreurs et de préjugés, que pourrait l'être un enfant, ou un homme en démence?

3. Sans doute tout le monde est presque d'accord sur ce point; mais on ne s'entend plus au sujet de la quantité et de l'excès. Car, pour peu qu'on ait de

---

(1) Voyez le tome 1$^{er}$ de cette traduction (*Morale*, l. 1, c. 13), p. 46.

(2) Littéralement : pour *le quart d'une obole*.

vertu, on croit toujours en avoir assez : mais, en fait de richesses, de pouvoir ou de gloire, et d'autres choses de ce genre, les hommes ne savent point mettre de bornes à leurs désirs. Cependant, nous leur dirons qu'à cet égard il est facile de trouver, dans l'observation même des faits, une règle qui montre ce qu'il faut penser ; puisqu'on voit que les biens extérieurs ne nous servent ni à acquérir des vertus, ni à nous en assurer la possession ; mais qu'au contraire ce sont les vertus qui nous garantissent la jouissance de ces biens : et que le bonheur de l'homme, soit qu'on le fasse consister dans la joie, ou dans la vertu, ou dans ces deux choses à la fois, se rencontre plus chez ceux qui portent à l'excès la pureté des mœurs et la solidité de la raison, mais qui savent se modérer dans l'acquisition des biens extérieurs, que chez ceux qui possèdent de pareils biens, plus qu'il n'est nécessaire, tandis qu'ils manquent des autres.

4. D'ailleurs, il est encore facile de s'en convaincre, en ne consultant que la raison : car les biens extérieurs ont des bornes, comme tout ce qui est instrument ou moyen ; et, en général, une quantité excessive de choses propres à l'usage, devient nécessairement nuisible, ou au moins inutile, à celui qui la possède. Au contraire, plus on possède des biens de l'ame, plus on en retire d'utilité, si l'on doit compter l'utile pour quelque chose, en comparaison de l'honnête. Et il est visible qu'en général la condition la plus parfaite d'une chose, quelle qu'elle soit, est, à l'égard d'une autre,

dans le même rapport que sont entre elles les choses mêmes, dont on compare ainsi les conditions ou manières d'être. De sorte que, si l'ame est absolument, et par rapport à nous, d'un plus grand prix qu'aucune chose possédée, et que le corps; il faut nécessairement qu'il y ait même relation entre la meilleure disposition ou condition de chacune de ces choses. Ajoutons, enfin, que c'est en vue de l'ame, et pour elle, que tous les autres biens sont préférables, et que tous les hommes sensés doivent les préférer; tandis que ce n'est pas à cause d'eux que l'ame doit être considérée.

5. Regardons donc comme une vérité incontestable, qu'il n'y a de bonheur pour l'homme qu'autant qu'il a de la raison, de la vertu, et qu'il y conforme sa conduite. Nous en avons pour garant Dieu lui-même, dont la félicité n'est le résultat d'aucun des biens extérieurs, mais celui de l'essence et de la nature de cet être suprême. D'ailleurs, c'est précisément là ce qui fait la différence qu'il y a nécessairement entre le bonheur et la bonne fortune: puisque le hasard, et une sorte de spontanéité, sont la cause ou l'origine des biens extérieurs à l'ame; tandis qu'aucun homme ne peut devenir ou juste, ou tempérant, par l'effet du hasard. Une conséquence de ceci, et qui est fondée sur les mêmes raisons, c'est que la société civile la plus parfaite est en même temps heureuse et prospère. Car il est impossible que la prospérité soit le partage de ceux qui ne font pas des actions honorables, et il n'y a point d'homme, ni de société, qui puisse faire de telles

actions sans la vertu (1). Or, pour une société toute entière, le courage, la justice, la prudence et la tempérance n'ont ni une autre forme, ni une autre efficacité, que celles qui font que chaque individu en particulier peut être appelé courageux, juste, prudent et tempérant.

6. Au reste, c'est assez s'être arrêté sur ces idées préliminaires, puisqu'il n'est possible ni de les passer entièrement sous silence, ni de s'étendre sur leur sujet de manière à en traiter convenablement, attendu qu'elles appartiennent à d'autres études. On peut donc regarder, quant à présent, ce point comme établi : que pour chaque individu, en particulier, aussi-bien que pour les sociétés, en général, la vie la plus parfaite est celle où l'on joint à la vertu les moyens extérieurs, et les ressources nécessaires, pour faire des actions vertueuses. Quant à ceux qui auraient encore quelques doutes à cet égard, sans nous arrêter à leurs objections, poursuivons l'objet de nos recherches, sauf à revenir

---

(1) Aristote, comme le remarque ici M$^r$ Coray (p. 309), indique, en passant, l'origine ou la cause de l'expression grecque εὖ πράττειν ou καλῶς πράττειν, (*bene* ou *recte agere*) synonyme de εὐδαιμονεῖν, « être heureux » : parce qu'en effet il est impossible d'être heureux, si l'on n'agit pas d'une manière conforme à la justice et à l'honneur, c'est-à-dire, si l'on est sans vertu. Platon aussi fait allusion, dans plusieurs endroits de ses ouvrages, notamment dans le *Gorgias* (p. 507, c), au double sens de l'expression εὖ πράττειν, ce qui, pour le dire en passant, donne à ses raisonnements, dans ce cas, une forme tout-à-fait sophistique.

*Tome II.*

plus tard sur ce sujet, en cas que ce que nous venons de dire ne suffise pas pour convaincre quelques personnes.

II. Il nous reste à considérer si la vertu de chaque individu, en particulier, et celle d'une société entière, est ou n'est pas la même. Cela est évident, et il n'y a personne qui ne convienne qu'elle est la même. Car tous ceux qui font consister le bonheur dans la seule possession des richesses, ne manquent pas de vanter la félicité d'un état, quand il est riche: ceux qui attachent un grand prix à la domination absolue d'un tyran, prononceront qu'une cité dont l'autorité s'étend sur un très-grand nombre de sujets, est au plus haut degré de prospérité; enfin, celui qui honore et prise la vertu dans un individu isolé, ne balancera pas à déclarer plus heureuse la cité où il y a plus de vertus.

2. Mais dès lors se présentent deux questions qui appellent notre examen: l'une, savoir lequel des deux genres de vie est préférable: celui d'un homme qui jouit du droit de cité, et qui prend part au gouvernement; ou celui d'un homme qui vit affranchi de tout lien politique, et comme étranger dans l'état? et ensuite, quelle est la forme de gouvernement la plus excellente, et le mode d'administration le plus parfait, soit qu'il vaille mieux que tous participent au gouvernement, ou qu'on doive en exclure certaines personnes, et y admettre le plus grand nombre? Toutefois, comme cette dernière question tient à la théorie et aux considérations générales de la politique, (et non pas celle qui

regarde le genre de vie que doivent préférer les individus); et comme c'est cette théorie générale qui est actuellement l'objet de nos recherches, ne regardons la première question que comme un accessoire, un hors-d'œuvre, et attachons-nous à la seconde, comme étant le sujet de ce traité.

3. Il est donc hors de doute que la meilleure constitution politique est celle où les choses sont arrangées de manière que tout citoyen puisse avoir une conduite vertueuse, et vivre constamment heureux. Mais ceux même qui s'accordent à dire que la vie la plus désirable est celle qui est conforme à la vertu, se partagent sur la question de savoir si la vie civile et active est préférable à la vie purement contemplative, et dégagée de tout soin des choses extérieures, que certaines personnes prétendent être exclusivement propre au philosophe. Car les plus zélés partisans de la vertu, dans les plus anciens temps, aussi-bien que de nos jours, ne reconnaissent presque comme dignes d'estime que ces deux genres de vie, je veux dire la vie politique et la vie philosophique.

4. Or, il n'est pas peu important de savoir de quel côté est la vérité; car, nécessairement, tout homme raisonnable, et même toute société où règne le bon sens, se dirigera vers le but qui promet le plus d'avantages. Cependant, les uns pensent que c'est le comble de l'injustice que de soumettre les peuples voisins à sa puissance, et d'exercer sur eux une autorité despotique. Que si cette autorité est purement civile ou politique, on ne peut pas, à

la vérité, l'accuser d'être injuste; mais elle devient un obstacle à la prospérité de ceux qui l'exercent. Il s'en trouve d'autres, au contraire, qui croient que la vie active et politique est la seule qui convienne à l'homme, attendu que les simples particuliers ne sauraient avoir autant d'occasions de pratiquer les vertus de tout genre, que ceux qui se mêlent des affaires d'état et qui gouvernent. Telle est donc l'opinion de certaines personnes.

5. D'autres soutiennent qu'il n'y a de bonheur que dans l'exercice de la puissance absolue : et, en effet, chez certains peuples, la forme de la constitution et les lois ne semblent avoir pour but que de soumettre les peuples voisins à leur domination. Voilà pourquoi, tandis que la plupart des objets de la législation sont, pour ainsi dire, dans une extrême confusion, on observe presque partout que s'il y a quelque chose que les lois semblent avoir eu plus spécialement en vue, c'est toujours la force ou la conquête. Ainsi, à Lacédémone et en Crète, l'éducation et le plus grand nombre des lois n'ont presque de rapport qu'à la guerre; et même chez les nations barbares, comme les Scythes, les Perses, les Thraces et les Celtes, quand elles sont à même de satisfaire ce penchant à la domination, c'est toujours ce genre de force et de puissance dont on fait le plus de cas.

6. Chez quelques peuples même, les lois ont pour but d'encourager la valeur militaire, comme à Carthage, où l'on dit que les guerriers ont coutume de porter comme décoration autant d'anneaux

qu'ils ont fait de campagnes. Il y avait aussi jadis en Macédoine une loi qui forçait tout soldat qui n'avait pas tué un ennemi à porter un licou autour de sa tête ; et chez les Scythes, il n'était pas permis à celui qui était dans le même cas, de boire dans la coupe qu'on faisait passer successivement à tous les convives, à une certaine fête solennelle. Chez les Ibères, nation très-belliqueuse, on plante sur la tombe d'un guerrier autant de broches de fer qu'il a tué d'ennemis. Enfin, on trouve beaucoup d'autres institutions pareilles, établies chez d'autres nations, soit par les lois, soit par la coutume.

7. Toutefois, si l'on veut prendre la peine d'y réfléchir, il peut paraître étrange que le but essentiel de tout homme habile dans la science du gouvernement, soit de régner en maître sur les pays voisins, soit qu'ils y consentent, soit qu'ils ne le veuillent pas. Car comment pourrait-on regarder comme politique, ou légal, ce qui n'est pas même légitime ? Or, il n'est pas légitime de s'assurer l'autorité par toutes sortes de moyens, justes ou injustes. Seulement, on peut [dans ce cas-là] avoir pour soi la force, mais non pas le droit.

8. Cependant, nous ne voyons rien de pareil dans la pratique des autres sciences ; nous ne voyons pas que l'office d'un médecin, ou celui d'un pilote, soit de persuader ou de violenter, l'un ses malades, l'autre les passagers qui sont à bord de son vaisseau. Et pourtant bien des gens se persuadent que la politique est une science du pouvoir absolu. Ce qui ne leur paraît ni juste ni utile, si on le prati-

quait à leur égard, ils ne rougissent pas de le pratiquer envers les autres : car ils s'efforcent de n'exercer, dans leur propre pays, qu'une autorité juste et légale, tandis qu'à l'égard des étrangers, ils ne se soucient nullement de ce qui est juste.

9. Mais cela serait tout-à-fait déraisonnable, s'il n'y avait pas des êtres que la nature a destinés à dominer, et d'autres à qui elle a refusé ce privilége. De sorte que, si la chose est ainsi, l'on ne doit pas s'efforcer de soumettre à son pouvoir tous les hommes indifféremment, mais seulement ceux qui sont destinés à être dans la dépendance; de même qu'on peut se procurer les moyens de pourvoir à un repas d'appareil, ou à un sacrifice, en allant à la chasse du gibier ou des bêtes fauves, mais non pas en immolant des hommes. Quoi qu'il en soit, il n'y a de cité sagement gouvernée, et heureuse par elle-même (en supposant qu'il en existe quelque part de telle, et qui soit régie par de bonnes lois), qu'autant que l'organisation ou la tendance du gouvernement n'y est pas uniquement dirigée vers la guerre, vers les moyens d'assujettir ses ennemis à son pouvoir. Loin d'elle tout ce qui ressemble à cela.

10. Il est donc évident qu'on doit estimer et honorer toutes les institutions guerrières, pourvu qu'on ne les regarde pas comme le but essentiel et la dernière fin de la société, mais seulement comme des moyens d'atteindre à ce but. Mais c'est au législateur sage et éclairé à voir comment il pourra faire participer la cité toute entière, l'espèce

d'hommes qui la composent, ou en général toute autre sorte d'association, aux avantages d'une vie vertueuse, et à tout le bonheur dont elle est susceptible; cependant il y aura quelque différence entre les choses qui ne seront qu'ordonnées et celles qui seront conformes aux lois. C'est encore à la législation de prescrire, à l'égard des peuples voisins, s'il y a lieu, les procédés divers qu'il conviendra de suivre envers chacun d'eux, ou quels devoirs on aura à remplir. Enfin (quoique cet objet doive trouver sa place dans un autre endroit et y être examiné convenablement), il faut aussi considérer quel est le but que doit se proposer la meilleure forme de gouvernement.

III. Maintenant, pour ceux qui ne nient point sans doute qu'une vie conforme à la vertu doive être préférée, mais qui diffèrent d'opinion sur l'emploi qu'il faut en faire, nous allons considérer la question sous deux points de vue. Car les uns, persuadés que la vie d'un homme tout à fait indépendant est toute autre que celle de celui qui se livre aux soins de l'administration, et qu'elle est de beaucoup préférable, rejettent entièrement toutes dignités ou fonctions publiques : tandis que les autres ne font cas que de ce dernier genre de vie. Parce qu'il est impossible, suivant eux, que l'on dise d'un homme qui ne fait absolument rien, qu'il agit ou qu'il se conduit bien, et que pourtant bonne conduite et bonheur sont une même chose. Ces deux opinions sont vraies à quelques égards, et ne le sont pas sous d'autres rapports. Une vie tout à fait indépendante est préférable à l'exercice de l'autorité de maître, cela est incontestable : car il n'y a pas grand mérite à savoir employer un esclave, en tant qu'esclave, puisque le talent d'ordonner ce qui est nécessaire dans le détail de la vie commune n'a rien de bien merveilleux.

2. Cependant, s'imaginer que toute magistrature est une sorte de maîtrise, est une erreur. Car l'autorité qu'on exerce sur des hommes libres ne diffère pas moins de celle qu'on exerce sur des esclaves, que la condition de l'homme libre par nature ne diffère de celle de l'esclave par nature ; et nous avons suffisamment marqué les caractères de cette différence, dans le premier livre de ce traité. Mais, d'un autre côté, faire plus de cas de l'inaction absolue, que d'une vie active, est aussi une erreur ; car le bonheur consiste dans l'activité : et de plus, les actions des hommes justes et sages ont toujours un but utile et honorable.

3. Mais peut-être objectera-t-on, d'après les définitions mêmes que nous avons données, que ce qu'il y a de plus désirable ce serait de pouvoir être maître absolu de tout ; car par là on serait à même de faire les actions les plus grandes et les plus sublimes. En sorte que, lorsqu'on peut s'emparer de la domination, il ne faut point la laisser aux autres, mais plutôt la leur enlever sans le moindre scrupule ; sans avoir aucun égard aux liens qui unissent soit un père à ses enfants, soit des enfants à leur père, ou, en général, un ami à son ami ; puisque l'on doit préférer incontestablement ce qu'il y a

de plus excellent, c'est-à-dire le moyen de bien agir et d'être heureux.

4. Peut-être y aurait-il quelque vérité dans ce langage, si réellement ce qu'il y a de plus parfait et de plus désirable devait être le résultat de la violence. Mais peut-être aussi est-il impossible que cela soit, et alors cette opinion n'est fondée que sur une fausse hypothèse. Car, à moins que l'on ait [sur les autres hommes] la même supériorité que l'homme a sur la femme, ou le père sur ses enfants, ou le maître sur ses esclaves, il n'est plus possible que l'on fasse des actions grandes et honorables. De manière que celui qui [par la violence et la spoliation] commencerait par enfreindre ainsi les lois de la vertu, ne pourrait jamais avoir, dans la suite, une conduite assez grande et assez estimable, pour compenser le tort de cette infraction. En effet, entre créatures semblables, le juste et l'honorable consiste dans une sorte d'alternative et de réciprocité; car c'est là ce qui constitue l'égalité et la parité; au lieu que l'inégalité entre égaux, et la différence entre semblables, est contre nature; or, rien de ce qui est contre nature ne saurait être beau ni bon. Voilà pourquoi, s'il se rencontre un homme qui l'emporte sur les plus vertueux, en mérite et en facultés actives, c'est celui-là qu'il est beau de prendre pour guide, c'est à lui qu'il est juste d'obéir. Cependant, il faut qu'il possède, non-seulement la vertu, mais aussi la faculté d'agir, c'est-à-dire de faire les actions qui y sont conformes.

5. Mais, si ces réflexions sont justes, et s'il faut admettre que bien agir et être heureux sont une même chose, il s'ensuit que, pour un état, en général, et pour chaque homme, en particulier, la manière de vivre la plus parfaite, est la vie active. D'ailleurs, il n'est pas nécessaire, comme quelques-uns se l'imaginent, que cette activité se porte sur les autres, ni que l'on considère uniquement comme actives les pensées qui naissent de l'action, en vue de ses résultats; ce sont bien plutôt celles qui n'ont d'autre but qu'elles-mêmes, les contemplations et les méditations qui se concentrent en elles-mêmes. Car la bonne manière d'agir est une fin, et par conséquent elle est aussi action. Or, ce sont surtout ceux dont la pensée combine et dirige les actions, que nous appelons maîtres, et libres dispensateurs des actions extérieures.

6. Au reste, il n'est pas nécessaire que des sociétés qui subsistent par elles-mêmes [sans relations au dehors] et qui préfèrent cette manière d'être, soient entièrement inactives. Car il est possible que cette inaction soit partielle [ou réciproque entre les parties dont la société se compose]. Car il y a un grand nombre de rapports par lesquels les diverses parties d'une société civile peuvent communiquer entre elles. Et l'on peut observer quelque chose de pareil, dans tout homme pris individuellement. La condition de Dieu lui-même, et celle de l'univers tout entier, ne seraient guère dignes d'admiration, si on les supposait destitués de toute action

extérieure, et bornés à celle qui leur est propre(1). Il est donc visible que la manière d'exister la plus parfaite est la même pour les sociétés politiques, prises en masse, et pour chaque homme considéré individuellement.

IV. Après toutes les observations préliminaires que l'on vient de lire, et après les considérations que nous avons précédemment exposées sur les autres formes de gouvernement, il convient de poursuivre notre entreprise, en disant d'abord quelles doivent être les bases d'une république qui serait constituée, pour ainsi dire, à souhait; car il n'est pas possible d'établir la forme de société la plus parfaite, si elle ne possède pas tous les moyens de pourvoir à ses besoins, ou des ressources qui y soient proportionnées. Il faut donc se donner à l'avance, par hypothèse, tout ce qu'on peut désirer, pourvu qu'on n'admette rien d'impossible, par exemple, en ce qui regarde le nombre des citoyens et l'étendue du territoire.

2. En effet, de même que le tisserand ou le constructeur de navires, ou tout autre ouvrier, doit avoir d'abord à sa disposition les matériaux nécessaires et propres à son genre de travail, puisque le produit de son art devra nécessairement être d'autant plus parfait, que les matériaux qu'il emploie se trouveront mieux disposés [et de meilleure qualité]; de même, il faut à l'homme d'état et au législateur une matière, pour ainsi dire, propre à ses desseins,

---

(1) Voyez la page 483 du tome premier de cette traduction (*Morale*, l. 10, c. 8).

et convenablement disposée. Or, le premier fonds nécessaire pour constituer une société civile, c'est une multitude d'hommes qui, pour le nombre et pour la qualité, soient naturellement tels qu'ils doivent être; et, quant au territoire, il faut aussi qu'il ait une étendue et des qualités déterminées.

3. Au reste, on croit généralement qu'il est à propos, pour qu'une cité soit heureuse, qu'elle soit grande ou considérable : mais, si cela est vrai, on ne sait guère ce qui fait qu'une cité est grande ou petite. Car on la juge grande, par le nombre de ceux qui l'habitent, mais il faut plutôt considérer sa force que la multitude de ses habitants. En effet, il y a une œuvre, une tâche propre à la cité; de sorte que la cité qui est surtout capable d'accomplir cette tâche, est celle qu'on doit estimer la plus grande; de même qu'on ne dira pas d'Hippocrate qu'il est un homme plus grand que celui qui l'emporte sur lui par une haute stature, mais on dira qu'il est plus grand médecin.

4. D'un autre côté, quand même il faudrait juger de la grandeur d'un état, en ayant égard au nombre, ce ne serait pas la multitude, en masse et sans distinction (car peut-être est-il nécessaire qu'il existe dans les états des classes nombreuses d'esclaves, de simples habitants et d'étrangers); mais on ne devrait compter que ceux qui font partie de la cité, et qui sont comme les éléments propres dont elle se compose. La supériorité du nombre d'hommes de cette espèce est, en effet, le caractère d'une grande cité; au lieu qu'il est impossible de

considérer comme telle, celle d'où il sort beaucoup d'artisans ou de manouvriers, mais peu de guerriers; car, un état très-peuplé et un grand état ne sont pas du tout la même chose.

5. Il est d'ailleurs facile de se convaincre, par les faits, qu'un état dont la population est trop nombreuse ne peut que difficilement être bien gouverné, si même cela n'est tout à fait impossible. Du moins ne voyons-nous pas que, dans aucun de ceux qui sont considérés comme ayant un bon système de gouvernement, l'on ait abandonné, pour ainsi dire, la population à un développement illimité. Cela même est facile à prouver par le raisonnement : car la loi est un certain ordre, et par conséquent les bonnes lois constituent le bon ordre; or, une population extrêmement nombreuse ne saurait se prêter à l'établissement de l'ordre : ce ne peut être que l'œuvre de la puissance divine, qui est comme le lien et le soutien de l'univers tout entier.

6. Mais, comme le nombre et la grandeur constituent la beauté (1), il faut donc regarder comme ayant atteint le plus haut degré de perfection, la cité qui unit à la grandeur le nombre renfermé dans les limites que nous avons indiquées. Toutefois, il doit y avoir aussi des bornes à la grandeur des états, comme il y en a à celle de toutes les autres choses, animaux, plantes, instruments. Car aucune de ces choses ne pourra exercer ses fonc-

---

(1) Voyez la *Morale* (l. 4, c. 3), p. 161 de la trad. franç.; et la *Poétique* de notre philosophe (c. 7 et 8).

tions, ou atteindre son but, si elle est d'une excessive petitesse, ou d'une grandeur démesurée; ou elle perdra tout à fait sa nature propre, ou elle sera très-mal conditionnée. C'est ainsi qu'un navire d'un spithame, ne sera plus du tout un navire, pas plus que celui qui aurait deux stades de longueur; il y a telles dimensions qui le rendront peu propre à la navigation, soit par l'excès de sa petitesse, soit par celui de sa grandeur.

7. Il en est de même d'une cité; celle qui sera très-peu nombreuse ne pourra se suffire à elle-même; or, le propre de la cité est de se suffire à elle-même. Celle où la population sera trop grande, pourra sans doute pourvoir à tous ses besoins, mais alors ce sera une nation et non plus une cité, car il sera difficile qu'il y existe une forme déterminée de gouvernement. Qui pourrait en effet, commander comme général, à une multitude excessive d'hommes? quel héraut pourrait s'en faire entendre, s'il n'a pas une voix de Stentor? Il faut donc d'abord et nécessairement qu'une cité se compose du nombre d'habitants qui suffit précisément pour qu'ils puissent avoir les commodités de la vie, et être unis par les liens de la société politique. Néanmoins il est possible que la ville où le nombre des habitants excède cette mesure rigoureusement nécessaire, soit encore une cité; mais, comme nous l'avons dit, cet excès a des limites; et les faits mêmes peuvent facilement nous faire voir où il doit s'arrêter. Car il y a des fonctions propres à la cité, des actes propres aux gouvernants et aux gouver-

nés. La tâche du magistrat est d'ordonner et de juger : or, pour juger des droits de chacun, pour distribuer les fonctions et les magistratures, à raison du mérite, il est nécessaire que les citoyens se connaissent les uns les autres (1), sous le rapport des talents et des qualités qui les distinguent; puisque, sans cela, il n'y aura que désordre et injustice dans les fonctions publiques et dans les jugements. Car il n'est pas juste de pourvoir à ces deux sortes de choses, au hasard et sans réflexion ; ce qui doit évidemment arriver, au milieu d'une population excessivement nombreuse.

8. De plus, il devient facile alors aux simples domiciliés et aux étrangers de s'immiscer dans le gouvernement; car ils échappent aisément à la surveillance, dans une multitude trop considérable de citoyens. Il est donc visible que la limite la plus convenable, en ce genre, c'est que le nombre des citoyens soit aussi grand que le comporte l'abondance des commodités de la vie, mais non pas tel qu'ils puissent facilement échapper à la surveillance. Voilà ce que nous avions à dire de la grandeur de la cité.

V. Il en est à peu près de même du territoire : car, sur la question de savoir quel il doit être, il est visible que tout le monde s'accordera à approuver celui qui pourra le plus abondamment suffire à tous les besoins; et, par conséquent, ce doit être

---

(1) Platon (*de Legib.* l. 5, p. 228, et l. 6, p. 290, ed. Bipont.) insiste aussi sur cette observation.

un territoire fertile en toutes sortes de productions; car, posséder toute espèce de choses et ne manquer de rien, voilà ce qui suffit. Mais, par rapport à l'étendue et à la grandeur, il faut qu'il soit tel que tous ceux qui l'habitent puissent y vivre librement et avec sobriété, sans être forcés de travailler (1). Il faudra discuter dans la suite avec plus de soin cette question, et voir si la définition que nous donnons ici est ou n'est pas exacte; lorsque nous aurons occasion de traiter de la propriété, en général, de l'abondance des ressources nécessaires à un état, et de l'emploi qu'il convient d'en faire. Question qui présente plus d'une difficulté à résoudre, à cause de la tendance des opinions vers deux excès opposés, l'excessive parcimonie d'un côté, et de l'autre, le luxe ou la mollesse.

2. Quant à la forme ou à la disposition du territoire, il est facile de l'indiquer : car il est convenable de s'en rapporter, sur ce point, à ceux qui ont l'expérience de la guerre, et qui veulent qu'un pays soit de difficile accès pour les ennemis, et que les guerriers qui l'habitent puissent en sortir facilement. Enfin, il faut appliquer au territoire ce que nous avons dit du nombre des habitants, qu'il doit être aisé à surveiller, car cette condition emporte avec soi celle d'être facile à défendre. Pour l'assiette même de la ville, si l'on veut qu'elle offre tous les

---

(1) Pour qu'ils puissent avoir le loisir de vaquer aux fonctions du gouvernement. Voyez ci-dessus, l. 2, c. 6, § 2.

avantages qu'on peut souhaiter, il convient qu'elle soit favorablement située par rapport à la mer, et par rapport au reste de la contrée. La situation que nous venons d'indiquer est donc la plus convenable : car il faut que la ville ait des communications faciles avec tous les divers points du territoire, pour y porter au besoin des secours, pour que les produits des récoltes puissent être transportés dans l'intérieur de ses murs, et aussi pour qu'elle puisse s'approvisionner de bois ; enfin, pour que les matériaux de tout genre, qui sont nécessaires à l'exécution des différents travaux, puissent facilement y être amenés.

3. Toutefois, il y a bien des gens qui doutent si les communications par mer sont un avantage, ou un inconvénient, pour les états bien réglés. Car ils prétendent que les rassemblements nombreux d'hommes, et le séjour d'étrangers nourris sous l'influence de lois toutes différentes, ne sont pas sans danger pour le maintien de l'ordre et des plus sages institutions ; et que l'habitude des expéditions maritimes, donnant aux citoyens occasion de sortir de chez eux, et de recevoir des étrangers, introduit une multitude de traficants, fort contraire à l'existence d'un bon gouvernement.

4. D'un autre côté, il est incontestable que, si ces inconvénients n'ont pas lieu, les communications par mer offrent de plus grands avantages à la ville et au pays, tant pour sa sûreté, que pour se procurer l'abondance des choses nécessaires. Car, afin de

pouvoir soutenir facilement la guerre, il est à propos que l'on soit à portée des secours, et que l'on ait les moyens de se défendre des deux manières, c'est-à-dire par mer et par terre. Et, quant à porter le dégât chez les ennemis, si cela n'est pas toujours possible par l'un et l'autre moyen, du moins ceux qui disposent de tous deux ont-ils plus d'avantage en se servant de l'un ou de l'autre. Ils peuvent se procurer par voie d'importation, les choses dont ils se trouvent dépourvus, et exporter le superflu de leurs denrées ou de leurs produits. Car c'est pour sa propre utilité qu'une cité doit exercer le commerce, et non pour celle des autres états.

5. Mais ceux qui font de leur ville un marché ouvert à tout le monde, n'ont en vue que le gain : or, s'il ne faut pas qu'une cité aspire à se procurer ce genre d'avantage, elle ne doit pas se transformer ainsi en un marché public. Mais, comme nous voyons de nos jours plusieurs contrées et plusieurs cités avoir des rades et des ports merveilleusement situés à l'égard de la ville, de manière à ce qu'ils ne comprennent point la cité elle-même dans leur enceinte, et à ce qu'ils n'en soient pas aussi trop éloignés, étant d'ailleurs fortifiés par d'épaisses murailles et par d'autres remparts de cette espèce : il est évident que, si ces sortes de communications ont quelqu'avantage, la cité ne manquera pas d'en profiter; et que, si elles peuvent avoir quelque danger, on peut facilement s'en garantir, au moyen des lois, en déclarant et prescrivant quels

sont ceux qui doivent ou ne doivent pas avoir des relations les uns avec les autres (1).

6. Au reste, on voit assez, quant à la puissance maritime, qu'il y a de l'avantage à la posséder jusqu'à un certain point. Car on ne doit pas seulement être en état de se défendre, il faut aussi pouvoir quelquefois secourir ses voisins, et quelquefois leur inspirer la crainte, sur mer aussi bien que sur terre. Quant au degré de force et à la grandeur d'une pareille puissance, il faut avoir égard au genre de vie de ceux qui composent la cité; car, si elle est belliqueuse, et ambitieuse, il lui faut nécessairement, en forces de ce genre, des moyens proportionnés à ses entreprises.

7. D'ailleurs, il n'est pas nécessaire que le nombre d'hommes qui se consacrent aux travaux maritimes soit fort considérable, car ils ne doivent point faire partie de la cité. Sans doute, les guerriers qui combattent à bord des vaisseaux, et qui sont tirés de l'infanterie, doivent être des hommes libres, puisque ce sont eux qui ont la force et l'autorité sur tout ce qui fait le service de mer. Mais toute la classe d'hommes destinée à ce service doit être prise parmi les Périœciens, ou paysans cultivant les terres; et il n'est pas nécessaire qu'elle soit fort nombreuse, non plus que celle des matelots. C'est aussi ce qui se pratique aujourd'hui chez quelques peuples, par exemple, chez les habitants

---

(1) Platon (*De Legib.*), l. 1 2, p. 200) traite aussi cette question.

d'Héraclée (1) : car ils sont en état d'équiper un assez grand nombre de trirèmes, quoique leur pays soit pour la grandeur inférieur à plusieurs autres. Telle est la manière dont il faut régler ce qui concerne le territoire, les travaux des ports, les communications par mer, et la puissance navale.

VI. Nous avons précédemment indiqué quelles doivent être les limites du nombre des citoyens exerçant le droit de cité : disons à présent quelles qualités ils doivent naturellement posséder. Au reste, c'est ce dont on peut se faire une idée, en portant ses regards sur les états de la Grèce qui ont quelque célébrité, et sur les peuples divers qui sont répandus sur toute la surface de la terre habitée. Car ceux qui habitent les régions froides et le sol de l'Europe, sont généralement pleins de courage, mais leur intelligence est peu développée, leurs arts sont peu avancés : et, par cette raison, ils ont, pour la plupart, conservé leur liberté, mais ils sont incapables de gouvernement, et ne

---

(1) Ville du Pont, et colonie fondée par des Mégariens. Ce qu'en dit ici Aristote est confirmé par Xénophon (*Anabas.* l. 5, c. 6, § 10). Les Mariandyniens, habitants de ce pays, s'étaient soumis aux Mégariens, aux mêmes conditions que les *Pénestes* en Thessalie, les Hilotes en Laconie, etc., c'est-à-dire, qu'ils étaient serfs des habitants d'Héraclée. Voyez Athénée (l. 6, p. 263), et Strabon (l. 12, p. 342), ou tome 4e, seconde partie, p. 24 de la traduction française de ce géographe, où l'on trouve une savante note de Mr Coray, sur les différents noms par lesquels ces serfs furent désignés chez divers peuples de la Grèce et de ses colonies.

peuvent pas commander aux nations voisines. Les peuples de l'Asie, au contraire, sont ingénieux et industrieux ; mais ils sont sans énergie, et c'est ce qui fait qu'ils sont éternellement asservis. Mais la race des Grecs, occupant des régions ou des contrées intermédiaires, participe aussi à ces deux sortes de caractères, ou de dispositions opposées (1), car elle est brave et ingénieuse. Voilà pourquoi elle demeure libre, conserve la meilleure forme de société politique, et pourrait commander à toutes les nations, si elle parvenait à se trouver réunie sous un seul gouvernement.

2. On observe, au reste, la même différence entre les nations grecques, comparées les unes aux autres : car il s'en trouve qui n'ont reçu de la nature qu'une des deux espèces de qualités dont nous venons de parler ; et il y en a chez qui toutes deux se trouvent réunies, et forment un heureux mélange. Il est donc évident que, pour que des hommes puissent se montrer dociles au législateur, et se laisser guider vers la vertu, il faut qu'ils soient naturellement intelligents et braves. Car ces dispositions que

---

(1) Cette indication rapide de l'effet des climats sur les dispositions morales et intellectuelles des hommes, se trouve aussi dans Platon (*De Republ.* l. 4, p. 359). Mais Hippocrate est, comme on sait, l'écrivain de l'antiquité qui a le premier traité et approfondi cet important sujet. Voyez son livre *Des Airs, des Lieux et des Eaux*, dont M$^r$ Coray a donné une traduction française et un savant commentaire. (2 vol. in-8°. Paris, 1800, ou 1 vol. in-8°. Paris, 1816, sans le commentaire.)

quelques personnes prétendent exister chez les gardiens [ou guerriers] (1), la bienveillance pour ceux que l'on connaît, et une sorte de rudesse sauvage à l'égard de ceux qu'on ne connaît pas, c'est le courage qui les produit, puisque la faculté d'aimer est une de celles qui appartiennent à l'ame.

3. La preuve, c'est qu'un homme s'irrite plutôt contre ses amis, ou contre ceux avec qui il a l'habitude de vivre, quand il s'imagine en être méprisé ou dédaigné. C'est pourquoi, Archiloque, ayant de justes motifs de se plaindre de ses amis, adresse ces mots à son propre cœur :

> Mais, outragé par des amis,
> Ta douleur était plus cruelle.

C'est aussi cette faculté qui est chez tous les hommes le principe de la domination et de la liberté : car le courage est quelque chose d'impérieux et d'indomptable. On a tort néanmoins de dire que les hommes braves sont durs ou farouches envers ceux qui leur sont inconnus; car il ne faut être tel envers personne, et les cœurs magnanimes ne sont naturellement ni durs ni farouches, si ce n'est à l'égard de ceux qui commettent d'odieuses injustices; et, comme on vient de le dire, ils en sont plus of-

---

(1) Allusion à un passage de la *République* de Platon (l. 2, p. 263). On reproche, au reste, à notre philosophe d'avoir un peu altéré le sens de l'écrivain qu'il critique, et de ne pas rapporter textuellement ses expressions, s'il est vrai que nous les ayons nous-mêmes fort exactement dans le texte de Platon, tel qu'il nous a été transmis.

fensés, quand ils s'imaginent que ceux avec qui ils ont des liaisons d'amitié s'en sont rendus coupables.

4. Et ce n'est pas sans raison, puisqu'ils sont persuadés que des personnes de qui ils ne devraient attendre que des services et de bons procédés, joignent l'outrage au tort qu'ils leur font éprouver. Voilà pourquoi l'on a dit :

> La haine fraternelle est la plus implacable.

et

> Qui chérit à l'excès peut haïr sans mesure (1).

Ainsi, le nombre de ceux qui peuvent avoir part au gouvernement, les qualités naturelles que l'on doit exiger d'eux, l'étendue du territoire et les conditions qu'il doit réunir, se trouvent à peu près déterminés ; car il ne faut pas chercher dans les choses qui ne peuvent s'expliquer qu'à l'aide du langage, la même précision que dans celles qui s'adressent immédiatement aux sens.

VII. De même que, dans les autres composés que forme la nature, toutes les parties, sans lesquelles le tout ne saurait exister, ne sont pourtant pas des éléments du composé tout entier ; ainsi, il est évident que tout ce qui est nécessaire à l'existence des sociétés politiques, ne doit pas être compté comme faisant partie de la cité, ni de toute autre espèce d'association formant un genre. Car il faut

---

(1) Cette pensée et celle qui précède sont tirées l'une et l'autre de deux tragédies d'Euripide que nous n'avons plus.

que ce soit une même chose, commune à tous les associés, soit qu'ils y participent également ou inégalement : que ce soit, par exemple, la subsistance, ou l'étendue du territoire, ou quelque autre chose de pareil.

2. Mais, lorsqu'une partie existe à cause d'une autre, et celle-ci en vertu de son rapport avec celle-là, il n'y a pourtant rien de commun à l'une et à l'autre, sinon que la première agit et que la seconde reçoit l'action; par exemple, entre l'outil et l'ouvrier, par rapport à l'œuvre produite. En effet, il n'y a rien de commun entre la maison et l'architecte; mais l'art de celui-ci existe pour cette fin. C'est ainsi que les états doivent sans doute posséder une quantité de moyens et de ressources, mais cette possession, ou cette somme de richesses, ne fait point partie de la cité. Il y a même beaucoup d'êtres animés qui font partie de leur richesse; mais la cité est une association d'êtres semblables, et qui a pour fin la vie la plus parfaite possible.

3. Or, puisque le bonheur est ce qu'il y a au monde de plus excellent, et qu'il consiste dans l'activité et dans un usage parfait de la vertu; et comme la condition humaine est telle qu'il y a des hommes qui parviennent à s'assurer une vie heureuse, tandis que d'autres n'obtiennent que peu ou point de bonheur, voilà évidemment la cause qui a produit tant d'états différents, et plusieurs formes diverses de gouvernement. Car, chaque peuple poursuivant ce but par des moyens différents, de là est venue la diversité des manières de vivre pour chacun

d'eux, et la variété de leurs systèmes politiques. Quoi qu'il en soit, il convient d'examiner combien il y a de choses sans lesquelles une cité ne saurait exister, car il faudra nécessairement que nous trouvions dans chacune d'elles ce que nous déclarerons être des parties essentielles de la cité.

4. Il faut donc considérer d'abord le nombre des choses, car ce sera le moyen d'éclaircir la question. Premièrement, il faut qu'un état ait des moyens de subsistance, et ensuite des arts. Car on a besoin de beaucoup d'instruments ou d'outils pour vivre. En troisième lieu, il faut des armes : car ceux qui font partie de la cité doivent nécessairement avoir en eux-mêmes des moyens d'exercer l'autorité sur ceux qui refusent de s'y soumettre, et des armes contre les ennemis du dehors qui attaquent injustement leur sûreté. Il leur faut aussi de l'argent, ou une certaine quantité de richesses, soit afin de pourvoir à leurs propres besoins, soit pour fournir aux frais de la guerre; en cinquième lieu, et avant tout, il faut mettre le soin des choses divines, ou ce qu'on appelle le culte; sixièmement enfin, l'objet le plus indispensable de tous, le jugement, ou la décision des intérêts et des droits réciproques des citoyens.

5. Telles sont donc les choses dont toute cité, pour ainsi dire, ne saurait se passer; car une cité, comme on l'a déja dit, ne se compose pas d'une multitude d'hommes rassemblés au hasard, mais ayant pour but de se procurer toutes les choses nécessaires à une existence indépendante. Et s'il vient à lui en manquer quelqu'une, il est impossible

qu'elle forme désormais une société, dans le sens rigoureux de ce mot, et se suffisant à elle-même. Nécessairement donc ce sont là les fonctions diverses qui constituent une cité. Et, par conséquent, il lui faut une classe d'hommes livrés à la culture des terres, dont les travaux serviront à la faire subsister ; il lui faut des artisans, des soldats, des citoyens riches ou aisés, des prêtres, et des juges chargés de prononcer sur les intérêts et sur les droits des habitants.

VIII. A présent que nous avons reconnu les divers ordres de fonctions, il reste à examiner s'il faut que tous les citoyens puissent les exercer. Car il est possible que les mêmes hommes soient tous laboureurs et artisans, qu'ils délibèrent sur les affaires d'état, et qu'ils jugent dans les tribunaux ; ou bien, il faut supposer que chacun de ces emplois sera exercé par des classes diverses de citoyens, ou bien qu'il faudra nécessairement qu'entre ces fonctions, les unes soient privées, et les autres publiques. Mais cela n'a pas lieu dans toute espèce de gouvernement, car, comme nous l'avons dit, il est possible que tous participent à tout, ou que certaines personnes seulement exercent certaines fonctions. En effet, c'est précisément là ce qui fait les diverses formes de gouvernement ; puisque, dans les démocraties tous ont part à tous les emplois, et que c'est le contraire dans les oligarchies.

2. Mais, puisque nous en sommes à examiner quelle est la constitution politique la plus parfaite, et que c'est celle qui contribue le plus au bonheur

de la société; enfin, puisqu'on a dit précédemment que le bonheur ne saurait exister sans la vertu, il est visible que, dans un état parfaitement gouverné, et composé de citoyens qui sont des hommes justes, (dans le sens absolu de ce mot, et non relativement à un système donné) ils ne doivent exercer ni les arts mécaniques, ni les professions mercantiles; car ce genre de vie a quelque chose de vil, et est contraire à la vertu. Il ne faut pas même, pour qu'ils soient véritablement citoyens, qu'ils soient laboureurs; car ils ont besoin de loisir, soit pour cultiver en eux la vertu, soit pour exercer les fonctions civiles.

3. D'un autre côté, comme il y a des guerriers, et des citoyens chargés de délibérer sur les intérêts de l'état, et de rendre la justice; et comme ces deux genres de fonctions sont des parties essentielles de la cité, faut-il confier l'exercice des unes à certaines personnes, et les autres à d'autres, ou bien les confiera-t-on toutes deux aux mêmes hommes? Il est encore facile de voir que, sous un certain rapport, on peut les faire exercer par les mêmes personnes, et qu'à d'autres égards, il faut les faire exercer par d'autres personnes. Car, en ce sens que chacune de ces sortes de fonctions convient à des époques différentes de la vie, que l'une exige de la prudence, et l'autre de la vigueur, on ne doit pas les confier aux mêmes hommes. Mais, en ce sens qu'il est tout-à-fait impossible que des citoyens, qui sont assez forts pour employer la violence et s'opposer à l'autorité, consentent à rester toujours

soumis, il ne faut pas qu'elle soit toujours dans les mêmes mains ; car ceux qui ont des armes, sont maîtres de maintenir le gouvernement, ou de le renverser.

4. Il ne reste donc qu'à confier un tel gouvernement à ces deux mêmes classes de citoyens; non pas sans doute les deux sortes de fonctions à la fois, mais en suivant l'indication de la nature. Car la vigueur est le partage des plus jeunes, et la prudence est celui des hommes avancés en âge. Par conséquent, il paraît juste et utile de se conformer à cette distinction dans la distribution des emplois, puisqu'ainsi elle se fera en raison du mérite.

5. Cependant il faut aussi que ce soient eux qui possèdent les richesses immobilières, car l'aisance doit être le privilége des citoyens; or, ceux-là sont les vrais citoyens, puisque les artisans n'ont point part au droit de cité, pas plus que toute autre classe incapable de pratiquer la vertu. Et c'est une conséquence évidente de notre système : car le bonheur [suivant nous] est inséparable de la vertu; or, on ne saurait dire qu'une cité soit heureuse, si l'on n'a égard qu'à une partie, et non à la totalité des citoyens. On voit donc que c'est à eux aussi que doivent appartenir les propriétés, puisqu'il est nécessaire que les laboureurs soient ou des esclaves, ou des barbares [réduits en servitude], ou des [serfs ou paysans] Périœciens.

6. Il reste encore, parmi les sortes de fonctions que nous avons énumérées, à parler de celles des prêtres; mais il est facile de voir aussi quel rang on

doit leur assigner : car il n'est pas convenable de faire un sacrificateur d'un laboureur, ni d'un artisan, puisque c'est principalement par des citoyens qu'il faut que les dieux soient honorés. Or, comme on a partagé le corps entier des citoyens en deux parties, celle qui porte les armes, et celle qui délibère ; et comme il convient de confier le soin de ce qui concerne le culte, aux mêmes personnes, qui désormais accablées par le faix des années ont droit à quelque repos, c'est à eux aussi qu'il faut confier les fonctions religieuses. Nous venons donc de faire connaître quelles choses sont nécessaires à l'existence d'une cité, et de combien de parties elle est essentiellement composée. Car il faut nécessairement qu'il y ait, dans tous les états, des laboureurs, des artisans, et une multitude d'habitants, vivant de salaires et du travail de leurs mains. Mais les parties essentielles de la cité, sont la classe des guerriers ou défenseurs de l'état, et celle des citoyens ayant droit de délibérer. Ce qui distingue chacune de ces classes, c'est que dans l'une les fonctions sont à perpétuité, et dans l'autre, elles sont exercées à tour de rôle.

IX. Au reste, il ne paraît pas que ce soit une découverte nouvelle, ni même assez récente, des hommes qui se sont occupés de la science du gouvernement, que l'utilité et la convenance de diviser les habitants d'une cité en diverses classes, et de ne pas confondre celle des guerriers avec celle des laboureurs ou cultivateurs. Car c'est encore de cette manière que les choses sont établies en

Égypte et dans la Crète; et l'on en fait remonter l'institution, pour les Égyptiens, à la législation de Sésostris (1), et, pour les Crétois, à celle de Minos.

2. L'institution des repas communs paraît aussi fort ancienne : en Crète, elle date du règne de Minos, et en Italie, d'une époque beaucoup plus reculée. Les hommes de ce pays-là qui sont le plus versés dans la connaissance de l'histoire, prétendent, en effet, qu'un certain *Italus* fut roi de l'OEnotrie, que les habitants de cette contrée furent appelés de son nom *Italiens* au lieu d'*OEnotriens*, et qu'on donna le nom d'Italie à cette partie des côtes de l'Europe qui est comprise entre le golfe Scyllétique et le golfe Lamétique (2), lesquels ne sont éloignés l'un de l'autre que d'une demi-journée de chemin.

3. Italus, dit-on, rendit les OEnotriens agriculteurs, de nomades qu'ils étaient auparavant, leur donna des lois et établit chez eux l'institution des repas publics. Voilà pourquoi quelques cantons de ce pays conservent encore de nos jours cet usage qu'ils tiennent de lui, et plusieurs de ses lois. Les *Opici*, surnommés anciennement et encore aujour-

---

(1) Sur le règne de Sésostris, en Égypte, voyez Hérodote (l. 2, c. 102 et suiv.), et Diodore de Sicile (l. 1, c. 53 et suiv.).

(2) Aujourd'hui le *golfe de Squillace*, et le *golfe de Sainte-Euphémie*. Ce dernier était appelé anciennement *Lamétique*, du fleuve Λάμης (aujourd'hui *Lamato*), qui y a son embouchure. Voyez Heyne (*Excurs. in Virgil. Æneid.* l. 1, vs. 530).

d'hui *Ausones*, occupaient d'une part les bords de la mer de Tyrrhénie; et de l'autre, confinant à l'Iapygie, sur les côtes de la mer Ionienne, étaient les *Chones*, habitant la contrée appelée *Siris*; or, ces *Chones*, étaient aussi OEnotriens d'origine (1).

4. C'est donc de là qu'est venue d'abord l'institution des repas publics. Mais la division de la société politique en classes est venue de l'Égypte; car le règne de Sésostris est de beaucoup antérieur à celui de Minos. Au reste, il y a lieu de croire qu'un grand nombre d'inventions ont été trouvées plusieurs fois, dans le cours des siècles, ou plutôt, qu'elles ont pu se renouveler un nombre infini de fois. C'est qu'il est naturel que l'homme apprenne de ses besoins mêmes, ce qui est nécessaire pour les satisfaire; et une fois qu'on se l'est procuré, il est naturel encore que l'on voie s'accroître les moyens de contribuer à l'aisance et aux commodités de la vie; en sorte qu'il faut croire qu'il en est de même des institutions politiques.

5. Or, que celles-ci soient anciennes, la preuve en est dans l'histoire des Égyptiens: car c'est le peuple qu'on regarde comme le plus ancien, et il s'était donné des lois et une organisation politique; voilà pourquoi l'on doit faire un usage convenable des institutions qui ont été précédemment inventées, et s'efforcer de découvrir celles qui restent à trouver. Au reste, on a déjà dit que le territoire

---

(1) Voyez Heyne (*Opuscul. Academ.* t. 2, p. 211 et 235).

doit appartenir à ceux qui ont les armes, et à ceux qui participent au droit de cité ; on a dit aussi pourquoi ils doivent former une classe différente de celle des hommes qui travaillent à la culture des terres, et enfin quelle doit être la nature et l'étendue du territoire.

6. Il faut maintenant parler de la manière de distribuer les produits de la terre, dire qui sont ceux qui la doivent cultiver, et quels ils doivent être ; puisque nous prétendons que les biens ne soient pas communs (comme l'ont voulu quelques personnes), mais qu'ils le deviennent, en quelque sorte, par la manière obligeante et généreuse d'en faire usage, et qu'enfin aucun citoyen ne manque des moyens de subsister. On est assez généralement d'accord sur les repas communs ; on trouve que cette institution est avantageuse aux états bien organisés ; et nous dirons dans la suite pour quel motif cette opinion est aussi la nôtre. Mais il faut que tous les citoyens y participent, et pourtant il n'est pas facile que ceux qui sont dans l'indigence trouvent dans leurs propres ressources de quoi fournir à la contribution exigée pour cela, et de quoi subvenir aux dépenses ordinaires du reste de leur famille.

7. Les frais qu'exige le culte des dieux doivent aussi être, dans tout état, une dépense commune. Il est donc nécessaire que le territoire soit partagé en deux parties, dont l'une soit propriété commune, et dont l'autre appartienne aux particuliers, et que chacune d'elles soit subdivisée encore en deux parts ;

la propriété commune, par exemple, en fournissant une pour les frais qu'exige le service des dieux, et l'autre pour la dépense des repas communs; tandis que, dans les terres appartenant aux particuliers, une partie sera située aux extrémités du territoire, et l'autre autour de la ville, afin qu'en donnant à chacun deux lots, tous se trouvent avoir part à ces deux sortes de situation.

8. C'est en effet le moyen d'avoir égard à la fois à l'égalité, à la justice, et à l'esprit de concorde qui doit animer les citoyens, en cas de guerre contre les peuples voisins. Car, partout où cela n'est pas ainsi, les uns ne prennent aucun intérêt aux sujets de contestation qui s'agitent sur les frontières; les autres, au contraire, en sont trop inquiets, et s'en effrayent au point de ne conserver aucune dignité. Voilà pourquoi, chez quelques peuples, il y a une loi qui interdit à ceux qui sont dans le voisinage des pays frontières, de prendre part aux délibérations qui concernent la guerre avec ces mêmes pays, comme ne pouvant pas en délibérer convenablement, ni apporter à de tels conseils un esprit dégagé de tout intérêt personnel. Il est donc nécessaire que le territoire soit divisé de cette manière, par les raisons que nous venons de dire.

9. Quant à ceux qui devront cultiver les terres, si l'on veut qu'ils soient tels qu'on peut le souhaiter, il faut essentiellement que ce soient des esclaves, mais non pas de même nation (1), ni d'un

---

(1) Platon (*De Legib.* l. 6, p. 302) prescrit à peu près les

cœur trop élevé; car, par ce moyen, ils seront plus propres aux travaux, et moins dangereux pour l'état, moins disposés à la révolte et aux changements. Il faut du moins que ce soient des Barbares ou des Périœciens, dont le naturel se rapproche de celui qu'on vient d'indiquer : que ceux d'entre eux qui appartiendront aux particuliers possédant des terres, leur appartiennent exclusivement; et que ceux qui seront sur la portion commune du territoire, appartiennent au public. Nous dirons dans la suite de quelle façon il faut agir à leur égard, et quel avantage il y a à proposer à tous les esclaves l'affranchissement pour prix de leurs travaux.

X. On a dit plus haut qu'il faut que la ville ait des communications faciles avec la terre ferme et avec la mer, et, autant qu'il est possible, avec tout le pays environnant. Mais, pour que sa situation soit, en elle-même, aussi avantageuse qu'on peut le souhaiter, il faut avoir égard à quatre choses : d'a-

---

mêmes choses, ici néanmoins et au § 5 du chap. 8 de ce livre, notre auteur semble en contradiction avec lui-même, parce qu'il prétend (l. 6, c. 2, § 4) que le peuple le plus propre à la démocratie, est un peuple agriculteur; mais, sans doute, il suppose aussi que ce peuple a des esclaves, car alors on ne concevait pas qu'il pût exister de société politique sans cette condition. Au reste, on trouve plus de détails sur ce sujet dans le traité attribué à notre auteur, sous le titre d'*OEconomicus* (l. 1, c. 5), dans Varron (*de Re Rustica*, l. 1, c. 17), et dans le commentaire de Schneider, sur ce dernier écrivain (to. 1, p. 300 de son édition des *Scriptores Rei Rusticæ*).

bord à la salubrité, comme condition indispensable. Car les villes situées sur la partie des collines qui regarde l'orient, et exposées aux vents qui viennent de ce côté, sont plus saines; ensuite, celles qui sont exposées au nord, parce qu'elles ont des hivers moins fâcheux.

2. Du reste, la situation d'une ville doit offrir des facilités pour les opérations soit civiles, soit militaires. Pour celles-ci, par exemple, il faut que les citoyens puissent facilement sortir de la place, et qu'au contraire il soit difficile aux ennemis d'y pénétrer et d'en faire le blocus; à quoi l'abondance des eaux et des sources est très-favorable. Et, si l'on n'a pas cet avantage, on peut se le procurer artificiellement, en creusant de nombreux et vastes réservoirs, propres à retenir les eaux pluviales; en sorte qu'on ne soit jamais dans le cas d'en manquer, en temps de guerre, lorsqu'on ne peut plus sortir dans la campagne.

3. Or, puisqu'il faut s'occuper essentiellement de la santé des citoyens, et que ce qui y contribue le plus efficacement c'est la situation avantageuse de la ville dans tel lieu déterminé, et sous telle exposition donnée; et puisqu'il faut, en second lieu, avoir égard à la salubrité des eaux, voilà donc des choses où l'on ne saurait mettre ni négligence ni insouciance. Car ce qui sert le plus souvent et le plus ordinairement aux besoins du corps a nécessairement une grande influence sur la santé; et tel est l'effet de la nature des eaux et des vents. Par conséquent, ce sont des objets auxquels il faut avoir

pourvu convenablement, dans tout état sagement organisé. Si les eaux ne sont pas toutes de même qualité, et si elles sont abondantes, il faut séparer et distinguer celles qui servent à la nourriture, de celles qui peuvent être employées à d'autres usages.

4. La même nature ou la même situation des lieux fortifiés n'est pas également convenable pour toutes les sortes de gouvernement; par exemple, une citadelle convient mieux à l'oligarchie et à la monarchie; un pays de plaine, mieux à la démocratie; et pour l'aristocratie, ni l'un ni l'autre n'offrent autant d'avantages qu'un plus grand nombre de forts ou de châteaux. On trouve plus d'agrément et d'utilité pour tous les actes de la vie commune, lorsque les habitations des particuliers sont disposées, suivant la méthode d'Hippodamus (1), de manière qu'on puisse parcourir commodément la ville; mais, au contraire, le mode usité dans les anciens temps est plus favorable à sa sûreté, en cas de guerre; car il en rend l'accès difficile à ceux qui veulent l'attaquer, et les étrangers qui s'y sont engagés n'en peuvent trouver les issues qu'avec beaucoup de peine.

5. C'est pour cela qu'il faut employer concurremment les deux modes; car on peut suivre en ceci une méthode analogue à celle que quelques auteurs de traités d'agriculture, en parlant de la plantation

---

(1) Voyez ci-dessus (l. 2, c. 5, § 1) ce qui est dit de cet Hippodamus.

des vignes, appellent *ordre en quinconce* (1), et rendre la ville tout entière facile à parcourir, mais de sorte que ce ne soit que par parties, ou par quartiers; car, par ce moyen, elle réunira la sûreté à l'élégance des distributions. Quant aux murailles, ceux qui prétendent qu'une ville où l'on s'applique à entretenir la valeur militaire n'en doit point avoir, sont dupes d'une opinion trop peu réfléchie; car ils ne tient qu'à eux de voir que cette imprudente confiance a été réfutée par les faits (2), dans les villes qui s'en faisaient un point d'honneur.

6. Sans doute il y a quelque honte, quand on a affaire à des ennemis de même force et en nombre très-peu supérieur, à ne chercher son salut que dans la solidité de ses murailles; mais, comme il est possible, et comme il arrive en effet quelquefois, que ceux qui attaquent ont une supériorité à laquelle la valeur humaine ou le courage d'un petit nombre de défenseurs seraient incapables de résister, on ne saurait douter que les murailles les mieux fortifiées ne soient le moyen de salut le plus assuré, si l'on veut ne pas demeurer exposé aux vio-

---

(1) C'est ainsi que quelques savants croient qu'il faut entendre le mot ξυςάδες. Cependant la glose d'Hésychius sur ce mot, ferait entendre qu'il s'agit d'un ordre irrégulier. On peut consulter aussi le commentaire de Schneider, mais il est à peu près impossible de saisir clairement la pensée de notre auteur; parce qu'il fait allusion ici à une chose dont rien d'ailleurs ne peut nous donner d'idée exacte.

(2) Aristote semble ici vouloir faire allusion à la situation critique où se trouva Lacédémone assiégée par Épaminondas.

lences et aux outrages de l'ennemi; aujourd'hui surtout, qu'on a singulièrement perfectionné l'art des siéges, par l'invention des traits et des machines de guerre (1).

7. Avoir la prétention de ne point entourer les villes de murailles, c'est à peu près comme si l'on affectait de rendre partout le territoire d'un accès facile, et d'en niveler toutes les parties escarpées ou montagneuses; c'est comme si l'on imputait à lâcheté aux citoyens le soin d'entourer de murs les maisons qu'ils habitent. D'ailleurs, il ne faut pas perdre de vue que, quand une ville a une bonne enceinte de murailles, on est à même d'en tirer avantage, ou de ne le pas faire, si l'on veut; mais, quand on n'a point de murs, on n'a plus le choix du parti à prendre.

8. Si donc il en est ainsi, on doit non-seulement construire de fortes murailles, mais les entretenir soigneusement, afin qu'elles servent à l'ornement et à la magnificence de la ville, et qu'on y trouve un moyen de défense contre les entreprises des ennemis, en général, et même contre tous les moyens d'attaque qui ont été récemment inventés.

---

(1) Diodore de Sicile (l. 14, c. 42) dit que les machines propres aux siéges furent singulièrement perfectionnées à Syracuse, sous le règne et par les soins de Denys l'ancien; et Plutarque (*Apophthegm. Lacon.*) raconte qu'Archidamus, fils d'Agésilaüs, ayant vu une de ces machines perfectionnées, qu'on avait apportées de la Sicile, s'écria : « C'en est fait de la vertu guer-« rière ! » (ἀπόλωλεν ἀνδρὸς ἀρετά !)

Car, de même que ceux qui envahissent le pays ne négligent rien de ce qui peut contribuer à leur donner l'avantage, il faut aussi que ceux qui ont à se défendre, fassent usage des moyens connus, et s'appliquent à en chercher de nouveaux. Car, en général, on ne songe pas même à provoquer ceux qu'on sait être bien sur leurs gardes. Mais, s'il convient que la multitude des citoyens soit distribuée en compagnies pour les repas publics, et que les murailles soient garnies de distance en distance de forts et de tours, suivant que les lieux se prêtent à ces dispositions, il est évident que la nature même des choses invite, en quelque sorte, à établir quelques-uns de ces repas dans les forts mêmes. Tel est donc l'ordre qu'il faut mettre dans tout cela.

XI. Les édifices consacrés aux dieux, et aux repas solennels des premiers magistrats, doivent être réunis dans un emplacement convenable et déterminé, où se pratiquent toutes les cérémonies religieuses, que la loi, ou quelque réponse de l'oracle, ne prescrivent pas de pratiquer dans un lieu particulier. Cet emplacement doit être assez apparent, pour que la majesté des dieux puisse s'y manifester (1), et qu'il soit à l'abri de toute attaque ou insulte des parties de la ville qui en sont voisines.

---

(1) Le texte grec est ici tellement altéré, qu'aucun des éditeurs ou commentateurs n'a pu le rétablir d'une manière satisfaisante; je n'ai donc pu que lui donner le sens qui m'a paru le plus probable. Voyez, au reste, le commentaire de Schneider (p. 423), et la remarque et les conjectures de M$^r$ Coray (p. 315).

2. Il convient que l'on trouve au-dessous de cet emplacement, l'ensemble des édifices et des objets qui composent une place publique, comme celle qu'en Thessalie on appelle *Place de la liberté ;* laquelle doit être (suivant la loi de ce pays), débarrassée de tout ce qui se vend et s'achète, et où l'on ne doit rencontrer ni artisans ni laboureurs, ni aucun de ceux qui exercent des professions de ce genre, à moins qu'il n'y soit appelé par les magistrats (1). Ce lieu ne saurait manquer d'offrir un spectacle agréable, si les salles d'exercice des hommes âgés y sont distribuées dans un certain ordre ; car il est convenable qu'en cet endroit, dont elles sont l'ornement, elles soient distinctes suivant les différents âges ; que certains magistrats surveillent sans cesse celles des jeunes gens, et que les vieillards soient admis dans celles qui sont destinées aux magistrats. Leur présence et leurs regards sont ce qu'il y a de plus propre à inspirer une véritable modestie, et cette réserve timide qui convient au respect que l'on doit à des hommes libres. Quant à la place destinée à servir d'entrepôt ou de marché pour les denrées de toute espèce, elle doit être séparée de celle-ci, et située dans un lieu où il soit facile de

---

(1) Les mêmes idées, à peu près, sur ce sujet se retrouvent dans Platon (*de Legib.* l. 6, p. 304), et dans Xénophon (*Cyrop.* l. 1, c. 2, § 3). On ne sait d'ailleurs rien de plus particulier sur cette disposition des places publiques dans les villes de la Thessalie.

transporter tout ce qui arrive par mer, et toutes les productions que fournit le pays.

3. Comme la multitude des citoyens est partagée en prêtres et en magistrats, il convient que les salles où les prêtres prennent leurs repas soient distibuées par ordre dans le voisinage des édifices sacrés. Mais les lieux de réunion des magistrats chargés de veiller à l'exécution des contrats, de recevoir les accusations en matière criminelle, les plaintes et autres affaires de ce genre, de même que les salles où mangent ceux qui ont la police des marchés et celle de la ville, doivent être situées près de la place publique, et de l'endroit où les citoyens se rassemblent le plus ordinairement. En un mot, ces lieux de réunion des magistrats doivent être dans le voisinage du marché où se vendent les denrées, car nous voulons que la *Place libre* soit le séjour de la paix, et que celle du marché soit consacrée aux actions ou transactions nécessaires.

4. Il est convenable d'établir dans la campagne un ordre analogue à celui que nous venons de décrire ; il faut que les magistrats qu'on y entretient, et qu'on appelle *Hylores* ou *Agronomes* [inspecteurs des forêts, ou surveillants de la campagne], y aient aussi des endroits fortifiés, pour les cas où il est nécessaire d'y recourir, et des édifices pour les repas en commun ; enfin, il y faut pareillement des temples ou des chapelles, consacrés soit aux dieux, soit aux héros (1). Au reste, il serait

---

(1) Il semblerait, dit Schneider, d'après cet endroit d'Aris-

superflu de s'arrêter long-temps sur ces objets, et d'entrer, à leur sujet, dans de minutieux détails; car, en ce genre, ce n'est pas dans l'invention des plans ou des idées que consiste la difficulté, mais dans l'exécution. Pour dire ce qui doit être, il ne faut que le désirer, et pour l'exécuter, il faut que la fortune seconde nos vœux. Ne nous arrêtons donc pas davantage, quant à présent, à ces considérations.

XII. Il s'agit maintenant d'exposer, au sujet du gouvernement lui-même, quels sont ceux qui doivent le composer, et quelles qualités ils doivent avoir, pour que la cité soit heureuse et bien administrée. Or, puisqu'il y a deux conditions nécessaires, pour constituer le bien, en quelque genre que ce soit; l'une, que les actions aient un but ou une fin conforme à la raison; et l'autre, que l'on trouve quels sont les actes qui peuvent contribuer à cette fin (Car il est possible que ces deux choses ne soient pas d'accord entre elles, et ne concourent pas au même but. Quelquefois, en effet, il arrive que le but est bien déterminé, mais qu'on se trompe sur les moyens d'y atteindre; d'autre fois, au contraire, on réussit à réunir tous les moyens qui tendent à la fin qu'on se propose, mais c'est cette fin elle-même qui est mauvaise ou mal choi-

---

tote, que le culte des héros était plus spécialement consacré dans les campagnes. Quoique, d'un autre côté, Thucydide (l. 5, c. 11), et Xénophon (*Hellenic.* l. 7, c. 4, § 11), semblent indiquer le contraire. Sur quoi l'on peut voir les observations des commentateurs de ces deux historiens.

sie. Enfin, dans certains cas, on se trompe à la fois sur la fin et sur les moyens : par exemple, dans la médecine, il peut arriver qu'on ne sache ni discerner ce qui constitue réellement la santé, ni trouver ce qu'il y a à faire pour parvenir au but qu'on se propose;) il faut donc, dans les arts et dans les sciences, disposer complètement de ces deux conditions : la fin, et les actes qui y conduisent.

2. Que tous les hommes désirent de vivre contents, et souhaitent le bonheur, cela est évident. Mais les uns peuvent y parvenir, et les autres ne le peuvent pas; parce que, soit effet du hasard, ou de la nature même des choses, il faut, pour vivre heureux, posséder une certaine somme de moyens ou de ressources, qui doit être moins considérable pour ceux qui sont bien disposés, et plus grande pour ceux qui n'ont pas d'aussi favorables dispositions. Mais ceux même qui en ont les moyens, ne cherchent pas le bonheur où il est. Or, si l'objet que nous nous proposons est la recherche du meilleur gouvernement possible, c'est-à-dire de celui où l'état est le mieux administré, et si l'état le mieux administré est celui qui peut jouir du plus grand bonheur, il s'ensuit évidemment qu'on doit savoir d'abord ce que c'est que le bonheur.

3. Au reste, dans nos livres sur la *Morale* (si nos recherches sur ce sujet ne sont pas sans quelque utilité), nous avons dit que le bonheur est l'application et l'emploi d'une vertu parfaite (1), non

---

(1) Voyez la *Morale*, l. 1, c. 13, p. 45 de la trad. française.

pas relativement à des circonstances données, mais simplement et absolument. Or, quand je dis relativement à des circonstances données, j'entends ce qui est un résultat de la nécessité, et par ces mots purement et absolument, j'entends ce qu'il y a de noble et de beau. Par exemple, en fait d'actes de justice, les punitions et les châtiments sont sans doute dictés par la vertu, mais ils sont un effet de la nécessité, et ce qu'il y a de beau vient de la même source. Il vaudrait pourtant mieux que ni les individus ni les sociétés n'eussent besoin de rien de pareil. Au lieu que les actes qui ont pour but l'honneur et l'abondance des biens en tout genre sont ce qu'il y a de plus beau dans un sens absolu. Les actions de la première espèce ne font qu'affranchir les hommes de quelque mal ; celles de la seconde, au contraire, produisent et procurent des biens positifs.

4. Il est possible qu'un homme de bien se montre ferme et grand dans la pauvreté, dans la maladie et dans les autres accidents fâcheux de la vie : mais la félicité se trouve dans une situation toute contraire. Car, dans le traité de *Morale* nous avons défini l'homme de bien, celui en qui la vertu fait que les biens sont des biens, dans le sens absolu. Et il est évident que la manière dont il en use est nécessairement noble et belle, aussi dans un sens absolu. Voilà pourquoi le vulgaire s'imagine que les biens extérieurs sont des causes de bonheur, comme si on attribuait le talent et la perfection avec laquelle un musicien joue de la lyre à la bonté de

l'instrument plutôt qu'à l'habileté de l'artiste. Il résulte donc, de ce que nous venons de dire, qu'il y a [pour une société civile], des choses qui doivent être données d'avance [par la nature], et qu'il y en a d'autres que le législateur doit produire ou procurer.

5. C'est pour cela que nous souhaitons de trouver, dans l'établissement d'un gouvernement, les conditions qui dépendent de la fortune; car, suivant nous, c'est d'elle que cela dépend. Mais que la cité soit vertueuse, ce n'est plus l'œuvre de la fortune, c'est l'effet de la science et des sages déterminations. Cependant une république ne peut être vertueuse, qu'autant que les citoyens qui ont part au gouvernement sont eux-mêmes vertueux : or, dans notre système, presque tous les citoyens ont part au gouvernement. Il s'agit donc de voir comment un homme peut devenir vertueux. Car, s'il n'est pas possible que tous le soient, quoique chaque individu puisse le devenir, il y a pourtant quelque avantage à cela; puisque, chacun pouvant le devenir, c'est une conséquence nécessaire que l'on dise de tous ce que l'on peut dire de chacun en particulier (1).

6. Au reste, il y a trois choses qui contribuent à rendre les hommes vertueux et bons : la nature, la coutume, la raison. Il faut d'abord, en effet, avoir

---

(1) Il y a ici quelque embarras dans le texte, qui, comme on voit, n'offre pas un sens satisfaisant. (Voy. l. 2, c. 2, § 16.)

été produit par la nature, homme, par exemple, et non pas animal de quelque autre espèce ; et ensuite, en avoir reçu certaines qualités, soit du corps, soit de l'ame. Il y a aussi des choses qu'on ne saurait tenir de la nature ; car les coutumes et les habitudes nous changent ou nous modifient ; puisque certaines dispositions, qui sont dues exclusivement à la nature, peuvent cependant prendre une direction bonne ou mauvaise, par l'effet de l'habitude.

7. Cependant, les autres animaux vivent principalement par les moyens que la nature leur a donnés pour conserver leur existence. Il y en a bien peu chez lesquels tout soit habitude ; l'homme seul a la raison en partage ; elle lui appartient exclusivement. Par conséquent, il faut qu'il y ait entre ces trois sortes [de conditions d'existence] accord et harmonie. Car la raison fait faire aux hommes bien des choses qui sont contraires à la coutume et à la nature, quand ils sont convaincus qu'il leur est plus avantageux d'agir ainsi. Nous avons dit précédemment quelles sont les qualités naturelles que doivent avoir ceux que le législateur trouvera dociles à ses institutions ; le reste doit être l'ouvrage de l'éducation : car il y a des choses que l'homme apprend à force de les pratiquer ; il y en a d'autres dont il s'instruit par tradition.

XIII. Puisque toute société politique se compose d'hommes ayant l'autorité, et d'hommes soumis à cette autorité, il s'agit à présent d'examiner si les dépositaires du pouvoir et les hommes soumis au pouvoir doivent tous rester dans la même condition, tout le temps de leur vie, ou s'ils doivent en changer. Car il est clair que le système d'éducation devra être conforme à cette distinction. Si donc il y avait entre les uns et les autres autant de différence que nous nous figurons qu'il y en a entre les hommes et les dieux, ou les héros, qui ont une supériorité immense, d'abord, sous le rapport du corps, et ensuite sous celui de l'ame, de sorte que la prééminence des gouvernants sur les gouvernés fût évidente et incontestable, on ne saurait nier qu'il vaudrait mieux que les mêmes individus commandassent toujours, et que les mêmes individus fussent toujours soumis à leur autorité.

2. Mais comme cela n'est guère facile à supposer, et comme il n'est pas possible que les rois aient sur leurs sujets une supériorité aussi marquée que celle qui, au rapport de Scylax, distingue les rois de l'Inde (1), on conclut évidemment de là, que tous doivent nécessairement, et par bien des raisons, participer à leur tour au commandement et à l'obéissance. Car l'égalité entre semblables, c'est l'identité; et il est difficile qu'un état subsiste, quand il est constitué ou fondé sur la violation des lois de la justice. En effet, tous les habitants de la campagne, qui désirent un changement, feront cause commune avec

---

(1) Voyez ce que Strabon (l. 15, p. 699) raconte, d'après Onésicrite, des *Cathiens*, peuple de l'Inde (aujourd'hui la tribu des *Katry* ou *Kuttry*). Voyez aussi Quinte-Curce (l. 9, c. 1).

ceux qui se trouvent exclus de l'administration, et il est tout à fait impossible que le nombre de ceux qui ont part au gouvernement soit assez considérable, pour qu'ils réunissent plus de forces que tous ceux qui leur sont opposés.

3. Au reste, il est incontestable que les hommes en pouvoir doivent avoir quelque supériorité sur ceux qu'ils gouvernent. C'est donc au législateur à voir comment cela pourra se faire, et comment ceux-ci participeront à l'autorité. Nous avons déja traité ce sujet précédemment: car la nature fournit elle-même le moyen de choisir, en faisant qu'il y ait dans une même famille des personnes âgées, et d'autres qui sont plus jeunes. Or, c'est à ceux-ci d'obéir, et aux autres de commander. D'ailleurs, personne n'est choqué de l'idée d'obéir à celui qui a la supériorité de l'âge, quand même on croirait avoir l'avantage [sous d'autres rapports], surtout lorsqu'on est dans le cas de parvenir à son tour aux emplois, aussitôt que l'on aura atteint l'âge où l'on est appelé à les remplir.

4. Il y a donc un point de vue, sous lequel on peut dire qu'il serait avantageux que les mêmes personnes eussent toujours l'autorité ; mais, à d'autres égards, il vaudrait mieux qu'elle changeât de mains; puisqu'on prétend que pour bien commander, il faut avoir commencé par obéir. Or, l'autorité, comme on l'a dit au commencement de ce traité, est établie, ou pour l'avantage de celui qui l'exerce, ou dans l'intérêt de celui qui y est soumis. Dans le premier cas, elle est despotique ; elle est celle d'un

maître, dans le second, c'est elle qui convient à des hommes libres.

5. Au reste, la différence entre les choses qui sont prescrites par l'autorité ne consiste pas tant dans les actes eux-mêmes, que dans le motif ou le but de ces actes. Voilà pourquoi il y a beaucoup de services purement personnels que des jeunes gens libres peuvent quelquefois rendre avec honneur; parce que, ce ne sont pas tant les actions en elles-mêmes, que le but et le motif qu'on a en vue, qui constituent leur différence réelle, comme honnêtes ou avilissantes. Or, puisque nous croyons que la vertu du citoyen, est la même que celle du magistrat et de l'homme de bien, et qu'il faut avoir commencé par obéir, pour pouvoir ensuite commander, le législateur devra trouver les moyens de rendre les hommes vertueux, déterminer quel genre d'application ou d'occupation peut produire ce résultat, et quelle est la fin ou le but de la vie la plus parfaite.

6. Nous avons distingué deux parties de l'ame, l'une desquelles a en elle-même la raison, tandis que l'autre est susceptible de céder à ses inspirations, quoiqu'elle ne la possède pas; et de ces deux parties dépendent, selon nous, les vertus qui font l'homme de bien. D'après cette division, il n'est pas difficile de voir à laquelle d'entre elles se rapporte le but ou la fin de nos actions; car c'est toujours en vue d'une chose plus noble ou plus importante que se fait celle qui l'est moins, comme on le reconnaît évidemment dans toutes les choses de l'art, aussi

bien que dans celles de la nature. Or, la supériorité appartient à la partie de l'ame qui possède la raison.

7. Celle-ci, à son tour, suivant notre procédé ordinaire de division, se partage en deux parties : raison pratique, et raison spéculative. Il faut donc nécessairement diviser aussi de la même manière la partie de l'ame qui est le siége de la raison ; établir, entre les actions, des distinctions analogues, et que celles qui appartiennent à la partie qui a une prééminence naturelle soient préférées, par des êtres qui pourront posséder toutes les parties de l'ame [raisonnable et irraisonnable], ou les deux que nous venons de désigner [raison pratique et raison spéculative]. Car il n'y a personne qui ne préfère de beaucoup ce qui est marqué d'un caractère de supériorité, quand il peut l'obtenir.

8. La vie humaine elle-même est partagée, dans toute sa durée, en travaux et repos, en intervalles de guerre et de paix; et, parmi les actions, il y en a qui sont nécessaires ou utiles, et d'autres qui sont honorables : au sujet desquelles il convient d'établir une distinction analogue à celle des parties de l'ame et des actions elles-mêmes, [en considérant] la paix comme le but ou la fin de la guerre, le repos comme le but du travail, et les actes honorables, comme la fin des actions utiles et nécessaires.

9. Le politique habile, qui envisage tous ces objets, doit donc établir un système de lois conforme à la fois à la distinction des parties de l'ame, à celle des actions, et surtout à ce qui est plus honorable

et aux fins [véritables de la société]. Il doit considérer sous le même point de vue les divers genres de vie, et la préférence à donner aux différentes actions : car il faut que les citoyens puissent se livrer à la vie active et faire la guerre, et plus encore avoir du loisir et vivre en paix ; exécuter les choses utiles et nécessaires, et plus encore celles qui sont honnêtes et honorables. D'où il suit, que leur éducation doit être dirigée, dès l'enfance, vers ces différents buts, et qu'un semblable système d'instruction doit s'étendre à tous les âges qui peuvent en avoir besoin.

10. Mais les états de la Grèce qui passent aujourd'hui pour les mieux gouvernés, et les législateurs qui leur ont donné ces constitutions, semblent n'avoir établi leur système de lois et d'éducation, ni en vue du but le plus honorable, ni en ayant égard aux vertus de tout genre ; au contraire, ils ont favorisé grossièrement la tendance aux actions utiles, et qui sont plus propres à satisfaire l'ambition et l'avidité. Quelques-uns même de ceux qui ont écrit depuis des systèmes de lois, ont manifesté des opinions à peu près semblables ; car, en comblant d'éloges le gouvernement des Lacédémoniens, ils semblent admirer le but que s'est proposé le législateur, dont toutes les institutions ont été dirigées vers la guerre et la domination.

11. Or, non-seulement un tel système est facile à réfuter par le raisonnement, mais les faits mêmes en ont démontré de nos jours le vice essen-

tiel (1). Car, comme la plupart des hommes cherchent à étendre leur puissance sur beaucoup d'états, parce que le succès de ces sortes d'entreprises procure d'abondantes ressources ; ainsi Thibron, à l'exemple de tous ceux qui ont écrit sur le gouvernement de Sparte, semble avoir conçu une grande admiration pour la législation des Lacédémoniens(2), qui, en s'exerçant incessamment aux dangers, parvinrent à soumettre un grand nombre d'états à leur autorité.

12. Cependant, aujourd'hui que la puissance n'est plus dans leurs mains, on peut se convaincre qu'ils ne sont pas heureux, et qu'ils n'ont pas eu un bon législateur. Car il est étrange qu'en observant fidèlement les lois, et pouvant encore les suivre et les pratiquer sans aucun obstacle, ils aient perdu l'avantage de vivre heureux. On a même grand tort de penser, comme on le fait, au sujet de la domination, à laquelle ils prétendent que tout législateur doit attacher un grand prix : car il y a assurément plus de gloire et de vertu à commander à des hommes libres, qu'à exercer un pouvoir despotique et arbitraire.

13. D'un autre côté, il ne faut pas s'imaginer qu'un état est heureux, et qu'un législateur mérite

---

(1) Voyez ci-dessus (c. 10, § 5).

(2) Notre auteur est le seul qui fasse mention de ce *Thibron*, qui avait écrit sur la constitution de Lacédémone, et il n'en parle qu'en ce seul endroit de ses ouvrages. Xénophon ne cite qu'un général spartiate, appelé *Thimbron*, qui n'est probablement pas le même que l'écrivain dont parle ici Aristote.

de grands éloges, uniquement parcequ'il s'est appliqué à rendre ses citoyens capables d'étendre leur domination sur les peuples voisins; car cela a de fâcheux inconvénients. En effet, il est évident que tout individu qui sera en état de faire une entreprise de ce genre, devra la tenter, et s'appliquer à soumettre sa propre patrie à son autorité; ce que les Lacédémoniens reprochent néanmoins à leur roi Pausanias, quoiqu'il fût élevé à une si haute dignité. Aucun raisonnement, aucune loi pareille n'est donc fondée, ni sur l'intérêt de l'état, ni sur l'utilité, ni sur la vérité. Car le législateur doit s'appliquer à bien convaincre les hommes, que ce qu'il y a de meilleur et de plus honorable pour les simples particuliers, l'est aussi pour le public.

14. Quant à la pratique de l'art de la guerre, il ne faut pas s'y attacher, dans la vue d'asservir ceux qui ne méritent point un pareil sort; mais d'abord, afin de n'être pas soi-même asservi, puis afin de chercher à se procurer la puissance la plus utile aux sujets, et non la domination absolue sur tous les citoyens; en troisième lieu, afin de se rendre maître de ceux qui sont faits pour être esclaves (1).

15. Mais, que le législateur doive s'appliquer à organiser le système militaire, et les autres parties de la législation, principalement en vue de la paix

---

(1) Nous avons assez parlé de cette doctrine d'Aristote sur l'esclavage, dans nos notes sur le premier livre de ce traité, pour qu'il soit inutile de faire remarquer ici l'absurde inhumanité des conséquences qui en sortent nécessairement.

et de la tranquillité, c'est un principe à l'appui duquel on peut invoquer le témoignage des faits eux-mêmes. Car la plupart des états qui ont cette ardeur belliqueuse, se conservent tant qu'ils font la guerre; et, du moment où ils ont affermi leur domination, ils périssent : parce que la paix leur fait perdre, comme au fer, la trempe qu'on leur avait donnée. La faute en est au législateur, qui ne leur a pas appris à être capables de supporter le repos.

16. Puis donc qu'il semble que les hommes doivent se proposer un même but, (soit considérés individuellement, soit pris en masse); et que l'homme le plus vertueux, comme le gouvernement le plus parfait, doivent tendre à une même fin, il est hors de doute qu'on doit acquérir les vertus qui contribuent à la tranquillité. Car, comme on l'a déja dit bien des fois, la fin ou le but de la guerre, c'est la paix; le but du travail, c'est le repos.

17. Mais les vertus qui servent à la tranquillité et à l'agrément de la vie, sont celles dont on fait usage dans les moments de loisir, aussi-bien que dans la vie active. Car il y a bien des choses qu'il faut nécessairement se procurer, pour pouvoir se livrer au repos. Par cette raison, pour qu'un état soit sagement constitué, il faut que les citoyens y soient braves et endurcis à la fatigue; car : *Point de repos pour les esclaves*, dit le proverbe. Or, ceux qui sont incapables de s'exposer courageusement aux dangers, peuvent devenir les esclaves des premiers qui entreprendront de les attaquer.

18. Au reste, c'est la vie active qui demande du

courage et de la fermeté; mais, dans les intervalles de repos ou de tranquillité, il faut de la philosophie. Il faut de la modération et de la justice, dans ces deux sortes de circonstances, mais plus encore, quand on jouit de la paix et d'un repos durable. Car la guerre nous force à être justes et modérés; mais l'enivrement des succès, et le repos qui accompagne une situation paisible, sont plus propres à produire l'insolence.

19. Ceux donc qui semblent jouir de la plus grande félicité, et à qui tout réussit, ont besoin de beaucoup de justice et de beaucoup de modération; par exemple, dans cet état de prospérité non interrompue, où, pour parler comme les poètes, il semble qu'on habite *les îles fortunées*. Car, c'est alors surtout qu'il faut d'autant plus de philosophie, de justice et de tempérance, que l'on nage, pour ainsi dire, dans l'abondance de toutes sortes de biens. On voit clairement par là que ces mêmes vertus doivent être le partage de tout état qui aspire à jouir du bonheur, et qui est sagement constitué. S'il y a de la honte à être incapable d'user des biens que l'on possède, il y en a plus encore à n'en pouvoir pas profiter, quand on jouit d'une tranquillité parfaite; à se montrer généreux et brave au milieu de la guerre et des dangers, tandis qu'on serait servile et lâche, au sein de la paix et du repos.

20. Par conséquent, on ne doit pas s'exercer à la vertu, suivant le système de la république des Lacédémoniens, qui ne diffèrent pas des autres peuples, pour ne pas regarder comme les plus grands

des biens, ceux que les autres jugent tels, mais pour vouloir se les procurer de préférence par une certaine vertu [c'est-à-dire par la valeur guerrière]. Mais on voit, par tout ceci, qu'il y a des biens en effet plus grands que ceux qu'on se procure par la guerre, qu'il faut en préférer la jouissance à celles que peut donner la valeur guerrière, et la préférer pour elle-même (1).

21. Mais comment et par quels moyens y parviendra-t-on ? C'est ce qu'il faut maintenant examiner. Nous avons précédemment indiqué trois conditions essentielles : la nature, l'habitude et la raison ; nous avons déterminé aussi quelles sont les qualités naturelles que l'on peut désirer ; il nous reste à considérer, si c'est par les habitudes, ou par la raison, que doit commencer l'éducation. Car il doit y avoir entre toutes ces choses la plus parfaite harmonie, puisqu'il peut arriver que la raison s'égare, même chez ceux qui sont doués du plus heureux naturel, et que l'habitude peut aussi produire de semblables égarements (2).

22. Au reste, il est d'abord évident qu'ici, comme dans tout le reste, c'est à la génération que tout

---

(1) J'ai suivi ici le sens et les corrections indiquées par M$^r$ Coray, dans ses notes sur cet endroit du texte, qui est altéré et incomplet dans les éditions ordinaires.

(2) Cette dernière phrase a aussi fort embarrassé les interprètes d'Aristote. Le sens adopté par M$^r$ Coray, et que j'ai suivi, est encore confirmé, comme le remarque cet habile éditeur, par ce que dit ailleurs notre philosophe sur le même sujet. Voyez la *Morale*, l. 10, c. 9, p. 489 de la traduction française.

commence; et que la fin qui se rapporte à un principe, ou à un commencement déterminé, est elle-même le commencement de quelque autre fin (1). Or, la raison et l'intelligence sont, dans l'homme, la fin de la nature [ou sont déterminées par les qualités naturelles dont il est doué]; de sorte que c'est par rapport à ces deux choses qu'il faut surveiller attentivement, et les conditions de sa naissance, et la formation de ses habitudes.

23. Ensuite, l'homme étant composé de deux parties, l'ame et le corps, nous observons que l'ame comprend pareillement deux parties : celle qui possède la raison, et celle qui en est privée; et que chacune de ces deux parties a ses dispositions, ou manières d'être, dont l'une est l'appétit [le désir], et l'autre l'intelligence. Mais comme, dans l'ordre de la génération, le corps est avant l'ame, ainsi la partie irraisonnable est avant la partie raisonnable. Cela est d'ailleurs évident : car la colère, la volonté, et même les désirs, se manifestent chez les enfants, dès les premiers moments, pour ainsi dire, de leur existence; tandis que le raisonnement et l'intelli-

---

(1) Le texte manque encore ici de clarté. Il me semble qu'Aristote n'a voulu qu'énoncer, d'une manière générale, l'enchaînement des causes et des effets, suivant notre manière de concevoir les phénomènes, en vertu de laquelle toute cause peut être considérée comme l'effet d'une cause antérieure. J'ai donc cru pouvoir suppléer ici un seul mot qui m'a paru nécessaire pour compléter la pensée de l'auteur, et j'ai traduit comme s'il y avait dans le grec : καὶ τὸ τέλος ἀπό τινος ἀρχῆς, [ἀρχὴ] ἄλλου τέλους.

gence ne se montrent naturellement qu'à la suite d'un certain développement. Voilà pourquoi le corps doit nécessairement être, avant l'ame, l'objet des premiers soins; et ensuite, la partie de l'ame qui est le siége des désirs; en ayant toutefois en vue l'intelligence, dans les soins que l'on donne à cette partie; et l'ame, dans ceux que l'on donne au corps.

XIV. Si donc c'est au législateur à pourvoir, dès le principe, à ce que les enfants qui seront nourris [suivant ses institutions] apportent en naissant des corps parfaitement bien disposés ; il faut d'abord qu'il donne son attention aux mariages, qu'il détermine quand il convient d'autoriser les citoyens à contracter ce lien, et quelles qualités chacun des époux doit y apporter. Il faut que, dans ses lois sur cette espèce d'union, il ait égard aux personnes, et au temps qu'elles sont destinées à vivre ensemble : afin que l'âge de l'un et de l'autre concourent pour une même époque, et qu'il n'y ait pas une sorte de désaccord entre leurs facultés respectives; que le mari, par exemple, ne soit pas encore à même d'avoir des enfants, tandis que la femme ne le pourrait plus, ou réciproquement, que celle-ci le puisse, tandis que celui-là en serait incapable. Car c'est là ce qui produit des querelles et des divisions entre époux.

2. Il faut ensuite faire attention à l'époque [convenable pour avoir] des enfants; car il y a de l'inconvénient à ce que l'âge des pères soit trop avancé, par rapport à celui des enfants, qui ne sont pas encore à même de se rendre utiles à leurs pères, si

ceux-ci sont trop vieux, et qui, par la même raison, ne trouveront pas en eux des ressources pour leur éducation. Il ne faut pas non plus que l'âge des pères soit trop rapproché de celui des enfants, car cela a bien des inconvénients. En effet, un âge trop voisin du leur est propre à diminuer le respect [que les enfants doivent à leurs parents], et l'administration domestique donne lieu [par la même raison], à plus de plaintes réciproques. Enfin, pour revenir au point que nous avons indiqué en commençant, cette attention a pour but de donner aux enfants une constitution physique plus appropriée aux vues du législateur.

3. Au reste, toutes ces conditions se trouvent à peu près enfermées dans un seul point à observer; car, les limites de la faculté d'engendrer, étant fixées assez communément pour les hommes à soixante-dix ans, et à cinquante ans pour les femmes, on doit proportionner à ces termes extrêmes l'époque où il convient le mieux de placer le commencement de l'union conjugale.

4. Or, cette union entre de très jeunes gens, est peu favorable à la bonne constitution des enfants qui en naissent : on observe que, dans toutes les espèces d'animaux, ceux qui sont produits par des individus jeunes sont rarement vigoureux, qu'ils sont ordinairement du sexe féminin, et d'une petite taille(1) : d'où il est naturel de conclure que la même chose doit avoir lieu dans l'espèce humaine.

---

(1) Voyez l'*Histoire des Animaux* d'Aristote, l. 7, c. 1.

La preuve en est que, dans tous les pays, où l'on a coutume de marier ensemble des personnes trop jeunes, les enfants naissent avec une constitution débile, et très petits. Outre cela, les femmes trop jeunes souffrent plus des douleurs de l'enfantement, et il en périt un bien plus grand nombre. C'est pour cela (dit-on) que les Trézéniens ayant fait consulter l'oracle sur les causes de la mort prématurée des jeunes femmes [à l'époque des premières couches], il leur répondit : « c'est que vous « ne considérez [que l'époque des ensemencements « et non] pas celle de la récolte (1). »

5. Il importe encore au maintien des habitudes de réserve, de ne marier les filles qu'à un âge plus avancé ; car on remarque que celles qui ont connu trop jeunes les plaisirs de l'amour ont plus de penchant à la débauche. Il paraît aussi que le mariage est nuisible au complet développement du corps des jeunes gens, lorsqu'on les marie avant l'époque où ils ont acquis toute leur croissance. Car, on a lieu de croire qu'il y a une époque déterminée pour ce parfait développement, après laquelle il s'arrête entièrement.

6. Par cette raison, on regarde l'âge de dix-huit ans comme celui où il convient de marier les fem-

---

(1) Aristote ne donne ici qu'une partie de la réponse faite par l'oracle aux Trézéniens, ce qui a embarrassé plusieurs des commentateurs et traducteurs. M<sup>r</sup> Coray nous paraît avoir très-bien suppléé ce qui manque au texte, en cet endroit. Voyez ses remarques, p. 319.

mes, et l'âge de trente-sept ans, ou un peu moins, comme étant celui où les hommes sont dans toute la vigueur de leur constitution. Cette époque pour le mariage coïncidera fort à propos avec celle où les hommes cessent d'être propres à la génération. Outre cela, la naissance des enfants aura successivement lieu dans le temps où les uns commencent à entrer dans la vigueur de l'âge (si les nouveaux époux en ont, comme il est probable, aussitôt après leur union), et à l'époque où les autres, arrivés au déclin de leur vie, approcheront de leur soixante-dixième année.

7. Nous venons de dire à quelle époque il faut que les mariages se fassent : quant à la saison de l'année qu'il convient de préférer, pour de semblables unions, c'est celle qu'on choisit aujourd'hui le plus généralement pour cela, et avec raison, puisque c'est le temps de l'hiver (1) qu'on a coutume d'y consacrer. Au reste, il faut avoir égard, relativement à l'acte de la génération, aux observations et aux préceptes des médecins et des physiciens [c'est-à-dire, des naturalistes], car les médecins déterminent avec assez de précision les époques où le corps est le mieux disposé; et les physiciens [indiquent aussi avec assez de justesse] quelle doit être la nature des vents, donnant la préférence à ceux du nord sur ceux du midi.

---

(1) Aristote semble indiquer ici le mois que les Athéniens appelaient Γαμηλιών (mois des noces ou du mariage), comme l'a remarqué Sam. Petit (*De Legib. Attic.* p. 533).

8. Cependant l'énuméraition des qualités corporelles dont l'influence est le plus favorable à la bonne constitution des nouveaux-nés, appartient plutôt à un traité exprès sur la *Pædonomie* [inspection des enfants]. Il suffira donc, quant à présent, de se borner à quelques notions sommaires et générales. En effet, ce n'est pas une constitution athlétique, ni un tempérament délicat, incapable de supporter les fatigues, et qui ait besoin d'un régime assidu, qui rendent un homme propre à la vie politique ; mais c'est une constitution moyenne [entre les deux tempéraments contraires]. Il faut donc qu'elle soit exercée et développée par des travaux qui ne soient pas trop violents, ni dirigés vers un seul but, comme celle des athlètes, mais formée par l'habitude des actions qui conviennent aux hommes libres ; et qu'à cet égard, il n'y ait presque aucune différence entre la constitution des femmes et celle des hommes.

9. Il faut aussi que l'on veille attentivement sur la santé des femmes, à l'époque de leur grossesse ; qu'elles ne languissent pas dans l'inaction, et ne fassent pas usage d'une nourriture trop peu substantielle. A quoi le législateur pourra facilement pourvoir, en leur prescrivant de faire chaque jour quelque pélerinage dans les temples des dieux qui président à la naissance des enfants, pour y implorer leur protection. Mais, d'un autre côté, il convient qu'elles jouissent de la plus grande tranquillité d'esprit, et du calme de l'ame ; car il paraît que le fruit qu'une femme porte dans son sein parti-

cipe aux impressions [morales qu'elle éprouve], comme les fruits de la terre [participent aux qualités du sol qui les nourrit].

10. Pour ce qui est de l'exposition (1) ou de la nourriture des nouveaux-nés, la loi devra défendre d'élever aucun enfant qui apporte en naissant quelque difformité ou imperfection corporelle. Mais, si l'ordre et les usages établis empêchent qu'on expose les enfants, il faudra, pour obvier à l'inconvénient d'une population trop nombreuse, que la faculté d'avoir des enfants soit soumise à de certaines restrictions ; et que, si quelques femmes, malgré cela, se trouvent enceintes, on fasse avorter leur fruit, avant qu'il ait donné aucun signe de vie; car c'est sur la condition d'avoir le sentiment et la vie qu'est fondée la distinction entre ce qui est criminel et ce qui ne l'est pas.

11. Après avoir déterminé quelle est, pour l'homme et pour la femme, l'époque où, se trouvant dans toute la force de l'âge, il convient qu'ils soient unis par le mariage, marquons aussi jusqu'à quelle époque ils peuvent convenablement songer à avoir des enfants. Car ceux qui naissent de pères trop âgés, aussi bien que ceux dont les pères sont trop jeu-

---

(1) Proprement *déposition* (ἀπόθεσις), d'où l'on appelait Ἀποθέται, à Lacédémone, le lieu où l'on exposait les enfants qu'on voulait faire périr. Voyez Plutarque (*In Lycurg.* c. 16); et sur cette barbare coutume, adoptée chez un grand nombre de peuples, voyez les réflexions de Montesquieu (*Esprit des Lois*, l. 25, c. 17).

nes, n'ont ordinairement que des facultés médiocres, soit du corps, soit de l'intelligence, et les enfants des vieillards naissent faibles et maladifs. C'est pour cela qu'il faut se régler sur le temps où l'intelligence est dans toute sa force, c'est-à-dire sur l'époque que les poètes, mesurant la vie de l'homme par les nombres septennaires, ont appelée *âge fait*, qui est vers la cinquantième année (1). De sorte que celui qui a passé cet âge de quatre ou cinq ans, doit désormais s'abstenir de tout acte qui serait suivi d'une génération effective, et d'ailleurs n'avoir de commerce avec sa femme qu'autant que l'exige sa santé, ou pour quelque autre cause de ce genre.

12. Cependant, on doit s'interdire absolument toute relation contraire aux mœurs, avec quelque autre personne que ce soit, lorsqu'on est en effet époux, et qu'on est reconnu pour tel; et si quelqu'un pendant la durée du temps fixé pour la gé-

---

(1) Mʳ Coray cite, à cette occasion, un passage d'Hippocrate (to. 1, p. 315, éd. Vanderl.), où les diverses périodes de la vie de l'homme sont ainsi divisées par les nombres septennaires : « la *jeunesse* (νεανίσκος), jusqu'au parfait développement « de tout le corps, c'est-à-dire, jusqu'à vingt-huit ans, ou quatre « fois sept; *l'âge mûr* (ἀνήρ) jusqu'à quarante-neuf ans, ou sept « fois sept; *l'âge avancé* (πρεσβύτης) jusqu'à cinquante-six ans, ou « huit fois sept; et la *vieillesse* (γέρων), à partir de cette épo- « que. » Le poète dont parle notre philosophe, et qui avait imaginé ou adopté cette division, est Solon, qui y fait allusion dans un de ses poèmes. Voyez *Brunck. Analect. Veter. Poetar.* to. 1, p. 64, ou *Gnomic. Græc. Veter.* p. 78.

nération, se rend coupable d'un si honteux désordre, qu'il soit noté publiquement d'infamie, et puni en proportion de son délit.

XV. Il est naturel de penser que la qualité particulière des aliments que l'on donne aux enfants, aussitôt après leur naissance, produit de grandes différences dans la vigueur de leurs corps. Mais on voit, en observant les autres animaux, et les peuples qui s'exercent le plus aux travaux de la guerre, qu'une nourriture dont le laitage fait la plus considérable partie, et le vin, mais mêlé de beaucoup d'eau, à cause des maladies [auxquelles il peut donner lieu], sont ce qu'il y a de plus favorable à leur développement (1).

2. Il n'est pas moins important qu'on leur laisse la liberté de tous les mouvements qu'ils peuvent faire dans ces premiers temps. Mais, pour empêcher que leurs membres, encore tendres, ne contractent quelque difformité, il y a des peuples chez lesquels on se sert aujourd'hui de certaines machines, qui sont destinées à conserver au corps des enfants des attitudes régulières. Il est utile aussi de les familiariser, dès le premier âge, avec les impressions du froid, parce que c'est ce qu'il y a de plus avantageux pour la santé, et qui les dispose le mieux aux fatigues de la vie militaire. Aussi, chez plusieurs na-

---

(1) Hippocrate (*De Aer. loc. et aq.* § 56); Platon, *De Legib.* (l. 2, p. 666), et Galien (*De tuend. Valetud.* l. 1, p. 228) traitent aussi du régime qui convient aux enfants. Voyez la note de M<sup>r</sup> Coray, p. 322.

tions barbares, a-t-on coutume de plonger les enfants, aussitôt après leur naissance, dans quelque rivière dont les eaux sont froides, ou de ne les couvrir que d'un vêtement très-léger, comme on le fait chez les Celtes.

3. En effet, il vaut mieux sans doute s'y prendre de bonne heure, pour leur faire contracter toutes les habitudes qu'ils peuvent acquérir; mais il faut les y accoutumer par degrés. D'ailleurs, l'excès de la chaleur naturelle dans les enfants les rend capables de s'exercer à supporter l'impression du froid. Ces objets, et d'autres à peu près du même genre, sont ceux auxquels il convient de donner d'abord son attention.

4. L'âge qui suit immédiatement la première enfance, jusqu'à cinq ans, (et qu'on aurait tort d'appliquer encore à aucune sorte d'instruction, et à aucun travail obligé, pour ne pas arrêter la croissance), ne doit admettre que le mouvement nécessaire pour prévenir la torpeur du corps; et il faut le provoquer, en faisant jouer les enfants, et les exerçant à d'autres actions; mais ces jeux ne doivent être ni grossiers et indignes d'une condition libre, ni trop fatigants, ni aussi trop relâchés.

5. Quant aux sortes de conversations et de fables qu'il convient de faire entendre aux enfants, c'est aux magistrats qu'on appelle *Pædonomes* [inspecteurs des enfants], d'y veiller avec soin : car toutes ces choses doivent préparer, en quelque sorte, les voies aux instructions qui leur seront données dans la suite. C'est pour cela qu'il faut que

les jeux de l'enfance soient, pour la plupart, des imitations de ce qui devra plus tard les occuper sérieusement.

6. Au reste, ceux qui dans leur système de législation prétendent interdire aux enfants les cris et les pleurs (1), ont tort; cela sert à leur développement, et c'est, en quelque sorte, une manière d'exercer leurs organes. Car l'effort que l'on fait pour contenir l'air [dans la poitrine] donne des forces pour supporter la fatigue, ce qui arrive aux enfants quand ils crient (2). Les magistrats chargés de ce soin devront donc surveiller l'emploi de leurs moments de récréation, et du reste de leur temps, et faire en sorte qu'ils soient le moins possible en la compagnie des esclaves : car il faut nécessairement que durant cette première époque, et jusqu'à l'âge d'environ sept ans, ils soient nourris dans la maison [paternelle].

7. Il est donc raisonnable d'empêcher que les enfants de cet âge ne puissent rien voir ni entendre de grossier, et qui soit indigne de la condition des hommes libres. Par conséquent, le législateur doit s'attacher surtout à bannir de la cité tout ce qui tient à un langage licencieux (car quand on se sert habituellement d'expressions indécentes, on est bien près de se permettre les actions qui le sont). Il faut donc essentiellement que, dès leur plus tendre en-

---

(1) Allusion critique à un passage de Platon (*De Repub.* l. 7, p. 792).

(2) Voyez Hippocrate (*De Diæt.* l. 2, § 43).

fance les jeunes gens n'aient occasion de rien entendre ni de rien dire de pareil. Mais s'il arrive que quelqu'un dise ou fasse quelque chose qui soit défendue, on doit, si c'est un homme libre (mais qui n'ait pas encore le privilége d'être admis dans les repas qui se font en commun), l'en punir par la honte et le blâme public; et si c'est un homme avancé en âge, il faut lui infliger, à cause de ses inclinations serviles, l'espèce de déshonneur dont on ne punit que les personnes qui ne sont pas de condition libre.

8. Mais, si nous interdisons toute conversation, tout langage contraire à la décence, il est évident que nous bannissons aussi toute espèce de peintures ou de représentations obscènes. Que les magistrats donc veillent soigneusement à ce que l'on ne rencontre nulle part aucune statue, aucun tableau qui représente des actions de ce genre, sinon dans les lieux consacrés aux divinités particulières auxquelles la loi attribue ce culte, qui tient de la bouffonnerie (1). D'ailleurs elle n'autorise que les hommes d'un âge plus avancé à faire des sacrifices à ces dieux, soit pour eux-mêmes, soit pour leurs enfants et leurs femmes.

9. Le législateur doit encore défendre aux jeunes gens d'assister aux représentations des tragédies

---

(1) Ces dieux étaient *Pan*, *Priape*, *Konisalos*, *Orthanes*, etc. Voyez le commentaire de Schneider (*In Addend.* p. 509 et 510.)

et des comédies grossières (1), avant qu'ils aient atteint l'âge où ils pourront être admis aux festins des hommes, et faire usage du vin pur (2); car alors leur éducation les aura rendus moins susceptibles de ressentir les mauvais effets de ces sortes de spectacles. Au reste, nous n'avons voulu, quant à présent, que traiter sommairement un pareil sujet; nous aurons occasion de discuter avec plus de détail la question de savoir s'ils doivent ou ne doivent pas assister plus tôt aux spectacles, et comment [il faut les y admettre]. Nous n'en avons fait mention, en cet instant, que comme d'un objet nécessaire à considérer.

10. Peut-être d'ailleurs le comédien Théodore (3) avait-il raison de dire qu'il ne consentirait jamais qu'un acteur, même le plus médiocre, parût avant lui sur la scène, parce que les spectateurs se familiarisent avec la manière de jouer et de déclamer qu'ils ont d'abord entendue. Or, la même chose

---

(1) C'est-à-dire, qui représentent des mœurs grossières; on appelait ces sortes de pièces ἰαμβεία, genre correspondant à ce que nous désignons, en français, par le mot *Farce*.

(2) Les enfants, avant un certain âge, n'étaient pas admis aux festins des hommes, ou du moins il ne leur était pas permis de se coucher sur des lits, comme les personnes plus âgées; mais ils étaient assis, et ils sortaient de table au moment où les autres convives buvaient du vin pur, c'est-à-dire, vers la fin du repas. Voyez le commentaire de Schneider, p. 448.

(3) Acteur célèbre, et contemporain d'Aristote et de Philippe de Macédoine. Voyez Élien (*Var. Hist.* l. 14, c. 41), et Pausanias (l. 1, c. 37).

a lieu, dans tout ce qui a rapport aux communications des hommes entre eux, et dans les affaires de tout genre ; car les premières impressions sont toujours celles qui ont pour nous le plus d'attrait. Voilà pourquoi il faut rendre étrangères aux jeunes gens toutes les choses viles et méprisables, et surtout, parmi celles-là, toutes celles qui sont propres à inspirer le vice ou la grossièreté [dans le langage et dans les manières] (1). Mais une fois parvenus à l'âge de cinq ans, il faut, pendant les deux années suivantes, jusqu'à sept ans, les faire assister comme spectateurs à l'enseignement des choses qu'ils auront à apprendre dans la suite.

11. Au reste, il y a deux périodes entre lesquelles on peut partager l'éducation des enfants : à partir de leur septième année, jusqu'à l'adolescence ; et ensuite, depuis l'époque de l'adolescence, jusqu'à l'âge de vingt-un ans. Car ceux qui divisent les périodes de la vie par les nombres septennaires sont le plus souvent dans l'erreur : il vaut mieux, dans cette division, se conformer à la marche de la nature ; or, le but de l'art et de l'éducation, en général, c'est de suppléer à la nature, ou de compléter ce qu'elle n'a que commencé. Premièrement donc, il s'agit d'examiner s'il convient d'établir quelque ordre, quelque système au sujet des enfants ; ensuite, s'il y a de l'avantage à les soumettre à une surveil-

---

(1) Ce que l'auteur appelle δυσχέρεια. Voyez la description de ce caractère, dans Théophraste (c. 19, p. 102—106, et 272—277, édit. de M$^r$ Coray).

lance commune, ou à les élever en particulier [dans la maison paternelle], comme cela se pratique aujourd'hui dans la plupart des états; en troisième lieu, quelle doit être cette éducation.

# LIVRE VIII.

### ARGUMENT.

L'éducation des enfants est un des objets qui doivent le plus attirer l'attention du législateur, parce qu'elle est un des moyens les plus propres à former des hommes dont les sentiments et les habitudes soient en harmonie avec la constitution établie. Par conséquent elle doit être une, et la même pour tous, et non pas abandonnée au caprice des volontés particulières des parents. Il importe donc de savoir quelle doit être cette éducation, et comment il faut qu'elle soit dirigée. Mais c'est un point sur lequel on est généralement peu d'accord, parce que tous les hommes ne prisent pas également et précisément les mêmes vertus. — II. Entre les choses qui sont utiles, il ne faut instruire la jeunesse que de celles qui ne peuvent lui faire contracter un genre de vie sordide et mécanique. Les objets auxquels on l'applique sont ordinairement les lettres, la gymnastique, la musique, et quelquefois la peinture ou le dessin. Quant à la musique, on a fini par n'en faire qu'un objet d'amusement; mais, dans les anciens temps, on l'avait rangée parmi les objets d'instruction, comme pouvant être un noble délassement dans les heures de loisir, et l'on a compris, en général, sous ce nom, tout ce qu'on peut regarder comme un passe-temps convenable à des hommes libres. — III. Il y a donc un genre d'instruction qu'il faut donner à la jeunesse, non pas comme nécessaire ou utile, mais comme libéral et honorable. Telle est la musique. Il faut aussi lui enseigner les choses utiles, comme la grammaire, et le dessin qui contribue, entre autres, à lui donner un sentiment plus exact de la beauté des formes. La gymnastique est encore d'une grande utilité, non pas sans doute pour donner aux enfants une constitution athlétique, ou un grand courage ; car cette dernière qualité, qui assurément ne s'acquiert pas par ce moyen, n'est importante qu'autant qu'on y joint des sentiments d'honneur et de vertu. — IV. On est généralement d'accord sur l'utilité de la gymnastique, et sur la manière de pratiquer cet art; il y a de l'inconvénient à y appliquer les enfants encore trop jeunes ; ce n'est qu'à partir de l'adolescence, et même trois ans après cette époque, qu'on peut commencer des exercices violents. Quant aux arts d'agrément, comme la danse, et surtout la musique, c'est une question de savoir s'il convient d'en faire une étude fort suivie. Il ne faut pas faire de l'étude un simple délassement; car, s'instruire n'est pas s'amuser. En supposant même que la musique puisse avoir sur les mœurs une influence favorable, ne peut-on pas parvenir à en avoir une connaissance suffisante, sans l'exercer ou la pratiquer soi-même ? — V. Non-seulement la musique porte avec elle un plaisir qui tient à sa nature propre, et qui séduit tous les âges, aussi-bien que tous les peuples ; mais elle exerce sur les mœurs et sur l'ame une influence incontestable. Si la vertu consiste à avoir des plaisirs, des sentiments d'amour et d'aversion, approuvés par la raison, il s'ensuit qu'il n'y a rien à quoi l'on doive s'habituer, autant qu'à juger sainement des mœurs honnêtes et des bonnes actions, et à y prendre du plaisir. Or, la musique, à l'aide du rhythme et de la mélodie, produit des imitations des différents mouvements de l'ame, de ses passions diverses : il y a des modes qui la disposent à la mélancolie, à la douleur ; il y en a d'autres qui inspirent la mollesse et une sorte de nonchalance ; d'autres, qui excitent des sentiments de modération, ou même de fermeté; d'autres, qui produisent l'enthousiasme. Il est donc manifeste que la musique peut donner aux habitudes de l'ame un caractère déterminé; et il ne l'est pas moins que la jeunesse est l'âge le plus propre à l'acquisition de cet art. — VI. Il convient donc de le faire entrer dans l'éducation que l'on donne à cet âge ; mais plus tard, il y aurait de l'inconvénient à s'y appliquer d'une manière suivie; car on peut craindre que cette sorte d'instruction ne devînt un obstacle à des occupations plus importantes, et ne fît contracter au corps des habitudes serviles, qui le rendraient incapable de supporter les fatigues de la guerre, ou peu propre aux emplois civils. C'est à quoi l'on parviendra, si l'on ne cherche à acquérir ni le talent nécessaire pour pratiquer l'art de la musique dans les concours d'appareil, ni à exécuter de ces tours de force, qui, à la vérité, étonnent le vulgaire, mais qui sont une véritable superfluité, par rapport à l'art lui-même. D'ailleurs, l'application excessive que l'on y donne a l'inconvénient de ne contribuer en rien à perfectionner l'intelligence. — VII. Quant à la question de savoir s'il faut faire usage, dans l'éducation, de toutes les espèces de rhythmes et d'harmonies, ce sujet ayant été traité avec succès par plusieurs musiciens de profession, et par presque tous les philosophes, on s'arrêtera ici à quelques observations sommaires. L'emploi de la musique ne se borne pas à un seul genre d'utilité : elle peut servir à l'instruction, à modifier, à calmer et purger, s'il le faut ainsi dire, les passions, de ce qu'elles ont de trop grossier; enfin, on peut n'y voir qu'un délassement, un moyen de donner à l'esprit quelque relâche, après une application soutenue. Mais, dans l'éducation, il ne faut se servir que des chants propres à exercer une influence avantageuse sur les mœurs, et des harmonies que comportent ces sortes de chants.

---

I. Personne assurément ne contestera que l'éducation des enfants ne soit un des objets qui méritent le plus l'attention du législateur; puisque, dans les cités où l'on néglige ce point, l'on en éprouve toujours quelque dommage. En effet, le système d'administration doit être adapté à la forme du gouvernement, et les mœurs appropriées à chaque forme contribuent essentiellement à la conserver et même à l'établir sur une base solide. Ainsi, des mœurs démocratiques ou aristocratiques sont le plus sûr fondement soit de la démocratie, soit de l'aristocratie; et, en général, le meilleur système d'habitudes est le principe ou la cause du meilleur système de gouvernement.

2. De plus, en chaque espèce de facultés ou d'arts, il y a des choses qu'il faut avoir apprises, des habitudes qu'il faut avoir contractées, pour être en état d'en exécuter les travaux; de sorte qu'il est évident qu'il doit en être de même des actions vertueuses. Mais, comme il y a un but unique, une fin, qui est la même pour toute société civile: il s'ensuit que l'éducation doit être une, et la même, pour tous les membres de la société; et que la direction en doit être commune, et non pas abandonnée à chaque particulier, comme on le pratique de nos jours, où chacun surveille et dirige ses enfants, et leur fait donner à part l'espèce d'instruction qu'il juge à propos: au lieu que l'enseignement et la pratique des choses qui tiennent aux intérêts communs, devrait être commune. En même temps, il ne faut pas s'imaginer qu'on soit citoyen, uniquement pour soi, mais on doit savoir que tous appartiennent à l'état: car chaque individu est un membre de la cité, et le soin qu'on donne à chaque partie, doit naturellement être en harmonie avec l'avantage général du tout.

3. Sous ce rapport, du moins, on peut approuver

les Lacédémoniens, qui donnent la plus grande attention à l'éducation des enfants, et qui ont voulu qu'elle fût la même pour tous. Il est donc évident que c'est au législateur à régler cet objet, et qu'il doit le régler pour tous les citoyens. Par conséquent, il importe de savoir quelle doit être cette éducation, et comment il faut qu'elle soit dirigée. Car, de nos jours, on ne s'accorde pas sur les faits, et tout le monde ne croit pas qu'il faille donner aux jeunes gens les mêmes préceptes, soit pour la vertu, soit sur ce qui contribue à la vie la plus parfaite. Enfin, on ne sait pas bien si c'est la culture de l'intelligence, ou les habitudes morales de l'ame, qu'il faut plutôt avoir en vue.

4. Le système d'éducation généralement admis aujourd'hui, rend même cet examen assez embarrassant ; on ne voit pas clairement s'il faut se borner à la pratique de ce qui est utile pour la vie, ou à ce qui fortifie les tendances à la vertu, ou y joindre les études et les sciences qu'on pourrait regarder comme superflues. Car toutes ces opinions ont leurs partisans, et il n'y a rien de bien arrêté sur les moyens d'acquérir la vertu, puisque tous les hommes ne prisent pas également et précisément la même vertu ; en sorte qu'ils doivent naturellement être d'avis différents, sur les moyens de la pratiquer.

II. Au reste, il n'est pas difficile de voir que, parmi les choses utiles, ce sont celles qui sont d'une nécessité incontestable, dont il faut surtout que l'on soit instruit ; et il est également évident que toutes ne doivent pas être enseignées, puisqu'il y en a qui sont illibérales, et d'autres qui sont propres aux hommes libres. Il ne faudra donc communiquer a la jeunesse, outre les choses utiles, que celles qui ne lui feront pas contracter un genre de vie sordide et mécanique. Or, on doit regarder comme appartenant à ce genre tout travail, tout art, toute instruction, qui rend le corps, ou l'ame, ou l'intelligence des hommes libres, incapable d'acquérir la vertu, ou d'en pratiquer les actes. Voilà pourquoi nous appelons mécaniques tous les arts qui tendent à altérer les bonnes dispositions du corps, et tous les travaux dont on reçoit un salaire, car ils ne laissent à la pensée ni liberté ni élévation.

2. Mais il n'y a rien de servile à cultiver les sciences libérales, au moins jusqu'à un certain point; une application excessive, et la prétention d'atteindre à la perfection, en ce genre, peuvent seules produire les inconvénients dont on vient de parler. D'ailleurs, il y a bien de la différence, suivant le but qu'on se propose, soit en apprenant, soit en pratiquant les sciences; car, quand on n'a en vue que sa propre utilité, ou celle de ses amis, il n'y a rien d'illibéral; mais ce qu'on fait pour d'autres, semble toujours avoir quelque chose de mercenaire ou de servile. Les sciences et le genre d'instruction qui sont aujourd'hui en vogue, ont donc cette double tendance, comme on l'a dit précédemment.

3. Les objets que l'on enseigne assez commu-

nément à la jeunesse peuvent se réduire aux quatre suivants : les lettres, la gymnastique, la musique, et enfin la peinture, que quelques-uns joignent aux trois autres (1). On regarde la grammaire et la peinture comme utiles à la vie, et applicables dans un grand nombre de circonstances ; et la gymnastique, comme propre à fortifier le courage. Quant à la musique, on pourrait douter s'il convient de l'enseigner : car, aujourd'hui, la plupart des gens n'en font guère qu'un objet d'amusement ; mais on la fit entrer, au commencement, dans le système de l'éducation, parce que, comme on l'a déja dit bien des fois, la nature elle-même nous invite, non-seulement à chercher les moyens d'employer notre temps d'une manière utile, mais aussi de faire un usage honnête et intéressant de nos loisirs. Car, encore une fois, c'est la nature qui commence tout (2).

---

(1) Térence (*Eunuch.* act. 3, sc. 2, vs. 23) indique cette division des arts libéraux, comme généralement admise chez les anciens : *Fac periculum in litteris, fac in palæstra, in musicis, quæ liberum scire adolescentem æquum est.* Quant au dessin, Pline nous apprend (l. 35, c. 10) que ce fut Pamphile (Macédonien, maître d'Apelle), qui enseigna cet art, d'abord à Sicyone, d'où il se répandit dans tout le reste de la Grèce, et ne tarda pas à devenir un objet d'enseignement pour tous les enfants nés de parents libres, et à être mis au premier rang des arts libéraux.

(2) Voyez ci-dessus : l. 7, c. 12, § 6. Hippocrate, dans ses directions pour l'instruction de ses disciples (Νόμος, § 2), dit aussi : « Avant tout, il faut des dispositions naturelles ; parce

4. En effet, si l'un et l'autre sont nécessaires, et si le loisir est préférable à l'application, il faut, en général, chercher à quoi nous occuperons notre loisir : ce ne peut pas être à de simples divertissements, car il s'ensuivrait que l'amusement serait pour nous la fin ou le but de la vie. Or, s'il est impossible que cela soit, ce sera plutôt dans les occupations qu'il faudra se procurer des amusements, car c'est surtout quand on est fatigué, qu'on a besoin de se délasser; et même l'amusement n'a pas d'autre but que celui-là, et la vie occupée se compose de travaux soutenus. Voilà pourquoi il faut, quand on a recours aux amusements, observer les moments où l'on en fait usage, comme si on ne voulait les employer qu'à titre de remède; car une telle agitation de l'ame est un relâchement, et un moyen de se délasser par le plaisir qu'il procure.

5. Au reste, il y a, dans le loisir même, une sorte de volupté, de bonheur, et de charme ajouté à la vie; mais qui ne se trouve que chez ceux qui sont exempts de tout travail, et non chez ceux qui sont occupés. Car, être occupé de quelque chose, c'est travailler pour un but ou une fin qu'on n'a pas encore atteint; or, le bonheur est une fin

---

« que, quand on trouve des obstacles dans la nature, tout devient
« stérile : mais, quand c'est elle-même qui nous guide de la
« manière la plus avantageuse, on acquiert facilement la con-
« naissance de l'art. » Voyez la page 125 du *Traité des Airs, des
Eaux, etc.*, édit. de M. Coray, 1 vol. in-8°. Paris, 1816.

qu'on croit généralement être accompagnée de plaisir, et exempte d'affliction. Toutefois, on convient que ce plaisir n'est pas le même pour tous; mais qu'il est, pour chaque individu, conforme à sa nature particulière, et aux dispositions qu'il a; et qu'enfin le plaisir de l'homme le plus accompli, doit être ce qu'il y a de plus ravissant. D'où il suit évidemment qu'il faut, pour savoir employer son loisir, apprendre de certaines choses, s'instruire, et que ce genre de connaissances et d'instruction doit avoir pour but l'individu lui-même; au lieu que l'instruction appropriée aux occupations nécessaires à la vie, a plus particulièrement rapport aux autres.

6. C'est pour cela que les anciens ont rangé la musique parmi les objets d'instruction, mais non pas comme une chose d'une utilité indispensable, car elle n'a point ce privilége; ni même comme utile, à la manière des lettres, pour le négoce, pour l'économie, pour l'enseignement, et dans beaucoup d'affaires civiles : (l'art même du dessin ne laisse pas d'être utile, pour mieux juger les travaux des artistes); enfin la musique n'a pas l'utilité de la gymnastique, pour entretenir la force et la santé, puisqu'on ne voit pas qu'elle serve à l'un ni à l'autre. Il reste donc qu'elle peut servir à l'emploi des heures de loisir, où il paraît qu'en effet on en a introduit l'usage, puisqu'on comprend sous ce nom ce qu'on regarde comme un passe-temps des hommes libres. C'est ce qui fait dire à Homère : [en parlant apparemment de quel-

que personnage qui avait acquis ce genre de talent, qu'il est un]

<blockquote>De ceux que l'on invite aux festins solennels (1).</blockquote>

et ailleurs, après avoir fait mention entre autres de ceux qui font venir un musicien, il ajoute:

<blockquote>Dont les chants dans leurs cœurs fassent naître la joie,</blockquote>

Ailleurs, enfin, Ulysse dit que « la musique est le délassement le plus agréable, lorsque les hommes se livrant à la joie,

<blockquote>Les convives assis écoutent en silence<br>
D'un chantre renommé la voix et les accords.</blockquote>

III. Il est donc incontestable qu'il y a un genre d'instruction qu'il faut donner à la jeunesse, non pas comme nécessaire, ou même comme utile, mais parce qu'elle est libérale, et belle ou honorable. Mais, n'y a-t-il qu'une science de ce genre, et, s'il y en a plusieurs, quelles sont-elles, et comment doit-on les enseigner? C'est un sujet sur lequel nous aurons occasion de revenir : du moins avons-nous, quant à présent, gagné ce point que nous trouvons des témoignages de l'existence de cette sorte d'instruction chez les anciens, car la musique nous en fournit une preuve manifeste.

---

(1) Le vers cité ici par Aristote ne se retrouve aujourd'hui dans aucun des poëmes qui nous restent d'Homère. Quant aux deux citations suivantes, la première est tirée du dix-septième chant de l'*Odyssée* (vs. 385), et la seconde du neuvième chant du même poëme (vs. 7).

On voit encore qu'il faut instruire les enfants de certaines choses, non-seulement à cause de leur utilité directe, comme est, par exemple, la connaissance des lettres, mais aussi parce qu'il est possible d'acquérir, par leur moyen, beaucoup d'autres connaissances.

2. Il en faut dire autant du dessin : il ne servira pas seulement à garantir de toute méprise dans les acquisitions que l'on fait, et à n'être pas trompé dans les ventes et les achats de meubles et d'ustensiles, mais il contribuera surtout à donner un sentiment plus exact de la beauté des formes et des corps. D'ailleurs, ne chercher en tout genre que l'utilité, est ce qui convient le moins aux personnes libres, et qui ont l'ame élevée. Cependant, comme il est facile de comprendre que les mœurs ou les habitudes doivent être, avant l'instruction littéraire, l'objet d'une bonne éducation, et que le développement du corps doit précéder celui de l'intelligence ; ceci nous fait voir que c'est d'abord à la gymnastique, et à l'art d'exercer tous les mouvements qu'il faut appliquer les enfants ; car le premier de ces arts donne aux corps les dispositions convenables, et le second rend capable d'exécuter les travaux nécessaires (1).

3. De nos jours cependant, parmi les peuples

---

(1) Sur la différence qu'on mettait entre la gymnastique (γυμναστική), et l'art des exercices du corps (παιδοτριβική), voyez les notes de Perizonius (*ad Ælian. Var. Histor.* (l. 2, c. 6).

qui passent pour donner les soins les plus attentifs à l'éducation des enfants, il y en a qui s'appliquent à leur faire une constitution athlétique (1), dégradant ainsi les formes du corps, et donnant une direction vicieuse à son développement. Au lieu que les Lacédémoniens n'ont point commis une pareille faute, mais à force d'endurcir la jeunesse aux fatigues, parce que c'est le moyen de lui donner un courage indomptable, ils la rendent féroce. Mais, encore une fois (2), ce n'est pas un seul genre d'instruction, et surtout ce n'est pas celui-là qu'il faut avoir en vue, dans les soins qu'on donne à cet objet : et même, quand le courage militaire serait le point le plus important, ils n'auraient pas encore atteint ce but ; car, dans les autres animaux, pas plus que dans l'homme, on ne voit point que le courage soit le produit de l'excessive férocité, mais il se trouve plutôt chez ceux qui à des mœurs douces joignent la vigueur et la fierté du lion.

4. Plusieurs peuples ont l'habitude du meurtre, et même de manger de la chair humaine : tels sont les *Achœi* et les *Heniochi*, qui habitent les bords du Pont-Euxin, et plusieurs autres nations de l'intérieur des terres, dont les unes sont aussi féroces, et d'autres le sont encore plus. Ce sont des peuples pillards et voleurs, mais qui n'ont pas pro-

---

(1) L'auteur paraît avoir en particulièrement en vue les Béotiens, qui étaient fort adonnés aux exercices athlétiques.

(2) Voyez ci-dessus, l. 7, c. 13, § 20.

prement du courage. On sait aussi que les Lacédémoniens eux-mêmes, tant qu'ils s'adonnèrent aux travaux et aux fatigues du corps, eurent la supériorité sur les autres peuples; tandis qu'aujourd'hui ils sont surpassés en force et en adresse dans les exercices et les jeux militaires. C'est que leur supériorité n'était pas due au soin qu'ils avaient d'exercer les jeunes gens de cette manière-là, mais à ce que, pratiquant quelques exercices, ils avaient affaire à des peuples qui ne s'exerçaient en aucune manière.

5. Il faut donc mettre au premier rang l'honneur, et non pas la férocité; car ce n'est ni un loup, ni toute autre bête féroce qui peut avoir à braver quelque danger honorable; mais c'est l'homme de cœur. Mais ceux qui en élevant les enfants donnent trop à cette partie, et les laissent tout-à-fait dans l'ignorance des choses nécessaires à savoir, n'en font, à vrai dire, que de vils manœuvres : et, pour avoir voulu les rendre utiles à une seule chose, à un seul genre de travaux dans la société, il se trouve qu'ils sont même moins propres que d'autres à celui-là, comme nous venons de le faire voir. Au reste, il ne faut pas prononcer sur cette question d'après les faits anciens, mais d'après ce qui se passe aujourd'hui; or, aujourd'hui ils ont des rivaux dans ce genre d'instruction, au lieu qu'ils n'en avaient pas autrefois.

IV. Qu'il faille faire usage de la gymnastique, et comment il en faut user, c'est sur quoi l'on est d'accord. Jusqu'à l'époque de l'adolescence, il faut n'employer que des exercices peu fatigants(1), et interdire aux enfants une nourriture trop forte et tous les travaux forcés, afin de ne pas empêcher leur croissance. Il y a même une preuve bien convaincante que tel en peut être le résultat; puisque, parmi les athlètes qui combattent aux jeux olympiques, on en trouvera à peine deux ou trois qui, après avoir été proclamés vainqueurs dans leur enfance, l'aient été aussi dans l'âge mûr; parce que la fatigue des travaux obligés, et les exercices violents de leur jeunesse leur ont fait perdre toutes leurs forces.

2. Mais, lorsqu'à partir de l'âge de puberté, un jeune homme se sera livré pendant trois ans à d'autres études, il conviendra de consacrer l'époque suivante à des travaux pénibles et à un régime de vie très-régulier; car il ne faut pas fatiguer le corps et l'intelligence en même temps, puisque chacun de ces deux genres de fatigue produit des effets opposés : celle du corps étant nuisible au développement de l'esprit, et celle de l'esprit arrêtant la croissance du corps.

3. Nous avons précédemment proposé quelques doutes au sujet de la musique; mais il est bon d'y revenir en ce moment, pour préparer, en quelque sorte, les voies à ceux qui voudront approfondir ce sujet. En effet, il n'est pas facile de décider ni quelle influence elle peut avoir, ni par quelle

---

(1) Platon donne le même conseil dans sa *République* (l. 3, p. 309, Bipont.).

cause il convient de s'y appliquer, si c'est comme amusement et comme délassement (ce qu'on pourrait dire aussi du sommeil et de l'usage du vin pur); car ces deux choses n'ont par elles-mêmes rien de sérieux; mais, comme dit Euripide, elles sont à la fois agréables, et propres à calmer les soucis (1). C'est pourquoi on les comprend dans la même catégorie et on fait à peu près le même usage de toutes trois, le sommeil, le vin et la musique, et même on y ajoute aussi la danse.

4. Faut-il croire plutôt que la musique contribue en quelque chose à la vertu, parce que, de même que la gymnastique donne au corps certaines qualités, ainsi la musique peut donner au caractère certains avantages, en accoutumant à prendre des plaisirs honnêtes, ou bien en contribuant à la fois à l'amusement et au développement de l'esprit? Car, c'est un troisième point de vue à ajouter à ceux que nous avons indiqués. Cependant, on voit assez qu'il ne faut pas faire de l'instruction un simple amusement, puisque s'instruire n'est pas s'amuser, et que l'étude est toujours accompagnée de quelque peine. L'amusement ne doit pas même être le partage de l'enfance, ni de l'âge qui en est voisin, parce que ce qu'on considère comme but, ou comme fin, ne convient à rien de ce qui est imparfait.

5. Toutefois, on pourrait s'imaginer que ce dont

---

(1) Voyez *les Bacchantes* d'Euripide (vs. 378—384).

on fait une affaire sérieuse pour les enfants, n'est destiné qu'à les amuser quand ils seront hommes faits et parvenus à la maturité de l'âge. Et, s'il en est ainsi, à quoi bon acquérir soi-même une telle instruction, et pourquoi ne ferait-on pas comme les rois des Perses et des Mèdes, qui ne prennent part à ce genre de plaisir et d'études qu'en y faisant travailler d'autres personnes? Car ceux qui n'ont fait que s'exercer à ce talent, doivent nécessairement y réussir mieux que ceux qui n'y consacrent que le temps qu'il faut pour s'en instruire. Et, s'il fallait absolument qu'ils le pratiquassent eux-mêmes, pourquoi n'exigerait-on pas aussi qu'ils se missent en état d'assaisonner les mets de leur table? ce qui serait absurde.

6. La même objection a encore lieu, en supposant que la musique puisse améliorer les mœurs. Car, à quoi bon l'apprendre soi-même, et pourquoi ne pourrait-on pas trouver bon ce qui l'est réellement, et en bien juger, en entendant simplement ceux qui professent cet art, comme cela se fait à Lacédémone? En effet, les Lacédémoniens, sans apprendre eux-mêmes la musique, ne sont pas moins capables, dit-on, d'apprécier avec justesse ce qu'il y a de bon dans la mélodie, et ce qui ne l'est pas. Ce sera le même raisonnement, si l'on considère l'art comme devant servir de passe-temps et de divertissement : car, pourquoi l'étudier soi-même, et ne pas profiter du talent de ceux qui en font profession?

7. On peut encore considérer à ce sujet l'opi-

nion que nous nous faisons des dieux : car les poètes ne nous représentent pas Jupiter chantant et jouant de la lyre. Nous donnons même à ce talent le nom de métier vil et méprisable ; et faire de telles choses, nous semble n'appartenir qu'à des hommes ivres, ou qui ne songent qu'à se divertir. Au reste, peut-être aurons-nous occasion plus tard de revenir là-dessus.

V. Le premier point à éclaircir, à cet égard, c'est de savoir s'il faut, ou non, comprendre la musique dans un système d'éducation ? Ensuite, quel est son effet, soit qu'on la regarde comme science, comme amusement, ou comme un simple passe-temps ? Or, c'est avec raison qu'on la range sous ces trois dénominations, et elle semble tenir aux trois sortes de choses. Car, l'amusement a pour but de nous délasser, et tout délassement est nécessairement agréable, puisqu'il est une sorte de remède à la fatigue produite par le travail. Quant aux simples passe-temps, on convient généralement qu'il faut que l'honnête y soit réuni à l'agréable ; car le bonheur se compose de l'union de ces deux conditions, et nous avouons tous que la musique, soit purement instrumentale, soit accompagnée du chant, est une des choses les plus agréables.

2. Aussi le poète Musée dit-il que *chanter est ce qui plaît le plus aux mortels;* et c'est pour cela qu'on a raison d'admettre le chant dans les réunions et dans les divertissements, comme ayant le pouvoir de donner de la joie. De sorte qu'on serait porté à

conclure de là qu'il faut donc faire apprendre la musique aux jeunes gens. Car, tout plaisir qui ne saurait nuire, est convenable, non-seulement comme fin, mais aussi comme délassement. Et, puisqu'il arrive bien rarement aux hommes d'atteindre la fin qu'ils se proposent, au lieu que souvent ils ont besoin de se délasser, et de recourir au jeu, tant à cause de ses autres avantages, que pour le plaisir qu'il procure, il s'ensuit qu'il est utile de chercher un délassement dans les plaisirs que donne la musique.

3. Quelquefois pourtant les hommes prennent l'amusement pour fin ou pour but; et en effet, il y a peut-être dans la fin quelque plaisir; mais c'est un plaisir d'une espèce déterminée, et il arrive qu'en cherchant celui-là, on rencontre un plaisir vague et indéterminé, qu'on prend pour lui, parce que la fin des actes particuliers ressemble, à quelques égards, à la fin générale qu'on a en vue. En effet, ce n'est pas pour un résultat ultérieur qu'on doit préférer ou désirer la fin de quoi que ce soit; et les plaisirs dont je parle ne se rapportent à rien de ce qui doit être à l'avenir; au contraire, ils sont relatifs aux choses passées, comme les peines et les travaux. On pourrait donc présumer, avec quelque probabilité, que telle est la cause qui fait qu'on espère quelquefois trouver le bonheur dans de pareils plaisirs.

4. Pour ce qui est de rechercher les impressions de la musique, non-seulement à cause de ce plaisir même, mais aussi à cause de son utilité, comme

moyen de délassement, à ce qu'il semble...... (1) Toujours faut-il examiner si ce n'est pas simplement un accessoire, si la nature de cet art n'est pas quelque chose de plus important que ne le ferait croire l'emploi ou l'usage dont nous venons de parler; et si l'on ne doit pas, indépendamment du plaisir général qu'il donne, (car il y a dans la musique comme un plaisir qui tient à sa nature propre, et elle séduit tous les âges aussi-bien que tous les hommes), considérer si elle n'exerce pas quelque influence sur les mœurs et sur l'ame. Et cela serait incontestable, s'il était vrai qu'elle nous fît acquérir certaines qualités sous ce rapport.

5. Or, qu'elle produise un pareil effet, c'est ce qui est évidemment prouvé par les chants d'un grand nombre de musiciens, et surtout par ceux d'Olympus (2). Car tout le monde convient qu'ils produisent dans les ames une sorte d'enthousiasme, c'est-à-dire, cette espèce d'affection particulière qui résulte d'une impression morale; et même il suffit, en général, d'en entendre des imitations, pour qu'on en soit vivement ému, indépendamment du rhythme et de la mélodie. Puis

---

(1) M<sup>r</sup> Coray soupçonne qu'il y a ici quelques mots superflus, ou quelques autres mots supprimés, en sorte que les idées de l'auteur ne semblent pas parfaitement liées.

(2) Platon, dans le *Minos* (p. 509), et dans le *Banquet* (p. 192), rend le même témoignage de cet Olympus.

donc que la musique est une chose agréable, et que la vertu consiste à avoir des plaisirs, des sentiments d'amour et d'aversion, approuvés par la raison, il n'y a rien sans doute que l'on doive apprendre, et à quoi il faille s'habituer autant qu'à juger sainement des mœurs honnêtes et des bonnes actions, et à y prendre du plaisir.

6. On produit, en effet, par le rhythme et par la mélodie, des imitations de la colère, de la douceur, du courage et de la tempérance, qui ont la plus grande analogie avec la véritable nature de ces passions, et de toutes les autres affections morales qui leur sont opposées. Et les faits mêmes en sont la preuve, puisque notre ame est modifiée de diverses manières, quand nous les entendons. Or, l'habitude d'éprouver de la peine ou du plaisir, à l'occasion des choses qui ressemblent à ces affections, tient de bien près à la disposition à éprouver de pareils sentiments pour les mêmes choses en réalité. C'est ainsi que, si un homme trouve du plaisir à considérer le portrait de quelque personne, uniquement parce que ce portrait représente la forme extérieure de cette personne, nécessairement la vue de la personne même, dont il contemple le portrait, lui sera agréable.

7. Toutefois, il n'y a simplement que les objets de la vue, entre tous ceux qui peuvent frapper nos sens, qui soient susceptibles de nous offrir quelque ressemblance avec les affections morales; les sensations du toucher et celles du goût ne sont

point dans ce cas (1). Les figures [objet de la vue] produisent bien quelque effet de ce genre, mais peu considérable, et tous les hommes sont capables d'éprouver cette espèce de sensation. Au reste, ce ne sont pas là de véritables images des mœurs, c'en sont plutôt des signes, qui se manifestent par les couleurs ou les figures, et par les attitudes du corps, quand on éprouve quelques passions. Quoi qu'il en soit, et quelque différence qu'il y ait entre ces choses, quand on les considère, ce ne sont pas les tableaux de Pauson (2) qu'il faut contempler, mais ceux de Polygnote, ou de tout autre peintre ou statuaire qui se sera appliqué à représenter les mœurs.

8. Au contraire, c'est dans les chants mêmes qu'on en trouve une exacte imitation, et cela est évident, car il y a des différences essentielles dans la nature même des divers accords. De sorte que ceux qui les entendent sont affectés d'une manière toute différente par chacun d'eux; mais il y en a, comme le mode mixolydien, qui les disposent à un sentiment de mélancolie et de douleur concentrée: d'autres inspirent la mollesse et une sorte de nonchalance, comme les modes plus relâchés. Enfin, telle autre harmonie inspire un sentiment de mo-

---

(1) Notre philosophe fait la même observation, dans ses *Problèmes* (sect. 19, § 22).

(2) Aristote dit encore dans sa *Poétique* (c. 2): « Polygnote, « dans ses figures, s'élevait au-dessus de la nature, Pauson « restait au-dessous, et Denys faisait les siennes semblables à « la nature. »

dération ou même de sagesse, et c'est sutout l'effet que produit le mode Dorien, tandis que le Phrygie excite l'enthousiasme (1).

9. C'est ce qu'observent avec raison ceux qui ont approfondi cette partie de l'éducation; car ils s'appuient, dans leurs raisonnements à ce sujet, sur le témoignage même des faits. Il en est de même pour ce qui concerne les différentes espèces de rhythmes (2), dont les uns indiquent des mœurs plus calmes, plus paisibles, et les autres plus de trouble et de mobilité dans les habitudes; et, parmi ceux-ci, il y en a qui marquent les mouvements brusques, qui tiennent à un caractère grossier; il y en a d'autres qui expriment plus d'élévation et d'indépendance dans les sentiments. Il est donc manifeste, d'après cela, que la musique peut donner aux habitudes de l'ame un caractère déterminé. Et, si elle peut avoir une telle influence, il est évident aussi qu'il faut y avoir recours, et la faire apprendre aux jeunes gens.

10. Or, c'est précisément l'âge qui est propre à l'acquisition de cet art, car les jeunes gens ne supportent pas volontiers tout ce qui est fade et languissant : et la musique est, par sa nature, une

---

(1) Voyez les *Problémes* d'Aristote (sect. 19, quæst. 49), Platon (*De Republ.* l. 3, p. 287), et Athénée (l. 14, p. 625).

(2) Cicéron (*De Orat.* l. 3, c. 51) dit aussi : *Nihil est autem tam cognatum mentibus nostris quam numeri et voces, quibus et excitamur, et lenimur et languescimus, et ad hilaritatem et ad lætitiam sæpe deducimur.*

des choses dont l'impression est le plus agréable. Il semble, en effet, qu'il y ait dans le rhythme et dans l'harmonie quelque chose d'analogue [avec notre nature], et c'est pour cela que plusieurs philosophes prétendent, les uns, que l'ame est une harmonie, les autres, qu'elle embrasse et comprend l'harmonie (1).

VI. Mais faut-il, ou non, que les jeunes gens apprennent la musique en s'exerçant à chanter et à jouer eux-mêmes des instruments? C'est la question qui nous reste maintenant à résoudre Il est facile de voir que, pour acquérir les qualités que donne un art quelconque, il importe beaucoup de le pratiquer en effet; car c'est une chose impossible, ou du moins fort difficile, que d'être bon juge dans cet art, quand on ne le pratique pas soi-même. D'ailleurs, il est aussi fort utile d'offrir aux enfants quelque passe-temps, et l'on a raison de regarder comme une invention d'Archytas (2) la cliquette

---

(1) Voyez Aristote (*De Anim.* l. 1, c. 4), Platon (*In Phædon.* sect. 38, édit. Wittenbach), et les notes du savant éditeur de ce dialogue, qui a recueilli les passages des anciens écrivains sur cette question.

(2) Archytas, de Tarente, philosophe de l'école de Pythagore, fut célèbre par son génie pour les mathématiques et par ses inventions dans les arts mécaniques. On lui attribue celle de l'instrument appelé πλαταγὴ en latin *crepitaculum*, espèce de jouet qui produisait un bruit propre à amuser les enfants. Il est, au reste, à peu près impossible de se faire aujourd'hui une idée exacte de la forme et de la construction de cet instrument. Voyez dans le recueil des proverbes grecs de Schott, les notes de la page 374.

bruyante que l'on donne ordinairement aux petits garçons, afin qu'occupés à s'en servir, ils ne brisent rien dans la maison, attendu qu'il est impossible, à cet âge, de demeurer en repos. C'est donc réellement un jouet fort convenable pour les très-jeunes enfants : or, l'instruction est le jouet de ceux qui sont plus avancés en âge ; et, par conséquent, il est évident qu'il faut leur enseigner la musique, mais en la leur faisant pratiquer.

2. D'ailleurs, il n'est pas difficile de déterminer ce qui est ou n'est pas convenable aux différents âges, et de réfuter les objections de ceux qui prétendent qu'il y a dans ce genre d'études quelque chose de bas ou de mécanique. Car, d'abord, puisqu'il faut, pour bien juger d'un art, s'y être exercé soi-même, il faut donc bien qu'au moins dans la jeunesse on le pratique ; mais qu'on renonce à s'y exercer, quand on est plus avancé en âge, et qu'on se contente de pouvoir juger de ce qui est bien en ce genre, au moyen de la connaissance qu'on aura acquise dans sa jeunesse.

3. Quant au reproche que quelques-uns font à la musique, d'être une occupation servile et basse, il est facile d'y répondre, en considérant jusqu'à quel point il convient aux hommes, dont l'éducation a pour but la vertu politique, de s'exercer à la pratique de cet art ; quels sont les accords et les rhythmes auxquels ils doivent s'exercer, et de quels instruments il leur convient d'apprendre à jouer. Car il y a probablement quelques différences à observer, sous ce rapport, et c'est là que se trouve

la réponse au reproche dont nous venons de parler. Rien n'empêche, en effet, qu'il y ait quelques modes de la musique qui soient de nature à avoir l'influence dont on parle.

4. On voit aussi qu'il faut que cette sorte d'instruction ne puisse pas être un obstacle aux choses que l'on aura à faire dans la suite, ni donner au corps des habitudes serviles qui le rendent incapable de supporter les fatigues de la guerre, ou peu propre aux occupations civiles. [Il ne faut pas, disons-nous, qu'elle devienne un obstacle] actuellement à l'exercice des forces du corps, et plus tard aux connaissances sérieuses. Or, c'est à quoi l'on parviendra, si on ne cherche, en ce genre, à acquérir ni le degré de talent qui est nécessaire pour pratiquer l'art de la musique dans les concours d'appareil, ni à exécuter de ces tours de force qui étonnent, et qui sont une sorte de superfluité; introduits de nos jours dans les concours d'appareil, et qui ont passé de là dans l'instruction commune. Mais il faut s'être exercé même à cela, du moins au point de pouvoir trouver du plaisir aux chants et aux rhythmes qui ont une véritable beauté, et non pas uniquement à la musique la plus commune et la plus vulgaire, qui plaît même à certains animaux et à la multitude des esclaves et des enfants.

5. Ceci fait voir clairement quels sont les instruments dont il convient de faire usage : car ce ne sont ni les flûtes, ni tous les instruments qui exigent un art consommé, que l'on doit introduire

dans l'éducation, ni la cithare, ou tout autre instrument de cette espèce; mais ce seront tous ceux qui peuvent contribuer à rendre les jeunes gens des auditeurs intelligents pour tout ce qui a rapport à l'éducation musicale et à toutes les autres branches de cet art. D'ailleurs la flûte n'est pas propre à agir sur les affections morales, mais plutôt sur les sentiments violents; en sorte qu'il ne faut l'employer que dans les occasions où le spectacle a plutôt pour but de purger les passions que d'instruire. Ajoutons encore que l'emploi de la flûte a quelque chose de tout-à-fait contraire à l'instruction, puisqu'il empêche qu'on ne puisse ou parler [ou chanter]. C'est pour cela que depuis long-temps on en a interdit l'usage aux jeunes gens et aux hommes libres, quoique, plus anciennement, on l'eût admis.

6. En effet, l'aisance et la prospérité ayant amené à leur suite un plus grand loisir, et les citoyens se sentant animés d'une plus généreuse ardeur pour la vertu; outre cela, les exploits des Grecs, avant et après la guerre Médique, leur ayant inspiré plus d'élévation dans les sentiments, ils s'appliquèrent à tous les genres de connaissances sans distinction, n'en voulant négliger aucun: ce qui les porta à ranger l'art de jouer de la flûte parmi les objets d'instruction. Aussi vit-on à Lacédémone un citoyen chargé de présider un chœur de danseurs, jouer lui-même de la flûte; et bientôt ce goût s'introduisit à Athènes, de manière que la plupart des hommes libres cherchaient à acquérir

ce talent. C'est ce que l'on voit par le tableau que Thrasippus consacra aux dieux, lorsqu'il fit les frais du chœur dirigé par le poete Ecphantides (1).

7. Mais, dans la suite, lorsque l'expérience eut appris à mieux discerner ce qui, en ce genre, peut avoir quelque tendance à la vertu, ou ce qui n'y contribue en rien, on renonça à cet art. Il en est ainsi d'un grand nombre d'instruments, dont on se servait anciennement, comme ceux qu'on appelle *Pectides*, *Barbites*, et, en général, ceux qui ne servent qu'à procurer aux auditeurs des sensations de plaisir, tels que les instruments triangulaires ou heptagones, les *Sambyques*, et tous ceux qui exigent une étude et une pratique assidue de la main (2).

8. La fable imaginée par les anciens (3) au sujet de la flûte a même un sens fort raisonnable; car on prétend que Minerve, à qui l'invention en est due, la brisa et la rejeta elle-même. Sans doute il y a lieu de croire que la déesse en agit ainsi, comme on dit, par la répugnance que lui inspirait la difformité que produit le jeu de cet instrument (4);

---

(1) L'un des auteurs de ce qu'on appela, chez les Grecs, *l'ancienne comédie*.

(2) On peut comparer ce que dit, sur le même sujet, Platon (*De Republ.* l. 3, p. 288).

(3) Voyez Athénée (l. 14, p. 606), qui cite à cette occasion un fragment du poète dithyrambique Mélanippide, lequel est peut-être l'auteur de cette fiction.

(4) Plutarque (*In Alcibiad.* c. 2) raconte qu'Alcibiade rejeta l'usage de la flûte, par le même motif.

mais il est encore plus vraisemblable que c'était aussi parce que l'application que l'on y donne ne contribue en rien à perfectionner l'intelligence. Or, on croit communément que Minerve préside aux sciences et aux arts.

VII. On vient de voir que nous n'approuvons pas que l'on fasse entrer dans l'éducation l'enseignement [de la musique] et la pratique des instruments jusqu'au point où il devient un art (une profession), c'est-à-dire, tel qu'on l'exerce dans les jeux solennels [de la Grèce]. Car celui qui le pratique ainsi ne s'en occupe pas pour soi-même, et pour se perfectionner dans la vertu, mais uniquement pour le plaisir de ceux qui l'écoutent, et pour un plaisir vulgaire et grossier. C'est pour cela qu'une pareille profession ne nous paraît pas convenir à des hommes libres ; mais elle prend dès lors un caractère servile et, pour ainsi dire, mécanique. Car le but qu'on se propose, en pareil cas, est vicieux ; puisqu'un spectateur sans délicatesse et sans élévation d'ame, ne manque guère d'introduire dans la musique des changements [qui la dégradent], en sorte qu'il imprime aux artistes qui ne s'attachent qu'à lui plaire, un caractère [d'esprit] particulier, et même à leurs corps des habitudes ou des manières d'être singulières, à cause des mouvements [qu'exige la pratique des instruments].

2. Il s'agit à présent d'examiner, au sujet des rhythmes et des harmonies, s'il faut faire usage dans l'éducation de toutes leurs diverses espèces, ou s'il y a quelque distinction à établir ; ensuite, si l'on

y admettra la division communément reçue [en deux genres] ou bien s'il ne faudrait pas en admettre un troisième. On sait qu'en général la musique se compose de mélopées et de rhythmes; mais il est bon de connaître aussi l'effet de chacune de ces choses par rapport à l'éducation, et s'il faut préférer, dans ce cas, la musique la plus parfaite, quant à la mélopée, ou la plus parfaite quant au rhythme.

3. Cependant, comme nous reconnaissons que ce sujet a été traité avec succès par quelques musiciens de profession, et par tous les philosophes qui avaient une connaissance suffisante de la musique, nous renvoyons à leurs ouvrages ceux qui désirent des détails exacts et complets sur cette matière, et nous nous bornerons, en ce moment, à quelques considérations sommaires et purement rationnelles.

4. Au reste, admettant la division des chants, qui a été adoptée par quelques philosophes, en moraux, pratiques, et propres à exciter l'enthousiasme, et une harmonie particulière appropriée à chacun d'eux, en sorte que chaque partie est susceptible d'un genre spécial d'harmonie, nous dirons que l'emploi de la musique ne se borne pas à un seul genre d'utilité, mais qu'elle doit en avoir plusieurs. En effet, elle peut servir à l'instruction, à la purgation (et nous expliquerons plus clairement, dans notre traité de la *Poétique*(1), ce que

---

(1) Cet article n'est traité que d'une manière assez superficielle,

nous entendons par ce terme, employé ici d'une manière générale); enfin, et en troisième lieu, à l'amusement, c'est-à-dire, comme moyen de relâche et de repos, après une application soutenue. D'où il est facile de voir que l'on doit faire usage de toutes les sortes d'harmonie, mais non pas de la même manière, dans tous les cas. Au contraire, il faut faire servir les chants les plus moraux à l'instruction, mais se borner à entendre ceux qu'on appelle pratiques, et ceux qui sont propres à exciter l'enthousiasme, lorsqu'ils sont exécutés par d'autres sur les instruments.

5. Car cette manière d'être affecté, si vive et si profonde chez certaines personnes, existe au fond chez tout le monde : elle ne diffère que par le plus et le moins; par exemple, la pitié, la crainte, et aussi l'enthousiasme. En effet, il y a des individus qui sont éminemment susceptibles de ces sortes de mouvements de l'ame; ce sont eux qu'on voit devenir calmes et recueillis, par l'effet des mélodies sacrées, lorsqu'ils viennent à entendre des chants propres à apaiser les passions violentes; il semble qu'ils aient rencontré le remède propre à purifier leurs ames.

6. Les hommes disposés à la pitié, à la crainte, et, en général, aux affections vives, doivent nécessairement éprouver le même effet; et les autres aussi,

---

dans le sixième chapitre de l'ouvrage que cite notre philosophe, au moins tel qu'il nous est parvenu. Voyez les *Quatre Poétiques*, par Batteux, et la dissertation de ce savant, dans le tome 59$^e$ des *Mémoires de l'Académ. des Inscript. et B. L.*

suivant que chacun d'eux est susceptible de ces diverses passions; et tous doivent éprouver une sorte de purgation, d'allégement accompagné d'un sentiment de plaisir. C'est ainsi que les chants destinés à produire cet effet, procurent aux hommes une joie innocente et pure; et, par cette raison, c'est avec de tels chants que les artistes qui exécutent la musique théâtrale, doivent charmer et adoucir leurs auditeurs.

7. Cependant, comme il y a deux sortes de spectateurs, les uns qui sont des hommes libres et bien élevés, les autres grossiers, et composant la classe des artisans, des mercenaires et autres gens de cette espèce, il faut aussi accorder à ces derniers des jeux et des spectacles propres à les délasser. Or, de même que leurs ames sont déviées, en quelque sorte, de la manière d'être la plus conforme à la nature, ainsi il y a des harmonies qui s'écartent des règles de l'art, il y a des chants forcés, pour ainsi dire, et qui n'ont pas la couleur convenable et naturelle. (1). Et pourtant chacun ne trouve de plaisir que dans ce qui est approprié à sa nature. Il faut donc accorder à ceux qui pratiquent leur art pour de tels

---

(1) Le mot παρακεχρωσμένα, dont se sert ici Aristote, peut s'expliquer jusqu'à un certain point par un passage de Plutarque (*Quæst. conviv.* l. 3, c. 1), où cet auteur dit que ce fut le poète Agathon qui, le premier, introduisit dans sa tragédie intitulée *les Mysiens*, le genre appelé *chromatique* (χρωματικὸν εἶδος), littéralement *coloré*, apparemment parce que, procédant par demi-tons, il était susceptible d'une grande variété d'expressions.

auditeurs la permission d'employer le genre de musique qui leur convient; mais dans l'éducation, comme on l'a dit, il ne faut se servir que des chants moraux, et des harmonies que comportent ces sortes de chants.

8. Telle est l'harmonie dorienne, comme nous l'avons dit précédemment; et il y faut joindre toute autre espèce d'harmonie qui aura l'approbation des philosophes qui ont traité ce sujet, et qui ont médité sur la partie de l'éducation relative à la musique. D'ailleurs, c'est à tort que Socrate (1), dans la République [de Platon] ne permet de joindre que l'harmonie phrygienne à la dorienne; surtout interdisant, comme il fait, l'usage de la flûte; car l'harmonie phrygienne produit précisément le même effet, entre les harmonies, que la flûte entre les instruments, l'une et l'autre excitent l'enthousiasme, et réveillent, en général, les passions.

9. La poésie nous en offre une preuve : car tous les chants consacrés à Bacchus, et, en général, tous les mouvements de cette espèce sont accompagnés du son de la flûte; mais c'est dans les chants auxquels est adaptée l'harmonie phrygienne qu'ils prennent le caractère qui les distingue; aussi convient-on

---

(1) Voyez Platon (*De Republ.* l. 3, p. 287). Quelques interprètes ou traducteurs d'Aristote essaient de justifier Platon de la critique qu'en fait ici notre philosophe; mais il est évident que les modernes ont trop peu de connaissance du sujet, et trop peu d'idées exactes de tous les détails qu'il embrasse, pour entrer dans de pareilles discussions.

généralement que le dithyrambe est une invention phrygienne. Et ceux qui ont une connaissance approfondie de ce genre de poésie citent un grand nombre d'exemples [à l'appui de cette assertion]; entre autres, celui de Philoxène, qui ayant entrepris de faire un dithyrambe (dont le sujet était *les Mysiens* (1), et l'ayant commencé dans le mode dorien, ne put l'achever de cette manière, mais se vit forcé, par la nature même de la chose, de retomber dans l'harmonie phrygienne, qui convient à ce genre de poésie.

10. Quant à l'harmonie dorienne, tout le monde s'accorde à lui reconnaître un caractère de gravité et de mâle fermeté; mais, d'un autre côté, comme nous approuvons surtout ce qui tient, en général, le milieu entre des extrêmes opposés; comme c'est, suivant nous, ce juste milieu qu'il faut s'attacher sans cesse à saisir, et que c'est précisément le rapport où se trouve l'harmonie dorienne, à l'égard des autres harmonies, il s'ensuit évidemment que les chants doriens sont ceux qu'il faut apprendre aux jeunes gens. Cependant il y a deux buts [que l'on doit avoir en vue] le possible et le convenable; parce qu'en effet l'on doit s'attacher de préférence à ce qui est possible et convenable pour chaque individu; or, ces deux conditions sont déterminées par l'âge. Par exemple, il est bien difficile à des

---

(1) Même sujet que la tragédie d'Agathon (ci-dessus; note du § 7), et traité aussi par Eschyle; probablement fondé sur quelqu'une des fables dont Strabon fait mention (l. 13, p. 615).

hommes dont les forces sont usées par le temps, d'exécuter des chants soutenus, et qui demandent une certaine vigueur; au contraire, la nature a elle-même suggéré aux personnes de cet âge des chants qui ont une sorte de mollesse et de douceur.

11. Voilà pourquoi quelques musiciens de profession font un reproche à Socrate de ce qu'il désapprouve l'emploi des chants de cette espèce dans l'éducation, sous prétexte qu'ils ont le caractère de l'ivresse; en quoi il semble avoir mal saisi ce caractère (puisque l'ivresse inspire au contraire une sorte d'enthousiasme bachique), tandis que ces chants sont plutôt l'expression de la faiblesse et de la fatigue; de sorte que c'est plus spécialement à l'âge avancé que convient ce genre de mélodie et d'harmonie. A quoi il faut joindre encore tout autre mode, que l'on jugera convenable à la première jeunesse, comme pouvant à la fois lui inspirer le sentiment de la décence et l'instruire, ce qui semble être surtout le caractère du mode lydien. Il est donc évident que telles sont les trois conditions auxquelles il faut satisfaire dans l'éducation : le juste milieu, le possible et le convenable (1)............................

---

(1) On croit qu'il manque encore une partie plus ou moins considérable de ce huitième et dernier livre.

FIN.

# TABLE
## DES PRINCIPAUX OBJETS
COMPRIS DANS LES DEUX VOLUMES.

### A.

*Acte.* — Distingué de son produit, l'œuvre, t. 1, p. 3. Son but est un bien, t. 1, p. 5.

*Action.* — Du ressort de la morale, t. 1, p. 69. Trois degrés dans les actions, t. 1, p. 70. Raisonnements généraux sur nos actions, t. 1, p. 72. Ce qui constitue les belles actions, t. 1, p. 142. Le principe de l'action est la préférence, t. 1, p. 251. Ses effets durables ou fugitifs, t. 1, p. 254.

*Adresse.* — Son caractère; elle sert au bien ou au mal, t. 1, p. 278.

*Agriculture.* — Est-elle une partie de la science des richesses? t. 2, p. 29. Partie de l'économie, t. 2, p. 44. Art de l'agriculture, t. 2, p. 46. Elle rend propre à la démocratie, t. 2, p. 398. Moyens de rendre un peuple agriculteur, t. 2, p. 401. Loi d'Oxylus et celle des Aphitéens, t. 2, p. 402. Terres cultivées par des esclaves, t. 2, p. 465.

*Alcméon.* — Cité, t. 1, p. 89.

*Amabilité*, t. 1, p. 78.

*Ambition.* — Son caractère et ses degrés, t. 1, p. 75 et 171.

*Ame.* — Partie raisonnable, partie irraisonnable, t. 1, p. 46 à 49. Partie raisonnable ou logistique, t. 1, p. 250. Ame composée de la raison et du désir, t. 2, p. 161.

*Amitié.* — Sa nature, ses avantages, t. 1, p. 347. Trois espèces d'amitiés, t. 1, p. 353. Effets de l'amitié, t. 1, p. 361. Son but, t. 1, p. 370. Objets qu'elle embrasse, individus, associations, gouvernements, t. 1, p. 374-377 et suiv. Durée et devoirs de l'amitié, t. 1 p. 40, 6. Amitié civile ou politique, t. 1, p. 420. Si l'amitié est un besoin, et dans quels cas, t. 1, p. 431.

*Anaxandride.* — Cité sur l'exécution des lois, t. 1, p. 327.

*Androdamas.* — Législateur des Chalcidiens de Thrace, t. 2, p. 145.

*Aphitéens* — (loi des) sur l'agriculture, t. 2, p. 402.

*Apollodore.* — de Lemnos. Sur l'agriculture, t. 2, p. 46.

*Architectonique.* — Art ou science propre à en diriger d'autres qui sont subordonnés, t. 1, p. 263.

*Archonte.* — Chef perpétuel à Epidamnus, institution oligarchique, t. 2, p. 307.

*Aristocratie.* — Son caractère, t. 2, p. 174. Ses espèces, t. 2, p. 258. Ses artifices, t. 2, p. 277. Causes générales de troubles, t. 2, p. 306 et suiv. Causes particulières, t. 2, p. 335. Moyens de stabilité, t. 2, p. 341.

*Art.* — But de chaque art, ordonnateur ou subordonné, t. 1, p. 3 et 4. Caractère d'un art et son objet, t. 1, p. 255. Art de la guerre, de la chasse, comme moyen de subsistance, t. 2, p. 32. Arts mécaniques interdits aux citoyens dans l'oligarchie, t. 2, p. 459. Arts libéraux, voy. *Éducation.*

*Artisan.* — Artisans, dans le système d'Hippodamus, t. 2, p. 103. Sous le rapport des magistratures, t. 2, p. 164 et suiv. Leur emploi dans l'état, t. 2, p. 244.

*Association.* — Partie de la société politique, t. 1, p. 377. But de l'association par famille, bourgade, cité, t. 2, p. 4 et suiv. Quelle est la meilleure association politique? t. 2, p. 63 et 270.

*Audace.* — Courage supérieur, t. 1, p. 74.

*Autorité.* — A qui elle appartient dans la famille, t. 1, p. 6. Ses espèces suivant l'association, t. 2, p. 48 et suiv. Autorité changeant de main, t. 2, p. 67 et 480. Autorité dans l'état, t. 2, p. 150. Autorité du maître, autorité politique, t. 2, p. 163 et 164. Autorité domestique, t. 2, p. 172. Autorité dans l'oligarchie et dans les constitutions populaires, t. 2, p. 240. Quand on conspire contre l'autorité des rois, t. 2, p. 358. Comment se maintient l'autorité royale, despotique ou tyrannique, t. 2, p. 367 et 368. S'il est légitime de s'assurer l'autorité par toutes sortes de moyens, t. 2, p. 437.

*Avarice.* — Ce que c'est, vice de la vieillesse, t. 1, p. 74 et 147. Deux espèces, t. 1, p. 150. L'avare pèche même dans ses dépenses, t. 1, p. 159.

*Aversion.* — Motifs propres à la déterminer, t. 1, p. 61.

## B.

Bias. — Sur l'autorité, t. 1, p. 199.

*Bien.* — Sorte de bien, but de chaque art, t. 1, p. 3 et suiv. Y a-t-il un bien suprême? t. 1, p. 10 et suiv. Biens de l'homme, trois classes, t. 1, p. 28. Bien absolu ou relatif, acte ou habitude, t. 1, p. 331. Un certain bien est le but de toute association, t. 2, p. 4.

*Bienveillance.* — Son caractère, ses effets, t. 1, p. 417, et t. 2, p. 73.

*Bonheur.* — Recherches sur le bonheur individuel, sa nature et sa source, t. 1, p. 10 et suiv. S'il peut s'apprendre, t. 1, p. 32. Il diffère de la bonne fortune, t. 1, p. 337, et t. 2, p. 432. Il dépend surtout des plaisirs intellectuels et des vertus morales, t. 1, p. 471 et suiv. Le bonheur est le lien de la société politique, t. 2, p. 170. La raison et la vertu font le bonheur de l'homme et des sociétés, t. 2, p. 432 et suiv. Difficultés pour y arriver, t. 2, p. 475.

*Bouffonnerie*, t. 1, p. 78 et 185.

*Bourgade.* — Association de plusieurs familles pour une utilité commune, t. 2, p. 8.

*Bravoure*, t. 1, p. 116 et suiv.

*Brutalité*, t. 1, p. 313.

## C.

Cens. — Un des caractères de l'oligarchie, t. 2, p. 252. Son influence sur le gouvernement, t. 2, p. 263. Par fois cause de changement, t. 2, p. 335. Variation à faire subir au cens, t. 2, p. 344. Cens chez les Aphytéens, t. 2, p. 402. Deux sortes de cens dans l'oligarchie, t. 2, p. 411.

*Charès*, de Paros. — Sur l'agriculture, t. 2, p. 45.

*Charlatanisme*, t. 1, p. 182.

*Charondas*, législateur. — Sur la famille, t. 2, p. 7. Ses lois en Italie, t. 2, p. 142 et suiv. Sur les assemblées et les magistratures, t. 2, p. 278

*Cité.* — Origine et but de la cité, t. 2, p. 8 et 9. Vices dans la cité de Platon, t. 2, p. 64 et suiv. Caractère de la cité, t. 2, p. 150 et 173. Ses éléments, t. 2, p. 161 et 237. Droit de cité dans la démocratie, t. 2, p. 404. Moyens de prospérité : territoire, salubrité, etc., t. 2, p. 444 et suiv.

*Citoyen.* — Quels peuvent être les droits des citoyens, t. 2, p. 63 et suiv. Ce qui caractérise le citoyen, t. 2, p. 151. Vertu du citoyen, t. 2, p. 160. Sa meilleure condition, t. 2, p. 270. Quelles doivent être ses qualités, t. 2, p. 452 et 474. Si tous les citoyens doivent exercer les emplois, t. 2, p. 458 et suiv.

*Clisthène.* — Loi qu'il fit à Athènes, t. 2, p. 156.

*Colère.* — L'une des passions, t. 1, p. 65. Trois degrés, t. 1, p. 69 et 76. Ses effets ressemblent à ceux du courage, t. 1, p. 121.

*Commerce.* — Soutien de la société, t. 1, p. 214. Commerce de détail, t. 2, p. 35. D'importation et d'exportation, t. 2, p. 36 et suiv.

*Communauté* — De biens, etc., t. 2, p. 64 et suiv. Comment elle s'établit à Sparte et en Crète, t. 2, p. 81.

*Complaisant.* — Son caractère, t. 1, p. 179.

*Conspiration.* Voyez *Révolution.*

*Constitution* politique de Sparte, Athènes, Crète, Carthage, t. 2, p. 111. Ce que c'est qu'une constitution, t. 2, p. 150. Quelle est la meilleure constitution politique, t. 2, p. 435. Espèces de constitutions, voyez *Gouvernement.*

*Contrainte.* — Son caractère, ses effets, t. 1, p. 90.

*Courage.* — Son caractère, ses espèces, ses effets, sa source, t. 1, p. 74, 112 et suiv. Cinq sortes de courage, t. 1, p. 118, etc. Occasions où il se manifeste, t. 1, p. 124. Il sert à commander ou à obéir, t. 2, p. 53.

*Crainte*, t. 1, p. 74.

## D.

Débauche. — Son caractère, t. 1, p. 74 et 314.

*Défaut.* — Extrême d'une qualité, vice opposé à l'excès, t. 1, p. 68.

*Délibération.* — Son objet, t. 1, p. 101. Quand il y a lieu à délibérer, t. 1, p. 256, 263, 267 et 269.

*Délos.* — Inscription, t. 1, p. 31.

*Démocratie.* — Son caractère, t. 2, p. 175 et 241. Sa loi fondamentale et ses combinaisons, t. 2, p. 238. Ses artifices, t. 2, p. 279. Source de la démocratie, t. 2, p. 305. Elle est plus stable, t. 2, p. 309. Causes de révolution dans la démocratie, t. 2, p. 323. Deux conditions pour qu'il y ait démocratie, t. 2, p. 353. Principe de la démocratie, t. 2, p. 392. La meilleure démocratie, t. 2, p. 398 et suiv. Moyens de conservation, t. 2, p. 406 et suiv.

*Démodocus.* — Au sujet des Milésiens, t. 1, p. 319.

*Désir.* — Soumis à la raison, t. 1, p. 50. Il détermine la préférence, force du désir, t. 2, p. 101. Le désir doit être conforme à la vertu, t. 1, p. 251. Egalité des désirs préférable à celle de la fortune, t. 2, p. 97.

*Despote*, t. 2, p. 5. Autorité despotique, t. 2, p. 173.

*Dessin.* — Ses avantages dans l'éducation, t. 2, p. 214.

*Discernement.* — Son objet, t. 1, p. 271.

*Disposition.* — Ce que c'est que la disposition morale, t. 1, p. 65. Trois sortes de dispositions,

t. 1, p. 79. L'homme est plus ou moins la cause de ses dispositions, t. 1, p. 109.
*Dissension.* — Ce qui en fait naître, t. 2, p. 310.
*Dissimulation.*—Indice de la crainte, t. 1, p. 167. Il y en a deux espèces, t. 1, p. 183.
*Douceur.* — Son caractère, ses effets, t. 1, p. 172.
*Dracon*, législateur athénien, t. 2, p. 144.
*Droit.* — Ce que c'est que le droit, t. 1, p. 210. Où le droit existe, et ses espèces : civil, politique, naturel, t. 1, p. 222 et suiv. Droit ou justice dans la démocratie, t. 2, p. 397.

# E.

ÉCHANGE—De services, t. 1, p. 214. Premier commerce hors de la famille, t. 2, p. 35. Espèces d'échanges, t. 2, p. 44.
*Economie.* — But de la science économique, t. 1, p. 4. Économie domestique, t. 2, p. 29 et 39. Son application aux personnes et aux choses dans l'état, t. 2, p. 50.
*Éducation.* — Ses effets moraux, t. 1, p. 60 et 490. Ses résultats pour l'individu et pour la société, t. 2, p. 56 et 57. Éducation commune, insuffisante pour suppléer aux mœurs, t. 2, p. 81. Elle doit modérer les désirs, t. 2, p. 97. Si elle doit être la même pour tous, t. 2, p. 162 et 226. Par où elle doit commencer, t. 2, p. 488. Influence des premiers aliments sur la force du corps : liberté des mouvements, habitude du froid, premiers exercices, choix des jeux, des conversations, des spectacles, pour les enfants, t. 2, p. 497 et suiv. Partage de l'éducation entre deux périodes de la jeunesse, t. 2, p. 502. Education sous le rapport du gouvernement et des mœurs, t. 2, p. 506 et suiv. Quatre principales branches d'instruction à cultiver comme objets d'utilité ou de délassement : grammaire, gymnastique, musique et peinture, t. 2, p. 510. Si la musique doit entrer en effet dans un système d'éducation, t. 2, p. 520. Jusqu'à quel point les jeunes gens doivent s'exercer à chanter et à jouer eux-mêmes des instruments, t. 2, p. 526. S'il convient de faire usage dans l'éducation de toutes les espèces de rhythmes et d'harmonies, t. 2, p. 531.
*Égalité.* — Ce qui la constitue, t. 1, p. 68. Egalité, base de la justice, t. 1, p. 196. Egalité de compensation et de proportion entre les personnes, et entre les choses, t. 1, p. 205 et suiv. Entre les citoyens dans les gouvernements, t. 2, p. 66. Egalité des biens, des honneurs, t. 2, p. 98 et suiv. Quand l'égalité est justice, t. 2, p. 178. Egalité en nombre, en dignité, t. 2, p. 308. Egalité politique, t. 2, p. 395.
*Élection.* — Qui doit faire les élections, t. 2, p. 189. Monarchies électives, t. 2, p. 206. Qui doit être élu, t. 2, p. 288. Emplois électifs, conditions et modes d'élection, t. 2, p. 290.
*Éloge.* — A quoi il s'applique, t. 1, p. 43.
*Empédocle.* — Sur l'amitié, t. 2, p. 351.
*Entendement.* — A quoi il s'applique, t. 1, p. 250. Sa source, t. 1, p. 274.
*Entêtement.* — Son caractère et sa cause, t. 1, p. 323.
*Envieux*, t. 1, p. 79.
*Épiménide* de Crète. — Sur la famille, t. 2, p. 8.

*Équité.* — En quoi elle diffère de la justice, t. 1, p. 237. A quoi elle s'applique, t. 1, p. 273.

*Esclave.* — Sa destination dans la famille, t. 2, p. 6. Raison de l'esclavage, t. 2, p. 16. Si l'esclavage est naturel, et quel lien attache l'esclave au maître, t. 2, p. 20 et 26. Devoirs du maître envers l'esclave, t. 2, p. 56. Difficulté d'une juste mesure, t. 2, p. 113. Espèces d'esclavage, t. 2, p. 164. Avantage de faire espérer l'affranchissement aux esclaves, t. 2, p. 466.

*Eudoxe.* — Sur l'excellence de la volupté, t. 1, p. 44. Présentée comme le bien absolu, t. 1, p. 350.

*Euripide.* — Sur la prudence, t. 1, p. 264. Sur l'amitié, t. 1, p. 350. Sur la musique, t. 2, p. 518.

*Évènus*, de Paros. — Influence de l'application et de l'habitude, t. 1, p. 327.

*Excès.* — Vice opposé au défaut, t. 1, p. 68 et suiv.

*Exotérique*, t. 1, p. 46 et 254.

## F.

Faculté, t. 1, p. 4 et 65.

*Faiblesse.* — En quoi elle consiste, t. 1, p. 315 et 322.

*Famille.* — Association pour les besoins journaliers, t. 2, p. 6 et 7. Trois parties dans l'administration de la famille, t. 2, p. 48 et 49. Fonctions de l'homme et de la femme dans la famille, t. 2, p. 84. Leurs devoirs, t. 2, p. 165.

*Fanfaron.* — Son caractère, t. 1, p. 182.

*Farouche.* — L'humeur farouche, t. 1, p. 185.

*Femme.* — Sa destination, t. 2, p. 6, son influence dans l'état, t. 2, p. 113.

*Fermeté.* — En quoi elle consiste, t. 1, p. 315 et 322.

*Férocité*, t. 1, p. 287. Habitude de férocité par maladie, t. 1, p. 308.

*Fin.* — But de l'action, t. 1, p. 3. Prochain ou éloigné, t. 1, p. 5.

*Flatteur.* — Son caractère, t. 1, p. 78 et 179.

## G.

Gorgias. — Sur l'énumération des vertus particulières, t. 1, p. 54.

*Gouvernement.* — Trois sortes de gouvernements, et leurs déviations, et leur rapport avec la famille, t. 1, p. 377 et suiv. Ils ne diffèrent pas seulement par le nombre des hommes, t. 2, p. 4 et suiv. Examen du système de Platon, t. 2, p. 64 et suiv. Celui de Phidon de Corinthe, t. 2, p. 90. Celui de Phaléas, t. 2, p. 95. D'Hippodamus, de Milet, t. 2, p. 102. Gouvernement de Lacédemone, t. 2, p. 111. Celui de Crète, t. 2, p. 125. Celui de Carthage, t. 2, p. 132. Ce que c'est que gouvernement, t. 2, p. 150. Caractère des bons gouvernements, t. 2, p. 173. Espèces de bons et de mauvais gouvernements, t. 2, p. 234 et suiv. Cause de la diversité des gouvernements, t. 2, p. 237. But de la plupart des gouvernements, t. 2, p. 261. Moyens de stabilité, t. 2, p. 276. Causes de destruction. Voyez *Révolution*.

## H.

Habileté. — Dans les sciences et dans les arts, t. 1, p. 260. En politique, t. 2, p. 232.

*Habitude.* — Née de la pratique; l'habitude donne les vertus ou les vices, t. 1, p. 51 et 56. Elle est une cause de plaisir ou de peine dans les actes, t. 1,

p. 59. Les habitudes dépendent de nous, t. 1, p. 110. Habitudes de théorie, d'exécution, t. 1, p. 255. Les habitudes sont plus faciles à changer que la nature, t. 1, p. 327.

*Héraclite.* — Sur la colère, t. 1, p. 61. Sur l'amitié, t. 1, p. 350.

*Hésiode.* — Sur la sagesse, t. 1, p. 12. Sur le plaisir, t. 1, p. 337. Sur la famille, t. 2, p. 7.

*Hippodamus.* — Sur la meilleure forme de gouvernement, t. 2, p. 102 et suiv. Sur les habitations, t. 2, p. 468.

*Homère.* — Sur le courage, t. 1, p. 118. Sur l'habileté, t. 1, p. 260. Sur Hector, t. 1, p. 287. Sur Vénus, t. 1, p. 312. Sur l'amitié, t. 1, p. 348. Sur la famille, t. 2, p. 8. Sur l'homme insociable, t. 2, p. 10. Sur la royauté, t. 2, p. 50. Sur la domination, t. 2, p. 250. Sur la musique, t. 2, p. 512.

*Homme.* — Ce qui le distingue des autres êtres, t. 2, p. 10 et 11. Ses rapports dans la famille, t. 2, p. 48 et suiv. Dans l'état. Voyez *Citoyen* et *Gouvernement*.

*Homocapiens*, *Homogalactiens*, *Homosipiens*, } noms donnés aux membres de la bourgade, t. 2, p. 8 et 9.

*Honneur.* — But de la vie politique, t. 1, p. 14. Désir des honneurs, t. 1, p. 75. L'honneur est le salaire de la justice, t. 1, p. 223.

### I.

Impudent, t. 1, p. 78.

*Induction.* — Moyen de connaissances, t. 1, p. 253.

*Indulgence.* — Ce que c'est, ce qui en mérite, t. 1, p. 316.

*Industrie.* — Ses trois branches : commerce, agriculture, produits du sein de la terre, t. 2, p. 45.

*Injustice.* Voyez *Justice*.

*Insensibilité*, t. 1, p. 173.

*Insolence.* — Désir excessif des honneurs, t. 1, p. 75 et 165.

*Institutions*, — Relatives aux femmes, t. 2, p. 113. Institutions populaires, t. 2, p. 393. Celles de Clisthène, t. 2, p. 405. Institutions propres à la tyrannie, t. 2, p. 406. Institutions relatives à la guerre, t. 2, p. 438. Institutions des repas publics, t. 2, p. 462.

*Intelligence*, — Contemplative, t. 1, p. 251. Ce qui est de son ressort, t. 1, p. 260.

*Intempérance.* — Usage déraisonnable et volontaire des plaisirs, t. 1, p. 129. Elle est une faiblesse, t. 1, p. 296. A quoi elle est relative, t. 1, p. 313.

*Irascibilité*, t. 1, p. 76 et 174.

### J.

Jactance, t. 1, p. 184.

*Jugement.* — De quoi l'on peut bien juger, t. 1, p. 9. Source du jugement entre le bien et le mal, t. 1, p. 251. Ce que c'est que le jugement, t. 1, p. 272. Ses effets dans la société, t. 2, p. 13.

*Justice et Injustice.* — Divers sens des mots juste et injuste, t. 1, p. 196. Importance de la justice dans la société, t. 1, p. 198. Différence entre le juste et la justice ou leurs opposés, t. 1, p. 202. Justice de proportion ou de compensation, t. 1, p. 206, 208 et 213. Justice comme vertu ou habitude, t. 1, p. 219. Justice politique, naturelle ou légale, t. 1, p. 224. Différence entre la justice et l'équité, t. 1, p. 237. Caractère de l'homme injuste, t. 1, p. 314. Rapport entre l'amitié et la justice, t. 1, p. 374. Justice dans la société civile ou politique, t. 2, p. 12.

## L.

LABOUREURS. — Dans la république de Platon, t. 2, p. 83 et 245. Dans le système d'Hippodamus, t. 2, p. 103. Leur emploi dans l'état, t. 2, p. 244. S'ils doivent nécessairement être libres, t. 2, p. 460.

*Lâcheté*, t. 1, p. 74. Ses effets, t. 1, p. 116.

*Langage.* — Ses effets dans la société, t. 2, p. 10 et 11.

*Législation.* — Espèce de prudence dans la société civile, t. 1, p. 264. Ce que doit connaître le législateur, t. 2, p. 232.

*Libéralité.* — Son caractère, t. 1, p. 74, 140 et suiv.

*Liberté.* — Caractère de la démocratie, t. 2, p. 260. Ses effets, ses institutions, t. 2, p. 392 et suiv.

*Loi.* — Son but, t. 1, p. 197. Loi du talion, t. 1, p. 213. Où la loi existe, t. 1, p. 222. La loi doit seconder l'éducation, t. 1, p. 490. Qui peut juger sainement des lois, t. 1, p. 497. Traité des lois, de Platon, t. 2, p. 86. Omission dans ces lois, t. 2, p. 90, 91. Danger de changer les lois, t. 2, p. 108. Les lois doivent être faites pour le gouvernement, et distinguées de ses principes, t. 2, p. 233. Les bonnes lois ne constituent pas toujours une bonne administration, t. 2, p. 260. Comment la loi doit tout régler, t. 2, p. 346. But des lois chez différents peuples, t. 2, p. 436.

*Loyauté*, t. 1, p. 180.

*Louange.* — A quoi elle doit s'appliquer, ainsi que l'éloge, t. 1, p. 43.

*Lycophron*, — sophiste; sur la loi, t. 2, p. 180.

*Lycurgue.* — Au sujet des mœurs des femmes, t. 2, p. 115.

*Lysandre.* — But de sa conspiration à Sparte, t. 2, p. 307.

## M.

MAGISTRATURES CIVILES. — Où le pouvoir change de mains, t. 2, p. 49 et 67. Danger de les confier toujours aux mêmes personnes, t. 2, p. 85. Sortes de magistratures quant à leur durée, quant à leur fin, t. 2, p. 152 et 154. Vertu du magistrat, t. 2, p. 165. Distribution des magistratures entre des partis opposés, t. 2, p. 345. Magistratures dans la démocratie, t. 2, p. 393. — Dans l'oligarchie, t. 2, p. 414. Organisation des magistratures, t. 2, p. 415 et suiv. Toute magistrature n'est pas une maîtrise, t. 2, p. 440. Lieux de réunion des magistrats, t. 2, p. 471 et suiv.

*Magnanimité.* — Milieu entre l'insolence et la bassesse d'ame, par rapport aux honneurs, t. 1, p. 75. Elle suppose la grandeur dans la dépense et dans les vues, t. 1, p. 160 à 170.

*Magnificence.* — Relative aux occasions de grande dépense, t. 1, p. 75, 152 et suiv.

*Malveillance*, t. 1, p. 78, 79.

*Mariage.* — Précautions de la loi à l'égard du mari, de la femme et des enfants, en faveur de la société, t. 2, p. 490.

*Milieu.* — Le juste milieu entre l'excès et le défaut, dans ce qui peut être bon, constitue la vertu morale, t. 1, p. 68 et suiv.

*Modeste.* — L'homme modeste, t. 1, p. 78.

*Monarchie.* — Héréditaire ou élective, absolue ou limitée, t. 2, p. 205 à 210. Sa source, t. 2, p. 354. Voyez ROYAUTÉ et TYRANNIE.

*Monnaie.* — Moyen d'échange, t. 1, 212 et 215. Elle est sujette aux variations, t. 1, p. 218. Moyen de richesse, t. 2, p. 36.

*Monopole.* — Commerce exclusif dans les particuliers, dans les gouvernements, t. 2, p. 48.

*Morale.* — Partie de la politique, t. 1, p. 6 et suiv. Vertus morales, nées de l'habitude, t. 1, p. 53. Fondement de la morale, t. 1, p. 62.

*Mou.* — Caractère de l'homme manquant de fermeté, t. 1, p. 316 et 317.

*Musée*, — poète, sur le chant, t. 2, p. 520.

*Musique.* Voyez *Éducation*, t. 2, p. 510 et suiv.

## N.

Négoce. — Son objet, t. 2, p. 44.
*Néoptolème.* — Dans le *Philoctète* de Sophocle, t. 1, p. 323.

## O.

Œuvre. — Produit de l'acte, t. 1, p. 3.

*Oligarchie.* — Son caractère, t. 2, p. 175. Comment elle s'était établie dans les anciens temps, t. 2, p. 238. Ses espèces, t. 2, p. 252. Ses artifices dans les lois, t. 2, p. 277. Causes de l'oligarchie, t. 2, p. 305. Causes de révolutions dans l'oligarchie, t. 2, p. 309 et suiv. Comment elles s'opèrent, t. 2, p. 327. Ses moyens de conservation, t. 2, p. 331, 342 et suiv. C'est un gouvernement peu stable, et souvent changé en tyrannie, t. 2, p. 380. Priviléges réclamés par l'oligarchie, t. 2, p. 395.

*Olympus.* — Sur le chant, t. 2, p. 522.

*Onomacrite*, — législateur, t. 2, p. 142.

*Opinion.* — Ce qui la distingue, t. 1, p. 97. Son objet, t. 1, p. 258. De qui l'opinion doit avoir le plus de poids, t. 1, p. 274. Influence de l'opinion sur l'amitié, t. 1, p. 419.

*Orthagoras*, — et ses enfants, tyrans de Sicyone durant un siècle, t. 2, p. 380.

*Ostracisme.* — Son but, t. 2, p. 200. Il peut être une cause de trouble, t. 2, p. 312.

*Oxylus*, — législateur, t. 2, p. 402.

## P.

Parthéniens, — fondateurs de Tarente, t. 2, p. 336.

*Passion.* — Ce que c'est que les passions, leurs espèces, t. 1, p. 65 et 66. On y distingue trois degrés, t. 1, p. 69, 74 et suiv.

*Pasteur.* — Peuples pasteurs, t. 2, p. 402.

*Pausanias.* — But de sa conspiration à Sparte, t. 2, p. 307. Son moyen de succès, t. 2, p. 485.

*Pauson*, — peintre, t. 2, p. 524.

*Pauvres.* — Les pauvres ont l'autorité dans la démocratie, t. 2, p. 177. Fusion des riches et des pauvres dans le gouvernement, t. 2, p. 261. Pauvres peu soumis dans l'état, t. 2, p. 268. L'appauvrissement des sujets est un moyen de tyrannie, t. 2, p. 370.

*Peine.* — Signe de nos dispositions, t. 1, p. 59. Les peines du ressort de la morale et de la politique, t. 1, p. 62 et 329. Peine, comme châtiment dans l'éducation, t. 1, p. 449.

*Périandre*, — tyran de Corinthe, t. 2, p. 368.

*Périclès*, — modèle de prudence, t. 1, p. 257. Il dénature l'aréopage, t. 2, p. 143.

*Phaléas* — de Chalcédoine; sur l'égalité des fortunes, t. 2, p. 95, 97.

*Phidon* — de Corinthe; sur la dis-

tribution des fortunes, t. 2, p. 90.
*Philoctète.* — Au sujet de l'indulgence, t. 1, p. 316.
*Philolaüs* — de Corinthe, législateur des Thébains, t. 2, p. 142.
*Philoxène.* — Au sujet de l'intempérance, t. 1, p. 129. Au sujet de la musique, t. 2, p. 536.
*Phocylide.* — Sur la médiocrité, t. 2, p. 270.
*Phratrie.* — Ce que c'est, t. 2, p. 82 et 182.
*Phylarques,* — magistrats à Épidamnus, t. 2, p. 307.
*Pisistrate.* — Comment il s'empare du pouvoir à Athènes, t. 2, p. 326. Durée de sa tyrannie et de celle de ses enfants, t. 2, p. 381.
*Pittacus,* — de Lesbos, revêtu de l'autorité suprême, t. 1, p. 420. Sa loi sur l'ivresse, t. 2, p. 144.
*Plaisanterie.* — Son caractère, t. 1, p. 77. Manie et manières de plaisanter, t. 1, p. 185.
*Plaisir.* — Signe de nos dispositions au bien ou au mal, t. 1, p. 59 et 62. C'est le fondement du vice et de la vertu, t. 1, p. 329. C'est un moyen d'éducation, t. 1, p. 449. Il est des plaisirs vertueux, il en est de coupables, t. 1, p. 468.
*Platon.* — Sur les principes, t. 1, p. 11. Sur l'éducation, t. 1, p. 59. Sur la science du courage, t. 1, p. 119. Sur les vertus, t. 1, p. 281. Sur l'intempérance en particulier, t. 1, p. 290. Sur la vertu morale dans l'homme et dans la femme, t. 2, p. 53. Sa république, t. 2, p. 64. Son banquet, t. 2, p. 74. Ses idées sur la différence des ames, t. 2, p. 85. Son traité des lois, t. 2, p. 87. Sur les révolutions, t. 2, p. 381 et suiv. Sur la musique, t. 2, p. 535.
*Politique.* — Science supérieure comprenant la morale, t. 1, p. 6 et 7. Son but, t. 1, p. 9. Elle suppose la connaissance de l'ame, t. 1, p. 46. Elle préside aux détails de l'administration, t. 1, p. 264. Ce que doit savoir le politique, t. 2, p. 232.
*Polygnote,* — peintre de mœurs, t. 2, p. 524.
*Population,* — article omis dans les lois de Platon, t. 2, p. 89 et 90. Considérée relativement à la forme de chaque gouvernement, t. 2, p. 412. Quelle population convient à la cité, t. 2, p. 445, 446.
*Préférence.* — Son caractère, ses motifs, t. 1, p. 61 et 96. Son objet, t. 1, p. 97 et 252.
*Principes.* — Où sont les vrais principes, t. 1, p. 12 et 27. Principe des idées générales, t. 1, p. 253. Principe des actions, t. 1, p. 320.
*Prodigalité.* — Excès dans l'emploi des richesses, t. 1, p. 74 et 147.
*Professions,* — classées d'après les qualités qu'elles exigent, t. 2, p. 45.
*Propriété,* — ou possession quelconque, t. 2, p. 28 et 29. Ses divers usages, t. 2, p. 34. Possession en propre ou en commun, t. 2, p. 69. Effets de la propriété, t. 2, p. 74 et suiv. Propriétés inégales dans les lois de Platon, t. 2, p. 90, 96. — Égales dans celles de Phaléas, t. 2, p. 96 et 97.
*Prudence,* — dans les actions, t. 1, p. 256 et 291. En politique et en législation, t. 1, p. 264. Sa source et son utilité, t. 1, p. 275. Caractère de la prudence, t. 1, p. 279.
*Pudeur.* — Crainte du déshonneur, t. 1, p. 78 et 188.
*Pythagoriciens.* — Sur la justice, t. 1, p. 213.

## Q.

QUALITÉ. — Fondement de la prétention aux priviléges dans l'oligarchie, t. 2, p. 275.

Quantité. — Fondement de la supériorité par le nombre dans les gouvernements populaires, t. 2, p. 275.

## R.

RAILLERIE, t. 1, p. 185.

Raison. — Ce que c'est que la droite raison, t. 1, p. 249. C'est la raison qui rend l'homme capable de société politique, t. 2, p. 10. Raison pratique ou spéculative, t. 2, p. 483.

Rancune, t. 1, p. 174.

Repas communs. Voyez Institutions.

République. — Son caractère, t. 1, p. 377, et t. 2, p. 175. Ses espèces, t. 2, p. 235 et 261.

Révolution. — Son but et ses causes dans chaque espèce de gouvernement, t. 2, p. 305 et suiv. Trois principales causes, t. 2, p. 309. Causes spéciales à Rhodes, Thèbes, Mégare, Syracuse, Argos, Athènes, etc., t. 2, p. 312 et suiv. Diversité de moyens, force ou ruse, t. 2, p. 322. Causes et effets des révolutions dans la démocratie à Cos, Rhodes, Héraclée, Mégare, Cumes, t. 2, p. 323 et suiv. Dans l'oligarchie, t. 2, p. 327. Dans l'aristocratie, t. 2, p. 335. Cause générale, force extérieure, t. 2, p. 458.

Rhadamanthe. — Maxime sur la justice, t. 1, p. 213.

Rhodes. — La crainte y fait soulever les grands contre le peuple, t. 2, p. 312.

Riches. — Les riches ont l'autorité dans l'oligarchie, t. 2, p. 177 et 241. Fusion des riches et des pauvres dans les gouvernements, t. 2, p. 261. Les riches sont portés à la violence et à l'insubordination[2], t. 2, p. 268 et 269.

Richesse. — But de la science économique, t. 1, p. 4. Ce qu'on appelle richesse, t. 1, p. 140. En quoi l'art de la richesse diffère de l'économie, t. 2, p. 29. Véritable richesse, t. 2, p. 33 et 34. Richesse relative à l'argent monnayé, t. 2, p. 37.

Royauté, — et ses rapports avec la famille, t. 1, p. 377 et suiv. Son caractère, t. 2, p. 174. Ses espèces, t. 2, p. 205 et suiv. Ses rapports avec l'aristocratie, t. 2, 356. Ses causes de troubles, t. 2, p. 358. Ses moyens de conservation, t. 2, p. 367.

Rusticité, t. 1, p. 78.

## S.

SAGACITÉ. — En quoi elle consiste, t. 1, p. 268.

Sagesse. — Son caractère, son excellence, t. 1, p. 261. Son utilité, t. 1, p. 275.

Science — supérieure, celle du gouvernement, la politique, t. 1, p. 6. Sa nature, son objet, t. 1, p. 253.

Sédition. — Son but, ses causes, t. 2, p. 310. Crainte, mépris, disproportion d'avantages, admission de nouveaux citoyens ou d'étrangers, t. 2, p. 312 à 317. Divisions des grands, t. 2, p. 318 et suiv. Empiètement d'un tribunal ou d'une classe de citoyens, t. 2, p. 320.

Sentiment. — Ce que c'est, t. 1, p. 274. Sentiment du bien et du mal, du juste et de l'injuste, particulier à l'homme, t. 2, p. 11.

Simonide. — Son avarice, t. 1, p. 147.

Société. — Politique, sorte de communauté, t. 2, p. 63. Si

elle doit être *une*, t. 2, p. 67. Le plus grand des biens pour elle, t. 2, p. 73. Éléments de la société politique, t. 2, p. 275. Sa division en classes, t. 2, p. 461. Société politique la plus parfaite, t. 2, p. 458.

*Solon.* — Sur l'homme heureux, t. 1, p. 35 et 485. Sur l'art de s'enrichir, t. 2, p. 33. Sur l'égalité des fortunes, t. 2, p. 96. Pouvoir donné au peuple dans ses lois, t. 2, p. 140 et 287.

*Souverain.* — Qui doit être le souverain de l'état? t. 2, p. 183 et suiv. Ce que c'est que le souverain, t. 2, p. 287.

*Speusippus.* — Sur le bien et le mal, t. 1, p. 335.

*Subordination* — des arts, t. 1, p. 4. — Dans la *Famille*, la *Cité*, le *Gouvernement*. Voyez ces mots.

*Syllogisme.* — En quoi il diffère de l'induction, t. 1, p. 253.

## T.

TÉLÉCLÈS. — Mode de délibération qu'il établit, t. 2, p. 283.

*Témérité.* — Excès d'audace, t. 1, p. 74.

*Tempérance.* — Son caractère, t. 1, p. 74. Son objet, t. 1, p. 126 et suiv. Sa source est dans la force morale, t. 1, p. 283. Son effet, t. 1, p. 315.

*Thalès,* — de Milet, sur les moyens de richesse, t. 2, p. 46.

*Théodore*, — comédien, t. 2, p. 501.

*Théognis*, — sur la vertu, t. 1, p. 487.

*Timocratie*, — espèce de gouvernement, t. 1, p. 377.

*Tribunaux.* — Choix des juges, modes d'élection, et diverses attributions, t. 2, p. 296.

*Tyrannie*, — née de la monarchie, t. 1, p. 377, 378. Son caractère, t. 2, p. 175. Source de la tyrannie, t. 2, p. 325 et 354. Elle réunit les vices de l'oligarchie et ceux de la démocratie, t. 2, p. 357. Ses causes de révolution, t. 2, p. 365. Moyens odieux pour maintenir la tyrannie : ignorance, espionnage, misère, licence, hypocrisie, t. 2, p. 368 et suiv. Moyens de séduction, t. 2, p. 373, 375 et suiv. La tyrannie est peu durable, t. 2, p. 380.

*Tyrtée*, — poète, t. 2, p. 337.

## U.

USURE. — Pourquoi elle est odieuse, t. 2, p. 42.

## V.

VANITÉ. — En quoi elle consiste, t. 1, p. 180.

*Vérité*, — dans l'homme, t. 1, p. 77. Ce qui produit la vérité dans les sciences, et moyens pour la saisir, t. 1, p. 252. Vérité dans le langage, t. 1, p. 450.

*Vertu*, — source de plaisir, t. 1, p. 30. Vertu humaine, celle de l'ame, t. 1, p. 46. Vertus intellectuelles, vertus morales, t. 1, p. 51. Ce que c'est que la vertu, t. 1, p. 60. Elle est dans nos actions ou nos passions, t. 1, p. 69. Ses écueils, t. 1, p. 287. La vertu exige la pratique, t. 1, p. 487. Elle est surtout l'effet des lois et de l'éducation, t. 1, p. 491. A qui la vertu est plus nécessaire, t. 2, p. 52 et suiv. Elle doit être analogue à la condition, t. 2, p. 162 et suiv.

*Vice.* — Ses caractères : excès ou défaut, t. 1, p. 70 et suiv. Différence entre le vice et l'intempérance, t. 1, p. 319 et suiv.

*Volonté.* — Ce qui est volontaire ou involontaire, t. 1, p. 88. La volonté diffère du vœu, t. 1, p. 97. But de la volonté,

t. 1, p. 103. Influence de la volonté sur le juste ou l'injuste, t. 1, p. 318 et suiv.

*Volupté.* — Celle des sens n'est pas le souverain bien, t. 1, p. 13 et 14. Caractère de la vraie volupté, t. 1, p. 336. Sa principale source est la vie contemplative, t. 1, p. 343.

*Vrai.* — L'homme vrai, t. 1, p. 77. Effets de ce caractère, t. 1, p. 181.

## Z.

Zaleucus, — législateur des Locriens, t. 2, p. 141.

FIN DE LA TABLE DES MATIÈRES.

# LISTE

## DES SOUSCRIPTEURS.

| | |
|---|---|
| S. A. S. M<sup>gr</sup> LE DUC D'ORLÉANS. | 2 |
| *Idem*, grand papier vélin. | 1 |

| MM. | | MM. | |
|---|---|---|---|
| Pouqueville. | 1 | Le marquis de Lillers. | 1 |
| Marc Zarlamba Hallen, de Leucade. | 1 | Alexandre Thurot. | 1 |
| | | Vallée, libraire à Rouen. | 2 |
| Mad<sup>e</sup> de Cabanis. | 1 | Le marquis de Chateaugiron, grand papier vélin. | 1 |
| Le comte Orloff. | 18 | | |
| *Idem*, papier vélin. | 1 | Nicolas Francopoulo. | 1 |
| *Idem*, grand papier vélin. | 1 | Philippe Fournaraki. | 1 |
| Le comte de Tracy. | 10 | J.-Baptiste Say. | 1 |
| Mad<sup>e</sup> Rousseau. | 1 | Tattet (Frédéric). | 1 |
| Richard. | 1 | Mad<sup>e</sup> la princesse de Salm. | 2 |
| Le marquis de Brignolle Sales. | 1 | *Idem*, papier vélin. | 1 |
| Le lieutenant-général baron Fririon. | 1 | Le prince de Beauvau. | 1 |
| | | Vanderveken. | 1 |
| Lacroix, membre de l'Institut. | 1 | Fauriel. | 1 |
| Le comte Miot. | 1 | Sers, préfet du Cantal. | 1 |
| Le prince Labanoff de Rostoff. | 30 | Marcescheau. | 2 |
| *Idem*, papier vélin. | 4 | Roret, libraire. | 1 |
| *Idem*, grand papier vélin. | 1 | Paschoud, de Genève. | 3 |
| Victorin Fabre. | 1 | Mandrou. | 2 |
| Mialle. | 1 | Drouot. | 2 |
| Le marquis de Pastoret. | 3 | Sir John Saint-Aubin. | 2 |
| Daubrée, papier vélin. | 1 | *Idem*, grand papier vélin. | 1 |
| E. Hanappier. | 1 | Le docteur Edwards. | 1 |
| Villeneuve. | 1 | Tydeman, professeur à Leyde. | 1 |
| Laurent Royer. | 1 | Dulary. | 1 |
| Le comte de l'Aubépin. | 1 | Guyonnot de Sénac. | 1 |
| Letronne, membre de l'Institut. | 5 | Alexis Manuele d'Isay. | 1 |
| Tarlier, libraire à Douai. | 1 | Étienne Franciade. | 1 |
| Hardouin, banquier. | 5 | Paul Negreponte. | 1 |
| Ferdinand Tattet. | 3 | Mad<sup>e</sup> Dupuis. | 1 |
| *Idem*, papier vélin. | 1 | Massard. | 1 |
| Raoul Rochette. | 1 | Dubuisson-Lafeuillade. | 1 |

## LISTE DES SOUSCRIPTEURS.

MM.

| | |
|---|---|
| Royer. | 1 |
| Dugas Montbel. | 1 |
| Cherbonnier. | 1 |
| Jobez, député. | 1 |
| L'évêque de Plaisance. | 2 |
| Le comte de Saint Sulpice. | 1 |
| De Cambray. | 1 |
| Breguet. | 2 |
| Ternaux aîné, député. | 2 |
| Bartholoni. | 2 |
| Paccard. | 1 |
| Debruge Dumenil. | 1 |
| Frédéric Tattet. | 1 |
| Marcos. | 1 |
| Allamand. | 1 |
| Le comte de Vaublanc. | 2 |
| Rougemont de Lowemberg. | 2 |
| Des Rois. | 1 |
| Comte, à Londres. | 1 |
| Le comte Alex$^e$. de Laborde. | 1 |
| Delaharpe, de Lausanne. | 1 |
| Gindroz. | 1 |
| Jean Blastos. | 1 |
| Jean Ralli. | 2 |
| Léon Bouros. | 1 |
| Étienne Climès. | 1 |
| Théodore Amiros. | 1 |
| Michel Rodocanaki. | 2 |
| Ambroise S. Ralli. | 1 |
| Pantaléon Maurogordatos. | 1 |
| Eustratius Petrococcinos. | 1 |
| Jean Scaramagas. | 1 |
| Jacques Rotas. | 1 |
| De Gervais. | 1 |
| Rey et Gravier, libraires. | 12 |
| Masson et fils, libraires. | 1 |
| Mad$^e$ Nyon, libraire. | 1 |
| Dacosta. | 1 |
| Banès. | 1 |
| Casimir Broussais. | 1 |
| Félix de Beaujour, papier vélin. | 1 |
| Adolphe Raife. | 1 |
| Arthus Bertrand, libraire. | 3 |

MM.

| | |
|---|---|
| D'Hauterive. | 1 |
| Alexandre Thierion. | 1 |
| Casimir de Lavigne. | 1 |
| J. Azevedo. | 1 |
| A. Bignan. | 1 |
| De Linetière. | 2 |
| De La Châtre. | 1 |
| Jomard. | 1 |
| Théodore Gublin. | 1 |
| Charles Martin. | 1 |
| Charles Mévil. | 1 |
| Martin. | 1 |
| Lavareille. | 1 |
| Alphonse Tattet. | 1 |
| Traullé. | 2 |
| Héquet Dorval. | 1 |
| Francouli Rodocanaki. | 1 |
| George Rodocanaki. | 1 |
| Pantias Rodocanaki. | 1 |
| K. N. Maurogordatos. | 1 |
| Callinice Créatsouli. | 1 |
| Pantaléon Yamary. | 1 |
| Demetrio Yalia. | 1 |
| Spiridion Balby. | 2 |
| Dufour et d'Ocagne, libraires. | 52 |
| Beuchot. | 1 |
| Eve. | 1 |
| Charlemagne. | 1 |
| Ferrand. | 1 |
| Goujon, libraire. | 1 |
| H***. | 1 |
| Eyries. | 1 |
| Le baron Thiébault. | 1 |
| Eusèbe Salverte. | 1 |
| Gabriel Doazan. | 1 |
| Feuillet. | 1 |
| Barrois aîné, libraire. | 3 |
| L'amiral Tchitchakoff. | 1 |
| Rousseau, libraire. | 8 |
| Coray. | 1 |
| Bossange père, libraire. | 13 |
| De Saint-Surin. | 1 |
| Lawalle, libraire à Bordeaux. | 3 |

## LISTE DES SOUSCRIPTEURS.

| MM. | |
|---|---|
| Warée jeune, libraire. | 3 |
| Brunot-Labbe, libraire. | 2 |
| Kleffer, libraire. | 1 |
| Guizot. | 1 |
| Cardin, avocat. | 1 |
| Busseuil j$^e$, libraire à Nantes. | 1 |
| Bancal Dessissards. | 1 |
| Videcoq. | 1 |
| Pichard, libraire. | 1 |
| Le lieutenant-général O'Connor, papier vélin. | 1 |
| Verninac. | 1 |
| Aimé Longueville. | 1 |
| Godin, libraire, papier vélin. | 1 |
| Clément de Ris. | 1 |
| Rolland. | 1 |
| Delaville Meneuc. | 1 |
| Renault, libraire à Rouen. | 1 |
| Aristide de Streffi. | 1 |
| Thompson, papier vélin. | 1 |
| Ponthieu, libraire. | 1 |
| Aucher-Éloi, libraire à Blois. | 1 |
| Masvert, libraire à Marseille. | 2 |
| Treuttel et Wurtz, libraires. | 1 |
| Pierre Gonsollin. | 1 |
| Alphonse Gonsollin. | 1 |
| Greard. | 1 |
| De Broé. | 1 |
| Pélicier, libraire. | 2 |
| Viennet. | 1 |
| Michaw. | 1 |
| C. Weyher, libr. à Pétersbourg. | 1 |
| Laya, membre de l'Institut. | 1 |
| Manos. | 1 |
| Le docteur Rouet. | 1 |
| Gille, libraire à Bourges. | 1 |
| Eymery, libraire. | 1 |
| L'amiral Halgan. | 1 |
| Barbier. | 1 |
| Fourrier, membre de l'Institut. | 1 |
| D'Outrepont. | 1 |
| William Birch. | 1 |
| André Métaxa. | 1 |

| MM. | |
|---|---|
| Charles L'Écrivain. | 1 |
| Moreau de la Sarthe. | 1 |
| Levrault, libraire. | 3 |
| Legrand. | 1 |
| Millon. | 1 |
| Taillandier. | 1 |
| Gaudefroy. | 1 |
| John Perry. | 1 |
| Mad. Lebreton, papier vélin. | 1 |
| Lequien, libraire. | 3 |
| Debeausseaux, libraire. | 1 |
| Les frères Rally. | 1 |
| Stamati Rodocanaki. | 1 |
| Mathieu. | 1 |

www.ingramcontent.com/pod-product-compliance
Lightning Source LLC
Chambersburg PA
CBHW071157230426
43668CB00009B/985